JN435362

제4판

유아교육개론

이윤경 · 문혁준 · 안선희 · 김민정 · 김지은 · 나종혜
안지영 · 임희옥 · 천희영 · 최은미 · 황혜신 · 황혜정

창지사

머리말

본서는 예비교사를 위한 가장 기본적이고 좀 더 체계적인 내용으로 구성된 교재의 필요를 느껴 전국의 각 대학에서 유아교육개론 강의를 담당해 온 교수들이 2003년에 초판을 발행하였다.

2008년 본서의 개정 3판이 나온 후에 우리나라의 유아교육은 커다란 변화가 있었다. 2012년 만 5세아를 위한 국가수준 공통교육과정인 누리과정이 제정되었고, 이듬해 3~5세로 확대, 제정되어 유치원과 어린이집에 공통으로 적용되었다. 2019년에는 "유아가 주도하는 놀이 중심 교육과정으로 변화하며 나아간다."는 취지하에 누리과정이 개정되어 12월에는 해설서 및 놀이이해자료와 놀이실행자료가 배포되었다. 미래의 요구에 부응하고자 하는 개정 누리과정은 개별 유아의 특성을 존중하는 유아 중심, 유아가 주도하는 놀이를 존중하는 놀이 중심 및 국가수준 지침의 최소화를 통한 현장의 자율성을 존중하는 혁신 방향을 표명하고, 다섯 가지 인간상으로 건강한 사람, 자주적인 사람, 창의적인 사람, 감수성이 풍부한 사람, 더불어 사는 사람을 제시하고 있다. 아울러 유아가 주도하는 놀이를 강조하며 충분한 놀이시간을 확보하도록 권고하고 있는 유아·놀이 중심 교육과정인 2019년 누리과정은 교육계획안의 형식과 방법의 자율화를 통한 흥미영역 및 운영방식의 자율화와 같은 교육현장의 자율성과 다양성을 강조하고 있다.

이러한 변화의 요구는 그동안 지나치게 상세한 국가수준 교육과정과 엄격하고 고정된 기관평가 기준으로 인하여 유아교육이 점차 학습 위주 교육과정으로 변질되었다고 보기 때문이다. 개정 누리과정이 현장에서 의미 있는 변화를 끌어내는 데는 일정 시간이 걸릴 것이다. 이러한 변화 속에서도 저자들은 그동안 현장에서 성실하게 수행했던 유아교육의 원리를 여전히 신뢰하고 있다. 유아의 발달상 공통점이 있음을 배우고 경험하였음에도, 현장에서 목격했던 개별 유아의 발달과 놀이 성향의 차이를 간과하지 않았던 학자들과 교사들이 있었다. 그리고 그들 모두는 유아들의 생활에서 놀이는 매우 중요하며 유아의 놀이는 교육이라는 큰 틀 안에서 이해되고 지원되어야만 한다고 믿는다.

2020년 개정 4판에서는 집필진이 일부 바뀌었고, 누리과정의 개정 방향과 함께 최근의 유아교육 변화와 동향을 반영하여 업데이트하였다. 제1장 유아교육의 이해는 문혁준 교수, 제2장 유아교사교육은 임희옥 교수, 제3장 유아교육 사상은 안지영 교수, 제4장 유아의 발달과 교육은 황혜정 교수, 제5장 유아교육과 놀이는 나종혜 교수, 제6장 유아교육기관에서의 부모 참여는 안선희 교수, 제7장 유아교육 환경은 황혜신 교수, 제8장 유아교육기관의 경영은 김민정 교수, 제9장 유아교육과정은 이윤경 교수, 제10장 유아교육 평가는 천희영 교수, 제11장 주요 국가의 유아교육은 김지은 교수, 제12장 통합 교육은 최은미 교수가 집필하였다.

앞으로도 대학에서 교재로 선택하신 교수님들의 조언과 충고를 통해 보완될 수 있기를 기대하며, 이 책이 예비유아교사들에게 유아교육을 이해하는 데 도움이 되기를 소망한다. 끝으로 4판이 나올 수 있도록 독려하고 애써 주신 창지사 임직원분들께 깊은 감사의 마음을 전한다.

2020년 2월

저자 일동

차 례

머리말 • 2

CHAPTER 01 유아교육의 이해 • 7

1. 유아교육의 정의 및 개념 ······ 9
2. 유아교육의 중요성 ······ 13
3. 유아교육의 필요성 ······ 15
4. 우리나라의 유아교육기관 ······ 18
5. 유아교육의 당면 과제 ······ 25

CHAPTER 02 유아교사교육 • 35

1. 교직의 본질 ······ 37
2. 유아교사의 교직 특성과 역할 ······ 41
3. 유아교사 양성과정과 교사발달 ······ 48
4. 유아교사의 교직윤리와 권리 ······ 56

CHAPTER 03 유아교육 사상 • 63

1. 코메니우스 ······ 65
2. 로 크 ······ 67
3. 루 소 ······ 70
4. 오베르랑 ······ 76
5. 페스탈로치 ······ 78
6. 오 웬 ······ 80
7. 프뢰벨 ······ 82
8. 듀 이 ······ 87
9. 맥밀란 ······ 90
10. 몬테소리 ······ 92

CHAPTER 04 유아의 발달과 교육 • 97

1. 발달의 기초 ··········· 99
2. 발달 이론 ··········· 104
3. 유아의 발달적 특징 및 교육 ··········· 121

CHAPTER 05 유아교육과 놀이 • 131

1. 유아 놀이의 개념 및 중요성 ··········· 133
2. 놀이 이론 ··········· 136
3. 유아 놀이의 종류 및 특성 ··········· 143
4. 유아 놀이를 지도하는 교사의 역할 ··········· 151

CHAPTER 06 유아교육기관에서의 부모 참여 • 159

1. 유아교육기관과 가정의 관계 ··········· 161
2. 부모 교육 ··········· 165
3. 부모 참여 ··········· 170
4. 교사와 부모의 의사소통 ··········· 175

CHAPTER 07 유아교육 환경 • 181

1. 환경 구성의 중요성 ··········· 183
2. 환경 구성 시 고려 사항 ··········· 184
3. 실내 환경 구성 ··········· 191
4. 실외 환경 구성 ··········· 205

CHAPTER 08 유아교육기관의 경영 • 209

1. 유아교육기관 경영의 개념 ··········· 211
2. 유아교육기관의 인사 관리 ··········· 213
3. 교육과정의 계획과 관리 ··········· 222
4. 시설·설비의 관리 ··········· 225
5. 유아교육기관의 재정 및 사무 관리 ··········· 232
6. 유아교육기관과 가정 및 지역사회와의 관계 ··········· 240

CHAPTER 09 유아교육과정 • 243

1. 유아교육과정의 개념 ······245
2. 유아교육과정의 접근법 ······258
3. 유아교육 프로그램의 실제 ······265

CHAPTER 10 유아교육 평가 • 275

1. 유아교육 평가의 기초 ······277
2. 유아교육 평가의 방법 ······279

CHAPTER 11 주요 국가의 유아교육 • 301

1. 미 국 ······304
2. 영 국 ······311
3. 일 본 ······317
4. 스웨덴 ······322
5. 프랑스 ······327

CHAPTER 12 통합 교육 • 335

1. 통합 교육의 이해 ······337
2. 통합 교육의 현황 ······341
3. 통합 교육을 위한 교육과정 ······349
4. 통합 교육을 위한 교수 전략 ······350
5. 통합 교육 모형 ······352
6. 성공적인 통합 교육의 요건 ······355

참고문헌 • 360

Chapter 01

유아교육의 이해

EARLY CHILDHOOD EDUCATION

신체, 인지, 언어, 사회, 정서적으로 급속한 발달이 이루어지는 유아기는 그 어느 시기보다 중요하며, 특히 이 시기에 제공되는 환경 및 교육이 유아의 성장 및 발달에 미치는 장·단기적 영향력을 고려할 때 유아교육에 대한 정확한 이해는 필수적이다.

이를 위해 본 장에서는 유아교육의 정의 및 개념을 논의하고, 유아교육의 확대 및 수요와 관련하여 유아교육의 필요성과 중요성을 살펴보는 동시에 우리나라 유아교육기관의 현황에 비추어 당면 과제와 앞으로 나아가야 할 방향을 제시하고자 한다.

1 유아교육의 정의 및 개념

유아교육은 대상 연령과 교육기관이 명료한 초·중등 교육 체제와 달리 대상의 연령 범위, 교육이 이루어지는 장소, 사회·문화적 환경 등에 따라 다각적으로 개념 규정이 이루어져 왔다.

우리나라는 법적 측면에서 유아교육을 일반적으로 '만 3세부터 초등학교 취학 전까지의 어린이를 대상으로 유치원에서 실시하는 교육'으로 규정하고 있으며(유아교육법 제2조), 교육과 유사한 개념으로 '보육(保育)'이 법에서 사용되고 있다. 그러나 대상 연령이 중복되고 기관 안에서 이루어지고 있는 활동이 유사함에 비추어 유아교육을 유치원과 어린이집에서 이루어지는 교육으로 규정하는 것이 일반적인 경향이다.

임재택(1992)은 유아교육의 개념을 유아교육이 갖고 있는 4가지 측면의 특수성(교육 대상, 교육 장소, 교육 형식, 교육 방향 및 목적)에 입각하여 규정하여야 한다고 주장하였다[그림 1-1]. 이를 구체적으로 살펴보면 다음과 같다.

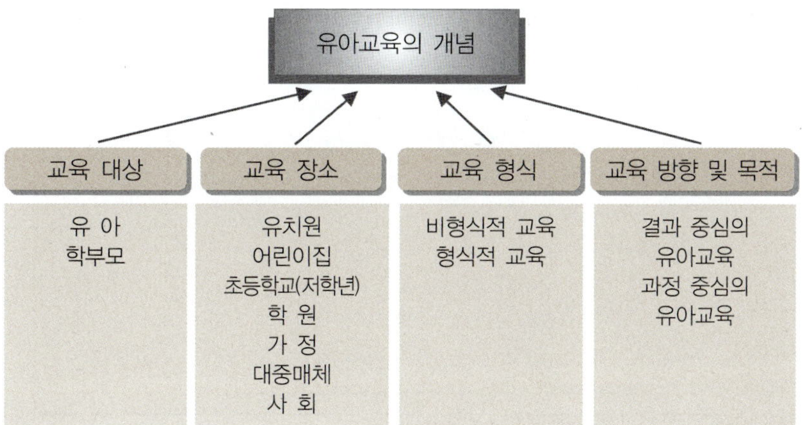

[그림 1-1] 유아교육의 개념

교육 대상에서는 유아뿐만 아니라 부모까지도 포함시키고 있다. 즉, 유아교육의 효과를 증진시키기 위해 초·중등 교육과는 달리 부모의 참여가 긴밀히 요구된다는 것이다.

유아교육이 이루어지는 장소에 대한 논의는 대체로 유치원, 어린이집, 초등학교 등 교육기관에서 이루어지는 경우, 가정에서 이루어지는 경우, 대중매체를 통해 이루어지는 경우, 동시에 이루어지는 경우를 들 수 있으며[그림 1-2], 교육 형식은 연령이 어릴수록 보호와 양육의 측면이 강조되는 비형식적 교육에 치중하게 되고, 연령이 높아질수록 체계적이고 형식적인 교육에 중점을 두게 된다[그림 1-3].

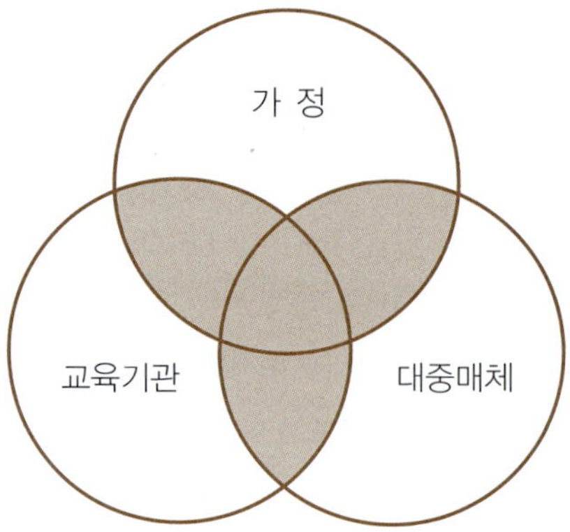

[그림 1-2] 교육 장소

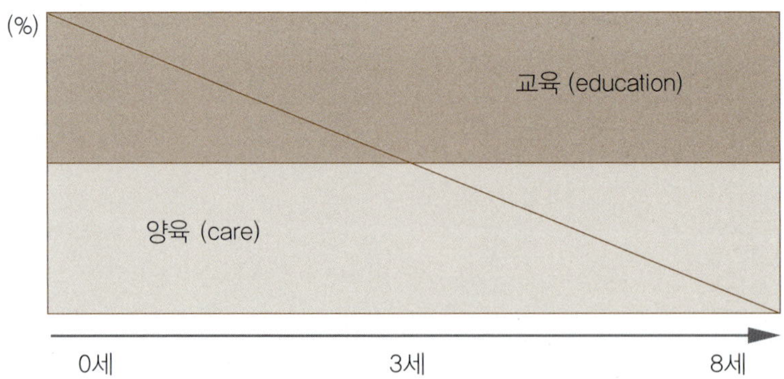

[그림 1-3] 교육 형식

유아교육의 방향 및 목적에 대해서는 여러 가지 견해가 있을 수 있으나 임재택(1992)은 결과 중심이 아닌 과정 중심, 즉 유아의 흥미나 필요를 충족시켜 주는 과정을 통해 전인 교육인 동시에 평생 교육의 일환이 되어야 한다고 강조하였으며, 이영석·박재환·김경중(1985)은 각 유아가 타고난 재질, 소질, 개성, 적성 등의 잠재력을 극대화시키는 인성 교육의 강화, 창의성 교육의 강화, 효 교육의 강화, 예절·기초 질서·공동체 의식 등 친사회적 행동의 강화, 자신에 대해 긍정적으로 생각하고 타인의 입장을 존중하는 자아 존중의 강화, 미래 사회에 필수적으로 요구되는 정보 기술에 대한 친숙성, 세대 간의 차이를 좁히는 교육의 강화, 서로 다른 언어와 풍습 또는 가치 등에 대한 편견을 지양하는 다문화 가치의 강화, 남북통일에 대비한 평화 교육 또는 통일 교육의 강화를 미래 사회의 유아교육이 지향해야 할 목적관으로 제시하였다.

또 다른 시각에서 이영석·이항재(1998)는 유아교육의 개념을 고전적 개념과 현대적 개념으로 비교·제시하였다. 고전적 개념은 과거에 널리 인식되었던 유아교육의 개념틀로서 양육, 훈육, 보육, 조기 교육, 준비 교육으로서의 유아교육을 포함하며 오늘날에도 시사하는 바가 크다.

- **양육으로서의 유아교육**: 유아교육이 어머니의 기능을 대신 또는 대행하는 기능을 갖고 있는 것이며, 유아의 신체적·정서적인 보호에 초점을 둔 것이다.
- **훈육으로서의 유아교육**: 중세기에 정립되기 시작한 개념으로 엄격한 통제와 체벌적 훈련에 의해 나쁜 심성을 순화시켜 나가는 교육이 유아에게 필요하다는 것이다.
- **보육으로서의 유아교육**: 여성의 경제 참여와 더불어 맞벌이 부부의 증가와 함께 최근 들어 그 중요성이 더욱 부각되는 기능이다. 여기서 보육은 교육보다 소극적인 개념으로 유아의 심신을 보호하고 돌봐주는 등 유아의 기본적인 요구에 부응해 주는 활동이라고 볼 수 있다. 보호와 교육에 대한 인식의 차이를 살펴보면 〈표 1-1〉과 같다.

- 조기 교육으로서의 유아교육: 유아의 잠재 능력을 조기에 계발·훈련시키려는 적극적인 교육적 개념을 강조하는 개념으로 유아교육을 음악, 미술, 무용, 운동 등의 특별한 재능을 개발시키는 것으로 보는 관점이다.

〈표 1-1〉 보호와 교육의 인식 차이

	보 호	교 육
특징	• 사회복지프로그램 • 저소득층 자녀를 위한 설립 • 결손가정을 위한 서비스 • 자선단체 또는 사회복지 재단에서 운영 • 공공재정 부담 • 연중, 종일제	• 교육적 서비스 • 중상류층 자녀를 위한 설립 • 학교 법인 또는 연구단체에서 운영 • 사교육비 부담 • 반일제
방향	• 아동의 보호·양육 • 정한 가치규범을 준수하는 것 • 가족 및 가정기능의 대행 • 집단주의 또는 사회주의 행동 규범화	• 아동의 성장, 발달을 위한 교육 • 가치의 선택 및 의사결정의 장려 • 가족 및 가정 기능의 지원 • 개성과 자율을 중시하는 민주주의 행동 규범화

출처: Caldwell(1991).

- 준비 교육으로서의 유아교육: 유아교육을 초등학교를 위한 준비 교육(3R: 읽기, 쓰기, 셈하기)으로서 후속 교육의 성공을 위한 수단으로 보는 입장이다. 이 입장은 우리나라의 치열한 입시 경쟁에서 많은 부모들에 의해 요구되고 지지되고 있으나 유아교육이 초등교육의 준비 교육 자체라고 규정되어서는 안 될 것이다.

현대적 개념은 고전적 개념과 비교하여 유아교육의 개념이 갖추어야 할 기본 조건들을 기술한 것으로 다음과 같다.

- 유아교육은 평생 교육의 일환이며 인생의 기초와 터전을 마련하는 것으로 유아의 전인적 성장·발달을 목표로 둔다.

- 유아교육의 궁극적 목표는 유아의 행복한 삶이며, 다른 목적을 위한 수단이 아닌 그 자체로서 목적이 되어야 한다.
- 유아교육은 유아의 관심과 욕구를 최대한으로 반영해야 한다.
- 유아교육은 유아의 전인적 발달을 조력하는 형식적·비형식적 교육과정의 총체이다.

한편, 스포덱(Spodek, 1978)은 유아교육을 3세에서 8세까지의 유아를 대상으로 유아원, 유치원, 어린이집 및 초등학교 저학년에서 실시하는 교육으로 보았으며, 모리슨(Morrison, 1984)은 출생에서 8세까지 형식적 교육기관에서 이루어지는 교육을 유아교육이라고 보는 등 학자마다 차이는 조금씩 있으나 유치원 교육과 초등학교 저학년 교육 간의 연계성이 이루어져야 한다는 것에는 국내·외 학자 모두 동의하고 있다.

종합해 보면, 광의적 의미의 유아교육은 출생에서 초등학교 저학년까지의 영유아들을 대상으로 가정이나 사회에서 이루어지는 비형식적 교육 및 기관이나 학교에서 체계적으로 실시되는 형식적 교육 모두를 포함하며, 협의적 의미의 유아교육은 3~5세까지의 유아들을 대상으로 유치원, 어린이집 등과 같은 유아교육기관에서 체계적으로 실시되는 형식적 교육을 의미한다. 우리나라의 경우 유아교육을 정의하는 데 있어 광의적 의미로 점차 바뀌어 가고 있는 추세이나 아직까지는 협의의 개념이 실제적으로 활용되고 있다.

2 유아교육의 중요성

유아교육은 인간 발달의 모든 측면에서 그 중요성이 강조되고 있다. 즉, 유아기에 신체 발달이 다른 어느 시기보다 왕성하게 이루어지며, 언어 발달에 있어서도 정상적인 유아는 5~6세가 되면 모국어를 거의 구사할 수 있다. 또한 프로이트

(Freud)와 에릭슨(Erikson)은 성격 발달의 기초가 유아기에 형성된다고 주장하였으며, 블룸(Bloom), 헌트(Hunt), 피아제(Piaget) 등은 지적 발달에 있어 유아기의 중요성을 역설하였다.

더 나아가 미국의 와이카트와 그의 동료들(Schweinhart, Barnes, & Weikart, 2004)은 유아교육의 효과가 성인기에 미치는 긍정적 영향을 밝혀내었다. 이들의 연구 결과에 의하면, 유아교육을 받은 사람들은 그렇지 않은 사람들에 비해 고등학교 졸업 및 대학에 진학하는 비율과 평균 임금 및 주택 소유 비율이 높게 나타난 반면 청소년 범죄, 구금, 체포 또는 미혼모가 되는 비율 등에서는 현저히 낮은 것으로 나타났다[그림 1-4].

뿐만 아니라, 국내의 연구에서도 유치원 경험이 지능 발달, 학습 준비도, 사회성(우호성, 친절성, 군집성 등), 인지 발달(분류, 서열, 공간개념)과 관련이 있으며(김광웅·주정일, 1976; 김성일, 1981; 한국행동과학연구소, 1981), 유치원 교육을 받은 아동은 그렇지 않은 아동보다 초등 및 중학교 수학 학력에서 더 높은 점수를 나타내었고 포부 수준에 있어서도 다양한 전문직을 선택하는 경향이 있는 등(이은해·이기숙, 1992) 유아교육의 장기적 효과가 입증되었다.

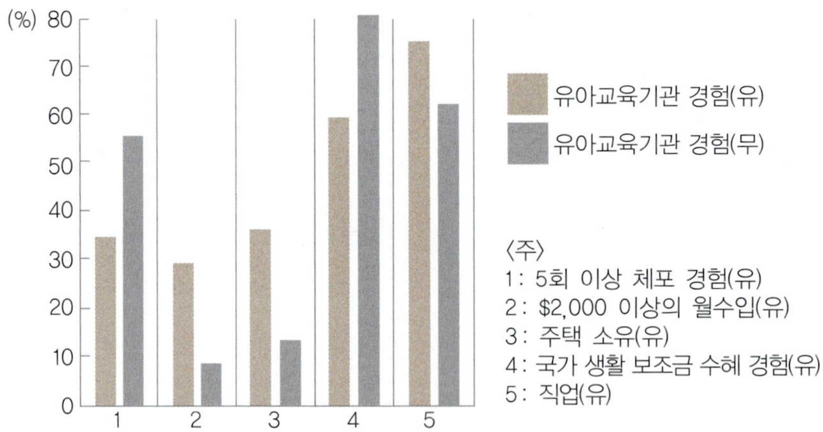

[그림 1-4] High/Scope Perry Preschool 연구

출처: www.highscope.org(2004). The High Scope Perry Preschool studies through age 40.

3 유아교육의 필요성

1960년대 이후 여성의 경제 활동 참여 증가, 핵가족화, 인구의 도시 집중화, 가구당 평균 자녀수의 감소, 편부모 및 이혼모의 증가 등 가족 구조와 가족 기능의 변화에 따른 사회 구조의 변화는 유아교육 및 유아교육기관의 필요성을 더욱 부각시켰다.

1) 취업모의 증가

한국에서의 여성 경제활동 참여율은 1980년 이래 계속 상승 추이를 보여 2018년 6월 현재 15세 이상 여성 경제활동 인구는 전체 여성의 53.7%에 이른다(국가통계포털, 2018). 이처럼 여성의 경제 활동 참여가 급증하는 이유로는 오늘날의 사회에서 남성 가장의 단일 임금만으로 경제생활의 유지가 어렵게 되었고 결혼의 안정성이 낮아지면서 남성의 경제적 지원에만 의존할 수 없게 되었기 때문으로 설명될 수 있다. 또한 여성의 교육 수준 향상과 자아실현에 대한 욕구, 사회적 인식의 변화, 서비스 산업의 확대 등도 맞벌이 부부 가족이 보편적인 사회적 현상이 되는 데 직·간접적인 영향을 미쳤다.

한편 우리나라의 여성 취업률은 OECD 국가의 여성 취업률과 비교해 볼 때 여전히 낮으며〈표 1-2〉, 2011년 우리나라 여성의 연령별 경제 활동 참가율에서도 30대 초반에 감소하다 30대 후반에 다시 상승하는 M 자 곡선을 그리는 것으로 나타났다. 이러한 결과는 20대 후반부터 30대 초반의 맞벌이 여성들이 일과 부모 역할을 병행하는 데 현실적으로 어려움을 겪는다는 것을 암시하는 것으로 늘어나는 보육 수요에 적극적으로 대응하는 정부의 노력이 더욱 절실히 요구된다고 볼 수 있다.

〈표 1-2〉 OECD 주요 국가의 여성경제활동 참가율 비교

구 분	2017
한 국	56.9%
일 본	67.4%
미 국	64.9%
OECD	평균 60.1%

출처: OECD(2018). Employment Outlook.

2) 가족 구조의 다원화와 인구의 도시 집중화

오늘날의 가정은 과거의 대가족에서 핵가족으로 변화함에 따라 부모와 한두 명의 자녀로 그 단위가 바뀌어 가는 동시에 가족 유형 또한 이전의 시기보다 훨씬 다원화되어 있다.

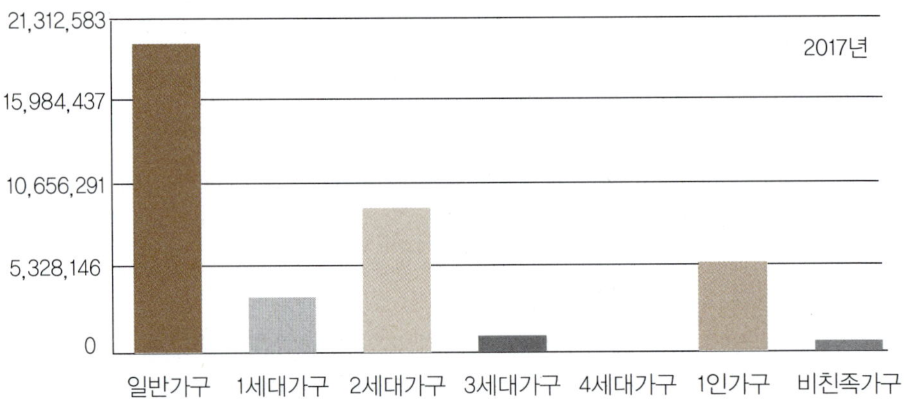

[그림 1-5] 세대구성 및 거처의 종류별 가구

출처: 통계청(2016). 세대구성 및 거처의 종류별 가구(일반가구).

지난 10년간 우리나라의 가구 구성 비율을 살펴보면, 형태상에서 많은 변화가 있었음을 알 수 있다. 2세대 이상 가구는 급속하게 줄어드는 등 가정의 핵가족화가 빠르게 진행되고 있음을 보여 준다. 평균 가구원의 수 역시 꾸준히 감소하고 있는 것으로 나타나 어머니가 취업할 경우 부모 외에 다른 어른이나 형제자매가 자녀를

돌볼 수 있기를 기대하기 어렵게 되었으며, 특히 자녀의 연령이 1세 미만인 경우 탁아 문제는 더욱 심각한 것으로 나타나고 있다.

아울러 이혼 등으로 인한 한부모 가족의 증가 등 가족의 자녀 양육 기능은 지속적으로 약화되고 있다고 볼 수 있다.

뿐만 아니라 농경사회에서 산업사회로 전환되면서 급격한 도시의 인구 집중 및 과밀화는 새로운 주거 형태인 아파트촌을 형성하게 하였으며, 이러한 사회적·경제적·문화적 변모는 과거와 같은 이웃 또는 친척과의 강한 유대관계를 약화시켰고 안전한 주거 환경과 놀이 공간의 축소로 인해 유아교육기관 및 다양한 보육 서비스(시간제 보육, 휴일 보육, 24시간제 보육 등)의 필요성을 더욱 증가시키고 있다.

3) 조기 교육 및 유아교육에 대한 관심 증가

조기 교육은 유아의 발달 단계에 맞는 학습과 경험을 충실화하는 데 만족하지 못하고 언어, 예능 등 특정한 교육 프로그램을 일반적인 생물학적 연령보다 빨리 실시하는 것을 의미하며, 특히 우리나라에서의 조기 교육은 지식 교육의 조기화를 의미하는 경향이 있다. 이러한 지나친 조기화 교육은 유아교육에서 지속적으로 강조되어 온 놀이를 통한 다양한 탐색 활동과 전인 교육 정신에 위배되는 것이다.

2010년 한국교육개발원이 발표한 '유아 사교육 실태 및 영향분석' 자료에 따르면, 만 3세 이상 취학 전 유아가 있는 전국 2천527가구 중 99.8%가 사교육을 받고 있는 것으로 나타났다. 이는 초(88.8%), 중(74.6%), 고교(55.0%)생의 사교육 참여율을 크게 웃도는 수치일 뿐만 아니라, 유아를 둔 가정 중 사교육을 하지 않는 집이 거의 없다는 것을 의미한다.

특히 이번 조사에 참여한 부모의 95.8%가 유아 사교육비가 저출산의 주범이라고 응답했으며, 42.7%가 교육비 때문에 둘째나 셋째 출산을 포기했다고 답해 심각성을 더하고 있다.

이러한 부모의 조기 교육에 대한 관심을 반영하듯 초등학교 입학 전 학원을 수강한 유아의 수가 계속적으로 증가하는 추세이며, 학습지 시장 규모도 매년 1천억원 이상의 증가세를 보이고 있다. 즉, 조기 교육의 부정적인 측면이 강조됨에도 불구하고 자녀수의 감소로 인한 부모의 지나친 기대나 집착이 조기 교육에 대한 과열을 초래하는 것으로 이해할 수 있다.

더 나아가 부모의 교육 수준의 상승과 대중매체의 발달 및 보편화로 인하여 보다 전문적이고 체계적인 자녀의 보호 및 교육 서비스에 대한 부모의 욕구 또한 유아교육기관의 증대에 일조하였다.

4 우리나라의 유아교육기관

1) 유형 및 특성

우리나라의 유아교육기관은 만 3세부터 초등학교 취학 전까지의 유아를 대상으로 교육을 담당하는 유치원과 6세 미만의 취학 전 영유아의 보육을 담당하는 어린이집으로 크게 구분된다〈표 1-3〉.

〈표 1-3〉 유치원과 어린이집의 운영 관리 기준 비교

구 분	유아교육	보육
담당기관	유치원(학교)	어린이집(사회복지시설)
법령	유아교육법	영유아보육법
주무부서	교육부	보건복지부
법 체제	교육법	사회복지법
교원 양성	유아교육법	영유아보육법
교사의 신분	교원(유치원 교사)	보육교직원(보육교사)
사립기관의 설립	사립학교법	영유아보육법
예산 집행방식	중앙집권제	지방자치제
관리감독기관	교육청	시·도·군 관계 기관

(1) 유치원

유치원은 '유아를 교육하고 유아에게 알맞은 교육 환경을 제공하여 심신의 조화로운 발달을 조장하는 것을 목적으로 하는 학교'로서 국공립, 사립으로 구분되며, 공립 유치원은 독립된 형태도 있으나 대부분의 경우 초등학교에 병설되어 운영된다. 유치원은 국가 교육과정을 근간으로 유아를 교육하며 유치원의 운영 시간은 반일제(4~5시간/1일)와 방과후 과정으로 운영되고 있다. 방과후 과정은 종일제(8시간 이상/1일), 하루 13시간 운영되는 에듀케어(7:00~20:00), 하루 15시간 운영되는 엄마품온종일돌봄교실(7:00~22:00)로 나누어진다(서울시교육청, 2018). 여기서 시간 연장제란 정규 유치원 과정을 마친 후 점심을 제공하고 2시 또는 3시 정도까지 유치원에서 활동하다 귀가하는 것이며, 종일제는 오후 5시 내지 6시 또는 취업 부모가 유아를 데리러 올 때까지 운영되는 프로그램을 말한다. 사립 유치원은 시·도 교육감의 인가를 받아 설치되며, 유치원에 대한 지도 및 감독은 중앙의 교육부 및 지방자치단체에서 담당한다.

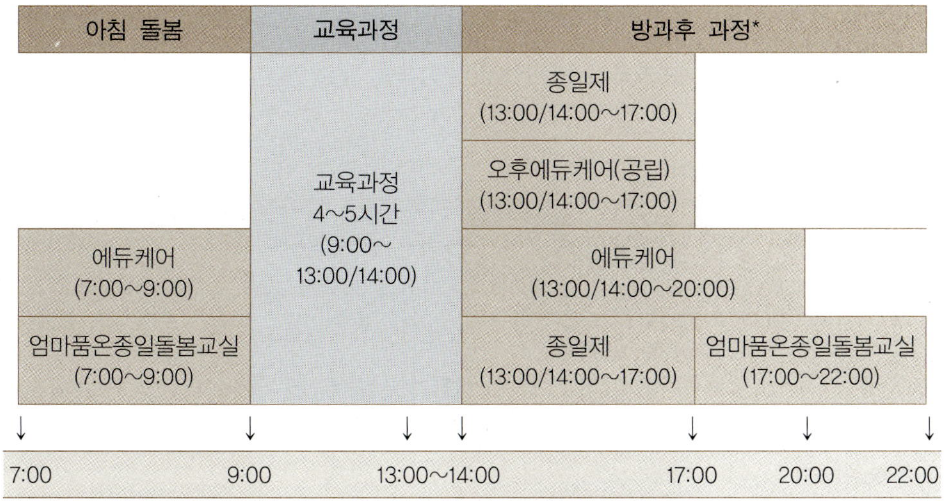

* 방과후 과정 시작 시각은 유치원별 교육과정 운영시간에 따라 조정됨.

[그림 1-6] 방과후 과정 운영 형태

출처: 서울시교육청(2018). 서울 유아교육 계획.

(2) 어린이집

어린이집은 '영유아의 심신을 보호하고 건전하게 교육하여 건강한 사회 구성원으로 육성함과 아울러 보호자의 경제적·사회적 활동이 원활하게 이루어지도록 함으로써 영유아 및 가정의 복지 증진에 이바지하기 위한 시설'로 설립 주체에 따라 국공립, 민간, 직장, 가정, 부모협동 어린이집으로 구분된다〈표 1-4〉. 어린이집에 대한 지도 및 감독은 중앙의 보건복지부 및 지방자치단체가 담당한다. 국공립 어린이집은 국가와 지방자치단체가 설치·운영(위탁운영 포함)하는 시설을 말하며, 법인 어린이집은 사회복지사업법에 의한 사회복지법인이 설치·운영하는 시설을 말한다. 민간 어린이집은 사회복지법인이 아닌 비영리법인, 비영리단체 또는 개인이 설치·운영하는 시설을 의미하며, 직장 어린이집은 사업주가 사업장의 근로자를 위하여 단독 또는 공동으로 사업장 내 또는 그에 준하는 인근지역과 사원주택 등 사업장 근로자 밀집거주지역에 설치·운영하는 시설을 말한다. 가정 어린이집은 개인이 가정 또는 그에 준하는 곳에 설치·운영하는 시설을 말하며, 부모협동 어린이집은 보호자 15인 이상이 조합을 결성하여 설치·운영하는 시설을 말한다.

만 3~5세를 대상으로 하는 유치원과 달리 어린이집의 교육 대상은 0세~만 5세이며, 국가교육과정인 표준보육과정과 누리과정으로 교육이 이루어진다. 운영시간은

〈표 1-4〉 어린이집의 종류

구 분	명 칭	설립 주체	설치 방법	규 모
국공립 어린이집	어린이집	국가, 지방자치단체	–	영유아 11인 이상 보육
직장 어린이집	어린이집	사업장의 사업주	인 가	영유아 5인 이상 보육
법인 및 민간 어린이집	어린이집	법인, 단체, 개인	인 가	영유아 21인 이상 보육
가정 어린이집	놀이방	개 인	인 가	영유아 5인 이상 20인 이하 보육
부모협동 어린이집	어린이집	보호자 15인 이상	인 가	영유아 11인 이상 보육

평일은 7시 30분~19시 30분, 토요일은 7시 30분~15시 30분을 원칙으로 한다. 이 중 담임교사와의 수업이 이루어지는 기본보육시간은 9시~16시이며, 16시~19시 30분은 연장보육으로 적정 인원이 충족되는 경우 연장보육전담교사에 의해 이루어진다. 그 밖에 원의 특성에 따라 야간연장보육(19시 30분~24시), 야간12시간보육(19시 30분~익일 7시 30분), 24시간보육(7시 30분~익일 7시 30분), 휴일보육(일요일, 공휴일 9시~16시)이 이루어지는 곳도 있다(보건복지부, 2020).

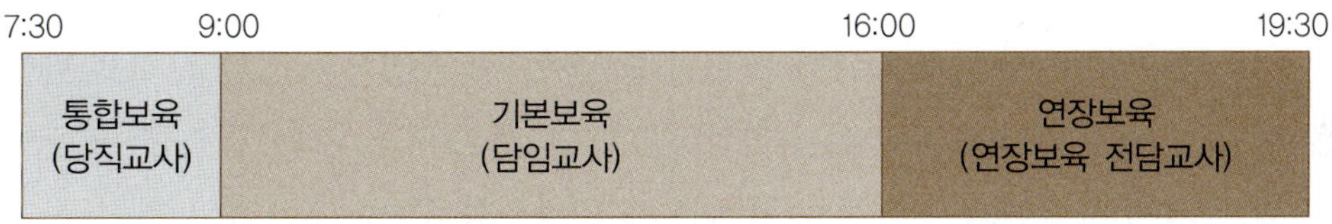

[그림 1-7] 어린이집 운영시간

어린이집에 대한 지도 및 감독은 보건복지부에서 담당하며, 보육에 관한 각종 정책·사업·보육지도 및 시설평가 사항 등을 심의하기 위하여 보건복지부에 중앙보육정책위원회를, 시·도 및 시·군·구에 지방보육정책위원회를 두고 있다.

2) 발달과정

우리나라의 유아교육기관은 해방 이전부터 유치원과 탁아 시설을 이용하는 대상 계층이 분리되어 초기의 유치원은 일부 상류층 자녀를 대상으로 교육을 담당하고, 어린이집은 저소득층 자녀를 위한 수용 및 보호 기능을 담당하였으나 최근의 사회적 변화는 유치원과 어린이집에서 교육과 보호의 기능이 모두 중시되고 있는 추세이다.

우리나라의 유치원은 1876년 일본과의 강화도 조약으로 문호가 개방되면서 설립되기 시작하였으며, 초기의 유치원은 역사적, 종교적, 정치적 영향에 의해 유형이 나뉠 수 있다〈표 1-5〉.

〈표 1-5〉 해방 이전 유치원 발달과정

기관명	설립 연도	설립 주체	설립 목적	비 고
부산유치원	1897	일본인	일본인 자녀를 위해 설립	최초의 유치원
경성유치원	1913	한국인	식민지 동화 정책의 일환	한국인 교사에 의한 최초의 유치원
이화유치원	1914	브라운리	선교 사업의 일환	기독교 유치원
중앙유치원	1916	박희도	민족 교육 운동의 차원	중앙대학교의 모체

해방 후 1949년 유치원에 관한 조항이 포함되어 교육법이 제정되고, 1952년에는 유치원 설립 인가(유치원 설립 인가, 원아 수, 교과 과목, 교육 일수 등)에 관한 법적 근거를 마련하였으며, 1969년에는 유치원 교육과정령을, 1976년에는 유아교육의 중요성에 대한 대중의 인식과 함께 공립 유치원을 초등학교에 병설로 처음 설립하였다. 이후 1980년대 이루어진 유아교육의 진흥을 바탕으로 1990년대는 질적인 고양의 시기를 맞이하게 되었다.

우리나라의 탁아 사업은 1921년 서울에서 태화기독교사회관이 탁아 프로그램을 개설함으로써 처음 시작되었지만, 본격적인 탁아소는 1926년 '부산공생탁아소'와 '대구탁아소' 2개의 시설로 빈곤 가정의 어린이들을 보호하고 양육하는 것이 그 목적이었다. 1961년 아동복리법이 제정·공포됨으로써 탁아 사업은 종래의 구빈 사업적 성격을 벗어나 아동의 복리를 증진시키기 위한 사업으로 그 성격이 변화·발전되어 왔다. 위탁 보호 시설로서 보건사회부가 관할하던 탁아소는 '어린이집'으로 개칭되었으며, 이후 내무부 소관이 되면서 '새마을 유아원'으로 명칭이 바뀌었다. 1991년 영유아보육에 대한 독립법인 「영유아보육법」이 제정되면서 어린이집은 보건사회부(현 보건복지부로)의 관할로 다시 이전되었으며, 유치원과 어린이집의 이원화 체계는 더욱 공고해졌다. 그러나 정부의 보육정책이 양적 확충에만 치중되었다는 문제가 지적됨에 따라서 어린이집의 양적 확대와 질적 개선 등 보육사업을 발전시키기 위한 노력이 집중되었다. 이후 2002년 보건복지부, 여성부, 노동부 공동으로 보육사업 활성화 방안이 발표되었으며, 2004년 1월에는 「영유아

보육법」이 개정되어 국가 및 사회의 보육에 대한 책임이 강화되고, 2004년 6월 보육업무를 보건복지부에서 여성부로 이관하였다(유희정 외, 2003).

참여정부는 보육의 비전을 '함께 키우는 건강한 아동'으로 결정했으며, 이를 위해 보육의 공공성 강화와 양질의 보육서비스 제공을 정책목표로 제시하였다. 이를 위한 구체적인 정책과제로 공보육기반 조성, 부모 육아부담 경감, 다양한 보육서비스 제공, 아동 중심의 보육환경, 보육서비스 관리체계 강화를 선정하였다. 참여정부의 제1차 육아지원정책(2004.6)의 내용에는 육아부담을 부모의 소득수준에 따라 50% 경감하며 1년간 육아휴직, 어린이집 평가인증제 도입 및 보육교사 국가자격제도의 시행이 포함되었다. 제2차 육아지원정책(2005.5)의 내용에는 어린이집 표준보육료 산정과 어린이집 영아 기본보조금 제도 도입이 포함되었다. 아울러 매 5년마다 중장기 보육계획을 수립하도록 명시한 「영유아보육법」(2004)에 따라 여성가족부에서는 공보육 강화를 위해 새싹플랜을 발표('06~'10)하였는데 그 내용에는 국공립 어린이집을 2010년까지 어린이집 이용 아동의 30% 수준까지 확충, 어린이집 영아 기본보조금 확대 지원, 어린이집 차등보육료를 이용자의 평균소득 130% 이하까지 확대하는 내용이 포함되었다. 보육업무는 보건복지부로 다시 이관되었으며, 정책방향을 보육정책의 질적 수준 향상과 수요자 중심 보육정책으로의 전환으로 설정하였다. 새싹플랜의 내용을 수정·보완하여 발표한 아이사랑플랜('09~'12)의 내용에는 보육에 대한 국가책임을 강화, 수요자 중심의 보육정책으로 개편하는 보완계획 수립·시행, 어린이집 이용자에 대한 보육료 지원 확대, 시설 미이용 가구에 대한 양육수당 도입, 어린이집 평가인증 활성화, 보육전자바우처(아이사랑카드) 도입, 보육서비스 품질 제고(보육프로그램, 아동의 건강·영양·안전 등), 3~5세 누리과정 도입, 공공형 어린이집 사업 도입 등이 포함되었다. 2013년부터 만 3~5세 연령별 누리과정이 도입되어 유치원과 어린이집의 교육과정이 통합되었으며 0세부터 만 5세의 모든 유아들에게 무상보육·교육이 실시되었다. 이와 함께 보육·교육기관을 이용하지 않고 가정에서 양육되는 모든 영유아들에게도 양육수당이 지원되는 등 보육·교육에 대한 국가책임이 강화되고 있다. 또한 정부에서는 교육기관의 국공립 비율을 높이기 위하여 2022년까지 국공립 유치원과 어린이집의 비율을 40%까지 올리는 계획을 본격적으로 추진하고 있다.

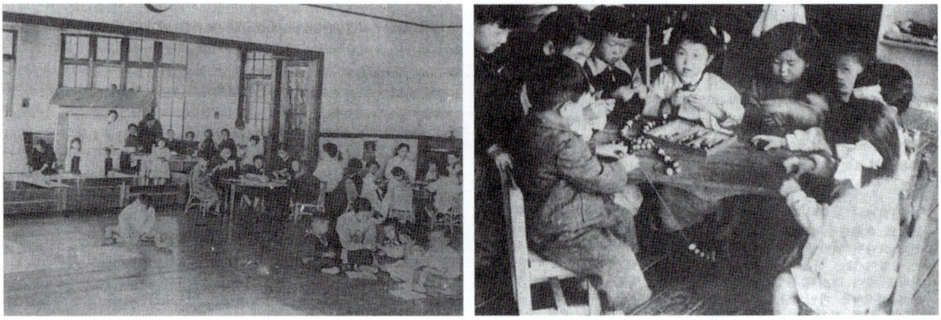

[그림 1-8] 초기 유치원(이화유치원, 1937년)

3) 양적 성장

(1) 유치원

1970년대 이후 유아교육에 대한 요구가 증가함에 따라 유치원은 기관 수와 원아 수 면에서 꾸준한 성장을 이루었다. 1970년에는 불과 484개의 유치원에 22,191명의 원아가 있었으나 2017년에는 9,029개의 유치원에 694,631명으로 늘어났다. 시설 유형별로 살펴보면, 국공립 유치원은 4,747개소에 172,521명이며, 사립 유치원은 4,282개소에 522,110명이다(교육통계서비스, 2018).

(2) 어린이집

어린이집의 경우 「영유아보육법」 제정 연도인 1991년 당시 3,690개소에 총 89,441명의 아동이 등록되었으나 2017년 3월 말 현재 40,238개소에 1,450,243명으로 증가하였다.

시설 유형별로 살펴보면, 국공립 어린이집 3,157개, 사회복지법인 1,392개, 법인·단체 등 771개, 민간(개인) 14,045개, 가정 19,656개, 직장 1,053개, 부모협동

164개이며, 보육 아동 수는 국공립 어린이집 186,916명, 사회복지법인 96,794명, 법인·단체 등 43,404명, 민간(개인) 738,559명, 가정 321,608명, 직장 58,454명, 부모협동 4,508명으로 민간(개인)과 가정 어린이집이 전체 시설 수 중에서 83.8%를 차지하며 민간(개인)과 가정 어린이집의 아동 수가 전체 아동 수의 73.1%를 차지하여 가장 많은 것으로 나타났다(국가통계포털, 2018).

5 유아교육의 당면 과제

우리나라 유아교육의 현실은 3~5세 유아의 2개 부처(교육부와 보건복지부) 중복 관리, 학부모의 과중한 사교육비 부담 등 구조적 문제들을 지니고 있으며, 유아교육의 일원화는 교육부, 보건복지부, 어린이집, 유치원 및 영어 유치원, 놀이학교 등 기타 사교육 기관과의 이해관계가 얽혀서 현재까지 실행되지 못하고 있는 실정이다.

또한 보육 서비스의 질적 부족, 지역적 편파, 획일적이고 융통성 없는 서비스, 정부의 재정적 지원금 부족, 교사의 질에 관한 문제 등이 우선적으로 인식되고 있으며, 서비스의 질적 수준도 개선되어야 할 문제로 지적되고 있다. 이를 간추려 보면 다음과 같다.

1) 지역 편중

유치원 취원율은 우리나라 각 지역에 따라 심한 차이를 보이고 있으며, 일반적으로 도서 벽지로 갈수록 사립 유치원보다 공립 유치원의 수가 많아 대도시에 비해 면이나 도서 벽지의 취원율이 높게 나타났다.

또한 국공립 어린이집은 저소득층 밀집 지역 및 농어촌 지역 등 취약 지역에 우선 설치를 원칙으로 하고 있으나, 일부 시설은 중산층 지역에 설치되어 있거나 저소득층 아동과 맞벌이 가정의 아동 비율이 낮아 국공립 어린이집으로의 기능을 제대로 수행하지 못하고 있다. 이러한 유아교육기관의 지역 편중으로 인해, 지역별 교육 기회의 불평등 현상과 더불어 계층 간 형평성 문제가 나타날 수 있으므로 유아교육의 공교육화는 시급히 해결되어야 할 과제임에 틀림없다.

2) 민간 의존도

유아교육기관의 사립 의존도는 매우 높은 수준으로 유치원의 경우 기관 수에 있어서는 국공립 유치원이 절반 정도를 차지하고 있으나 원아 수에 있어서는 전체 취원 유아의 30%도 안 되는 실정이다. 이는 농어촌 지역에서는 국공립 유치원의 의존도가 높고 사립 유치원은 인구가 많은 도시 지역에 집중해 있기 때문이다. 특히 OECD(경제협력개발기구)의 최근 통계에 따르면, 2017년 기준으로 국내 유치원 원아 중 공립 수용 비율은 24.8%로 OECD 회원국 평균인 67%(2015년)에 훨씬 못 미친다.

어린이집의 경우도 국공립 어린이집과 민간 어린이집의 불균형이 심하며, 민간 어린이집의 의존도가 매우 높은 실정이다. 보건복지부에 따르면, 2017년 전국 어린이집은 40,238곳으로 2016년 41,084보다 846곳(2.10%) 줄었으나 국공립 어린이집의 확충을 위한 정부의 노력으로 국공립 어린이집은 2016년 2,859곳에서 2017년 3,157곳으로 늘어났다. 그러나 여전히 전체 어린이집 중 10%도 되지 않아 좋은 보육환경과 믿을 수 있는 국공립 어린이집을 선호하는 많은 학부모들의 수요에는 여전히 미치지 못하며 일과 가정의 양립을 위해 공공적이고 보편적인 보육을 확대해 달라는 부모들의 요구에도 부응하지 못하고 있음을 보여 주고 있다. 이를 위해 지역의 보육 수요와 입지 조건을 엄밀하게 파악하여 국공립 어린이집을 새로 설치하거나 기존 시설을 국공립화할 필요가 있다.

〈표 1-6〉 유럽 국가의 국공립 어린이집 보육률 (단위: %)

국 가	국공립 어린이집의 보육률		보육비용 중 공공재원 비중(국공립)
	영아	유아	
스웨덴	81%	83%	95%
프랑스	-	87%	93%
덴마크	50%	83%	-
영 국	10%	51%	48%
네덜란드	-	71%	89%

출처: 교육부, 한국교육개발원(2017). OECD 교육지표.

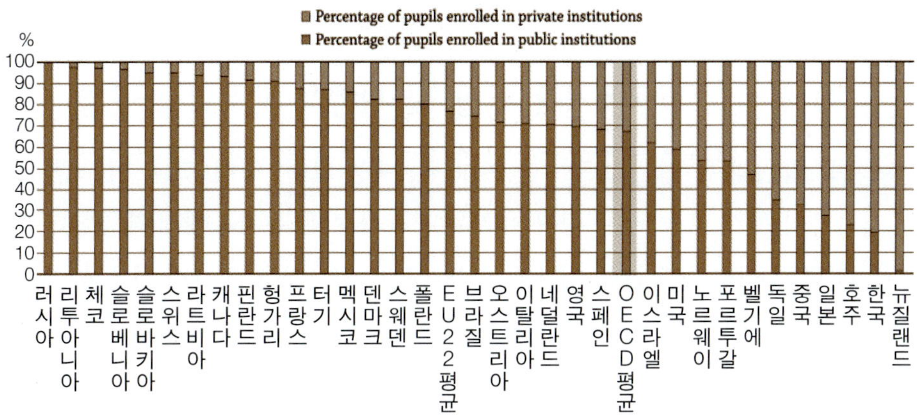

[그림 1-9] 국공립, 사립 유아교육기관에 취학한 영유아 비율

출처: OECD(2018).

3) 대상 아동의 연령과 기관의 기능 중복

최근 들어 유치원과 어린이집에 다니는 유아들의 대상 연령이 중복되어 있으며 기관의 기능도 점점 더 중복되는 현상을 보이고 있다. 즉, 유치원의 경우도 최근 취업모 자녀에게 유아교육의 기회를 제공하는 동시에 취업모의 안정된 경제적·사회적 활동을 지원하기 위해 종일반 운영이 확대되고 있는 실정이며, 어린이집도 교육의 기능을 강화하고 있다.

1994년 교육부가 사회 구조의 변화에 대처하여 '유치원 종일반 운영 지침'을 마련한 이래 시·도 교육청 및 지역 교육청은 취업모 자녀의 유아교육 기회 제공과 안정된 경제적·사회적 활동을 위하여 유치원의 종일반 활성화를 적극 권고하고 있으며, 어린이집은 12시간 운영이 원칙이나 일부 어린이집들이 반일제와 연장제 프로그램을 운영하고 있어 두 기관 간의 특성 구분은 점차 모호해지고 있다.

이처럼 유아교육에 대한 사회적 요청이 과거와 달리 보호와 교육을 동시에 요구하는 시대적 상황에서 유아에 대한 보호와 교육을 별개가 아닌 상호 보완적 차원에서 접근하여야 하며, 이를 위한 선행 작업으로 이원화되어 있는 유아교육 체제의 일원화 및 통합이 시급히 이루어져야 할 것이다.

4) 유사 유아교육기관 난립 및 파행적 교육과정 운영

예체능 학원의 유치반, 스포츠단, 어학원, 재능 교실, 영재 교실, 선교원 등 각종 기관들이 특기 교육 외에 '정규 유치원 교육과정'을 유아들에게 제공한다고 홍보를 하고 있으며, 부모들은 경제적 어려움이나 유치원보다 상대적으로 적은 비용으로 '여러 가지를 더 잘 배울 수 있다'는 잘못된 인식으로 자녀를 유사 유아교육기관에 보내고 있다. 특히 1997년부터 시작된 세계화를 위한 영어 교육 강화 정책은 조기 영어 교육 붐을 일으켰고 '영어 유치원'의 급속한 증가를 초래하였다. 이러한 유사 유아교육기관의 난립은 학부모의 혼란은 물론 원아 유치 경쟁을 위해 방학을 대폭 축소하거나 정규 일과 속에 교육과정과는 전혀 별개의 특별 활동을 실시하고 있는 등 유아교육과정의 파행적 운영에 직접적인 영향을 미치고 있다. 따라서 지속적인 부모 교육을 통하여 조기 교육에 대한 올바른 인식을 함양시키는데 주력하는 동시에 유아교육 관련 학원 및 기관들이 질적으로 우수한 유아교육 프로그램을 운영할 수 있도록 사회·국가적 차원에서의 철저한 지도·감독과 다양한 지원책이 마련되어야 할 것이다. 아울러 교육프로그램의 강화가 영유아에게 많은 것을 가르쳐야 한다는 것으로 인식되어서는 안 될 것이다. 영국에서는 영유아 기초단계 교육과정(Early Years Foundation Stage: EYFS) 개혁 방안을 발표하였으며, 2012년 9월부터 실행되고 있다. 이 내용에는 0~5세를 위한 교육·보육과정 간소화, 언어 및 의사소통, 신체발달, 사회·정서적 발달의 3가지 영역을 중점으로 한 학습목표 구성, 교사 업무부담 경감을 위한 기록 작업 간소화, 저소득층 아동을 위한 국가의 조기 개입, 취학 전 아동의 학교 적응을 위한 효율적 지원 등이 포함되어 있다.

5) 누리과정

만 5세에게만 적용되던 교육·보육 공통과정인 '누리과정'이 2013년 3월부터는 만 3~4세 유아에게도 적용되었다. 이로써 만 3~5세 아동은 유치원과 어린이집 어디에 다니든지 동일한 공통 과정을 제공받을 수 있게 되었다. 누리과정은 유치원과 어린이집의 교육과정이 각기 다른 문제점을 해결하고 만 5세에 이어 만 3~4세 유아에게도 양질의 교육과 보육을 제공해야 한다는 취지 아래 마련되었다. 3, 4세 누리과정의 의의는 각 연령별로 적용할 수 있는 국가수준의 공통 과정을 마련하였다는 것이다. 주요 내용을 살펴보면, 질서, 배려, 협력 등의 기본생활습관과 인성교육의 강조, 국가 차원에서 유아기부터 바른 습관과 올바른 인성을 기를 수 있도록 내용 구성, 건강한 몸을 기르도록 신체운동을 강조하여 다양한 신체 활동 참여를 강화하였다. 특히 최근 국가·사회적으로 강조되고 있는 인터넷, 미디어 중독을 예방하고 바른 사용습관을 기를 수 있도록 하였다. 또한 다양한 기후변화에 대처하고 에너지를 절약하는 등 유아 발달 수준에서 녹색생활을 체험하고 실천하는 녹색성장교육이 자연스럽게 이루어질 수 있도록 강조하였으며, 다양한 가족 유형과 문화, 국제화 등 다원화된 사회에서 미래 민주 시민의 기초를 형성하도록 다른 사람과 화목하게 지내며 나와 다른 사람과의 차이를 존중하는 내용을 보강하였다. 2019년 새로이 개정되어 2020년 시행되는 누리과정에서는 기존 누리과정의 실행 과정에서 제기된 구성체계의 문제, 연령별 교육내용 과다, 교육의 획일화에 대한 문제점을 보완하고자 하였다. 이를 위하여 '유아가 중심이 되고 놀이가 살아나는 유아 중심·놀이 중심의 교육과정 혁신'을 누리과정 개정의 기본 방향을 설정하고 개별 유아의 다양한 특성을 고려하며 유아의 자유놀이를 권장하고 현장의 자율성을 확대하는 교육과정을 마련하고자 하였다. 이러한 교육과정의 개정은 숙련된 교사의 자질을 필수적으로 요구한다. 그러나 교육현장의 현실은 예산의 문제 등으로 숙련된 교사가 장기근속하기 힘든 상황이며 해마다 되풀이되는 누리과정에 대한 예산편성의 문제가 해결해야 할 과제로 남아 있다. 또한 개정된 누리과정이 현장에서 적용되기 위하여 꾸준한 교사교육과 장학이 이루어져야 한다.

6) 유아교사의 처우 및 근무환경의 개선

누리과정 도입으로 3~5세 유아들이 동일한 교육과정을 적용받을 수 있는 조건이 마련되었지만 공립 유치원과 달리 사립 유치원과 민간 어린이집은 계약직 채용 등으로 인건비를 줄여 이윤을 남기려는 곳이 많아 안정적인 근무조건을 갖추고 있지 못하다. 따라서 균등한 유아교육의 질을 보장하기 위해 공립의 비율을 높이는 장기 계획이 필요하다.

또한 유아교육의 질을 결정하는 중요한 요소인 유아교사의 전문성 신장을 위해서는 개인적 자질도 중요하지만 전문성을 유지하면서 발전할 수 있도록 하는 처우 개선 및 근무환경이 마련되어야 한다. 최근 처우 개선의 일환으로 2018년 7월부터 보육교사의 휴게시간 보장이 의무화되었다. 그러나 이는 현장의 상황을 고려하지 못한 행정이라는 비판이 나오고 있다. 현장에 대한 깊은 이해를 통해 교사의 자기개발 및 연구시간을 보장하고, 유아교육기관 내에 연구 공간이 확보되도록 해야 한다. 또한 보육교사의 과중한 업무를 덜어주기 위한 정부 노력의 일환으로 2020년부터는 기본 보육시간 이후에는 연장보육 전담교사를 배치하여 기본 보육시간 이후의 보육업무를 담당하도록 하고 있다.

최근 미국의 노스캐롤라이나 주의 Outcome Study에서 발표한 내용을 보면, 유아교육의 질은 낮은 교사 대 아동 비율, 교사의 전문성, 교사에 대한 적절한 처우 보장이 함께 이루어질 때 가능하다고 보고하였다. 특히 눈에 띄는 것은 대체 교사제를 적극 활용하여 유아교사들이 전문적인 재교육을 받을 수 있는 기회를 수시로 주는 것이다. 또한 호주 정부에서는 The National Quality Standard를 통해 영유아들이 개인적인 보호와 관심을 받을 수 있도록 교사 대 아동 비율을 낮추고, 영유아들에게 최적의 발달과 학습을 제공할 수 있게 하기 위해 보다 강화된 교사자격, 유아교육의 질을 최대화할 수 있는 보완된 평가인증제, 그리고 지역 간 유아교육기관 간의 질적 편차를 줄이고 국가수준의 질적 보장을 위해 유아교육만을 담당하는 새로운 정부기관 설치 등이 활발하게 논의되고 있다. 이제 우리나라의 유아교육정책도 현재보다 미래사회를 대비한 구체적인 목표 및 방향 설정이 필요한 시점이다.

7) 보육교사 자격요건 검토

보육교사 자격증은 2004년 개정 「영유아보육법」을 통해 전공학과 중심에서 이수교과목 중심으로 바뀌면서 학과에 상관없이 기준 교과목과 학점을 이수하면 자격증을 받을 수 있도록 되어 있어 보육교사의 전문성 측면에서 볼 때 가장 큰 문제점으로 지적되어 왔다. 특히 교직과목의 이수는 교사 양성과정에서 필수적인 것으로 인식되어 왔음에도 불구하고, 보육교사 자격을 위한 이수교과목에서 배제되어 왔다. 보육교사의 전문성에 대한 문제는 보육의 질적 저하를 가져와 아동학대 등 많은 문제를 야기하고 있다. 이를 위해 전문적인 교사 양성을 위한 문제점으로 지적되고 있는 1년 과정의 보육교사 양성 기관인 보육교사 교육원의 기능을 보수교육기관으로 전환하고 보육교사의 최저학력을 유치원교사의 학력과 유사한 수준으로 상향조정해야 한다.

또한 보육교사와 유치원교사의 역할이 유사하나 보건복지부에서 발급하는 국가자격증인 보육교사 자격증은, 교육과학기술부에서 발급하는 유치원교사 자격증과 달리 온라인 학점은행 전문기관을 이용하여 자격취득이 가능하다. 이는 일반인에게 보육교사가 사명감을 가진 교직이 아닌 하나의 일반 직종으로 비춰질까 우려된다. 최근 발생하는 아동학대의 문제는 교직에 대한 사명감, 교사의 질과 깊은 관련이 있다. 그러므로 보육교사 자격요건에 대한 엄격한 기준과 교육이 필요하다. 특히 사이버대학, 방송통신대학, 학점은행제 등 원격대학에서 보육교사가 배출되는 경우 보육실습 운영의 문제가 심각하게 지적되고 있다. 이러한 문제를 해결하기 위하여 2016년 8월부터 교사 인성이 필수 교과목으로 변경되었으며 사이버 교육만으로 보육교사 자격증을 취득하는 데에 따른 부작용을 해소하기 위하여 대면교육을 강화하였다. 또한 기존 4주 160시간의 보육실습이 6주 240시간, 평가인증을 유지하는 시설에서 시행하도록 기준이 강화되었다. 보육실습은 실제 현장에서 숙련된 교사의 교수법 및 상호작용기술을 경험을 통해 모방·학습하고 이론과목에서 배운 내용들을 실제로 적용해 보는 기회로 보육교사 양성과정에서 가장 중요한 요소이다. 따라서 보육교사를 양성하는 최종 단계인 보육실습에 대한 철저한 관리·감독이 요구된다.

8) 직장 어린이집 부족

직장 어린이집 설치는 일·가정 양립을 통한 저출산 문제 해결에 있어 가장 중요한 과제이다. 정부에서는 「영유아보육법」 제14조에 근거하여 상시 근로자 500명 또는 상시 여성근로자 300명 이상을 고용하고 있는 사업장의 직장 어린이집 설치를 의무화하고 있다. 2016년 직장 어린이집 설치 의무이행 실태조사 결과, 2015년 의무이행 대상 사업장 1148개소 중 의무이행 사업장은 938개소(81.7%)로 전년 의무이행률(52.9%) 대비 28.8% 증가하여 의무이행 대상사업장의 81.7%가 직장 어린이집을 설치 또는 위탁보육 중인 것으로 보고되었다. 미이행 사업장이 직장 어린이집을 설치하지 않는 이유는 비용 부담, 사업장 특성, 설치장소 확보 곤란 등의 순으로 나타났다.

그러나 대기업에 비해 상대적으로 경제 여건이 넉넉하지 않은 중소기업은 직장 어린이집 설치가 쉽지 않은 상황이다. 특히 산업단지 내 어린이집 확충이 절실하다.

23개 국가산업단지 내 종사 근로자 수는 우리나라 전체 제조업 고용의 20%를 차지할 정도로 비중이 높지만 관내 어린이집은 16개소로 국내 전체 어린이집 대비 0.05%에 불과할 정도로 근로자 지원 기반이 매우 취약한 실정이다. 실제로 서울 구로의 디지털산업단지의 경우 1만 2천여 개의 입주기업과 16만여 명의 근로자(여성 4만 3천여 명)가 있으나, 2015년 현재 단지 내 직장 어린이집은 단 3곳뿐이어서 젊은 직장인들의 육아부담이 큰 상황이다. 직장 어린이집 설치를 활성화하기 위한 하나의 방안으로 직장 어린이집 설치 의무사업장이 아닌 중소기업에 대한 어린이집을 설치 및 운영에 대한 지원을 강화해야 한다. 최근 여러 중소기업이 연합하여 설치·운영하고 있는 공동직장 어린이집에 대한 지원, 미이행 사업장에 대한 개별 컨설팅 등이 필요하다.

9) 부모 교육

현대사회가 가지는 여러 가지 현상 때문에 부모에 대한 체계적이고 정기적인 교육은 더욱 필요해지고 있다. 그러나 현장에서는 부모 교육의 장을 적극적으로 마련하여도 부모들의 참여가 저조하다는 것이 큰 문제이다.

과거 대가족 사회와 달리 핵가족 사회가 되면서 아이에 대한 모든 책임은 부모에게로 옮겨졌으나 자격증을 부여받거나 교육을 받고 부모가 된 것이 아닌 만큼 능숙한 부모역할을 기대하기 어려운 것이 사실이다. 그래서 부모 교육으로 이미 부모가 된 사람을 교육하는 것도 물론 중요하지만 부모가 될 사람을 교육하는 것이 매우 필요하다고 생각한다.

동대문구의 건강가정지원센터에서 운영 중인 자녀 출산, 양육에 대한 기초정보와 부모됨의 올바른 가치관 정립을 위해 출산을 앞둔 임산 부부와 영유아 손자녀를 둔 조부모를 대상으로 한 '세 살 마을 부모 교육' 프로그램은 매우 바람직하다고 여겨진다.

부모 교육 활성화를 위해 이제는 기관에서 부모를 기다릴 것이 아니라 직장으로 찾아가는 부모 교육 및 미래 사회투자 관점에서 아버지 양육 참여 활성화를 위한 관계부처와 시민사회, 지역사회의 적극적인 관심과 참여가 필요해 보인다. 예를 들면, 가족 간의 소통 및 가족관계 회복 등을 위하여 한 달에 한 번 관공서, 기업 등의 정시 퇴근을 장려하고 학교 및 학원의 야간 수업을 하지 않도록 하는 '패밀리 데이'가 확산될 필요가 있다.

Chapter 02

유아교사교육

EARLY CHILDHOOD EDUCATION

제1장에서 다룬 것과 같이 유아교육은 교육 대상의 특수성과 함께 교육장소 교육형식 교육의 방법 및 목적에 따라 다양한 특성을 지니며, 특히 교육대상의 필요와 요구보다 사회적 요구에 의해 방향이 결정되곤 한다. 따라서 영아나 유아의 교육을 담당하는 교사의 정체성은 변화하는 사회적 요구에 따라 새롭게 정의되거나 그 역할의 중요성이 평가되기도 한다. 본 장에서는 교직으로서의 영유아교사의 중요성과 전문성 등에 대해 논의하고자 한다.

1 교직의 본질

교육의 문제는 궁극적으로 교사의 문제라고 할 수 있으며 교육은 이상적인 상태를 지향한다는 점에서는 종교와도 비슷하다(이홍우, 1998). 이러한 교육의 특성은 때로 교사로 하여금 비이성적이고 비전문적인 사회적 믿음에 직면하게 한다.

교사라는 존재감은 그에게 가르침을 얻을 대상인 학습자가 존재한다는 사실, 그 존재에 대한 인간관을 전제로 한다. 개별 아동을 오케스트라의 악기주자로 생각하는 교사는 각 학습자의 관심과 흥미, 현재의 상태를 진지하게 고려하게 될 것이며, 학습자를 미완의 존재로 생각하는 교사의 교수행동은 자신이 가르쳐야 할 지식의 내용과 효과적인 교수방법을 먼저 고려하게 된다.

더불어 교사는 무엇을 왜 가르쳐야 하는지에 대한 답을 가지고 있어야 한다. 진리가 가치중립적이라고 믿는 교사는 스스로 권위가 있고 객관적이라고 믿는 문헌에 있는 정보의 전달자가 되는 것에 최선을 다할 것이다. 진리란 인류공동의 선을 이루는 것이며 이를 가르치는 것이 교육이라고 믿는 교사라면 새로운 교육정보를 접했을 때에도 먼저 왜 가르쳐야 하는지, 가르칠 가치가 있는 내용과 방법인지 판단하고 선택을 결정할 것이다.

이러한 관점들은 교사가 속한 공동체 문화에 의해 영향을 받으며 동시에 이전의 개인적 경험과 교육에 의해 결정된다. 흔히 교사의 정체성을 성직자, 전문가, 노동자, 공직자로 구분하는데, 염지숙은 거기에 더해서 예술인을 포함(염지숙 외, 2011)하고 있다.

1) 성직자로서의 교사

초기 학교의 역사에서 종교기관이 학교의 역할을 담당해서인지 전통적으로 교직을 성직자와 비슷한 관점으로 보았다. 이러한 관점에서 보면 학습자의 지적·정서적 지지뿐 아니라 학습자에 대한 열정과 헌신을 교사에게 요구할 수 있다. 한국 사회의 교직관을 가장 잘 나타내었던 군사부일체(君師父一體: 군주와 아버지와 교사가 동등하다)라는 말은 오랫동안 우리 사회에 영향을 미쳤던 생각의 표현이다. 특히 학습자의 건강과 안전까지 돌보아야 하는 유아교사는 학습자와 교사의 관계 맺음에서도 부모와 같은 특별한 헌신을 요구하게 된다. 이와 함께 성직으로서의 교사는 진리가 무엇인지 분별하고 그것을 가르치기 위해 최선을 다해야 한다.

하지만 지금은 왕정시대도 아니고, 어느 누구도 교사가 부모와 같이 학생을 희생과 헌신으로 돌보는 존재라고 믿지도 않는다. 간혹 성직자로서 교사를 기대한다면 그는 교사를 인격자로서, 영적인 존재로서 대우하여야 한다. 이러한 관점은 영유아를 기관과 교사에게 맡기는 부모-기관, 기관-사회 간에 상호 믿음을 기초한 관계가 우선되어야 한다. 그런 의미에서 최근 유아교육현장에서 종종 일어나는 아동학대 현장의 확인을 위한 CCTV의 설치와 수시로 확인을 요청하는 부모와의 갈등은 유아교사에 대한 우리 사회의 관점을 극명하게 드러내고 있다. 교육개혁은 교사를 감시·감독하는 곳에서 이루어지는 것이 아니라 교사의 자존감을 존중하는 곳에서 시작된다는 교훈을 생각해 보아야 한다.

2) 전문가로서의 교사

1966년 발표된 UNESCO의 「교원의 지위에 대한 권고문」에서 볼 수 있듯이 교직은 엄격하고 계속적인 연구를 통하여 획득되고 유지되는 전문적 지식과 기능을 요구하는 전문직이라는 관점이다. 따라서 교사교육은 자격을 취득하고 난 이후에도 지속적으로 제공되어야 하고, 동시에 교사의 전문성이란 전문적 지식과 기술을 요구하는 것 외에도 직업윤리, 사회봉사성, 자율성의 보장을 전제로 한다. 가르친다는 것은 교육과정 활동이나 일련의 기술훈련이기보다는 일생 동안 지속되는 연구와 반성의 과정(Carter & Curtis, 2001)이기 때문이다.

이러한 관점에서 교사교육은 교사가 자신의 태도를 발견하도록 돕고 반성과 문제해결을 촉진하도록 지원하는 방향으로 지속되어야 한다. 특히 유아교사의 전문성 인식 수준이 높아질수록 유아-교사, 유아-유아의 긍정적 상호작용 행동이 더 많이 이루어지므로(윤주연, 2013; 이수련, 2013), 유아교사의 전문성은 중요한 교사-유아 간 관계 형성의 중요한 디딤돌이 될 수 있다. 현재 다양한 과정을 통한 교사양성은 기회의 공평성 문제로 다룰 것이 아니라 교직에 대한 관점의 재고를 통해 수정되어야 한다.

3) 공직자로서의 교사

공직관이란 국가가 부여한 법적 지위와 자격을 가진 공공성의 개념으로 이해하는 것이다. 어린이집교사는 「영유아보육법」에 따라, 유치원교사는 「유아교육법」에 의해 정한 자격기준을 갖추어야 유아교사로 종사할 수 있다. 유치원교사는 교육공무원으로, 어린이집교사는 사회복지사업 종사자로서의 자격기준을 얻기 위해 대학 등 관련 기관에서 일정 기간 교육을 마치고 난 후에 수행할 수 있다. 또한 지속적으로 국가관리 체계 안에서 일정 수준의 윤리적 규범을 준수하고 있는지 평가받고 자격을 검증받아야 한다. 유치원교사교육은 교육청과 특수 분야 연수기관의 연수를 통해 자율적으로 시행되고 있으며, 보육교사교육은 3회 이상 교사재교육에 참여하지 않으면 자격을 박탈하는 엄격한 규준을 제시하고 있다.

이러한 교직의 공공성은 모든 국민이 교육을 받을 권리가 있다는 기본권과 그 권리를 보장하기 위한 국가의 책임하에 보장된다.

4) 노동자로서의 교사

어떤 직업이라 해도 일하는 당사자의 희생과 헌신을 요구하는 것을 부당한 처사라고 믿는 현대사회의 가치관에 따라, 교사 역시 일정 시간 노동시간과 보상을 보장하고 권리와 생계를 해결할 수 있는 이익을 보장해 주어야 하는 근로자로 보는 관점이다. UNESCO의 「교원의 지위에 대한 권고문」은 ILO(국제노동기구)와의 공동 선언문이기도 하다. 따라서 총 146조로 이루어져 있는 '권고문'에는 교사가 전문직이라는 정의와 함께 교사의 책임 외에도 교사의 승진, 신분보장, 각종 형태의 근무 조건, 교사의 봉급, 사회 보장을 포함하는 교사의 근로자로서의 권리를 언급하고 있다.[1] 근로자로서의 교사에게는 창의성이나 전문성보다 주어진 국가수준 교육과정에 따라 정보전달자로서 충실히 수행할 의무가 있다.

따라서 교사를 노동자 혹은 근로자로 바라보는 관점에서 최근 어린이집 교사의 중간 휴식시간의 보장은 당연한 근로자의 권리에 속하는 문제이다. 그러나 대상 연령의 특징상 교사를 대신하는 대체인력의 적절성에 대한 학부모와 운영자의 염려, 낯선 사람과의 새로운 관계형성과 애착형성의 어려움을 겪어야 하는 영아를 생각하면 충분히 갈등의 소지가 있는 문제이다.

5) 창의적 예술가, 교사

Van Dyk(2003)는 교사라는 직업이 기술적인 능력이 필요한 기술자라기보다는 창의적 능력이 필요한 예술가라고 정의하였다. 교직이란 개인의 재능을 축하하고 개인의 필요를 채워 주어 협력적인 공동체를 만들어 가는 창의적인 직업이라고 본 것이다.

종종 교사를 오케스트라의 지휘자로 은유한다. 마치 웅장한 교향곡의 작곡가가 머릿속에 그리고 표현하려 했던 아름다운 곡을 60명이 넘는 주자들을 안내하고 인도하며 각 악기의 특징을 살려 아름다운 조화를 이루어가는 지휘자의 다면적인 업무와 교사의 역할을 비견한다. 교직이란 창의적인 작업을 수행하면서도 교육의 원칙과 공동체의 조화를 통해 아름다움을 창조하는 종합적인 예술가로 바라보는 것이다. May(2006)는 학습자에게 좋은 것과 그릇된 것을 확실하게 가르치는 가장 좋은 방법은 일련의 교육과정이 진행되는 내내 아름다운 것들로 둘러싸이게 해주는 것이라고 하였다. 특히 Van Dyk(2003)는 가르침에 대한 성찰의 역사는 '가르침은

---

1) ILO는 회원국 대표가 그 나라 정부뿐만 아니라 전국적인 사용자·노동자 대표들, 특히 노동조합 대표들로 이루어진 기관으로 1989년대 중반까지 150개가 넘는 나라가 가입해 있다.

과학이다'는 축과 '가르침은 예술이다'라는 축 사이를 오가는 시계추 같다고 하였다. 가르침이란 과학적 원리들로 모두 환원될 수 없지만, 가르침의 행위에 예술적인 측면이 많다고 해서 과학적 기초가 없다는 것을 의미하지는 않는다.

교직을 어떤 관점으로 보느냐는 인식의 차이는 바로 교육현장의 모든 문제와 문제해결방법에서 차이를 드러낸다. 운영자와 학부모 그리고 교사가 교직을 바라보는 관점은 서로 다를 수 있다. 운영자가 교사를 성직으로 이해하여 헌신을 요구하고, 학부모는 교수에 필요한 전문적 지식인을 요구하는데, 교사가 노동직관을 가졌다면 기관의 운영에서 갈등이 일어날 소지는 충분히 많다. 교사의 교직관이 어떠한가는 가장 의미 있는 교육현장의 영향력 있는 조건이다.

2 유아교사의 교직 특성과 역할

'유아를 사랑하기만 하면'이라고 유아교사의 자격을 논할 때 유의할 점은 사랑이 단순히 감정이 아니라 상대의 눈높이와 생각을 고려해서 행동으로 옮기는 전문적 직무라고 볼 수 있다. 사랑이 넘치는 유아교사는 유아의 연령별, 성별, 사회 · 인구학적 특성상 각각 다른 요구와 강점을 관찰하고 이에 대응하는 교수행동을 취하기 마련이다. 유아를 사랑하는 교사는 전문가로서 필요한 지식과 정보를 진술하는 데 그치지 않고 교실에서 유아와의 상호작용을 통해 구체적 교수행동으로 드러낸다.

1) 유아교사의 중요성

모든 교육현장에 영향을 미치는 교사의 중요성은 당연하겠지만 특히 유아교사의 중요성은 학습자인 유아의 발달특성과 관련이 있다.

첫째, 유아교사는 유아에게 그들의 가족을 제외하고 세상에서 제일 처음으로 만나는 인물이다. 그런 의미에서 유아교사는 유아가 세상을 살아가는 동안 중요한 영향을 미치는 '인간 존재에 대한 신념'을 형성해서 이 세상이 편안하고 행복한 곳이라거나 긴장되고 불행한 곳이라는 믿음을 갖게 하는 중요한 전제조건이다. 교사의 인성은 유아의 인성에 직접적인 영향을 미치고, 교사의 언어는 유아의 언어에 영향을 미치며, 교사의 호기심과 탐구심 그리고 교사의 태도는 유아의 삶에 대한 태도에 영향을 미친다.

둘째, 유아교사의 교수행동과 신념은 인생의 결정적 시기에 해당하는 유아기의 발달과 학습에 미치는 효과가 더욱 크기 때문이다. 유아교사는 생활주제에 따라 일일교육계획안을 작성하고 활동을 선정하고 교수방법을 선택할 뿐 아니라 유아의 발달수준을 파악하여 개별 유아에게 적절한 접근방법을 제공한다. 그 과정에서 교사의 선택을 결정하는 가장 중요한 관점은 인간관이며 더 나아가 아동관이 어떠한가에 있다.

셋째, 유아교육은 개념 중심이 아니라 생활 중심 교육과정을 통하여 일상생활에 직접 적용 가능한 지식과 기술과 태도를 배우는 특성 때문에 교사의 역할이 매우 중요하다. 어린 학습자는 교사의 언어적 교수와 함께 최초의 가정 밖 공동체 내에서 바람직한 관계를 맺는 방법과 이를 위해 도움이 되는 바람직한 언어를 익히고, 자신의 친구들의 신체와 건강을 어떻게 관리해야 하는지, 자연을 탐구하는 방법과 관찰하는 지혜를 배운다. 나아가 교사가 제공하는 아름다움을 느끼고 표현하는 예술적인 경험을 통하여 미에 대한 안목을 기르기도 한다. 이러한 과정을 통해 인지발달, 정서발달, 사회성발달, 언어발달과 아울러 신체발달이 이루어진다.

유아들을 위한 교육과정은 우리나라의 누리과정, 표준보육과정처럼 교육부 및 보건복지부가 제정, 개정을 통해 운영되는 국가수준의 교육과정이 있고, 교육전문가들이 특정한 교육철학과 교수방법을 적용하여 개발하는 교육과정도 있으며, 학교 차원에서 결정하는 의도적 교육과정도 있다. 그러나 국가수준의 교육과정인 누리과정과 그 적용을 위한 교사용 지도서에 따라 수행한다고 해도, 교육현장에서는 교사의 신념과 경험에 의한 '교사수준의 교육과정'을 수행하게 된다. 특히 영유아교사는 유아의 발달수준이 다르고, 유아의 예기치 않은 행동과 호기심 그리고 반응으로 인해 늘 교수행동과 상호작용의 방법을 선택하고 결정하기 때문에 학급마다 독특한 교육과정이 운영되기 마련이다. 따라서 교사의 가치관과 교사의 교육 목적이 교육의 질과 내용을 결정할 수 있는 것처럼, 교사의 성향과 자질은 국가수준 교육과정이나 학교수준 교육과정의 방향을 바꿀 수도 있다.

2) 유아교사에게 필요한 성향과 자질

유아교사의 교직 특성은 대부분 소규모로 운영되고 주로 여성으로 구성되어 있는 유아교육기관의 구조가 가진 특성과 연관된다. 전통적으로 유아를 양육하는 것이 여성의 역할이었으므로 사회는 자연스럽게 유아교사에게 어머니의 역할을 기대하게 된다.

그럼에도 불구하고 Katz(1981)는 어머니의 역할과 교사 역할을 7가지 차원에서 비교하여 그 차이를 설명하였다. 그는 어머니의 역할 수행이 때로 비합리적이고 맹목적이기도 한 반면, 교사는 여러 유아와 관계를 형성하므로 합리적인 규준과 규칙으로 통제할 필요가 있다는 점에서 어머니의 역할과 교사의 역할에 차이가 있다고 보았다. 또한 어머니의 의도는 교사의 의도보다 덜 구체적이고 덜 형식적이고 더 개인화되었으며, 자기 자녀에 대한 어머니의 애정과 많은 유아와 관계를 맺어야 하는 교사는 애정의 강도에서 차이가 나며, 더욱이 어머니는 자녀와 특별한 애착을 형성한다고 보았다. 특히 어머니는 자녀를 때로 자기 자신보다 더 소중하고 의미 깊은 존재로 자신의 모든 것을 쏟아 부을 가치가 있다고 생각하여, 어머니 역할은 교사에 비해 한계가 없고 잠자는 시간까지 모함하여 24시간 동안 돌볼 책임감을 가지게 된다고 하였다.

Carter와 Curtis(1995)는 유아교사에게 필요한 성향을 7가지로 나누어 제시하였다. 첫째, 유아발달에 호기심을 가지고 즐거워하는 성향이며, 둘째, 유아 놀이에 가치 부여하는 성향이다. 이러한 교사의 성향은 계획된 교육과정을 언제나 융통성 있게 운용하여 아동 중심 교육을 실시하게 만든다. 셋째, 지속적인 변화와 도전, 넷째, 위험과 실수를 기꺼이 받아들이기, 다섯째, 규칙적으로 자기반성의 시간 가지기의 성향은 예측 불가능한 미래의 주인공인 유아를 위한 교육과정을 탐구하게 하며, 여섯째, 동료교사와의 협력과 도움 청하기, 일곱째, 지속적으로 주의 기울이기 등은 관계를 중시하는 리더를 양성하는 데 필요한 성향이다.

한편, May(1992)는 교사에게는 학습자를 환영(receiving)하고 반응(response)하며 존중(respect)하는 3R의 태도가 필요하다고 하였다.

첫째, 교사는 학습자를 반갑게 환영(receiving)해야 한다. 이 세상에 참 잘 왔다는 환영, 이 교실에서 교사와 학생으로 만나게 되어서 진심으로 반갑다는 환영이다. 이러한 교사의 태도는 특히 아침에 등원하는 개별 유아를 맞이하는 표정과 언어적 상호작용에서 나타나 어머니와의 격리불안을 감소시켜 줄 수 있다.

또한 교사에게 필요한 두 번째 자질은 유아에게 반응(response)하는 능력이다. 유아의 언어와 행동과 표정을 살피고 그들의 요구와 필요에 적절하게 반응하는 것이다. 유아교육은 교사주도활동과 유아주도활동을 안배하는 것이 중요하다고 한다. 이는 교사가 계획하고 준비하는 교수활동과 함께 유아가 능동적이고 창의적으로 주도하는 활동을 허용해야 한다는 것이다. 이를 위해 유아교사는 유아를 세심하게 관찰하다가 자신의 교육계획을 잠시 유보하고 그들의 필요에 따라 교재 · 교구를 추가로 제공하거나 놀이의 동반자가 되어 주어야 한다. 유아의 일상적인 집짓기나 허술한 미술작업 그리고 교사의 질문에 대한 엉뚱한 답변까지 칭찬거리를 찾아 반응하는 교사와의 상호작용은 유아로 하여금 일과를 의미 있게 받아들이게 한다.

마지막으로, 유아교사는 유아를 존중(respect)하는 태도를 지녀야 한다. 존중한다는 것은 무조건적으로 수용하라는 의미가 아니다. 유아를 수용하고 존중한다는 것은 우리나라 교육의 궁극적인 목적인 많은 사람에게 유익한 인간, 곧 홍익인간으로 양성하기 위해 유아에게 유익하고 바르고 아름다운 것을 선별해서 가르치는 것이다. 아름답거나 바르거나 가치 있는 것을 가르치는 데 가치중립의 교육은 존재할 수 없다. 가치중립적인 교육을 하겠다는 다짐도 결국 교사의 가치관이기 때문이다.

교사가 미술 감상용 명화 자료로 피카소의 작품과 고흐의 작품 중에 어느 작품을 선택하느냐 하는 것도, '봄의 식물' 주제에 맞추어 『민들레는 민들레』나 『민들레 씨앗의 여행』 중에서 어느 동화를 선택할지를 결정하는 것도 교사의 내재적 가치관에 의해 결정된다.

3) 유아교사의 교육신념

한 인간이 어떤 선택을 결정하는 배경에는 그들의 생태환경과 경제적 차이가 만든 사회규범과 육아방식이 있다(Nisbett, 2008). 교사의 가치관은 교사가 교육에 대해 가지고 있는 교육신념에 영향을 미쳐서 학교에서의 교육과정 운영에 현저하게 영향을 미친다. 특정 주제에 따른 교육내용을 결정하고 활동을 고안하고 교재를 선택하며 실천에 옮기는 모든 과정에 직접적인 영향을 미치기 때문이다. 따라서 교사교육과정에서 그들이 학교에서 배웠던 유아교육의 대표적 이론들은 그들이 선호하는 신념에 따라 예비교사교육과정에서 이미 결정된다.

교사의 신념에 영향을 주는 요소를 박은혜(2017)는 다음과 같이 정의하였다. 첫째, 교사의 개인적인 경험(성장배경, 자녀의 유무, 종교, 성별, 성격), 둘째, 초·중·고등학교 시절의 도제식 관찰, 셋째, 교사가 되기 직전 경험인 교사양성교육에 의해 얻은 지식에 영향을 받아 형성되며 이러한 신념은 실제 교사가 되었을 때 자신이 속한 공동체의 특성에 따라 다시 방향을 정하게 된다고 하였다. 한국의 경우라면 오랫동안 조화와 화목을 중시하는 한국 문화의 영향을 받게 될 수 있다는 의미일 수 있다. 교사의 신념은 때로 문제 상황이 생겼을 때, 동료나 학부모와의 갈등을 논쟁이나 대결로 해결하거나 확고한 자기 신념을 지키기보다는 모순을 뛰어 넘는 중용의 도를 찾아 해결하려 애쓰고자 한다.

그러나 중용의 도는 늘 쉽게 찾아지는 것이 아니어서 원칙에 따라 신속하게 해결할 수 있는 사안도 해결을 지체시키기도 한다. 유아 놀이의 자율성을 지원하고, 공동체 모두의 안녕을 위한 놀이규칙의 의미를 이해하도록 가르치며, 함께 놀이하는 기쁨을 체험할 수 있도록 지원하려면 놀이를 지원하는 기술적인 교수방법에 앞서, 공동체의 선을 찾고 이웃과의 관계를 회복하여 한 공동체의 구성원으로서의 책임을 질 수 있는 교사 자신의 신념을 먼저 확고하게 수립할 필요가 있다.

4) 유아교사의 역할

교사를 정의하는 일반적인 개념과 유아교사를 가리킬 때 기대하는 수준은 현저히 다르다. 종종 유아교사교육과 훈련을 통한 전문성보다는 유아를 좋아하거나 잘 다루는 것을 타고난 성향과 관련하여 평가하려는 경향이 있다. 타고난 교사가 있는가? 성대에 이상이 있으면 아무리 노래 부르기를 좋아한다 해도 전문적 성악가가 될 수 없는 것처럼 전문직으로서의 교직 역시 아동을 좋아한다거나 아동과 함께 있는 것을 즐긴다고 해서 훌륭한 교사의 충분조건이 될 수는 없다(임희옥 외, 2010). 박은혜(2017)는 유아교사의 일을 크게 가르치는 일과 돌보는 일로 구분하며, 유아교육기관에서 유아교사가 하는 일의 실제로는 교육과정 실천하기, 유아들과 상호작용하기, 유아들과 함께 놀이하기, 일상생활 지도하기, 수업계획 및 장학하기, 관찰기록 및 평가하기, 부모와 상호작용하기, 행정업무 보기 등을 들고 있다. 유아교사도 중등교사와 마찬가지로 교육과정을 계획하고, 실천하고, 평가하며 행정업무를 처리하는 한편, 학습자와 함께 놀이하기나 부모와의 상호작용을 강조하는 독특한 역할을 수행하게 된다. 또한 학습자뿐 아니라 동료교직원과 학부모, 지역사회 인사들과 관계를 맺고 의사소통하는 능력도 필요하다.

특히 유아교실에서는 영·유아의 발달특성상 다양하고 예측하기 어려운 상황이 자주 발생하며, 그러한 상황에 적합한 선택을 위해 수시로 의사결정을 내려야 한다. 현장경력이 있는 교사라면 누구나 누리과정 지도서 같은 국가수준 교육과정 활동자료집에 전적으로 의존하거나, 주임교사나 선배교사의 지침에 따라 수동적으로 수행하거나, 지난해 교육계획안을 그대로 수행하는 것 자체가 불가능하다는 사실을 공감할 수 있다.

선배교사, 학교의 교육과정이나 심지어 국가수준 교육과정이라 해도 자료집의 활동을 문자 그대로 수행한다는 것은 전문직의 특성인 자율성을 포기한 것과 같다. 늘 개별 유아의 흥미와 관심과 발달에 기초한 효과적인 교수방법을 개발해야 하는 유아교사직은 바로 이 점 때문에 지식과 기술의 차이가 아닌 특별한 성향을 가진 사람들에게 더 매력적인 일이 될 수 있다.

특히 2019년 개정 누리과정은 교사가 주도하는 교육과정 운영방식에서 개별 유아의 특성을 존중하고 유아가 주도하는 놀이 중심 교육과정으로 변화시키고자 한다. 이를 위해 국가수준 지침을 최소화하여 현장 교사의 자율적 운영을 지지한다는 방침이다. 이에 따라 유아교사의 역할은 우선적으로 충분한 놀이시간을 확보하고 흥미영역의 구성방식과 운영방식을 자율화하여 5개 생활영역의 통합방식을 다양화하고자 하였다(교육부, 2019). 이러한 개정 방향은 자칫 교사의 역할을 축소하는 것처럼 보일 수도 있으나 앞서 소개한 교사의 역할 중에서 유아와의 상호작용, 함께 놀이하기의 중요성을 강조한 것이라고 볼 수 있다. 물론 과거에도 의식 있는 유아교사들은 교육현장에서 만나는 유아의 표정, 몸짓과 행동을 비롯하여 일상적 언어 하나하나를 해석학적으로 이해하고자 노력해 왔다. 유아의 놀이에 대한 진정한 이해는 유아와 상호작용하며 놀이하는 교사의 참여와 공조가 있어야 가능하다(임희옥 외, 2019). 최근 해석학이나 포스트모던 철학이 교사에게 새로운 통찰을 제시하고 있다. 그러나 자율적인 교사라면 서구문화의 학문적 전통에서 온 통찰은 인정하면서도 그 통찰을 거느리는 이데올로기적 정황을 비판하는 정신이 반드시 필요하다(Goheen & Bartholomew, 2008). 새로운 이론이나 철학이라고 해서 반드시 옳거나 정확한 것이라고 할 수는 없기 때문이다. 예를 들어 철학적 해석학자인 Gadamer(2000)의 입장에서 볼 때, 교실에서 유아의 놀이를 관찰하고 함께 놀아 주는 교사의 놀이 인식과정은 인식 대상인 유아, 놀이와 분리될 수 없다. 교사의 역할이 철저하게 유아를 독립된 존재로 인식하고 방임하여 유아 놀이의 단순한 구경꾼 같은 관찰자로 그쳐서는 안 된다는 의미로 해석해야 한다. 놀이의 참여자, 놀이의 동반자, 놀이의 지원자 역할을 교수자 역할과 함께 고려해야 유아의 놀이를 바로 해석하고 학습으로 인도할 수 있다.

이를 위해 교사는 첫째, 유아와의 상호작용을 위해 더욱 유아의 놀이장면에 근접해서 세심하고 민감하게 놀이장면을 관찰해야 하고, 둘째, 함께 놀이하는 동반자로서 놀이에 필요한 적절한 교재·교구를 지원하거나 역할을 분담하는 등의 직·간접적인 지원을 해야 한다. 셋째, 유아에게 놀이시간이 더 필요한지, 놀이공간을 더 확보해 주어야 하는지 살펴보아야 한다. 이러한 과정에서 유아교사는 유아로 하여금 건강한 사람, 자주적인 사람, 창의적인 사람, 감성이 풍부한 사람, 더불어 사는 사람으로 성장하는 데 필요한 경험이 되도록 놀이를 지원하는 활동을 고안할 수 있다.

3 유아교사 양성과정과 교사발달

앞서 교직관에서 다룬 것과 같이 교직의 전문성에 대한 UNESCO의 권고문은 교육의 독립성을 확보하기 위한 조항들을 제시하고 있다. 권고문의 61조에서 교원은 교육에서의 특별한 자격(particularly qualified to judge the teaching)을 가지고 있다고 정의하였다. 또한 62조에서는 교원과 교원단체가 새로운 교육과정, 교과서 및 학습 보조 자료를 개발하는 데 참여하여야 한다는 점을 제안함으로써 교사의 교육 자유권을 권고하고 있다. 즉, 국가수준 교육과정을 무조건 따르는 존재가 아니라는 점이 교사의 전문성을 확보하는 데 중요한 역할을 하게 된다. 학교에서의 교육활동 전반에 관한 자유로운 활동뿐 아니라, 학교교육을 위한 교육과정의 수립 및 교육 자료의 편찬 및 선택 등에 관한 교사의 전문적인 역할을 제안하였으며, 이는 교육의 전문성 원칙에 따라 수업의 자유가 보장되어야 한다는 것이다. 물론 이 자율권은 아동의 권리와 안전, 아동의 자유를 침해하지 않는 범위 안에서 보장되어야 한다.

교사는 최적의 학습을 보장하기 위해 아동발달, 교육과정이론, 학급운영의 기술, 학습의 유형과 교수방법에 대한 탐구가 필요하다. 전문직으로서 유아교사직을 수행하려면 반드시 필요한 이수과정이 있다. 현재 우리나라의 유아교사는 유치원교사와 어린이집의 보육교사가 각각 교육과정을 통해 양성된다.

특히 현재 3~5세 공동 교육과정인 누리과정을 운영하는 유치원교사와 보육교사는 함께 유아교사로 구분된다. 다만 한국의 표준 분류(통계청)에 따라 대분류에서는 보육교사와 유치원교사가 전문가 및 관련 종사자(2)로 분류되지만 중분류에서 보육교사는 사회복지 관련 종사자(2-4-7), 유치원교사는 교육전문가 및 관련직(2-5-3)으로 구분되어 있다.

1) 예비 유아교사 교육

전문직으로서의 유아교사가 되기 위해 필요한 과정을 유치원교사와 어린이집에 근무하는 보육교사로 나누어 살펴보면 다음과 같다.

(1) 유치원교사

유치원교사는 「유아교육법」 제22조 제2항에 의하여 교육대학과 대학교 사범대학에 설치한 유아교육과 졸업생은 교육부장관으로부터 유치원 2급 정교사의 자격을 부여받는다. 이 경우 무시험 검정이므로 학교에서 전공 학점을 취득하면 졸업과 함께 자격증이 발급된다. 또한 교육대학원의 유아교육학과 또는 교육부장관이 지정하는 대학원의 교육학과에서 유치원교육과정을 전공하고 석사학위를 받은 자도 동일하게 유치원 2급 정교사 자격을 취득할 수 있다.

유치원교사의 교사자격 취득과정에는 교직과목이 포함되며, 교직과목은 교직이론 영역, 교과교육 영역, 교육실습으로 구분되어 그 내용은 〈표 2-1〉과 같다.

〈표 2-1〉 교직과목

영역	지정과목	이수기준
교직이론 영역	① 교육학개론 ② 교육철학 및 교육사 ③ 교육과정 및 교육평가 ④ 교육방법 및 교육공학 ⑤ 교육심리 ⑥ 교육사회 ⑦ 교육행정 및 교육경영 ⑧ 생활지도 및 상담(교직이론)	7과목(14학점 이상) 이상 이수
교과교육 영역	• 교과교육론 • 교과교재연구 및 지도법	이수
교육실습	• 학교현장실습(필수) • 학교참관실습(선택)	이수

최근 도입된 수석교사는 2011년에 신설된 「유아교육법」 제22조 제3항에 교사자격증을 소지한 사람으로서 15년 이상의 교육경력(교육공무원법 제2조 제1항 제2호 및 제3호에 따른 교육 전문직원으로 근무한 경력을 포함)을 가지고 교수·연구에 우수한 자질과 능력을 가진 사람 중에서 교사연수를 이수한 교사에게 검정·수여한다. 이는 원감자격 연수를 받으려면 유치원에서 원감으로 임명을 받은 자에 한하므로, 유아교육기관처럼 규모가 작은 기관에서 진급 기회가 거의 없고 경력이 오래된 우수교사를 우대할 수 있는 제도이다.

(2) 보육교사

보육교사는 교육과 동시에 양육과 보호를 우선하는 어린이집이라는 특정 유아교육기관에 근무하는 교사로서 유치원교사에 비해 교사자격을 취득하는 과정이 다양하다. 보육교사가 되는 방법은 다음과 같다. 첫째, 대학에서 영·유아보육학 혹은 아동보육학 등을 전공하여 학점을 이수하면 보건복지부장관으로부터 보육교사 2급 자격을 취득하게 된다. 동시에 유아교육학과를 졸업한 경우에도 어린이집 실습을 별도로 추가 이수하면 어린이집 교사자격을 취득할 수 있다.

둘째, 대학의 타 학과 전공자의 경우는 복수전공으로 17과목 51학점 이상의 보육 관련 과목을 이수하면 보육교사 자격을 취득할 수 있다. 이수해야 할 17과목 중에서 9과목은 대면과목으로 지정되어 통신과정으로 이수할 수 없으며, 보육실습을 6주 이상 240시간 이상을 요구함으로써 전문직으로서 교직의 의미를 강조하였다.

2016년 개정된 보육 관련 교과목 및 학점(제12조 제1항 관련)은 〈표 2-2〉와 같다.

〈표 2-2〉 보육 관련 교과목 및 학점 일반

<table>
<tr><th>영역</th><th colspan="2">교과목</th><th>이수과목
(학점)</th></tr>
<tr><td>교사 인성</td><td colspan="2">보육교사(인성)론, 아동권리와 복지</td><td>2과목
(6학점)</td></tr>
<tr><td rowspan="2">보육지식과
기술</td><td>필수</td><td>보육학개론, 보육과정, 영유아 발달, 영유아 교수방법론, 놀이지도, 언어지도, 아동음악(또는 아동동작, 아동미술), 아동수학지도(또는 아동과학지도), 아동안전관리(또는 아동생활지도)</td><td>9과목
(27학점)</td></tr>
<tr><td>선택</td><td>아동건강교육, 영유아 사회정서지도, 아동문학교육, 아동상담론, 장애아지도, 특수아동 이해, 어린이집 운영 관리, 영유아 보육프로그램 개발과 평가, 보육정책론, 정신건강론, 인간행동과 사회환경, 아동간호학, 아동영양학, 부모교육론, 가족복지론, 가족관계론, 지역사회복지론</td><td>4과목
(12학점)
이상</td></tr>
<tr><td>보육 실무</td><td colspan="2">아동관찰 및 행동연구, 보육실습</td><td>2과목
(6학점)</td></tr>
</table>

이 경우에는 〈표 2-3〉과 같이 강의실에서 교수와 대면하여 이수할 과목을 선정하므로 교사교육에 있어서 필요한 내용이 교과서적인 지식의 전달에 그치는 것이 아니라 실제적 기술과 상호작용 및 접근방식을 배워야 한다는 인식을 강조하였다.

〈표 2-3〉 대면 교과목

영역	교과목
교사 인성	보육교사(인성)론, 아동권리와 복지
보육 지식과 기술	놀이지도, 언어지도, 아동음악(또는 아동동작, 아동미술), 아동수학지도(또는 아동과학지도), 아동안전관리(또는 아동생활지도)
보육 실무	아동관찰 및 행동연구, 보육실습

한편, 보육교사 2급 자격을 가진 자는 교육대학원이나 교육부장관이 지정하는 대학원의 교육과에서 유치원교육과정을 전공하여 석사학위를 받고 유치원 2급 정교사의 자격을 취득할 수 있다. 이는 보육교사 양성과정이 유치원교사 양성과정과 유사하지만, 보육교사 양성과정에 「교육법」에서 교사자격으로 규정하는 교직과목(22학점)이 이수과정에 포함되지 않았기 때문이다. 교직과목이란 교사가 되려는 사범대학생이 교사자격을 취득하는 데 필요한 전공 42학점과 교과교육학점 8학점 외에 더 이수해야 할 과목으로 교직이론 12학점(6과목) 이상, 교직소양 6학점(3과목) 이상, 교육실습 4학점 이상(교육봉사활동 2학점 이내 포함) 등 필요한 11과목(22학점 이상)을 말한다.

셋째, 고등학교(고등학교 졸업에 준하는 검정고시 합격자 포함)를 졸업하고, 교육훈련시설에서 1년 동안 22과목 총 65학점의 과목을 수강하되 70점 이상 평가를 받고 이수한 자에게 3급 보육교사 자격을 부여하고 있다.

2) 현직 유아교사 교육

유아교사는 개인적으로 관심이 있는 특수분야 교육이나 자격을 취득하기 위한 교육을 받을 수 있다. 유치원교사의 경우, 국가가 시행하는 현직교육으로 교육청과 교육청에서 지정한 특수분야 연수기관에서 실시하는 국악교육, 생태교육 등 다양한 주제의 교사교육을 자발적으로 선택하여 받을 수 있다. 또한 교사들은 원내 자율장학뿐 아니라 외부에서 학술대회를 통해 전문교육을 받을 수 있으며 교직으로서의 전문성을 높이기 위해 대학원과정에 진학할 수 있다. 특히 유치원 2급 정교사는 교육청이 실시하는 소정의 재교육을 받거나, 교육대학원이나 교육부장관이 지정하는 대학원의 교육과에서 유아교육과정을 전공하여 석사학위를 받아 유치원 1급 정교사의 자격을 얻을 수 있다. 다만, 이 경우 유치원교사 경력이 3년 이상이어야 한다.

보육교사의 경우 보육정보센터나 지자체가 지정한 대학 등의 보수교육기관에서 정기적으로 보수교육을 받아야 할 의무가 있으며, 1급 혹은 2급으로 승급하기 위해 받을 수 있는 승급교육이 있다. 보육교사는 교육대학원에서 유아교육을 전공하고 교직과목을 추가 이수하여 유치원 2급 정교사의 자격을 취득할 수도 있다.

교직은 사회과학 분야로서 끊임없는 연구와 현장경험이 중요한 직업으로 교육이론은 교육현장에서 시험과 적용이 가능해야 의미가 있다. 이은화(1995)는 교사들에게 현직교육이 필요한 이유를 다음과 같이 소개하였다. 첫째, 일반적으로 유아교육은 응용과학이어서 하나의 이론으로 모든 교육상황에서 일어나는 제 현상을 설명하지 못한다. 둘째, 유아교사의 교육대상은 예측하기 어려운 미래사회의 주인공이므로 교사양성과정에서 배운 이론과 실제가 교사자격을 취득한 이후에 지속적으로 적용되기 어려울 수 있기 때문이다. 셋째, 현직교육은 교사 자신의 자긍심과 소명감을 지속할 수 있도록 돕기 때문이다. 즉, 새롭게 발표되는 교육이론을 이해하고 현장에서 적용 가능 여부를 확인하는 것은 교사들의 몫이며, 미래사회가 어떻게 변화하는지, 어떤 기술과 지식과 태도를 익히도록 도와야 하는지 이해하고 예측하고 변화하기 위해 연구해야 하며, 이러한 과정을 통해서 비로소 교사는 전문가로서의 정체성을 유지할 수 있다.

또한 교사의 현직교육이 지속되어야 하는 이유는 인간이 구축한 지식이 폭발적으로 증가할 뿐 아니라 끊임없이 변화하고 있기 때문이다. 이를 위해 Combs(1995)는 지식이 불변적이라는 것은 신화이므로 학생에게 지식을 가르치는 것보다 지적인 행동을 가르쳐야 하며, 이를 위해 학습자에게는 단편적 지식보다 문제해결능력을 키워 주어야 하고, 나아가 변화하는 세상에 살기 위해서는 변화에 대처하고 적응하는 능력을 키워 주어야 하므로 학교는 가치의 탐색을 지향해야 한다고 주장하였다.

2) 교사 발달단계

성장과 발달은 유아의 경우에만 해당되는 특징이 아니다. 자녀를 기르는 부모들도 자녀의 성장·발달과 함께 성장·발달하며 모든 직업종사자들도 지속적으로 직업적 태도와 기술이 변화한다.

교직에 관심이 없는 교직이전단계, 자아에 대한 관심을 가지는 초기교직단계, 학생에 대한 관심이 많아지는 후기교직단계로 나누어 설명하는 Fuller(1969)의 관심사 발달이론과 생존기, 강화기, 갱신기, 성숙기로 나누어 설명하는 Katz(1985)의 교사발달단계이론은 교사들의 관심사나 요구 및 지각의 변화를 직선적인 단계로 설명하고 있다.

그러나 교사의 발달이 항상 직선적인 것은 아니다. 조부경 외(2016)는 Huberman의 복합주기이론과 Burke, Christensen과 Fessler의 교사발달 순환모형을 통해 교사의 발달을 한 가지 이상의 복합적이고 역동적인 과정으로 볼 수도 있음을 제시하였다. 그중에서 발달을 교사의 개인적 환경과 학교의 조직적 환경의 영향으로 순환된다는 Burke, Christensen과 Fessler(1984) 등의 교사발달 순환모형을 유아교사에 적용하여 소개하면 다음과 같다.

(1) **교직이전단계** : 교사가 되기 위한 예비단계를 가리키기도 하지만 재교육을 통해서 원감이나 원장 등의 새로운 역할로 이전하는 단계이기도 하고, 자격을 취득하기 위한 연수기간이기도 하다.

(2) **교직입문단계** : 교사자격을 취득하고 임용되어 교사로서의 일상생활에 적응하는 기간이기도 하며, 동시에 새로운 지위를 취득하여 그 역할에 대해 적응하는 단계이기도 하다. 한편으로는 학교를 옮겨 그 조직풍토에 적응하는 기간이기도 하다.

(3) **능력구축단계**: 교사자격을 취득하고 교사로 임용된 후에도 여전히 교수학습 능력을 강화하기 위해 새로운 교수방법이나 수업전략을 시도하고자 각종 연수에 참여하거나 전문서적을 읽으며 대학원에 진학하는 등 노력하는 단계이다.

(2) **열중성장단계**: 경력교사로 일정 수준의 능력을 구축한 후에도 직업에 대한 만족도가 높아서 여전히 교직을 진정으로 사랑하고 전문성을 신장하기 위해 노력하는 단계이다.

(3) **교직좌절단계**: 과중한 업무와 복잡한 인간관계 등으로 소진되어서 교직에 대한 만족감이 사라지고 교직을 떠나고 싶을 만큼 혼란스럽고 회의에 사로잡히는 단계로, 교사의 초임단계 혹은 성장단계 후에 찾아올 수 있다.

(4) **안정침체단계**: 교직에 익숙해진 후 안정되면 성장·발달을 추구하기보다 변화를 원하지 않고 현실에 안주하려고 하는 단계이다. 초기에 이러한 단계에 머무는 것은 교사와 유아 모두에게 매우 불행한 시기이다.

(5) **직업적 쇠퇴기**: 마침내 교직을 떠나야 하는 시기에 이르러 은퇴를 준비하는 직업적 쇠퇴단계에 다다른다. 지나간 시간에 대해 만족할 수도 있고 마치는 것을 불행하게 생각할 수도 있다.

(6) **교직퇴직단계**: 본인의 의사와 상관없이 교직을 떠나야 하는 정년퇴직이나 그 이전에 다른 직업으로 이직할 수도 있다. 혹은 임신이나 가족문제 등으로 교직을 떠나거나 잠시 휴직을 선택할 수도 있다. 퇴직하는 교사들은 자신의 교직생활을 보람 있게 돌아보고 정리할 수도 있지만, 어쩔 수 없이 중도에 마치거나 정년에 이른 것을 불만스럽게 생각할 수도 있다. 하지만, 어떤 교사는 주변의 사회적 지지에 의해 교직에 대한 회의와 좌절을 극복하고 다시 '능력을 구축하는 단계'로 순환할 수 있다.

이와 같이 주변 환경과 개인적 상황과 판단에 따라 교사들은 각 단계를 모두 경험하거나 중복 경험할 수도 있다. 하지만 각 단계를 차례로 모두 한 번씩만 경험하는 것은 아니라는 것이 순환모형의 설명이다. 그동안 교사훈련과정은 교사로서의 권리보다 늘 학습자의 권리를 우선해 왔고, 특히 유아교육에서는 교사의 소명감과 헌신을 특별하게 강조해 왔다. 이는 교사의 성장, 발달이 교사 개인의 문제로 그치지 않고 학습자에게 미치는 영향과 관련된 문제라고 보기 때문이다. 교직에 입문한 후에도 자신의 직업에 대한 소명의식이 없는 교사에 의해 교육받은 학습자, 특히 영·유아에게 미치는 영향이 너무나 막중하다. 이것이 의사와 마찬가지로 교사에게 윤리선언을 요구하는 이유이다.

4 유아교사의 교직윤리와 권리

교사의 윤리강령이 필요한 이유는 우리 사회가 가치 있거나 옳은 판단이라고 믿는 것을 교육현장에서 교사가 행하기를 원하기 때문이다. 교직윤리강령은 교사가 교직생활에서 지켜야 할 실천 규범이다. 윤리란 법률적인 강제성에 의해서가 아니라 사람들의 양심이나 사회의 습관을 기본으로 하여 사회적 규범에 합치되는 것이다(박은혜, 2017). 교직윤리는 교사로 하여금 학습자와 학습자 가족의 기호 때문이 아니라 그들에게 유익하다고 믿는 것을 선택하도록 돕는 기준을 제시한다. 특히 유아교육의 근본적인 가치와 밀접한 '돌봄의 윤리'는 윤리강령에 있어서 학습자의 특성과 관련된 돌봄의 다양한 교육적 실천을 요구한다. 동시에 교직윤리와 함께 교육자로서의 권리도 보장되어야 한다. 따라서 유치원과 어린이집의 구분된 윤리강령에도 불구하고 구체적인 내용에 있어서 매우 유사하다.

1) 유치원교사헌장 및 윤리강령

2010년 교육과학기술부가 제정·공포한 유치원교사헌장 및 윤리강령을 살펴보면 다음과 같다.

(1) 유치원교사헌장

유아교육은 유아의 삶에 초석이 되며 우리 사회와 국가의 미래를 결정한다. 우리는 국민의 생애 초기 교육을 책임지며 사회로부터 존경받는 교사로서 자신을 연마하고 소명의식을 가지고 유아교육자로서 가야 할 길을 밝힌다.

① 우리는 유아를 사랑하고 개성을 존중하며 전인발달을 지원하고 평화로운 교실문화를 조성한다.
② 우리는 미래지향적이며 질 높은 교육을 계획하고 실천하여 교육자로서의 책임을 다한다.
③ 우리는 가정에 대한 이해와 연대를 강화하여 교육복지사회 구축에 공헌한다.
④ 우리는 사회 변화와 요구에 적극 부응하여 유아교육의 혁신과 발전을 위해 노력한다.
⑤ 우리는 교육자로서의 품위를 유지하고 부단한 자기개발을 통해 유아교육 전문가로서의 위상을 갖춘다.

(2) 유치원교사 윤리강령

01 유치원교사와 유아

핵심개념: 사랑, 평등, 개성 존중, 전인교육, 안전과 보호

① 우리는 유아를 사랑하며 유아의 인격을 존중한다.
② 우리는 유아의 개인적 가정적 배경에 관계없이 모든 유아를 평등하게 대한다.
③ 우리는 유아의 개성을 존중하며 개인의 흥미와 잠재력에 적합한 교육을 제공한다.
④ 우리는 유아의 전인발달을 지원하는 교육과 환경을 제공한다.
⑤ 우리는 유아의 안녕을 위협하는 가정적, 사회문화적, 경제적 상황을 적극적으로 파악하고 유아를 보호하기 위해 노력한다.

02 유치원 교사와 가정

핵심개념: 가족에 대한 이해, 권리보호, 협력, 지원

① 우리는 유아를 교육하고 지원하기 위해 가정과 연계하고 협력관계를 구축한다.

② 우리는 교육적 목적으로 수집한 가족 정보에 대해 기밀을 유지하고 가족의 사생활을 보장한다.

③ 우리는 유치원에서 일어난 안전사고나 위험 상황에 대해 가족에게 충분히 설명한다.

④ 우리는 유치원 운영에 관련된 중요한 의사결정 과정에 부모를 참여시킨다.

⑤ 우리는 가족에게 필요한 지역사회 자원에 대한 정보를 구축하고 이를 가족에게 적극적으로 제공한다.

03 유치원교사와 사회

핵심개념: 사회에 대한 이해, 교원의 지위 향상, 유아교육 위상 강화, 교직문화, 지역사회와의 협력

① 우리는 사회의 흐름을 파악하고 이를 교육에 반영하고자 노력한다.

② 우리는 유아에 관련된 법률과 정책을 이해하고, 이를 개선하기 위한 활동에 적극 참여한다.

③ 우리는 교직 관련 단체와 전문가협회를 통해 교권확립을 위한 활동에 참여한다.

④ 우리는 유치원 교육을 사회에 널리 알려 유아교육의 위상을 높인다.

⑤ 우리는 교직원 간의 상호존중과 협력을 통해 건전한 교직문화를 형성한다.

⑥ 우리는 유치원과 연계하여 지역사회의 생활과 문화 향상에 기여한다.

04 유치원교사의 책무

핵심개념: 직업의식과 긍지, 인성(열정, 개방성, 창의성, 자율성), 교사로서의 품위, 연구와 자기개발

① 우리는 교육전문가로서의 직업의식을 갖는다.

② 우리는 건전한 국가관과 확고한 교육관을 가지고 교직에 종사한다.

③ 우리는 유아에게 최적의 교육을 제공하기 위해 열과 성을 다한다.
④ 우리는 건전한 언행과 생활태도로 유아에게 모범이 되도록 한다.
⑤ 우리는 열린 사고와 개방적 태도를 가지고 전문성 향상에 매진한다.
⑥ 우리는 다양한 분야의 전문가와 교류하고 새로운 지식과 정책을 비판적으로 수용한다.

2) 보육교사의 윤리강령

보육교사가 지켜야 할 윤리강령은 2009년 보건복지부와 한국보육시설연합회에서 육아정책연구소에 의뢰하여 제정하였다(김은설·박수연, 2010).

(1) 보육인 윤리선언

① 나는 내가 영유아에게 지대한 영향을 미치는 존재임을 잊지 않으며, 항상 스스로의 말과 행동에 신중을 기한다.
② 나는 영유아의 인격과 권리를 존중하며 어떠한 경우에도 영유아에게 해가 되는 일을 하지 않는다.
③ 나는 영유아 가정의 다양성을 존중하며, 상호 신뢰하는 동반자적 관계를 유지한다.
④ 나는 동료를 존중하고 지지하며, 서로 협력하여 최상의 보육서비스를 제공하기 위해 노력한다.
⑤ 나는 보육의 사회적 책임과 역할을 인식하고, 영유아의 권익과 복지를 위한 활동에 앞장선다.
⑥ 나는 어린이집 원장 교사윤리강령을 직무수행의 도덕적 규준으로 삼아 진심을 다하여 충실히 이행한다.

(2) 어린이집 원장 및 보육교사 윤리강령

01 영유아에 대한 윤리

① 영유아에게 고른 영양과 충분한 휴식을 제공하여, 몸과 마음이 건강한 사람으로 자라도록 돕는다.

② 성별, 지역, 종교, 인종, 장애 등 어떠한 이유에서도 영유아를 차별하지 않고, 공평한 기회를 제공한다.

③ 영유아는 다치기 쉬운 존재임을 인식하여 항상 안전하게 보호한다.

④ 영유아에 대한 정서적·언어적·신체적 학대를 행하지 않는다.

⑤ 어린이집 내외에서의 영유아 학대나 방임을 민감하게 관찰하며, 필요한 경우 관련 기관('아동보호전문기관' 등)에 보고하고 조치를 취한다.

⑥ 영유아의 인격을 존중하고, 개인의 잠재력과 개성을 인정한다.

⑦ 개별적 상호작용 속에서 영유아의 요구를 수용하기 위해 노력한다.

⑧ 영유아의 사회·정서·인지·신체·언어발달을 통합적으로 지원하는 보육프로그램을 실시한다.

⑨ 특별한 도움을 필요로 하는 경우, 전문가와 협력하여 영유아의 입장에서 최선의 대안을 찾는다.

⑩ 보육활동을 계획, 실행, 평가하는 모든 과정에 영유아의 흥미와 의사를 반영한다.

⑪ 영유아의 개인적 기록과 정보에 대해 비밀을 보장한다.

02 가정에 대한 윤리

① 상호 신뢰를 바탕으로 영유아의 가정과 동반자적 관계를 유지한다.

② 각 가정의 양육가치와 의사결정을 존중한다.

③ 경제적 수준, 가족형태, 지역, 문화, 관습, 종교, 언어 등 어떤 것에 의해서도 영유아의 가정을 차별대우하지 않는다.

④ 보육활동 및 발달 상황에 관한 정보를 정확하게 제공하여 영유아에 대한 가

정의 이해를 돕는다. 다문화, 심신장애 등으로 의사소통에 도움이 필요한 경우 문제를 해결할 최선의 방법을 도모한다.

⑤ 어린이집 운영 전반에 관한 정보를 공개하여 영유아 가정의 알 권리에 응한다.
⑥ 보육프로그램과 주요 의사결정에 영유아의 가정이 참여하도록 안내한다.
⑦ 필요한 사회적 지원, 전문서비스 등 관련 정보를 제공하여 영유아 가정의 복지 증진을 돕는다.
⑧ 영유아 가정의 사생활을 보호하고 익명성을 보장한다.

3) 유아교사의 권리

모든 교원에게 소명감을 가지고 헌신해야 할 의무만을 부과하지는 않는다. 교사들도 권리를 지니며 전문직으로 직무를 원활하게 수행할 수 있도록 법이 인정하고 있다. 교권은 교원의 교육권 또는 권위를 줄인 말로, 유치원교사의 권리는 「교육기본법」과 「유아교육법」, 「교원의 지위 향상 및 교육활동 보호를 위한 특별법(교원지위법)」, 「교육공무원법」, 「사립학교법」 등의 법률적 근거에 의해 보장받는다. 특히 2018년 12월 20일 국회 교육위원회 법안심사소위원회를 통과한 「교원 지위 향상 및 교육활동 보호를 위한 특별법」 개정안(교육위원회 대안)은 학부모 등의 폭언·폭력 등 교권침해에 대해 교육감의 고발 조치와 교육청의 법률지원단 구성·운영을 의무화한 것이다. 피해교원이 직접 소송에 휘말려 정신적·육체적으로 황폐화되는 일을 막고, 교육감이 직접 형사고발 등 강력한 조치를 취함으로써 교권을 적극적으로 보호한다는 의미이다.

전통적으로 교직을 노동자로 간주하지 않았으므로 교사들 자신도 근로기준법에 따라 자신의 권리를 보장받으려는 인식이 없었다. 한국국공립유치원교원연합회가 연계하여 활동하는 한국교원노동조합이나 다양한 노동조합과 연계하여 활동하는 전국교직원노동조합이 대표적인 교원단체이지만, 사립유치원의 교사들을 위한 교권을 대변하고 보호하거나 복지 향상에 기여한다고 보기 어려우며 유치원

교사들 스스로 교직으로서의 권리와 의무에 대한 인식이 매우 낮다(박은혜, 2017). 유아교사들의 경우 절대적으로 성인의 보호가 필요한 교육대상의 특성에 의해 교사들의 헌신과 함께 약자에 대한 배려와 희생을 당연하게 요구받게 되었다. 이러한 이유로 예비교사를 위한 교재들은 유아교사의 헌신적인 의무와 무한대의 책임에 대한 기술은 상세히 다루지만, 교사의 권익을 구체적으로 가르치는 것을 찾기 어렵다.

보육교사의 경우 「헌법」에 따라 근로조건의 기준을 정함으로써 근로자의 기본적인 생활을 보장, 향상하고자 임금, 근로시간, 해고제한 등 근로조건의 최저기준을 정한 「근로기준법」, 근로자의 업무상 재해에 대한 보상기준을 정한 「산업재해보상보험법」, 근로자의 고용안정과 실업급여 등을 내용으로 하는 「고용보험법」, 최저임금의 기준과 결정을 정한 「최저임금법」, 노동조합과 노동쟁의 조정에 관한 「노동조합 및 노동관계조정법」, 근로자 파견사업의 적정한 운영을 기하고 파견근로자의 근로조건 등에 관한 기준을 정한 「파견근로자 보호 등에 관한 법률」 등을 총 망라한 「노동법」에 의해 권리가 보장될 수 있다.

「교원지위법」에 의하면 교원단체는 교원의 지위 향상을 위한 교섭 협의에서도 교육과정은 협의의 대상이 될 수 없다(교원지위법 제12조)고 밝히고 있다. 따라서 교육활동이 침해당하지 않기 위해 선행되어야 할 정책적 고려사항은 다음과 같다. 첫째, 특별활동을 원하는 부모들에게 유아·놀이 중심 교육과정의 필요성과 이점을 이해시키는 사회교육이 조성되어야 한다. 둘째, 개별적 유아의 개성을 존중하고 놀이를 통해 미래사회에 적합한 인재로 양육하려는 유아교사의 전문성과 신념이 존중받도록 교사의 자존감을 세워 주는 사회 분위기를 만들어 주어야 한다. 셋째, 구체적으로는 종종 일어나는 교육활동 침해행위(교사를 모욕하거나 폭행하는 학생의 보호자)로부터 보호받을 수 있도록 예비교사 교육과정에서부터 교권교육이 시행되어야 한다.

Chapter 03

유아교육 사상

EARLY CHILDHOOD EDUCATION

본 장에서는 시대별로 대표적인 유아교육 사상가를 중심으로 유아교육 사상과 실천의 변천 과정을 살펴보고자 한다. 유아교육 사상가들에 대해 배움으로써 오늘날의 유아교육을 이해하고 반성하는 데 귀중한 도움이 될 것이며, 미래 유아교육의 모습을 그려 보는 데 큰 도움이 될 것으로 본다.

1 코메니우스

1) 인간관

17세기 최고의 실학주의 교육자이자 근대교육의 아버지라 일컫는 코메니우스(John Amos Comenius, 1592~1670)는 체코슬로바키아의 농촌마을에서 1남 4녀의 막내로 태어났다. 경건한 신앙적 가정에서 태어난 그는 신앙적 교훈과 모범을 철저히 보여 주는 부모 밑에서 성장하였다. 신학교에 들어가서 신앙교육을 받으며 성장한 코메니우스는 온전한 지혜를 위한 온전한 교육이 필요하다고 여기며 도덕교육과 신앙교육을 포함하는 전인적 교육의 필요성을 통감하였다(윤기영 외, 2014).

이처럼 코메니우스는 종교적 차원을 넘어서 교육의 목적을 확산시킨 성직자로서 근대 교육론을 체계화한 사람이다. 유아교육사상의 기초를 확립하는 것에도 선구적 역할을 한 코메니우스는 인간의 본성은 선한 것이라고 보는 성선설의 입장을 취하고 있다. 유아에게는 덕성, 지식, 신에 귀의하는 마음이 본래 갖추어져 있으므로 유아기부터 바람직한 지식, 덕성, 신앙을 길러 주어야 한다고 하였다. 또한 어른의 축소판으로 생각한 중세적인 유아관에서 기독교적 종교관을 바탕으로 한 새로운 유아관을 확립하였다(평영일 역, 1995).

코메니우스는 인간을 선한 존재로 여겨 활동을 제시하거나 실물교육을 통하여 유아의 합리적 추론을 끄집어내려고 하였다. 그리고 교육은 특정 계층을 위해 존재하는 것이 아니라 모든 사람은 교육받을 기회가 있어야 한다고 여겼다. 남녀 차별이나 빈부, 귀천을 떠난 대중교육, 의무교육 사상은 오늘날에도 중요한 영향을 미쳤다.

2) 교육관

코메니우스는 최초의 교육장소는 가정이며, 유아기 교육은 어머니 무릎에서 시작해야 한다고 하였다. 코메니우스는 유아가 6년간 반드시 배워야 할 내용으로 종교교육, 도덕교육, 지식교육, 건강교육을 강조하였다(이상욱, 2009).

"인간의 궁극적 목적은 신과 영원한 행복을 같이하는 데 있다."라는 코메니우스의 말에서 알 수 있듯이 교육을 하는 목적은 내세를 위한 준비과정에 있다. 내세 준비를 위하여 지식교육, 도덕교육, 종교교육으로 교육내용이 이루어진다(이상현, 2000). 유아기의 교육내용으로는 유희, 게임, 동시, 동화, 음악, 작업 등이 중요하며, '장래의 참다운 노동을 위한 견지에서'라는 제한된 의미로 놀이가 유아기의 중요한 교육내용이다. 만 6세부터는 계속 살아가면서 필요한 내용인 3R's, 지리, 역사, 종교, 음악, 도덕, 창작, 공예 등을 가르치게 된다.

코메니우스는 '교육의 과학화'를 이룬 교육개혁가 중의 한 사람이라 할 수 있다(이숙종, 1990). 과학 정신과 철학적 방법론에 근거하여 교육의 학문적 기초를 새롭게 정립하였고, 과학적 사고를 교육에 적용하였기 때문이다. 어린이용 교육방법에 관한 저서인 『대교수학(*Didactica Magna*, 1632)』에서는 4단계의 교육 제도가 제시되어 있다. 6세 이전의 1단계는 모친 학교로서, 이것은 유아교육에서는 어머니로부터 교육을 받는 가정교육이 중요하다는 것을 지적한 것이다.

〈표 3-1〉 코메니우스의 4단계 교육제도

단계	연령	교육제도
1단계	0~6세	모친 학교(school of mother)
2단계	6~12세	언어 학교(vernacular school)
3단계	12~18세	라틴어 학교 또는 중등학교(Latin school or gymnasium)
4단계	18세 이후	대학(university)

교육방법은 '합자연의 원리'와 '직관주의'이다. '합자연의 원리'는 자연의 질서에 따르는 것으로 유아의 자연적 발달 순서에 적합한 교육활동을 제시해 주어야 한다. 유아교육내용을 조직할 때는 단순한 내용에서 복잡한 내용으로, 간단한 내용에서 추상적인 내용으로, 알고 있는 내용에서 앞으로 알아야 할 내용 순으로 조직되어야 한다. 또한, 직관주의 교육이란 교육의 실제에 있어서 실물에 의한 교육, 직접적인 사물을 통한 교육이 훨씬 효과적이라는 의미이다. 즉, 눈, 코, 귀와 같은 감각 기관을 통해서 학습 효과를 올릴 수 있다는 것이다. 코메니우스의 『세계도회(*Orbis Pictus*)』는 세계 최초 아동 교재용 그림책으로, 시청각 교육의 선구적 가치로 높이 평가되고 있다.

이처럼 코메니우스는 기독교적 세계관을 바탕으로 하면서도 당시의 교육사상적 흐름인 휴머니즘이나 리얼리즘 등의 교육사상적 흐름에도 동참해 그러한 사상의 발전에 큰 영향력을 행사하였다. 또한 17세기 이후 서양의 교육사상 흐름에 지대한 영향을 미쳤을 뿐만 아니라 유아교육에도 많은 영향을 미쳤다(윤기영 외, 2014). 유아기를 가장 중요한 시기로 보았으며, 태교의 중요성과 함께 어머니의 무릎이 최초의 가장 중요한 교육이라는 등 부모의 역할을 강조하였다. 또한 유아의 호기심 및 흥미, 욕구 및 필요성 등 유아의 특성을 고려한 아동 중심적 교육사상을 강조한 최초의 교육자라고 할 수 있다.

2 로 크

1) 인간관

로크(John Locke, 1632~1704)는 영국 서머싯주에서 포목업을 하던 근엄한 청교도 가정에서 태어났다. 로크는 철학과 교육사상을 연구하면서 18세기 유럽 계몽

주의 철학에서 영향을 미친 사상가가 되었다.

그는 아기가 태어날 때 '백지(tabula rasa)' 상태로 태어나 훈육과 환경에 따라 인간은 크게 달라질 수 있다고 하였다. 이러한 그의 유아교육관은 인간의 본성론과 관계가 있다. 아이를 둘러싼 환경을 가능한 한 긍정적으로 조절할 필요가 있으며, 유아의 주변에 그가 감화받을 수 있는 본보기가 될 수 있는 사람들이 있어야 한다고 하였다(이상현 외, 2015). 17세기 당시 청교도에 따라 원죄설에 의한 아동관을 가졌으며, 인간을 태어나면서 악한 존재로 여기며 유아를 대할 때 엄격한 태도로 가정교육에 임하게 하였다. 엄한 지배, 복종과 익애와 과보호 등이 뒤섞여 부모-자식 관계에 애증 감정이 공존하게 되었다. 그러나 로크의 사상으로 낡은 아동관에서 새로운 아동관으로 돌아서는 전환점이 되었다.

로크는 부모-자식 관계를 합리적인 지성으로 극복하고자 하였다. 부모들은 자식들을 스스로의 작품으로 볼 것이 아니라, 전능하신 신의 작품으로 생각하여야 하며, 자식을 보호, 양육, 교육할 의미를 가지고 있다고 밝혔다. "성인은 아동을 이성적 존재로 취급하고 그 자연적 자유를 침해해서는 안 된다."라고 그의 『교육론』에서 설명하고 있다(고후순 · 김동일 · 조옥희, 2000).

로크는 신분계급제도를 부정하였는데, 인간의 계급이 출생하면서부터 미리 정해지는 것은 아니라고 하였다. 인간의 능력은 선천적으로 결정되는 것이 아니며, 후천적인 노력으로 변화할 수 있다고 하였다. 즉, 인간은 무한한 가능성이 있다는 의미이다. 타고난 신분, 능력 등이 변화되지 않는다는 기존의 생각을 부정하며, 유아기의 인간 능력은 무한하게 개발할 수 있는 가능성이 있음을 최초로 밝혔다.

2) 교육관

로크의 가장 기본적인 교육사상은 '백지설(tabula rasa)'이다. 인간의 본성은 출생과 동시에 이미 결정되어 태어나는 것이 아니라 백지 상태로 태어난다는 것이다.

인간의 마음은 마치 백지와 같고, 깨끗하게 닦여진 칠판과 같다. 하얀 종이 위에 유아가 어떤 경험을 하느냐에 따라 경험들이 새겨지면서 그 유아의 인간 형성에 중요한 요소가 된다는 것이다. 인간을 둘러싸고 있는 주변 여러 환경이 인간에게 흔적을 만들어 인간 본성이 형성된다. 즉, 유아교육에서 '환경의 중요성'을 강조하였다.

또한 로크는 교육을 지덕체의 조화를 이룬 이상적인 인간을 육성하는 것으로 보았다. 지혜와 가치를 훈련하고 지적이고 도덕적인 건강한 신사가 되는 것이다. 이성과 욕망을 조화적인 통합을 이루어야 한다. 자신의 욕망을 억제하고 이성에 따라 행동하도록 유아들은 덕을 몸에 익혀 선량한 성격으로 훈련되어야 한다. 지성과 도덕성뿐만 아니라 건강한 신체를 겸비한 조화로운 인간의 양성이 교육의 목적이다. "건강한 신체에 건강한 정신이"라는 말에 그의 신체 건강과 정신 건강의 중요성이 요약되어 있다.

로크는 스콜라적인 엄한 문법 훈련을 부정하였으며, 아동 인식발달의 순서성을 고려하도록 하였고, 아동의 생활 현실을 고려한 교육내용을 주창하였다. 신체적 교육이 가장 어린 시기에 이루어져야 하고, 그 이후에 지육이 강조되어야 하며, 궁극적으로는 덕육을 기르는 방향으로 나아가게 된다. 유아가 건강하게 지낼 수 있는 기초를 다지고 난 다음, 그 기초 위에 지적인 교육 중에서도 가장 기본이 될 수 있는 학습활동을 가르치게 된다. 지식적인 교육은 궁극적으로는 도덕적 교육을 쌓기 위한 바탕이다. 그리하여 성인이 되어 지덕체를 갖춘 조화로운 인간이 되는 것이다.

로크는 유아가 학습하는 과정에서 '경험의 중요성'을 최초로 체계화시킨 교육사상가이다. 인간은 외부의 자극을 지각하고 받아들임으로써 지식이 형성되어 나간다고 보았기 때문이다. 유아기에는 오감과 직접 관계가 있는 신체발달의 중요성을 지적하였다. 예를 들어, 냄새 맡는 활동, 맛보는 활동, 만져 보는 활동, 듣는 활동, 보는 활동 등을 통해 유아는 지식을 형성해 나간다. 그리하여 로크는 감각 기능을 개발할 수 있는 다양한 교육방법을 제시하였다. 로크가 유아의 흥미를 유발시키기 위해 학습에 놀잇감을 처음 도입했다는 것은 유아교육의 중요한 공헌 중 하나이다.

로크는 유아에게 칭찬과 격려를 통하여 습관을 형성시켜야 하며, 칭찬과 격려가 유아를 교육하는 유용한 수단이 될 수 있다고 하였다. 유아를 가능한 한 평판과 수치심에 민감하도록 하여 유아의 행동을 이끌도록 하였다. 회초리는 유아가 맞는 그 순간에만 아프고 공포를 느낄 뿐이므로 체벌은 유아에게 좋은 교육법이 아니며, 평판과 수치심은 나아가 도덕과 종교의 원리를 접목시키는 데도 적합한 기초가 된다고 보았다(고후순 외, 2000). 그리고 학교교육보다는 가정교육을 강조하였으며 조기 교육과 아버지의 교육을 중요시하였다.

3 루 소

1) 인간관

루소(Jean Jacques Rousseau, 1712~1778)는 1712년 스위스의 제네바에서 시계공의 둘째아들로 태어났으나, 생후 9일째 되는 날 어머니를 잃고 불우한 가정환경에서 성장하였다. 어머니의 죽음으로 루소는 아버지와 고모에 의해 양육되었으나, 그의 아버지는 루소에게 사랑을 베풀며 키웠기에 그의 유년기는 행복한 시기였다고 할 수 있다. 그러나 13살부터는 여러 직업을 전전하게 되었으며, 28세 때 루소는 자신에게 큰 영향력을 끼친 바랑 남작부인을 떠나 리용의 한 가정의 가정교사가 되면서 자신이 교사로서 소질이 없다는 것을 알게 되었다.

1753년 디종 아카데미에 『인간불평등기원론』을 응모하였다. 인간이 불평등한 것은 사유 재산에 있다고 보았으며, 사회의 부정을 비판하였다. 사회를 변혁하는 것을 사명으로 여기고 『사회계약론』(1762) 등과 같은 저서들을 내놓았다. 『에밀』

과 『사회계약론』으로 양심 있는 지성인이자 사상가로 명성을 떨치고 추앙을 받게 되었지만, 반종교적이고 반정부적이라는 이유로 발매 금지가 되었으며 그의 사상은 심한 박해를 받았다. 이러한 박해로 유럽의 여러 국가를 방랑하며 집필활동에만 집중하였으며, 미완성 수필집인 『고독한 산책자의 몽상』을 남긴 채 66세의 나이로 파리에서 사망하였다.

루소 사상은 '자연주의 사상'과 '아동 존중 사상'으로 요약할 수 있다. 인간은 선한 존재이고, 자유로운 존재이며, 능동적인 존재이다. 인간은 자신의 잠재력을 독창적으로 스스로 개발해 나가는 능동적 존재이며, 보다 자유롭고 조화로운 사회를 재구성할 수 있는 주체이다. 유아는 능동적 존재이므로 유아가 가진 자연성을 발휘할 수 있다면 교육은 자연스럽게 이루어질 수 있다고 본다. 오늘날 유아교육에 아동중심주의 교육사상의 바탕을 이루게 하였으며, 유아의 개성과 자연성을 존중하도록 하였다. 기존의 유아에 대한 관점을 새롭게 정립하게 되었다는 의미에서 루소를 '어린이의 발견자'라고 평하곤 한다.

기존에는 중세시대의 종교관에 따라 인간을 태어날 때부터 악한 존재로 생각하였다. 그러나 루소는 인간을 선한 존재로 간주하였다. 루소는 『에밀 또는 교육에 관하여(*Emile ou Trait de L'Education*)』(1762)의 첫머리에서 "신은 모든 사물들을 선하게 창조하였으나 인간이 이들에 개입하여 그들을 사악하게 만들고 있다."라고 하였다. "조물주의 손이 미칠 때는 모든 것이 선하지만, 일단 인간에게 전달되면 모든 것이 악이 되어 버린다."고 하였듯이, 인간은 자연 상태에서는 자유롭고 행복하고 선량하나 사회제도나 문화에 의해 불행한 상태가 된다고 하였다. 유아는 주변 환경에 지배를 받고 영향을 받으며 성장하게 된다. 그러므로 유아를 둘러싸고 있는 많은 환경을 교육적으로 적절하게 만들어야 하며, 출생 때와 같은 선한 마음을 유지하기 위해서는 유아 주변의 환경을 자연으로 되돌리는 것이 가장 중요하다고 본 것이다.

2) 교육관

(1) 자연주의에 바탕을 둔 합자연의 원리

18세기의 계몽정신과 더불어 대두된 사상은 자연주의(Naturalism) 운동이다. 자연주의는 지나친 합리성과 이성보다는 인간의 감성을 더 중요시하는 사상이라고 할 수 있다. 인간의 자연성에 다른 교육은 인간의 있는 그대로의 자연적 상태를 근본 특성으로 인정하는 것을 의미한다.

루소는 감성이 순수하고 자연적 법칙에 부응하는 소박한 자연인으로서의 인간을 추구하였다. 이러한 그의 교육사상은 『에밀』에 잘 나타나 있다. 『에밀』은 에밀이라는 남자 주인공을 설정하여 그의 성장과정을 통해 아동교육에 대한 교육관을 드러내었으며, 주인공 에밀을 통하여 기존의 교육사상이 아닌 새로운 관점의 교육사상을 펼쳤다. 루소의 사상은 한마디로 정리하면 '자연으로 돌아가라'이다. 자연상태로서의 사회를 지향하는 루소의 교육론은 자연스럽지 못한 교육방법을 지양한다. '자연으로 돌아가라'는 말의 의미는 나무와 물이 있는 시골로 돌아가서 유아를 교육해야 한다는 의미가 아니라, 인간을 억누르고 있는 많은 것들을 제거해야 하며, 유아를 진정한 한 인간으로 존중하고, 유아의 독특한 발달 단계를 인정해야 한다는 의미이다. '인간이 어떤 땅에도 결코 살아나지 못하는 씨를 억지로 가꾸려 하거나, 한 나무에서 종자가 전혀 다른 열매를 맺으려 한다'면 결코 자연적 교육방법이 아닌 것이다.

자연으로 돌아가고자 하는 로크의 교육사상을 '합자연의 원리'라고 한다. 합자연의 원리는 그 당시의 전통적, 봉건주의적 생활양식으로부터의 탈피를 의미하며, 엄격하게 통제된 기독교적, 계율적 삶으로부터 벗어나야 함을 의미한다. 인간의 본성은 원래 선하므로 유아교육은 순수하고 세속에 물들지 않은 타고난 원래의 본성에 기초하여 교육되어야 할 필요성이 있다는 것이다.

루소는 교육이 유아의 발달 단계에 맞게 이루어져야 한다는 것을 체계적으로 주장하였다. 잘못된 조기 교육을 비판하였으며, 소박하고 수동적인 소극적 교육을 주장하였다. 그리하여 루소의 교육을 '소극적 교육'이라 한다. 유아교육은 외부로부터 강제적 주입식 교육을 하는 것이 아니라, 유아의 잠재력이 풍부하고 자연스럽게 발달할 수 있도록 보호하고 좋은 환경을 마련해 주는 것에 중점을 두어야 함을 강조하였다.

(2) 교육목적과 내용

루소는 자연인을 이상적인 인간으로 생각하였으며, 자연인을 양성하는 것을 교육의 목적으로 보았다. 유아의 자연성을 개발할 수 있도록 하며 유아에게 인위적인 제한을 가해서는 안 된다고 보았다. 『에밀』의 제1부는 교육목표에 해당하는 부분으로서, 유아들은 어떤 특정한 직업을 목적으로 훈육되어서는 안 되며 한 사람의 자연인을 만들기 위해 노력해야 한다고 한다.

자연주의 교육이 지향하는 목적이란 자연적 도덕인이 되는 것이다. 자연적 도덕인이란 소위 현존하는 문명사회의 인위적 조작과 이기주의에서 벗어난 소박하고 순수한 자연 상태의 인간이 되는 것을 말한다(윤기영 외, 2014).

루소의 자연주의 교육은 자연스러운 발달을 보장하는 소극적 교육이다. 즉, 강압적인 교육이 아니라 어떠한 학습을 어떠한 방법으로 학습하느냐를 중요한 것으로 여겼다. 최초의 교육은 '체육교육'으로 신체를 건강하게 하는 것부터 시작해야 한다고 보았다. 유아기에는 잘 참을 수 있는 강인함과 인내심을 길러 주어야 한다. 기후나 환경의 다양한 변화, 굶주림, 목마름, 피로에 대처하도록 아동의 신체를 단련하도록 하며, 아동의 정신과 신체를 매우 적극적으로 단련해야 한다고 보았다. 생후 12세까지는 주로 신체적 감각교육이 중요하다고 생각하였다. 그리고 이러한 자연적이며 감각적인 교육은 지식의 장이라기보다는 활동의 장으로 의미를 부여하여야 하며, 생활 그 자체가 바로 교육이 될 수 있도록 하였다.

(3) 『에밀』에 나타난 교육사상

루소는 『에밀』에서 영아기로부터 청년기까지 연령에 따른 중요한 5가지 교육

단계를 주장하였다. 연령에 따른 발달 특징과 발달 시기에 적합한 교육 형태를 제시하였다. 어머니는 자기 스스로 아이에게 젖을 먹이고, 아버지가 그를 기르고, 아버지가 없을 때는 어린아이에 대하여 충분히 권위를 지니는 교사가 교육을 해야 한다고 보았다(정봉구, 1995).

출생에서 5세까지의 유아기는 사회 발전 단계로 비교하면 동물의 시기에 해당하며, 자연의 질서에 따라 양육하여야 함을 강조하면서, 당시의 상류층 가정에서 자기 자녀를 어머니가 키우지 않고 유모에게 맡기는 풍조를 매우 비판하였다. 인생의 최초 스승은 우리에게 젖을 먹여 주는 유모이며 양육에 있어서 가장 기본은 어머니의 교육임을 강조하였다.

〈표 3-2〉 루소의 5가지 교육 단계

교육적 시기	사회 발전 단계	교육내용
유아기(0~5세)	동물 시기	가정교육과 체육교육 (습관과 정서 훈련의 시기)
아동기(6~12세)	야만 시기	감각 교육
소년기(13~15세)	농부 시기	이성과 수공 교육
청년기(16~20세)	초기 사회인, 합리적 사고의 시기	감성 교육
성인기(21세~)	사회인, 성인기	성교육

유아기의 심신 상태는 연약하고 무지하므로 따사로운 사랑이 넘치는 가정에서 가정교육을 통한 인간 형성 교육이 필요하다고 한다. 그리고 신체 및 체육교육에서 볼 때 사지를 자유로이 움직일 수 있으므로 발육에 필요한 신체 교육이 필요하다. 분노하거나 슬픈 감정이 일어나지 않도록 배려해야 한다. 노래를 통한 간단한 오락 학습이 가능하다. 지식교육에서는 감각 훈련으로 사물의 성질을 학습하도록 해야 하며, 그 이외에 원근 등 거리의 판단을 가르치고 언어지도에서 모국어를 교육할 것을 주장하였다(고후순 외, 2000).

소극적 교육의 특색이 나타나는 시기가 12세까지이다. 종래의 지식 습득을 강조하는 주지주의의 입장을 비판하고 지식 교육을 멀리하였다. 이 기간은 '인간도 아니고 동물도 아닌 바로 어린 아이'의 시기이다. 자연인으로서의 전형적인 어린아이의 모습이 그려져 있으며, 이 시기에는 지리, 역사와 같이 어린이들이 이해할 수 없는 모든 책들을 되도록 멀리하도록 하였다. 단지 경험을 통해서 기본적인 개념을 어린이들이 알게 하도록 그냥 내버려 두는 일이 중요하다. 유아 내부의 가능성은 자연의 법칙을 따르는 것으로 보고, 일체 외부의 간섭을 피하고 자연에 따라서 교육할 것을 권하고 있다. 만약 필요하다면 교사는 사실에 따라 교훈을 가르치며 환경을 조성해 줄 필요성이 있다. 이 시기는 끊임없이 신체를 단련시켜 주의 있게 '감각'을 교육하는 일이 중요하다(정봉구, 1995).

13~15세는 '소년기'로서 비로소 '적극적인 교육'에 해당된다. 이성적 사고와 자아의식이 싹트기 시작하므로 사회 문제에 관심을 갖게 하고 나아가 우주의 신비를 탐닉하도록 하는 것이 바람직하다고 보았다. 루소는 소년기에는 적극적인 교육을 하여야 하나, 유아기에는 적극적인 교육을 할 때 인간이 가지고 있는 자연성이 훼손된다고 보았기 때문에 소극적인 교육을 해야 한다고 주장하였다.

(4) 교육방법

루소의 일반적인 교육 원리는 합자연의 원리, 소극적 교육, 직관교육의 원리 등으로 볼 수 있다. 발달 단계에 따른 교육방법을 『에밀』에서 제시하고 있는데, 이는 단순히 어른과 구분되는 것으로서의 단계가 아니라, 성장과정이 단계적으로 구분되며 각 단계의 고유한 특질을 탐구하여 그 시기의 특성을 이해하는 데서 출발해야 함을 의미하였다.

출생에서 5세까지 유아기에 해당하는 교육방법을 살펴보면 다음과 같다. 유아기 교육방법은 사려 깊고 구체적이어야 하며, 주로 신체의 안전과 관련된 교육방법이 중요시되었다. 첫 번째 원리는 자유활동의 원리로서, 유아의 힘은 그의 욕구를 충족하기에는 모자라므로 한껏 사용하도록 내버려두어야 한다. 둘째는 기본욕구충족의 원리로서 유아에게 필요한 기본적인 욕구는 신속하고 지속적으로 무조건 만족시켜 주어야 한다. 셋째, 욕구 변별의 원리는 유아의 변덕이나 까닭 없는 욕구에 동조하지 말고, 유아의 욕구를 구분하여 도와주어야 한다. 넷째의 원리도 욕구 변별과 관련된 원리로서 유아의 언어와 표정을 조심해서 관찰해야 한다고 하였다(고후순 외, 2000).

루소는 인간발달은 이처럼 여러 단계를 거쳐 이루어지는 것이며, 아동은 어른 세계의 축소판이 아니라, 각 성장의 단계별로 도달해야 하는 독자적인 세계의 성장과 성숙이 이루어져야 하는 존재로 여겼다.

4 오베르랑

선교와 사회개혁을 통해서 인간을 구제하고자 한 오베르랑(Oberlin, 1740~1826)은 1740년 독일에서 태어났으며, 대학에서는 신학과 철학을 전공하였다. 1762년 대학을 졸업하고 목사가 될 때까지 3년간 가정교사 경험을 통해 교육에 대한 경험을 하였다. 1767년 오베르랑이 27세가 되는 해에 유아보호시설을 설립하였다. 역사상 유아교육시설을 최초로 창설한 선구자의 한 사람이 된 것이다. 오베르랑은 학교를 세웠지만 가르치지는 않았다. 이곳의 교육은 1784년 그의 아내가 죽을 때까지 아내와 그의 가정 일을 담당하던 반제트(Banzet)와 쉐플러(Scheppler)에게 맡겨졌다. 편물을 가르치고 있던 반제트는 1769년에 오베르랑을 만나게 되었고, 오베르랑은 유아들을 위해 큰 방을 임대하여 반제트를 보모로 채용하여 유아보호시설을 운영하였다. 부모들이 일터에 나간 동안 더럽고 위험하고 황폐한 거리에 버려진 인근의 3~6세 유아들을 모아 그 당시로는 진귀했던 편물을 가르쳤다. 그리하여 이 학교는 '편물학교(Knitting school)'라고 불리게 되었다(팽영일, 2000).

주된 교육목적은 취학 전의 보호 교육을 통해 유아의 마음속에 종교적인 감정을 심어 주고자 하였으며, 질서와 노동을 사랑하게 하고, 프랑스어를 습득시켜 아동들의 불명확한 방언들을 근절하도록 하였다. 교육과정은 유아들에게 역사나 자연에 대한 교과목의 사진들을 보여주고 그것에 대해 이야기를 하는 것으로 구성되었다. 처음에는 교사는 단순히 그림들을 보여 준다. 그리고 유아들이 그림에 친숙해지면 그 지역의 말씨로 사물의 이름을 말해 주었고, 유아들은 세계에 대해 학습하면서 모국어와 프랑스어를 학습하게 되었다(Deasey, 1978).

편물 학교의 교육내용으로는 주로 도덕적인 이야기, 기도, 찬송가, 성서에서 가려 뽑은 격언, 신·구약 성서 중의 이야기가 주를 이루는 등 종교와 도덕교육을 중시하였으며, 지식 관련 내용으로는 방언을 없애기 위한 회화, 동판화에 의한 박물학습, 색채 감각의 훈련, 나무 조각이나 돌을 사용하여 지시하는 것을 만들기 등이 있었다. 수공 노동으로는 양모, 목면, 아마, 비단 등의 소재 분류하기, 여러 가지 물체를 색과 형태에 따라 분류하기, 편물들이 해당되었다.

이러한 유아보호시설이 설립된 배경으로는 사회사업과 학교 개혁의 일환으로 볼 수 있다. 주민들의 교육조건도 매우 열악하여 그가 속해 있는 교구에 학교가 한 곳밖에 없었고 설비가 매우 빈약하였다. 주민의 교육 조건이 경제발전과 선교활동에도 영향을 미치는 것을 절감하고 학교를 설립하여 교육을 통해 사회사업과 경제발전, 선교 활동을 하고자 하였다.

오베르랑은 성서나 자연 현상 등 유아가 이해하기 어려운 것을 가르칠 때는 자신이 직접 고안한 채색 동판화나 도형을 자주 사용하는 직관 교육을 도입하였다. 그리고 즐거운 분위기 속에서 생활할 수 있도록 산책과 유희를 중시하였다. 도덕교육은 상벌의 방법에 따라 어린이들을 격려하였다.

5 페스탈로치

1) 인간관

페스탈로치(J. H. Pestalozzi, 1746~1827)는 스위스 취리히의 중산층 가정에서 출생하였다. 그 당시 18세기의 사회적 분위기는 종교개혁 시대의 기독교적인 도덕을 따르는 경건주의와 관료적 정부에 도전하는 계몽주의의 두 사상이 큰 흐름으로 자리하던 시대라고 할 수 있다. 어릴 적부터 농촌에 거주하던 신교의 목사였던 할아버지의 영향을 받았으며, 농촌의 아이들이 가혹한 노동으로 고통받는 것을 많이 보며 성장하였다. 이러한 그의 어린 시절의 경험은 훗날 그가 농촌교육에 힘을 쓰게 된 밑바탕이 되었다(김정환, 2008). 이러한 성장기의 경험은 페스탈로치의 인간관에도 영향을 미쳤다.

페스탈로치는 "인간은 옥좌에 있으나, 초가의 그늘 밑에 있으나 그 본성은 동일하다."라고 하며(이상현 외, 2015), 인간의 평등성을 기본 인간관으로 삼았다. 그는 인간의 본성은 선하며, 교육을 통해 인간이 본래 가진 선한 인간성이 발현될 수 있다고 보았다.

이처럼 페스탈로치의 인간관과 기본적 사상은 '인간평등사상'이라고 할 수 있다. 이러한 인간의 평등성과 가능성에 대한 확신은 그의 성선적 인간관에 기초하고 있다. 페스탈로치는 부유한 사람이든 가난한 사람이든, 높은 계급에 있든, 낮은 계급에 있든 인간은 평등한 존재이며, 존중받아야 할 가치가 있는 존재라고 생각하였다. 가난한 사람들도 모두 평등하게 잠재력을 가지고 있으므로 그들의 잠재력을 억제해서는 안 된다고 믿었으며, 가난한 사람들의 생활을 향상시키는 데 힘써 민중 교육에 공헌하였다.

2) 교육관

페스탈로치는 교육실천가이자 교육사상가이다. 교육실천가로서 교육 문제에 대한 많은 저서를 집필하였고, 실제로 학교를 운영하였으며, 여러 교육사상을 학교 운영과 학습을 통해서 응용하는 노력을 보였다. 사회를 개혁하는 것이 바로 교육이라고 생각하였다. 그 당시는 빈민층이 대량으로 발생되는 상황으로 사회를 개혁함으로써 인간의 존엄성이 발휘될 수 있으며, 가정생활과 학교 교육이 조화를 이룬 사회 개혁이 교육이라고 생각하였다.

페스탈로치는 교육의 궁극적인 목적을 생활에 대한 준비에 두었다. 이를 위하여 인간에게 내재한 무한한 잠재력을 계발하는 것을 교육 목표로 삼았다. 모든 유아는 모든 능력을 부여받고 있지만 능력이 어느 한쪽으로 발달되어 있지 않기 때문에 본래의 소질을 전개할 수 있도록 도와주어야 한다. 이를 위해 가정교육을 가장 중요시하였다. 유아기에는 인간 형성의 기초로서 가정의 역할이 중요하며, 가정은 기초 교육을 다지는 곳으로서, 3R's와 같은 기본적인 지식뿐만 아니라 도덕교육, 사랑하기, 일하기와 같은 실제 교육을 배운다. 무엇보다도 어머니 교육의 중요성을 일깨웠으며, 어머니는 하늘이 내려준 교사라고 생각하였다.

페스탈로치는 인간에게는 신체 부위로 비유하여 세 가지 능력(3H)이 있다고 생각하였고, 이것을 머리(Head), 가슴(Heart), 손(Hand)의 능력으로 나누었다. 머리(Head)는 지식 교육에 해당되며, 가슴(Heart)은 도덕 및 종교 교육이며, 손(Hand)은 기능 · 행동 · 실천의 교육으로 구분하였다. 지식교육, 도덕교육, 기능 교육 등 모든 교육이 조화롭게 발달되어야 함을 뜻한다. 그중에서 특히 '가슴'에 해당하는 사랑과 도덕성을 중시하였다. 이처럼 페스탈로치는 3H를 강조하면서 지적, 도덕적, 신체적 기능이 조화롭게 발달하는 전인교육을 주장하였다.

페스탈로치는 정신력 도야, 심정력 도야, 기술력 도야에 대한 교육방법을 다음과 같이 제시하고 있다. 정신력을 도야하기 위해서는 유아에게 쉬운 것부터 어려운 것으로, 가까운 곳부터 차츰 먼 곳으로, 저차원에서 고차원으로 가르쳐야 한다고 한다. 심정력을 도야하는 방법으로는 종교 교육을 매우 중시하였다. 그리고 체험학습을 강조하였으며, 생활에 바탕을 둔 실물수업인 노작교육을 중시하였다.

6 오 웬

1) 인간관

오웬(Owen, 1771~1858)은 영국 북웨일즈의 공장에서 일하는 직공의 아들로 태어났다. 18~19세기에 이르는 영국에서 일어난 산업혁명의 시기에 성장하면서, 노동자와 실업자가 넘쳐나고 아이들을 포함한 많은 이들이 장시간의 노동에 혹사당하는 모습을 직접 경험하며 성장하였다.

그는 29세부터 25년간 스코틀랜드의 뉴라나크(New Laneark)에서 최신식 방직공장을 경영하였는데, 이 경험을 통해서 오웬은 사회주의 선구자이자 공장법의 아버지, 박애주의자가 되었다. 당시 영국 산업혁명기의 아동은 불결하고 열악한 공장에서 노동의 대상이었으며, 그는 신체적·정서적으로 올바르게 성장할 수 없는 사회구조의 현실을 그냥 지나치지 않았다. 그는 노동자의 복지와 사회 개혁에 관심과 정열을 쏟았으며, 유아를 위한 최초의 유아 학교(Infant school)를 설립하기도 하였다.

오웬은 인간의 발달은 환경에 좌우되며, 환경에 따라 성격이 결정되므로 올바른 성격을 형성하기 위해서는 유아들에게 좋은 환경을 제공하여야 한다고 생각하였다. 즉, 유아의 올바른 성격을 형성시키고, 이를 바탕으로 정서를 발달시키며 잠재하는 여러 능력을 함양하는 것이 교육의 역할이다. 궁극적으로는 개인의 행복보다 사회의 복지를 생각하는 인간의 육성을 강조하였다.

2) 교육관

1816년 방직공장에서 일하고 있던 노동자들을 위하여 '성격형성학원(Institute for the formation of character)'을 만들었다. 성격형성학원은 프뢰벨이 유치원을 창설한 것보다 24년이 앞섰다. 성격형성학원은 크게 세 부분의 학교, 즉 유아학교, 소학교, 청년과 성인을 위한 학교로 구성되었지만, 성격형성학원의 가장 중요한 기초는 유아학교였다. 성격형성학원 창설의 의미는 탁아시설운동이 시작하게 하였으며, 영국의 정규학교제도 중 5~7세의 유아들의 위한 유아 학교(Infant school)의 근원을 만들었다는 점이다(팽영일, 2000).

성격 형성 학원의 교육내용은 나이에 따라 다르다(팽영일, 2000). 1~3세는 놀이와 레크리에이션을 주로 다루며, 3~5세는 유희와 레크리에이션이 주 활동이고, 1~3세에 비해 산책이 많이 포함된다. 놀이와 레크리에이션 외에 2세 이상은 무용을 배우며 4세 이상이 되면 음악, 군사훈련, 지도 읽기와 자연의 사물이나 동물의 탐구를 목표로 하는 지리와 자연사의 기초 학습을 배운다. 그리고 5~6세가 되면 창가가 도입된다. 이러한 교육내용은 성격 형성을 위해 필요하며, 어린이를 건강하게 하고 신체를 아름답게 하며, 질서를 존중하고 복종과 규율, 올바른 습관을 형성하도록 한다고 생각하였다.

오웬은 사회에 영향력을 가진 사람들의 지시와 통제에 의해 사람의 성격과 행동 경향이 달라지며, 그에 따라 선하고, 악하고, 무지하고, 현명하게 된다고 보았다. 사람이 무지하면 게으르고 가난하며 죄악과 벌 등이 나타나게 된다고 하였다. 그러므로 인간은 주변 환경이 아주 중요하며, 특히 영향력 있는 사람인 권력층의 책임이 중요하다고 보았다. 당시의 빈곤, 범죄, 폭력 등의 사회악은 사회적, 경제적, 교육적 환경의 개선을 통하여 근절될 수 있다고 믿었다(곽노의 · 홍순정, 2000).

인간 형성은 선천적으로 창조된 제1의 창조가 있다. 이것은 자신이 알지도 못하는 사이에 모태 내에서 형성되는 것으로 조물주의 손에 의해 만들어진다. 후천적인 제2의 창조는 외부에서 작용하는 외부 환경에 의해서 인간의 성격이 형성된다. 그러므로 인간은 천성이 훌륭해야 하며, 그 이후 훌륭한 환경을 제공하게 될 때 더 발전하게 된다. 인간의 선악은 조기에 습득되고, 기질과 성향은 2세에는 거의 형성된다고 보았다. 유아기에 형성된 성격은 영속적인 성질을 지닌다고 보았다(팽영일, 2000).

오웬의 교육방법은 다음과 같은 특징을 지녔다. 첫째, 아동을 억압하거나 처벌하지 않았다. 둘째, 서적 중심주의 교육이 아닌 실물에 의한 직관교육을 중시하였다. 셋째, 엄격주의를 배제한 자유주의적 교육으로 개성을 존중하고 자율성을 보장하였다. 넷째, 개발교육으로, 교사는 주입식 수업방식이 아니라 유아의 호기심과 친절한 대화를 이용하였다. 그리고 오웬은 페스탈로치 교육 정신의 영향을 받아 사랑과 행복의 교육, 실내 교육을 배제한 야외 교육, 생산 노동과 결합된 교육, 자연과 결합된 교육을 주장하였다(이상현, 2000).

오웬의 교육사상은 사회개혁적 실천의 발로로 이루어졌으며, 교육을 사회개혁의 수단으로 보았다. 산업혁명으로 인해 무너진 아동을 위한 삶을 교육적 실천을 통해 바꾸고자 노력한 사상가이자 실천가라고 할 수 있다.

7 프뢰벨

1) 인간관

프뢰벨(Friedrich Wilhelm August Fröbel, 1782~1852)은 1782년 독일의 엄격한

루터파 교회 목사의 아들로 태어났다. 어머니는 프뢰벨이 출생한 지 9개월 만에 병으로 사망하였으며, 사랑을 제대로 받지 못한 가정환경 속에서 어린 시절을 보냈다. 10세에 외삼촌 집으로 옮겨 가면서 심리적으로 안정되었으며, 정신생활이 풍요로워졌다. 14세에 산림관의 제자가 되었으며, 그곳

에서의 삼림생활은 자연에 대한 통일성과 보편성에 대해 깊은 사색을 할 수 있는 시기가 되었다. 이후 예나 대학에 입학하여 여러 가지 과학을 연구하였고, 경제적인 이유로 대학을 그만 두었으나 우연한 기회에 교사가 되어 새로운 세계에 눈이 열리게 되었다.

1805년 그가 23세 되던 해, 페스탈로치를 방문하게 되면서 자신의 장래를 결정하는 데 큰 영향을 받게 되었다. 1811년 괴팅겐 대학에 입학하였으며, 그 후 1812년에 베를린 대학으로 옮겨서 광물학, 결정학, 물리학 등을 연구하였다. 하지만 그의 형 크리스토프가 전염병으로 사망하면서 인간의 교육 사업에 뛰어들게 되었다. 1817년 카일하우에 5~18세까지의 아동을 대상으로 한 '일반 독일 교육 기숙사'를 설립하였다. 1826년 이 학교를 통해 교육 실천과 이론을 정리하고 발전시켜『인간교육』을 저술하였다.

프뢰벨은 유아의 본성은 신성이라고 보았다. 인간은 선을 추구하는 존재이며, 아무런 방해가 없으면 유아는 선한 활동을 한다고 보는 절대적인 낙관주의였다. 또한 유아는 자발성을 가진 존재로 간주하였으며 자기 활동을 중시하였다. 유아 자신은 내적인 동기를 가지고 자연스럽게 자신을 발전시키며 자신을 성장시켜 나간다. 출생 시부터 유아의 본성에 따라 바르게 잘 대하여 주고 어린이의 내적 힘을 마음껏 발휘할 수 있도록 하여 준다면, 어린이는 어려움 없이 순탄하게 자라게 될 것이라고 본다. 그리고 인간의 발달은 출생과 더불어 시작되면서 연속적으로 발전해 나간다. 즉, 인간은 발달 단계가 있어 각 발달 단계에 따른 특징과 욕구가 있다고 보았다.

2) 교육관

(1) 유치원 창설

프뢰벨은 세계 최초로 유치원을 창설하였다. 1837년 독일의 부라겐부르그에서 '자기 교육으로 인도하는 직관 교육소'를 창설하였다. 이것은 '놀이 및 작업 교육소', 그리고 '일반 독일 유치원'으로 개명이 되었다가 1840년 유치원(Kindergarten: 어린이의 정원)을 창설하게 되었으며, 이 유치원은 세계 최초의 유치원이 되었다.

프뢰벨의 유아교육사상을 상징적으로 표현하기 위하여 명명한 유치원이란 말이 지금까지 '유치원'이라는 공용어로 사용되고 있으며, 그를 유아교육의 아버지라고 하는 것은 그가 진정 유아를 위한 교육 프로그램을 개발하여 유치원 교사교육에 일생을 바쳤기 때문이라고 할 수 있다(이상현 외, 2015).

그 당시 유아교육시설은 많았지만 유아를 단순하게 보호하는 시설이거나 학교와 같이 주로 지식교육을 하는 곳이었다. 그는 당시의 유아교육기관들과 차별된 유치원을 설립하였다. 그러나 프뢰벨이 설립한 유치원은 오래 가지 못하였다. 1851년 프로이센 정부에 의해서 유치원 폐쇄령이 내려졌다. 프로이센 정부에서 "유치원은 청소년에게 무신론을 가지도록 교육하는 목표를 가진 프뢰벨의 사회주의 음로의 일환"이라 낙인찍었기 때문이다. 유치원이 폐쇄되었을 뿐만 아니라 독일에서의 유치원 운동이 금지되면서 1860년까지 독일에서 프뢰벨 운동이 중단되게 되었다. 유치원 운동은 주로 다른 유럽과 미국에 소개되고 전파되어 프뢰벨의 정신이 깃든 유치원 교육을 하고자 하였지만, 진정한 프뢰벨 유치원이 실현되지 못하였다.

유치원을 설립하게 된 목적을 살펴보면 그의 유아교육관을 알 수 있다(정금자, 2001). 우선 여성 교육을 중시하였다. 유아교육은 여성의 사명이라고 확신하였다. 유치원에서는 유아교육뿐만 아니라 여성과 모성의 교육도 함께 수행해야 한다고 생각하였다. 그리고 신성발달의 의미를 부여하여 어린이의 마음속에는 이미 착한 신성이 있으며, 그 신성은 결코 고정된 것이 아니라 항상 발달하고 진보되어 간다고 보았다. 유아는 자기의 개성, 자연과 신성이 일치하는 교육, 즉 유아와 자연과 신성이 조화되어 교육되어야 한다. 또한 감각교육과 놀이를 중시하였다. 유아는 놀이에 의해 자기의 내면을 자유롭게 표현하며 성장하기 때문이다. 그리고 평등한 유아교육을 실현하고자 하였다. 근로 계층의 자녀만이 아닌, 중산층도 포함한 모든 계층의 어린이들이 교육 대상이 되어야 한다고 보았다.

(2) 교육목적

교육목적은 인간, 자연, 그리고 신의 통합화이다. 인간의 마음속에 신의 마음이 들어 있고, 자연 속에 신의 섭리가 내재되어 있다고 보았다. 유아교육이란 유아 속에 들어 있는 자연과 신의 섭리를 유아가 스스로 깨닫도록 하는 것이다. 그리하여 신성한 삶을 충실히 표현할 수 있다고 보았다. 자발적으로 자신의 능력을 충분히 계발하고 원만하게 사회적인 관계를 맺을 수 있는 인간을 만드는 것이 교육의 목적이다(곽노의 · 홍순정, 2000).

이와 같이 프뢰벨은 신에 의해 창조된 인간을 비롯한 모든 만물에는 신성이 내재되어 있다고 보았고, 교육의 궁극적 목표는 창조주인 신의 존재를 받아들이고, 인간이 자신의 본질인 신성을 깨닫고 이를 표상하고, 신과 자연과 인간의 통일·통합을 이루는 것이라고 여겼다(이은화 외, 2003). 교육은 인간이 신적인 것을 의식하도록 자극하고 지도하는 것이며, 인간이 자신을 이해하고 이상적 존재로서 성장할 수 있도록 인도하는 것이 교육의 목적이라고 하였다.

(3) 교육내용

아동에게 창조적 자기활동은 놀이이며, 놀이는 유아가 자신의 신성을 표현하는 창조적이고 자발적인 활동이라고 하였다. 프뢰벨은 놀이가 가장 순수한 정신적 활동이고 인간 발달을 좌우하는 중요한 요소이며, 바로 이러한 놀이가 유아를 위한 최초의 작업이라고 여겼다.

프뢰벨은 형식적 종교교육과 아동의 특성을 무시한 지식교육에 대해 비판적이었다. 중요한 교육내용으로는 인간이 기본적으로 갖추어야 할 내용으로 종교, 자연, 수학, 언어, 예술 등을 들고 있다. 세부적인 교육내용은 다음과 같다(정금자, 2001).

- 체육과 운동, 놀이를 통한 신체 단련
- 정신적, 구성적, 색채적, 청각적, 음악적 감각의 훈련
- 자신이 고안·제작한 교구와 작업자료에 따라 '활동충동'을 도야하는 활동

- 의도적 이야기나 교사와 어린이와의 교류를 통한 도덕적, 종교적 감정의 육성
- 어린이 간의 교류와 놀이를 통한 나쁜 생활습관의 근절과 덕성을 기르는 활동

또한 프뢰벨은 자신의 교육목표를 실현할 수 있는 이상적인 놀잇감을 고안하고 이를 신으로부터 받은 선물, 즉 은물(gabe)라고 하였다(이은화 외, 2003). 은물은 모두 10은물의 놀잇감으로 구성되어 있는데, 이 은물을 통해서 자연의 원리를 알고, 창조주인 신을 알고, 자신을 알고, 우주의 진리를 알아갈 수 있을 것이라고 하였다.

(4) 교육방법

『인간의 교육』(1826)에서는 다음과 같은 교육 원리를 강조하고 있다(이상현, 2000). 첫째, '통일성의 원리'는 신과 인간과 자연의 불가분의 관계를 보여 준다. 우선 유아들이 은물을 가지고 놀이함으로써 인간과 자연과 신의 신성한 통일성을 깨우치게 된다. 개인은 사회와의 관계에서, 사회는 보다 넓은 사회와의 관계에서, 궁극적으로는 신과의 관계에서 이루어지고 운영되는 것이다. 또한 지적, 도덕적, 미적 교육이 조화된 진선미의 합일이 이루어져야 한다.

둘째, '자기 활동의 원리'는 현재 유아교육에서 말하는 유아 자신의 활동을 선택하는 자발적 선택(self-selection)이나 자발적 동기화(self-motivation)의 개념이 아니라, 유아는 자신의 내적 정서와 아이디어를 적절하게 표현할 수 있는 자기 활동성을 가진 존재(self-active individual)로서의 원리이다.

셋째, '놀이와 작업의 원리'는 놀이의 개념과 놀이의 교육적 역할을 제시하였다. 유아는 놀이를 통하여 자발적 활동을 할 수 있으며, 유아의 내적 힘을 밖으로 발산할 수 있다.

넷째, '인본주의 원리'는 출생의 순간부터 유아를 그들이 지닌 본성에 따라 잘 대해 주고 유아의 내적 힘을 마음껏 발휘할 수 있도록 해 주어야 한다는 원리이다.

다섯째, 은물과 작업을 통해서 '인간과 자연과 신의 통합'이 이루어진다. 은물은 신이 내린 선물이라는 뜻으로 세계 최초의 유아교육의 교구로서 적목교구의 효시

라고 할 수 있다. 형태(1~6은물), 면(7은물), 선(8은물), 점(9은물), 재구성(10은물)의 10가지로 구성되어 있다. 그리고 '작업'도 현대의 유아교육에서 실제적으로 많이 이용되고 있다.

프뢰벨의 교육방법은 발달 순응적 교육이라고 할 수 있다(이상현, 2000). 프뢰벨은 루소의 '소극적 교육'이라는 개념을 '발달 순응적 교육'이라는 개념으로 전개시켰다. 수동적인 교육이라기보다는 끊임없이 유아에게 주의를 기울이고 보호하면서 필요한 때는 곧바로 능동적인 작용을 할 수 있는 태세를 갖추고 있는 교육을 의미한다.

8 듀 이

1) 인간관

듀이(John Dewey, 1859~1952)는 미국으로의 이주민이 급격히 증가하던 시기에 뉴잉글랜드의 버몬트주에서 태어났다. 미국에서 성장하며 자본주의적 이념과 민주주의 사회의 영향을 받았다. 존스홉킨스 대학교에서 철학을 공부하였으며, 교수로서 학교교육의 낡은 방식을 버리고 민주적 사회질서와 변화하는 사회적 요구에 적합한 새로운 교육철학을 내세웠다.

듀이는 경험이란 언제나 개인과 그 당시 환경을 구성하는 요소 사이에서 일어나는 상호작용이라고 하였으며(윤기영 외, 2014), 이러한 경험은 능동성을 가진 인간의 요소가 결합되어 확대되고 변화된다고 보았다. 또한, 교육은 활동적이어야 하며 아동이 흥미와 관심을 가진 것과 연관되어 경험할 수 있도록 해야 함을 강조하였다.

유아는 무력한 존재이지만 풍부한 가능성을 가지고 발전해 나갈 수 있는 존재인데,

이러한 가능성을 '가소성(plasticity)'이라고 하며, 이로 인해 다른 동물에서는 찾아볼 수 없는 적극적이고 발전적인 사회관계를 이루어 나가게 된다(정금자, 2001).

듀이의 철학에서 경험은 핵심적인 개념으로 이는 인간과 환경의 상호작용으로 정의된다. 인간은 상호작용 과정을 통해 경험을 얻게 되고 그로 인해 변화가 생긴다. 유아는 이러한 변화를 경험하는 과정을 통해 새로운 지식을 학습하게 된다(이상현 외, 2015). 즉, 유아가 교육활동의 중심이 되어야 한다고 하였으며, 이러한 아동관은 지금의 아동중심교육 철학과도 맞닿아 있다고 할 수 있다.

2) 교육관

(1) 교육목적

듀이의 교육사상은 진보주의(Progressivism)와 실용주의(Pragmatism)에 바탕을 두고 있다. 진보주의에서는 지식은 항상 시대적 상황에 따라 상대적으로 변화하는 것으로 본다. 지식이 형성되기 위해서는 타고난 이성을 훈련하는 것이 아니라 유아가 주변 생활과 일상생활 속에서 체험하면서 스스로 지식을 구성한다고 하였다. 지식 습득은 구체적이고 실제적인 경험을 통해서 이루어지며 생활 주변에 있는 실용적이고 실리가 있는 지식에 가치를 두게 된다. 유아는 정신적, 물리적, 사회적 환경과 접촉하여 경험이 생기며 그 경험을 바탕으로 계속 경험을 재형성하고 재구성해 나간다.

경험의 재구성을 통해 교육적인 성장이 이루어진다. 사고가 경험을 재조직하는 방법이다. 『민주주의와 교육』(1916)에서 교육의 목표는 '성장'에 있다고 한다. 듀이는 삶이 바로 경험이며 경험이 곧 교육이라고 하였다. 즉, 생활 그 자체와 같은 의미로서의 경험을 강조한 것이다. 그러므로 삶과 교육은 불가분의 관계이다. 성장은 인간의 행위가 그다음의 결과로 축적되어 나가는 과정이다. 가치 있는 방향으로 성장해 나가는 것 자체가 교육이며, 유아의 성장이 교육의 목적이다.

(2) 교육내용

듀이는 전통적인 교육에 비판을 가한 인물이다. 먼 미래 성인이 되었을 때를 준비하기 위해서 교육을 하는 것이 아니라고 보았다. 장래의 생활을 준비하기 위한 교과를 학습하는 교육을 비판하였다. 사회생활과 동떨어진 정보는 의미가 없고 무기력하다고 보았으며, 사회생활과 밀접하게 관련 있는 실리적이고 생동하는 지식에 의미를 부여하였다.

교육은 경험을 통해 사고를 재구성해 가는 것이므로, 교육내용은 사고를 촉진할 수 있는 것이어야 하고, 풍부한 경험을 형성할 수 있는 것이어야 한다. 그러므로 유아의 사회적 활동이나 사회적 삶을 중요시하는 교육내용을 중시한다. 유아가 접하는 일상적인 모든 체험이 유아의 성장과 발달에 직결되므로 구체적인 경험을 쌓을 수 있는 교육내용들이 필요하다고 보았다. 유아의 실생활과 관련한 교육내용이 중요하므로 유아교육기관의 교실에만 한정되어 교육이 이루어지지 않는다.

(3) 교육방법

듀이는 전통적인 교사 중심의 교육, 교과서 중심의 교육을 비판하였다. 교사 중심보다는 유아의 직접 경험 교육을 강조하였으며, 교과서 중심의 교육보다는 주변의 다양한 경험을 재구성하도록 한다. 그러므로 강의식 수업이나 설명식 수업을 배제하고 유아 스스로 경험을 통해서 지식을 쌓아가는 경험 중심 교육과정이 된다. 듀이는 이것을 바로 '행함으로써 배운다(learning by doing)'라고 하였다.

유아가 스스로 행하기 위해서는 무엇보다도 유아 자신의 동기가 있어야 한다. 스스로 하고자 하는 마음이 없이는 체험이 이루어질 수 없기 때문이다. 유아가 스스로 행하기 위해서는 내적인 흥미가 중요한데, 이는 유아가 단편적인 지식 중심이나 주입식 교육이 아니라 흥미를 가지고 능동적으로 배워 나갈 수 있도록 하는 것이 중요하다고 여겼기 때문이다. 유아가 흥미를 가지는 활동을 격려하고 유아가 흥미를 느끼는 교재를 제시한다면 유아의 능동적인 교육을 이끌 수 있다. 그리고 유아 스스로 원리를 발견해 가는 '발견식 교육방법'이 적절하다고 본다.

사회생활과 밀접한 실생활과 관련된 교육을 풍부하게 하기 위해서는 현장 견학을 많이 하게 된다. 지역사회에 있는 동사무소, 소방서, 파출소, 우체국을 방문하고, 아버지의 직장을 방문하거나 지역에 있는 유적지나 박물관을 방문하며, 바다, 들, 강과 같은 자연 속으로 교육의 장소를 이동하게 된다. 그리고 직접 경험을 통해서 지식을 재구성하기 위해서는 실험이나 탐구 방식으로 활동을 하게 된다. 예를 들어, 유아가 여러 기구들을 이용하여 과학 실험을 하거나 요리를 직접 만들어 보거나 직접 감자를 캐는 활동 등 직접 경험을 중시하게 한다.

9 맥밀란

맥밀란(Magaret McMillan, 1860~1931)은 영국의 유아원(nursery school) 설립의 개척자이다. 미국계 스코틀랜드인의 고아로 자랐으며, 프랑크포트(Frankfort)에서 음악을 공부하였다. 런던으로 돌아와서 가정교사로 지내면서 발성법을 공부하였다. 그녀는 사회주의 참정권 운동에 깊은 관심을 느끼게 되었다. 1893년 그녀는 브래드포드(Bradford)에서 독립노동당에 입당하게 되었으며, 1894년 브래드포드 교육위원회의 위원으로 선출되었다. 위원회 활동을 통하여 학교에서의 건강진단, 목욕, 급식을 도입하고자 노력하였으며, 몇 해 뒤에는 프뢰벨협회 활동을 통해 프뢰벨의 사상을 연구하게 되면서 프뢰벨의 영향을 받게 되었다.

시골지역이며 공업지역인 브래드포드의 생활을 통해 빈곤의 영향을 인식하게 되면서 유아의 건강 문제를 해결하기 위해 노력하였다. 1908년 언니 라첼의 도움으로 보우(Bow)에 실험 진료소를 열었고, 이 진료소는 1910년 런던의 빈민가 데프트포드(Deptford)로 옮겨져 학교진료센터가 되어 많은 유아들을 진료하게 되었다. 학교를 다니는 아동들의 건강 문제에 두 자매는 관심을 가지게 되었으며, 1911년 야영 학교를 부설하게 되었다. 1913년에는 데프트포드에 야외 유아원(Open air nursery school)을 운영하였으며, 이 시설이 영국의 유아학교운동의 시발점이 되었다.

맥밀란은 유아의 불결, 질병, 영양실조, 과노동을 제거하기 위해 실천하였으며, 아동의 의무교육을 위한 환경 조건을 제공해 줄 것을 주장하였고, 취학 전 유아교육의 중요성을 강조하며 국가적 수준의 보육과 교육을 강조하였다. 그녀는 "우리는 모든 아이가 바로 우리의 자녀인 것처럼, 즉 우리가 우리의 자녀를 교육시키듯이 모든 아이들을 우리의 친자녀인 것처럼 교육시켜야 한다."고 하였다.

맥밀란은 교육의 기초적인 개념으로 정서와 상상력을 강조하였으며, 놀이를 통한 자유로운 활동으로 창의적인 인간을 키울 수 있다고 생각하였다. 야외 보육학교에서는 7시 30분에 학교의 문을 열며 대부분의 유아들은 8시에서 9시 정도에 등교를 하게 된다. 등교를 하자마자 유아는 욕실에 들어가 목욕을 하고 9시에 아침밥을 먹는다. 식사 후 수공놀이와 자유놀이를 하며 점심을 먹은 후 낮잠을 자고 자유놀이, 음악, 게임을 하며 간식을 먹은 다음 하교를 하는 일정으로 이루어졌다. 하루의 일정을 보더라도 유아의 건강과 놀이를 중시한 것을 볼 수 있다. 맥밀란은 보육 학교에서는 손을 쓰는 법을 교육시키고 말하고 싶은 충동을 보장해 주어야 한다고 생각하여 수공 교육과 언어 교육을 특히 중시하였다. 이러한 교육을 통해서 빈민층의 문화실조를 벗어날 수 있다고 믿었던 것이다.

10 몬테소리

1) 인간관

몬테소리(Maria Montessori, 1870~1952)는 1870년 이탈리아에서 귀족 출신 장교인 아버지와 교육자 가정 출신의 어머니 사이에서 태어났다. 가톨릭 신자인 부모들은 보수적이기는 하였지만 건전하고 바른 가정에서 외동딸로 사랑을 받으며 자랐고, 사랑을 베푸는 것을 배워서 따뜻한 인성을 갖추게 되었다. 이러한 가정환경은 약한 자와 학대받는 자, 버림받은 자들을 동정하고 그들에게 사랑을 베푸는 인품에 영향을 주었으며, 이는 유아존중사상으로 이어졌다.

몬테소리는 의대에 입학하여, 1896년 이탈리아 최초의 여성 의학박사가 되었다. 1897년 로마 대학 정신과 임상 진료소에 조의사로 임명되었으며, 임상 사례를 구하기 위하여 정신장애인 수용소를 방문하게 되었다. 지적장애아에 대해 관심을 가지게 되면서 그들을 구제해야겠다는 결심을 하게 되는 기회가 되었다. 지적장애아들을 구제하기 위해서는 정신적인 결함의 문제보다는 교육학적인 문제로 접근해야 하며, 교육을 통해 정신 상태가 급격하게 향상될 수 있다고 확신하였다.

이후 지적장애아에 대한 교육에 관심을 가지고 이에 관한 자료를 수집하게 되면서, 프랑스 정신과 의사로서 정신적 결함을 지닌 아동에 대한 교육방법을 개척한 세강(Seguin)과 농아를 위한 교육방법을 발달시킨 이타르(Itard)의 영향을 받았다. 이들의 교육방법은 그녀의 교육 원리와 교구 개발에 많은 영향을 주었다.

몬테소리는 유아를 무한한 잠재력을 가진 능동적 존재로 보았으며, 유아의 자발성을 존중하였다. 몬테소리에게 유아는 계속해서 주변의 환경으로부터 정보를 수집하며 독자적으로 탐색하고 학습하는 존재이며, 환경과 스스로 접촉하면서 상호작용해 나가는 존재이다. 그러므로 유아의 자발적인 활동을 존중하여야 한다고 보았다. 그리고 유아는 내면의 발달 단계에 따라 학습이 이루어지며, 발달해 가는 속도에는 개인차가 있으므로 개인차를 존중하여야 한다고 보았다.

그래서 정상화를 강조하는데, 정상화란 유아가 작업에 흥미를 가지고 집중하고 반복함으로써 자신의 내적 훈련과 자신감을 발달시키고 목적 지향적인 작업을 선택하게 되는 것을 말한다. 준비된 환경 내에서 유아가 자신의 내면적인 발달 속도에 따라 환경을 접하여 그 의미를 파악하게 된다. 그리하여 몬테소리는 준비된 환경을 중시하고 교사는 유아의 활동을 방해하지 않는 소극적인 역할을 해야 하며 유아는 과학적인 교구로 자신의 발전 법칙에 따라 발전해 나가야 한다고 하였다.

또한 몬테소리는 유아의 성장·발달이란 민감기와 흡수정신의 도움으로 이루어진다고 보았다. 유아들의 발달 단계에는 민감기가 있으며, 주로 0~6세 사이에 해당된다고 본다. 민감기란 독특한 민감 성향으로서, 환경으로부터 받은 인상을 흡수하여 자신의 것으로 만드는 능력이 뛰어난 시기이며, 유아가 어떤 행동에 민감해지고 구체적인 기능을 훨씬 더 쉽게 학습하는 시기이다. 어떤 특정한 상황에 몰입하여 반복하려는 경향을 보이게 된다. 이처럼 몬테소리는 유아에게는 흡수하는 정신 능력이 있다고 보았다. 유아는 자신의 내부에 잠재해 있는 흡수하는 정신 능력을 통하여 환경을 받아들이며, 자신의 심리적 생활 속에서 지식을 구체화시킨다. 이때 유아는 흡수하는 그대로를 받아들이는 것이 아니라 나름대로 구성하는 특성을 지니고 있다고 보았다.

2) 교육관

(1) 어린이집 설립

몬테소리는 1907년 로마의 빈민가인 산로렌쪼에 '어린이의 집(Casa dei Bambini)'을 설립하였다. 대부분의 유아는 부모가 일터로 나간 동안 방임된 채 지내야 했다. 이러한 빈민촌 개선과 유아의 보호·교육을 위해 공동주택에 교육시설을 만들어 몬테소리에게 교육을 맡게 하였다. 사회개조사업으로 생긴 이 어린이집은 그 지역 노동자의 자녀 중 3~7세까지의 취학 전 아동을 대상으로 하는 무료 유아보호시설로 오늘날 어린이집 기관의 전신에 해당한다. 몬테소리는 어린이집에서 지적장애아의 교육에 실제로 참여하였다. 그녀는 지적장애아와 정상아는 발달과정과 학습과정이 각각 다르다는 것을 알게 되었으며, 지적장애아를 위한 교구 · 교재를 고안하였다.

(2) 교육목적

몬테소리는 유아는 능동적이고 자발적인 특성을 지니고 있으며, 성장하기 위한 적극적인 욕망과 능력을 가지고 있으며, 내적인 생명력에 의해서 스스로 자신을 발전시켜 나가는 존재라고 믿었다. 즉, 유아는 자신을 끊임없이 창조해 가는 무한한 잠재력을 지닌 존재이며, 스스로 자신의 잠재력을 펼쳐 나갈 수 있는 존재라고 보았다. 교육은 창조적이고 활동적인 유아가 본래 가지고 있는 특성이 그대로 발전될 수 있도록 도와주어야 하며, 유아의 전인적인 성장을 도와주어야 하는 것이라고 여겼다. 유아가 자신의 주변 환경에 적응할 수 있도록 하고, 궁극적으로는 정상화하는 것이 교육의 목적이다.

(3) 교육내용

몬테소리 교육은 일상생활 훈련 교구, 감각 교구, 수 교구, 언어 교구, 사회문화 교구를 통해 이루어진다. 일상생활 훈련은 일상적인 매일의 생활에서 일어나는 작업을 훈련하는 것이며, 독립심과 자립심을 키워 주며 바른 인성을 길러 준다. 일상생활 훈련은 인간, 환경, 사회적 관계와 관련된 활동에 대한 분석으로 이루어진다. 일상생활의 습관을 토대로 감각 교육을 행하게 되며 감각 교육은 수, 언어, 사회문화 교육의 기초가 된다. 감각 교구는 오감각을 발달시킬 수 있도록 되어 있다. 언어 교육에는 구두 언어교육과 읽기와 쓰기를 위한 교육이 있다. 수 교육은 수의 구조와 질서를 연습하기 위한 것이다. 수의 소개, 십진법, 1~10과 11~99 세기, 덧

셈 · 뺄셈 · 곱셈 · 나눗셈의 기본적인 공식의 학습, 추상성의 변화, 분수 등이 있다. 사회문화 교육에는 지리, 역사, 생물, 물상, 미술, 음악에 관한 교구들이 있다.

(4) 교육방법

유아에게는 '민감기(sensitive periods)'라는 특정한 발달과 성숙이 이루어질 수 있는 시기가 있으며, 이 시기의 민감성이 잘 발현될 수 있도록 교사는 각 유아의 민감기의 행동 특성을 잘 관찰하여 최적의 발달이 이루어지도록 도와야 한다고 하였다. 또한 '흡수정신'은 유아가 민감기를 거치며 지식을 습득해 가는 것을 의미하며, 유아기의 '흡수하는 정신(absorbent mind)'은 유아가 정보를 스스로 경험하여 빨아들이게 되는 특성이라고 설명하였다.

이러한 민감기와 흡수정신을 통해서 유아가 준비된 환경 안에서 스스로 배워나갈 수 있다고 보았으며, 이를 자기교육의 원리하고 하였다.

몬테소리 교육방법의 특징으로는 감각 교육, 자발적 학습, 개별화 학습, 자동 교육을 꼽을 수 있다. 유아의 지적 발달을 위해서 유아기에 감각적 경험을 풍부하게 제공해야 한다. 많은 감각 교구를 이용하여 유아에게 감각적 경험을 하도록 한다. 몬테소리는 유아가 선천적으로 자발적 학습 의욕이 있다고 여겼고, 자발적 흥미에 입각하여 유아가 학습하도록 하며, 유아에게 흥미나 발달 단계에 적합한 환경을 제공하여야 한다고 하였다. 또한, 교사가 주도적으로 학습을 끌고 가는 방식이 아니라 유아 스스로 자신의 흥미와 능력에 적합한 교구를 선택하여 개별적으로 학습하게 한다. 그리고 자동교육이란 몬테소리 교구 자체가 유아의 시행착오를 스스로 인지하도록 되어 있어 교구를 통해 유아가 스스로 학습할 수 있음을 의미한다.

Chapter 04

유아의 발달과 교육

EARLY CHILDHOOD EDUCATION

유아 발달에 대한 개념과 이론은 유아교육의 실제에 많은 영향을 주었다. 본 장에서는 유아교육 분야에 큰 영향을 미친 이론과 개념을 살펴보고 유아의 발달을 이해하는 것이 왜 중요한지 알아보고자 한다.

1 발달의 기초

1) 발달의 특성

(1) 발달의 개념

발달(development)이란 출생에서부터 사망에 이르기까지 인간에게 일어나는 일련의 변화를 말한다(Driscoll & Nagel, 2002). 발달과 유사하게 쓰이는 용어로 성장(growth), 성숙(maturation) 등이 있는데, 성장은 신체적, 생리적 측면의 양적 증가를 뜻하며, 성숙은 운동 기능이나 감각 기능 등과 같은 기능의 변화를 의미한다. 그러나 발달은 인간의 변화과정을 좀 더 포괄적으로 의미하며, 인간의 수정에서부터 사망에 이르기까지 전 생애에 걸쳐 유전과 환경의 상호작용에 의해 일어나는 양적 변화 과정과 질적 변화 과정을 모두 포함하는 개념이라고 할 수 있다(김경희, 1986). 한편, 발달이나 성숙, 성장과 달리 학습(learning)은 연습과 경험을 통하여 이루어지는 변화이다. 성숙이나 성장과 마찬가지로 학습은 발달을 돕는 요인이 된다. 그러므로 성장이나 성숙, 그리고 학습으로 나타나는 행동의 변화가 상향적이거나 지향적일 때 이를 발달이라고 본다(유안진, 1999). 유아들의 이러한 변화, 즉 발달을 직접 관찰하고 도와주는 기회를 가진다는 것은 유아 교육자가 경험할 수 있는 가장 흥미 있는 일일 것이다.

(2) 발달의 원리

유아의 발달에 있어서 유아 개개인의 특성을 염두에 두면서 발달의 기본 원리들을 살펴보도록 하겠다. 많은 원리들에서 보면 발달이 학습으로 간주되기도 하므로, 여기에서는 발달과 학습이라는 용어를 함께 사용하기로 한다. 유아가 어떻게 발달하고 학습하는지를 설명하는 데 있어서 공통적으로 적용되는 몇 가지의 기본적인 발달 원리들을 살펴보면 다음과 같다(Driscoll & Nagel, 2002).

① 발달과 학습에는 개인차가 있다.

이 원리는 모든 발달 이론의 기초가 된다. 유아는 각자 다른 유전적인 인자를 가지고 태어나고, 다른 가정환경에서 자라나며, 다른 경험들을 하고, 성장하며 학습하는 속도와 방법이 다르다. 같은 가정환경과 같은 부모 밑에서 성장하는 형제도 그 발달이 동일하지 않은 것을 볼 수 있다. 즉, 그들의 성향도 다르며 발달 상황도 매우 다르다.

② 발달은 일정한 순서를 따른다.

유아의 발달에는 개인차가 있지만 모든 유아가 각자 다른 순서로 발달하는 것은 아니다. 신체 발달의 경우, 유아는 앉을 수 있게 된 다음 서게 되고, 선 다음 걷게 된다. 발달이 일정한 순서를 따르는 것에는 몇 가지 원칙이 있다. 즉, 발달은 신체적 발달이건, 인지적 발달이건 간에 관계없이 단순한 것에서부터 복잡한 것으로 진행된다. 상체에서 하체의 방향으로, 중심에서 말초로, 그리고 전체적인 것에서 특수한 것으로 진행된다.

③ 발달에는 결정적 시기가 있다.

결정적 시기(critical period)란 특정한 발달 과업을 성취하는 데 가장 적절한 시기를 말하며, 결정적 시기에 정상적인 발달을 이루지 못하면 영구적인 결함이나 장애를 겪는 수가 많다고 한다.

④ 유아는 그들의 욕구가 충족될 때 가장 잘 학습하고 발달한다.

유아의 욕구는 사회적인 욕구뿐만 아니라 신체적, 정서적 욕구를 모두 포함한다. 매슬로우(Maslow)의 욕구위계론에 의하면, 생존을 위해서 필요한 생리적인 욕구가 충족되어야 다음 단계인 안전의 욕구가 생긴다. 또한, 안전의 욕구가 충족되어야 소속감과 애정의 욕구를 발달시킬 수 있다. 유아의 욕구는 가정과 유아교육기관 그리고 사회에서 지속적으로 일관성 있게 충족되어야 한다. 그러므로 유아교육자들은 발달을 가르치고 조장하기에 앞서 유아의 배고픔, 공포, 외로움 등을 먼저 해결해 주어야 한다. 몸이 아픈 유아는 놀이에 적극적으로 참여하지 않는데, 이는 유아의 안전의 욕구가 충족되지 않았기 때문이다. 진정으로 놀이에 참여할 수 있기 위해서는 안전에 대한 확신이 필요하다.

⑤ 유아는 환경이나 또래 또는 성인과의 상호작용을 통해서 학습한다.

유아를 둘러싼 물리적인 환경을 만지고 탐구하고 조작하고 실험하는 등의 상호작용은 유아의 신체적인 발달과 인지적인 발달을 조장한다. 유아가 다른 사람들과 놀고 작업하고 또한 점차적으로 그들과 협동하는 사회적 상호작용은 유아의 인지적 발달뿐만 아니라 사회적 발달과 정서적 발달을 조장한다. 유아교육기관에 있는 모든 놀잇감과 자료들은 유아의 발달을 도와주며, 또한 성인과 또래는 유아의 발달을 돕는 중요한 대상이 된다.

⑥ 유아는 놀이를 통해서 배운다.

유아의 놀이는 모든 측면의 성장·발달을 촉진한다. 놀이는 개방적이고 자유롭다는 점, 유아 스스로 놀이를 조절할 수 있다는 점, 혼자서 또는 다른 사람과 함께 할 수 있다는 점, 어떠한 도구나 재료가 없이도 할 수 있다는 점, 그리고 여러 상황에서 할 수 있다는 점 때문에 유아의 학습과 발달에 가장 중요한 활동이 된다. 놀이는 유아에게 자연스러운 것이며, 따라서 유아는 놀이를 통해서 배운다.

[그림 4-1] 또래와의 놀이를 통한 사회적 상호작용

2) 유아 발달 이해의 중요성

교육학자들은 1900년대 초기부터 유아의 발달에 관심을 가져왔다. 그 당시 발달에 관한 연구들은 연령별로 유아의 특성과 발달에 미치는 유전과 환경의 영향에 초점을 맞추었다. 오늘날은 유아의 발달에 대한 정보와 지식이 그 양과 종류에 있어서 매우 방대하다. 유아 발달에 대한 지식의 양은 매 3년마다 두 배씩 늘어난다고 한다(Driscoll & Nagel, 2002). 오늘날 유아교육의 지식은 심리학, 사회학, 언어학, 의학, 인류학, 역사학, 교육학 등의 연구에서 온다. 이는 유아의 발달을 이해하기 위해서는 교육학이나 심리학적인 측면에서만이 아니라 다양한 학문의 영역에서 끊임없이 유아를 관찰해야 한다는 것을 시사한다. 왜 유아의 발달을 연구해야 하는가? 유아의 발달을 이해하는 것은 다음의 세 가지 측면에서 중요하다.

(1) 학문적 측면

① 발달과정에 대한 지식 획득

대부분의 유아가 그 연령대에 보이는 일반적인 발달 특징을 발달 규준(developmental norm)이라고 한다. 즉, 발달 규준은 평균적인 발달의 수준을 말한다. 이 발달 규준에 의해서 유아의 발달이 빠른지 늦은지를 진단·평가해 볼 수 있는데, 유아 발달에 대한 연구를 통해서 발달 규준을 만들 수 있다. 그러나 발달 규준에 의해서 유아를 평가할 때는 발달의 원리에서 이야기하는 개인차를 고려해야 한다.

② 인간의 행동 이해

유아의 발달에 대한 대략적인 이해를 통해서 인간의 발달 현상을 객관적으로 기술하며 행동 변화의 원인이 되는 요인을 설명하고, 나아가 인간의 행동을 이해할 수 있을 뿐만 아니라 이를 예측 또는 통제할 수 있다.

(2) 실제적 측면

① 발달에 적합한 유아교육과정의 구성

유아교육과정이나 유아를 위한 활동들은 유아의 발달에 적합해야 한다. 그러므로 유아에 대한 이해와 지식을 토대로 발달에 적합한 실제적인 유아교육과정을 구성할 수 있다.

② 부모의 자녀 양육에 도움

유아의 발달에 대한 이해는 자녀를 양육하는 부모들에게 지침서의 역할을 한다. 부모가 유아 발달에 대한 지식이 없다면 자녀들이 보이는 발달상의 특징이나 문제를 간과하거나 심각하게 생각할 수 있다. 유아 발달에 대한 이해를 통해서 부모는 자녀가 일으킬 수도 있는 심리적, 행동적 문제를 최소화할 수 있다.

③ 교사의 유아 지도에 도움

유아 발달에 대한 이해를 기초로 교사는 유아를 지도하는 데 적절한 교수 방법을 계획할 수 있고, 유아의 환경과 활동을 제대로 구성할 수 있으며, 교실 관리 문제에 관한 효과적인 방법을 구안할 수 있다. 또한, 어떻게 유아와 상호작용하는 것이 유아의 발달을 촉진시킬 수 있는지를 알 수 있다.

④ 행정가의 교육 행정 및 정책 구안에 도움

유아 발달에 대한 이해는 교육 현장에 적용되어 유아교육 행정가가 유아교육 행정이나 정책을 구안하는 데 도움을 준다.

(3) 인본주의적 측면

① 유아의 성장과 발달에 도움

유아 발달에 대한 이해를 통해서 보다 바람직한 성장 환경과 학습 환경이 가정과 유아교육기관에서 제공될 수 있기 때문에, 이는 결국 유아의 성장과 발달을 적절하게 촉진시키며 유아는 행복하고 생산적인 생활을 할 수 있는 기회를 갖게 된다.

② 유아 문제 행동의 상담과 치료

최근 유아의 정신적인 문제나 행동상의 문제를 다루는 소아정신과나 심리 치료 센터의 설립이 급증하고 있다. 유아의 문제 행동에 대한 상담과 치료를 통해서 유아의 문제를 예방하고 치료하는 것은 잠재적인 청소년 비행이나 폭력 등 사회 문제를 미연에 방지하는 효과를 가져온다.

2 발달 이론

인간의 행동을 설명하는 많은 이론들이 있다. 이들 교육 이론과 발달 이론들은 유아교육과정을 구성하는 데 사용되고 있다. 유아의 발달을 설명하는 수많은 발달 이론들을 모두 다루는 것은 무리이므로, 여기에서는 발달의 각 영역에서 중요한 몇 가지 이론들을 다루려고 한다. 즉, 정신분석 이론, 인지 발달 이론, 학습 이론, 인본주의 이론으로 구분하여 살펴보겠다.

1) 정신분석 이론

(1) 프로이트의 심리성적 발달 이론

프로이트(Freud, 1856~1939)는 인간의 모든 행동에는 원인이 있다고 보고 인간의 무의식에서 그 원인을 찾으려 하였다. 그는 인간의 정신세계를 빙산에 비유하여, 물의 표면에 떠있는 작은 부분을 의식, 물속에 잠겨 있는 큰 부분을 무의식, 그리고 파도에 의해서 물 표면으로 나타났다 잠겼다 하는 부분을 전의식으로 보았다. 프로이트는 이 중 무의식을 강조하여 무의식을 인간의 본능, 충동, 원시적 감정 등의 영역으로 보았다.

프로이트는 성격을 원초아, 자아, 초자아로 나누고 있는데, 이 세 가지 영역은 고유한 기능과 특성, 기제 및 역동성을 가지고 있지만 서로 밀접하게 관련되어 있다. 이들은 생물학적 충동(원초아), 적응적 행동(자아), 도덕적 통제 지침(초자아)의 상호작용으로 나타나며, 이들의 균형이 깨어질 때 문제가 생긴다. 원초아(id)는 즉각적인 만족과 긴장 감소를 목적으로 하는 선천적, 생물학적 구조로 쾌락 원리에 의해서 활동한다. 자아(ego)는 현실을 고려하여 합리적인 방법으로 욕구를 충족시키도록 하는 기능을 발휘하는 곳으로, 원초아가 내부의 욕구나 긴장, 충동 등에 관여하는 반면에 자아는 그러한 욕구나 긴장, 충동을 현실적으로 합당하게 해소시킬 수 있는 상황 여건을 고려하기 때문에 현실 원리를 따르는 이차적 과정이라고 한다. 초자아(superego)는 유아기 후반(3~6세경)에 발달하기 시작하는 도덕성을 저장하는 곳으로, 원초아의 분방한 쾌락 추구에 반대하는 힘으로 작용하는 정신 에너지이다. 초자아는 사회의 관점에서 볼 때 부적절한 원초아의 충동 표현을 금하거나 방해하고 이상을 추구하는 것으로, 양심의 원리에 의해서 활동한다.

한편, 본능은 모든 행동의 원인이 되는 생리적, 심리적 표현으로 삶의 본능과 죽음의 본능으로 구분된다. 삶의 본능은 개체의 보존과 종족 번식의 목적에 관계하는 것으로 프로이트는 삶의 본능을 성 본능으로 보고 이를 리비도(libido)라고 불렀다. 죽음의 본능은 모든 파괴적이고 공격적인 행동을 포함하며 보이지 않게 기능을 수행하는 것으로 인간은 누구나 결국 죽게 된다는 삶의 본능의 최종 목표이다.

프로이트는 리비도가 집중적으로 모이는 부위를 성감대라고 하고, 리비도가 일정한 순서에 따라 여러 신체 부위로 옮겨 다니는데 리비도의 이동에 따라 성격이 발달한다고 하였다. 프로이트의 성격 발달 단계는 다음과 같다.

① **구강기** (oral stage)

출생에서 1세경까지의 시기로 리비도가 입 주위에 몰려 있기 때문에 유아는 젖을 빨고 음식을 씹는 것을 통해서 성적인 욕구를 충족시킨다. 구강기의 욕구가 만족되지 못하면 다음 발달 단계로 이행하지 못하고 이 시기에 고착되어 손가락 빨기, 과식, 수다 떨기, 손톱 깨물기 등의 구강기적 성격을 보이게 된다.

② **항문기** (anal stage)

1세에서 3세경까지의 시기로 리비도가 항문으로 옮겨 가게 되어 유아는 배설물의 보유와 배설에서 쾌감을 얻게 된다. 이에 따라 대소변 가리기가 이 시기에 실시되는데, 억압적이거나 조급하게 대소변 가리기를 훈련시키면 유아는 결벽증적 성격이나 수전노, 수집광 같은 항문기적 성격에 고착된다.

③ **남근기** (phallic stage)

3세에서 5세경까지의 시기로 리비도가 성기로 옮겨 감에 따라 성기 부분이 성감대가 된다. 이 시기의 남아는 어머니를 이성으로 사랑하게 되는 오이디푸스 콤플렉스(oedipus complex)를 경험하면서 아버지를 애정 경쟁자로 느끼고 아버지가 자신의 성기를 잘라 버릴지도 모른다는 거세 공포를 느끼게 된다. 그러면서 아버지처럼 되기 위해 아버지와 동일시하려고 하며, 이러한 과정을 거쳐 남성적 역할을 학습하게 된다. 여아의 경우는 남아와 반대로 아버지를 사랑하는 엘렉트라 콤플렉스(electra complex)를 경험하면서, 어머니를 동일시하여 여성의 역할을 학습하게 된다. 또한 남아의 성기를 부러워하는 남근 선망을 나타내기도 한다. 이 시기에 고착된 남근기적 성격은 과시적, 공격적이며 교만하고 방종하다.

④ **잠재기** (latency stage)

6세에서 12세경까지의 초등학교 시기로 이 시기에는 리비도가 활동을 멈추고 숨어 있는 듯하여 성적 욕구가 억압되고 겉으로 보기에는 평온한 시기처럼 보인다. 대신 지적인 탐색이 활발해지고 친구와 어울리면서 운동이나 놀이 등 사회적 행동에 에너지를 집중시킨다.

⑤ **생식기** (genital stage)

성기기라고도 하며 13세 이후 사춘기부터의 시기로 잠재기에 잠복되었던 성적인 에너지가 다시 왕성한 활동을 시작하여 이성에 대한 관심을 가지게 되고 이성으로부터 만족을 얻으려고 하는 이성애착적 경향을 보인다. 이 시기에 순조로운 발달을 보이면 이타적이고 성숙한 생식기적 성격을 보이게 되고, 그렇지 못하면 권위에 반항하고 비행 행동을 보이거나 이성에 대한 적응 곤란 등을 보인다.

프로이트는 성적인 욕구를 지나치게 강조하고 인간을 성욕과 과거의 경험에 의해서 지배되는 수동적이고 소극적인 존재로 보았다는 점, 그리고 그의 개념과 가설들이 성인의 임상적 자료에 근거하여 구축되었기 때문에 유아의 발달을 설명하는 데는 무리가 있다는 점에서 비판을 받기도 하나, 성격 발달에 관한 근본적인 가설을 제공했다는 점에서 그의 이론의 공헌점을 찾을 수 있다.

(2) 에릭슨의 심리사회적 발달 이론

프로이트의 정신분석 이론에 바탕을 두면서 인간의 성격 발달을 사회와의 관계 속에서 연구한 에릭슨(Erikson, 1902~1994)은 프로이트가 성격 발달의 기초로 성적인 에너지(libido)를 강조한 것과는 달리 사회적인 에너지를 강조하였다. 에릭슨은 발달을 전 생애에 걸쳐서 이루어지는 과정으로 보고, 출생에서 노년기까지 각 단계마다 겪어야 하는 발달 과업을 제시하였다. 또한, 발달 과업과 대칭적인 개념을 함께 제시하고, 각 단계마다 두 대칭적인 개념이 균형을 이루고 발달해야 다음 단계로의 진행이 원만하다고 하였다. 에릭슨의 발달 단계는 8단계로 구분되어 있다.

① 기본적 신뢰감 대 불신감 (basic trust vs. basic mistrust)

출생에서 1세경까지의 시기로, 유아는 자신을 돌보아 주는 양육자와 신뢰감을 형성하게 된다. 양육자가 유아의 신체적, 심리적인 기본 요구에 잘 반응해 주면, 즉 배가 고플 때 젖을 준다든지 기저귀가 젖었을 때 갈아주는 등 반응을 적절하게 하면 유아는 기본적인 신뢰감을 형성하게 되며 그렇지 못할 경우 불신감을 가지게 된다. 이 시기의 신뢰감 형성이 후에 사회적 관계 속에서 다른 사람들과 적응을 잘 할 수 있도록 영향을 주게 된다. 즉, 양육자와의 신뢰감이 안정적으로 형성되어야 유아는 사회에 대해서도 신뢰를 할 수 있게 된다는 것이다.

② 자율성 대 수치심 및 회의감 (autonomy vs. shame or doubt)

1세에서 3세까지의 시기로, 이 시기에는 스스로 하고자 하는 자율성이 발달한다. 운동 능력과 언어 능력의 발달에 따라 유아는 주변 환경을 적극적으로 탐색하고 무엇이든 혼자 하겠다는 의사를 표시한다. 그래서 이 시기에는 “내 꺼”, “내가 할 거야”, “싫어” 등의 언어를 많이 사용한다. 또한, 근육의 발달로 인해 대소변의 통제가 가능해진다. 이렇게 자율성이 발달해 가는 시기에 유아는 사회의 기대와 압력을 배우게 되고, 그러다가 사회적 기대에 적절한 행동을 잘 수행하지 못하면 수치심이나 회의감을 발달시키게 된다.

③ **주도성 대 죄책감** (initiative vs. guilt)

3세에서 5세 정도까지의 시기로, 이 시기의 유아는 스스로 어떤 목표나 계획을 세워 그 일을 성공적으로 완수하려고 한다. 유아의 행동은 목표 지향적이고 경쟁적이 되는데 아직은 유아의 행동이나 발달이 미숙하므로 유아는 자신의 계획과 희망이 실패할 수밖에 없다는 것을 깨닫게 된다. 이때 유아는 죄책감을 느끼게 된다고 에릭슨은 설명하였다.

④ **근면성 대 열등감** (industry vs. inferiority)

6세에서 12세경까지의 시기로, 에릭슨은 이 시기가 자아 성장의 결정적 시기라고 하였다. 이 시기에는 기초적인 인지 기능과 사회적인 기능을 습득하게 되며 사회 관계의 확대에 의해 사회에서 통용되는 여러 가지 기능을 열심히 배우고 숙달하게 된다. 그러면서 아동은 근면성을 배우게 되고, 반대로 학습이나 놀이에서 실수나 실패를 하게 되면 열등감을 가지게 된다.

⑤ **정체감 대 역할 혼미** (identity vs. role confusion)

13세경부터 사춘기에 해당하는 시기로, 급격한 신체 변화가 나타나고 새로운 사회적 압력이나 요구에 대응해야 하는 시기이다. 자신이 누구인지, 자신의 위치와 능력이 어떠한지, 자신의 역할과 책임은 무엇인지 등의 자아 정체감에 대해서 고민을 하게 되고, 이러한 고민과 갈등, 방황이 길어지게 되면 자신의 역할에 대한 정체감 혼미가 오게 된다.

⑥ **친밀감 대 고립감** (intimacy vs. isolation)

20세경부터의 청년기를 지나 성인기에 이르는 시기로, 자신에 대한 관심에서 벗어나 직업을 선택하고 배우자를 찾아야 하는 시기이다. 이러한 과정에서 다른 사람과의 친밀감 형성이 주요 과제가 된다. 이때 친밀감 형성이 잘 이루어지지 않으면 사회적 관계에서 고립감을 느끼게 된다.

⑦ **생산성 대 침체성** (generativity vs. stagnation)

중년기에 해당하는 시기로, 다양한 측면에서 생산성을 발휘하게 된다. 가정에서는 자녀를 출산하여 양육하고, 사회적으로는 후세대를 양성하는 데 노력을 기울이게 된다. 또한, 직업적인 성취나 학문적, 예술적 업적에서도 생산적으로 활동한다. 그러나 생산성을 제대로 발휘하지 못하면 침체성을 형성하게 된다고 하였다.

⑧ **통합감 대 절망감** (ego integrity vs. despair)

노년기에 해당하는 시기로, 자신의 지나온 삶을 되돌아보고 자신의 삶이 가치가 있다고 느끼며 인생의 의미를 발견할 때 자아에 대한 통합감을 가지게 된다. 그러나 반대로 지나온 삶이 아쉽고 후회스러우며, 신체적 노쇠, 직업에서의 은퇴, 배우자의 사망 등으로 인생에 대한 무력감을 느끼게 되면 절망감을 가지게 된다고 하였다. 에릭슨은 이 시기의 성공과 실패는 다가오는 신체적, 사회적 퇴보를 어떻게 수용하는가에 달려 있다고 하였다.

에릭슨은 각 단계에서 위기를 만족스럽게 해결하면 보다 건전한 발달이 보장되나, 만약 긴장이나 갈등이 계속되면 자아 발달은 손상을 입게 된다고 하였다. 또한, 그의 8단계 이론이 인간 발달의 보편적 양상을 기술하고 있기는 하지만, 개인이 각 단계에서 위기를 해결하는 방식에는 문화적 차이가 있다고 하였다.

프로이트와 에릭슨의 발달 단계의 흥미 있는 차이는 프로이트 이론이 청년기를 끝으로 완료된 것에 비해 에릭슨은 전 생애를 통해 발달이 지속된다고 보았다는 점이다. 프로이트와 에릭슨의 연구는 유아교육에 특히 많은 영향을 미쳤다. 양자 모두 유아기를 중요하게 간주하였으며 정신적으로 건강한 성인이 되려면 어린 시절의 갈등 구조들을 반드시 해결해야 한다고 보았다.

또한, 프로이트와 에릭슨은 유아교육자가 능동적 역할을 하도록 제안하였다. 프로이트 이론에서 교사는 유아로 하여금 비판의 공포 없이 자신들이 가지고 있는 느낌을 설명할 수 있고 정신적으로 능력을 발달시키도록 힘을 줄 수 있는 존재이다. 교사마다 역할이 서로 다르기는 해도 교사는 유아의 삶에 중요한 존재로 인식되고 있다.

2) 인지 발달 이론

(1) 피아제의 인지 발달 이론

피아제(Piaget, 1896~1980)는 생물학에 관심을 가지고 있었다. 그러다 최초의 지능 검사를 만든 비네(Binet)의 실험실에서 지능 검사를 실시하게 되었는데, 이때 유아들의 응답에서 일관적인 오류가 있음을 발견하였다. 오답의 유형이 연령과 관계가 있음을 발견하고, 유아의 사고가 아동이나 청년과는 완전히 다른 방법으로 이루어진다는 가설 아래 인지 발달 이론을 확립하였다. 피아제는 재클린과 루시엔느라는 두 딸과 로랑이라는 아들이 있었는데, 자신의 세 아이들의 발달과정을 관찰하면서 인지 발달 이론을 구축하였다.

피아제는 인간의 인지 발달을 유기체와 환경 간의 끊임없는 상호작용을 통한 적응 과정(adaptation process)이라고 보았다(Wadsworth, 1989). 이 적응 과정은 동화와 조절이라는 하위 과정으로 나누어진다. 동화(assimilation)는 외부 환경 자극의 정보를 받아들일 때 이를 기존의 틀에 끌어들여서 해석하는 것을 말하며, 기존의 체계로는 새로운 환경 자극을 받아들일 수 없을 때 기존의 체계를 변형시키는 과정을 조절(accommodation)이라고 한다. 예를 들어, 여태까지 젖병에 우유를 넣어서 먹던 유아에게 뚜껑에 구멍이 뚫린 유아용 컵에 우유를 주면 유아는 뚜껑의 구멍을 입에 대고 젖병을 빨듯이 우유를 마시려고 하는데, 이것을 동화라고 할 수 있다. 그러나 이러한 동작으로 우유를 잘 마실 수 없기 때문에 유아는 젖병을 빨던 때와는 다르게 입모양과 동작을 변형시켜서 우유를 마시게 되는데, 이를 조절이라고 한다. 유아는 동화와 조절의 과정에 의해 인지적인 능력을 확대시키는데, 적응(adaptation)이란 동화와 조절 중의 어느 한쪽에 치우치지 않도록 평형(equilibrium)을 이루는 것이며, 이는 곧 유기체와 환경 간의 상호작용이라고 한다.

또한, 피아제는 유기체가 가지고 있는 기존의 체제, 즉 이해의 틀을 도식(schema, 쉐마)이라고 하였다. 도식은 지식의 기본 단위로서 반사 행동 수준에서부터 사물에 대한 이미지 또는 계획이나 신념 등의 복잡한 아이디어까지 포함하며 선천적으로 가지고 태어나는 것이 아니라 환경과의 상호작용에서 형성되는 것이다. 도식은 연령이 증가함에 따라 질적인 변화를 보이는데 이에 따라 인지 발달의 단계를 나눌 수 있다. 피아제가 구분한 인지 발달 단계는 다음과 같다.

① **감각운동기**(sensorimotor stage)

출생부터 약 2세까지의 시기로 유아는 감각(sensory)이라는 자극에 대해서 운동(motor)이라는 반응 행동을 나타내게 된다. 이 시기의 유아는 감각과 운동 간의 관계를 발견하고 이를 조절하는 것을 배운다. 감각운동기 초기에는 생득적인 반사 활동을 보이나 후기가 되면 상징적 표상을 통하여 사고를 시작하게 된다.

② **전조작기**(preoperational stage)

2세에서 7세경의 유아기에 해당되는 시기로, 이 시기의 유아는 언어의 발달에 따라 상징적인 기호를 사용할 수 있게 되고 이에 따라 사고 능력에서 진보가 이루어진다. 그러나 이들의 사고는 직관적이며 자아 중심적이다. 사물이나 사건의 내재된 규칙을 이해하지 못하고 눈에 보이는 대로 판단하는 직관적 사고 때문에 유아는 보존 개념을 가지지 못하고 유목화에도 어려움을 겪으며, 자아 중심성 때문에 공간 조망 능력을 획득하지 못한다. 또한, 모든 사물은 살아 있다는 물활론적인 사고를 하며, 도덕 판단에 있어서 동기보다는 결과를 중요시하는 타율적인 도덕관을 갖는다.

③ **구체적 조작기**(concrete operational stage)

7세에서 11세경의 초등학교 시기로, 이 시기의 아동은 사고가 급격히 진전하여 일반적인 것으로 관점이 확대되고 내적인 표상을 갖게 된다. 보존 개념을 획득하고 논리적인 조작이 가능하여져서 사물들 사이의 관계를 이해하게 된다. 또한 탈중심화가 이루어지고, 서열화나 유목화를 할 수 있으며 분류 개념이 형성된다. 그러나 이 시기 아동의 사고는 현재(now) 여기에서(here) 일어나는 구체적인 사실이나 사물에 한정되고 추상적 개념이나 철학적 개념에 대한 사고는 아직도 미숙하다.

[그림 4-2] 탈중심화에 따른 보존 개념의 획득

④ **형식적 조작기**(formal operational stage)

12세 이후의 청년기가 되면 구체적이고 실제적인 상황을 넘어서 상징적인 추론이 가능해진다. 가설을 설정하고 체계적으로 검증할 수 있으며 이를 일반화할 수 있게 된다. 이 시기에는 문제 해결을 위해서 여러 가지 가능한 해결 방법을 논리적으로 적용시켜 보는 조합적 사고가 가능해지고, '만일 ~이면 ~이다'라는 연역적인 사고도 할 수 있게 된다. 또한 이상향(utopia)의 개념을 갖게 되면서 추상적 이념으로 건설된 가상적 사회를 꿈꾸기도 한다.

피아제에 의하면 인지 발달은 질적으로 다른 일련의 단계를 거쳐서 발달한다고 한다. 그리고 유아 스스로가 자연적·자발적으로 성장하려는 유전적인 경향성을 가지고 있기 때문에 인위적인 자극에 의해서 인지 발달을 촉진시키려는 노력은 무의미하다고 하였다. 피아제의 이론은 유아 과학 교육과 수학 교육 분야에 폭넓게 적용되었다.

(2) 비고츠키의 언어 발달 이론

비고츠키(Vygotsky, 1896~1934)는 피아제와 마찬가지로, 학습을 촉진시키기 위해서는 유아와 주위의 환경 간의 상호작용이 중요하다고 하였다. 그러나 피아제가 개인적 차원에서 환경과의 상호작용을 중시한 반면에, 비고츠키는 사회적 차원에서 환경과의 상호작용을 중시하였다. 즉, 인지 발달이 사회 구성원과의 상호작용을 통해서 이루어지는데, 이때 언어가 이를 중재하는 도구가 된다고 하여 언어 발달을 중시하였다. 비고츠키에 의하면, 인간은 동물과는 다른 고등 정신 기능을 가지고 있는데 이 고등 정신 기능이 곧 인지이며, 언어를 매개 수단으로 하여 사회 구성원과의 사회적 상호작용을 함으로써 고등 정신 기능이 발달한다고 하였다.

언어는 사고 형성의 틀을 잡아 준다. 비고츠키는 언어와 인지는 서로 불가분의 관계에 있다고 하였다. 피아제가 인지 발달에 따라 언어가 발달한다고 본 것과는 다르게, 비고츠키는 언어와 사고는 서로 다르게 발달한다고 보았다. 즉, 사고를 시작하기 이전에도 언어가 나타나며(예 옹알이, 울음) 언어로 표현되지 않아도 사고가 존재한다고 하였다. 이렇게 독립적으로 발달하던 언어와 사고는 어느 시기가 되면 서로 통합되는데, 이때가 되면 유아는 생각을 말로 표현할 수 있고 논리적으로 말을 할 수도 있다. 즉, 언어에 의해서 사고가 발달하기 시작한다고 하겠다.

언어는 외적 언어(outer speech)와 내적 언어(inner speech)로 구분되는데, 외적 언어란 다른 사람에게 소리 내어 하는 말이고 내적 언어란 자신에게 소리 없이 하는 말, 즉 사고를 의미한다고 하였다. 이러한 언어가 단계적으로 발달하는데, 비고츠키가 주장한 언어 발달의 단계는 다음과 같다.

① 원시적 언어 단계

출생부터 2세 정도까지의 언어 단계로 울음이나 옹알이 등 사고와는 관계없는 언어활동이 나타나므로 사고 이전의 언어 단계라고 한다.

② 순수 심리적 언어 단계

2세 이후가 되면 유아는 주변의 사물과 환경에 대한 질문과 호기심이 많아지면서 적극적으로 정보를 탐색하게 된다. 전 단계에는 사고 없는 언어가 나타나나, 이 시기에는 언어와 사고가 통합되면서 언어적 사고가 나타난다. 이에 따라 어휘수가 급속히 증가한다. 이 단계의 유아는 문법적인 구조를 깨닫지 못하는 상태에서 언어를 사용하고 언어의 본질적인 기능을 인식하지 못하기 때문에 이 단계를 순수 심리적 특성을 가진 언어 단계라고 한다.

③ **사적인 언어 단계**

7세 이전까지의 유아에게 해당되는 시기로, 피아제는 자기 자신에게 이야기하는 것을 자아 중심적 언어라고 하였으나 비고츠키는 이를 사적인 언어(private speech)라고 하였다. 사적인 언어는 다른 사람과의 의사소통을 위해서 사용되기보다는 유아 자신의 사고 과정이나 행동을 조절하기 위한 사고의 도구로 사용된다. 피아제는 자아 중심적 언어는 전조작기의 자아 중심성 때문에 나타나는 미숙한 언어라고 하였으나, 비고츠키는 혼잣말 등의 사적인 언어를 통해 유아는 자신의 행동 수행을 조직하고 문제의 해결책을 찾거나 계획을 세운다고 하였다.

④ **내적 성장 언어 단계**

7세 이후가 되면 자아 중심성이 줄어들고 반면에 사고 능력이 증가하기 때문에 아동은 직접 말하지 않고도 머릿속으로 생각하면서 문제를 해결하기 시작한다. 전 단계인 사적인 언어 단계까지는 외적 언어를 통해 문제를 해결하지만, 이 시기부터는 논리적 사고와 같은 내적 언어를 통해 문제를 해결하게 된다. 즉, 외적 언어와 내적 언어를 모두 사용하게 된다.

[그림 4-3] 자신의 사고 과정이나 행동을 계획하고 조절하기 위한 사적인 언어의 사용

비고츠키는 위와 같이 언어는 발달과정을 거치면서 변화되어 사용된다고 하였으며, 사고와 같은 고등정신의 발달에 매우 중요한 역할을 한다고 하였다. 비고츠키는 유아는 독립적으로 기능할 수 있는 영역인 근접 발달 지대(zone of proximal development) 내에서 발달하는데, 근접 발달 지대는 유아가 보이는 실제적 발달 수준과 유아가 성취할 수 있는 잠재적 발달 수준 간의 간격을 의미한다. 유아는 유능한 사회 구성원의 도움을 받아 실제적 발달 수준과 잠재적 발달 수준 간의 차이를 줄일 수 있으며, 이는 곧 인지의 발달을 의미한다. 이처럼 비고츠키는 피아제와 달리 교육이 발달에 도움을 준다며 환경의 역할을 강조하였다. 비고츠키의 연구는 최근 읽기와 언어 교육, 특히 문해 출현(emergent literacy) 프로그램에 많은 영향을 미쳤다.

(3) 콜버그의 도덕성 발달 이론

콜버그(Kohlberg, 1927~1987)는 피아제의 도덕성 발달 이론을 토대로 자신의 이론을 확립하였다. 유아의 도덕 판단이 연령의 증가에 따라 일정한 단계를 거치면서 발달한다고 생각한 콜버그는 인습을 도덕 판단의 기준으로 하여 크게 세 수준으로 구분하였다. 즉, 사회에서 통용되는 인습이나 규범을 상관하지 않고 유아가 외부적인 요인들에 의해 행위를 결정하는 전인습적 수준, 사회적으로 용인되는 인습이나 전통에 따라 도덕 판단을 하는 인습적 수준, 그리고 인습이나 전통을 초월하여 공통적인 기준이나 권리 또는 의무에 따라 행동하는 후인습적 수준으로 구분하고, 각 수준을 다시 두 단계씩으로 세분화하여 여섯 단계의 도덕성 발달 이론을 구축하였다. 콜버그는 가상적인 갈등 상황(딜레마)을 제시하고 각 상황에서 어떻게 대답하는지에 따라 도덕 발달 수준을 판단하였다.

① 전인습적 수준 (2~6세)

- 복종과 처벌 지향 단계 (obedience & punishment orientation)
  - 이 단계의 유아는 복종과 처벌에 따라 행동을 판단한다.

- 상대적 쾌락주의(relativistic hedonism)
  - 유아는 규칙이나 법률을 절대적인 것으로 생각하지 않고, 자신의 욕구와 쾌락에 따라 상대적으로 도덕 판단을 한다. 즉, 도덕적 행동이란 자신과 타인을 만족시키려는 도구로 정의된다.

② 인습적 수준(6~12세)

- 착한 아이 지향(good boy & girl orientation)
  - 이 시기의 아동은 타인에게 칭찬받고 싶어 하고 타인을 기쁘게 해 주고 도와주려는 방향으로 생각하고 행동한다. 즉, 사회에서 칭찬 받는 착한 아이의 기준에 맞추어 행동하려 한다.
- 사회 질서와 권위 지향(maintenance of social order & authority)
  - 사회 질서와 법률의 존재 이유와 기능에 대해서 알고 사회 질서와 권위를 유지하려는 방향으로 행동한다.

③ 후인습적 수준(12~20세)

- 민주적 법률(democratically accepted law)
  - 사회적 계약이나 개인의 권리, 민주적으로 수용된 법률에 따라서 행동한다. 법이란 모두가 행복하기 위해서 동의한 장치이므로 만약 법이 사람들이 필요로 하는 바를 충족시키지 못한다면 언제든지 변경할 수 있다고 생각한다.
- 보편적 원리(universal principles)
  - 개인의 양심에 따라 행동하는 단계로, 현존하는 법칙에 따라 행동을 규정하지만 도덕적 규제자로서 자기 양심이 우선한다. 모든 개인은 절대적 가치를 가지고 있고 모든 생명은 고유의 가치를 가지고 있다는 보편적 원리가 모두에게 적용된다.

이상에서 살펴본 정신분석 이론과 인지 발달 이론은 단계 이론에 속한다. 이들 이론에 대한 이해를 돕기 위해서 발달의 단계들을 표로 정리해 보면 다음과 같다.

〈표 4-1〉 발달 이론의 단계 비교

단 계	연령 범위	프로이트 심리성적 발달	에릭슨 심리사회적 발달	피아제 인지 발달	비고츠키 언어 발달	콜버그 도덕성 발달
신생아기 영아기	출생~2세	구강기	신뢰감 대 불신감	감각 운동기	원시적 언어	전도덕기
유아기	2~6세	항문기	자율성 대 수치심	전조작기	순수 심리적 언어	복종과 처벌
		남근기	주도성 대 죄책감		사적인 언어	상대적 쾌락주의
아동기	6~12세	잠재기	근면성 대 열등감	구체적 조작기	내적 성장 언어	착한 아이 사회 질서와 권위
청년기	12~20세	생식기	정체감 대 역할 혼미	형식적 조작기		민주적 법률
성년기	20~45세		친밀감 대 고립감			보편적 원리
장년기	45~65세		생산성 대 침체성			
노년기	65세 이후		통합감 대 절망감			

3) 학습 이론

(1) 스키너의 행동주의 이론

지금까지 설명했던 이론들이 연령이 증가함에 따라 유아의 발달이 단계적으로 발달한다고 주장하는 것과는 다르게 행동주의 이론은 발달에 있어서 단계라는 개념을 인정하지 않는다. 대신 인간의 모든 행동은 자극에 대한 반응으로 나타나며, 외부의 자극과 경험에 의해서 행동이 형성된다고 주장한다. 즉, 인간의 발달은 비연속적인 단계의 발달이 아니라 연속적인 과정이라고 본다.

손다이크(Thorndike, 1874~1949)는 자극이 반응에 연합되는 과정을 설명하기 위한 법칙을 설정하였다. 유쾌한 결과를 초래하면 반응은 강화되고 불쾌한 결과를 초래하면 반응이 약화된다는 결과의 법칙(law of effect), 자극과 반응의 유대가 더 자주 경험되고 지속되면 결국 경험을 얻게 된다는 연습의 법칙(law of exercise), 신경 체계가 행동할 소지가 있을 때 학습이 더욱 효과적이라는 준비도의 법칙(law of readiness)이 그것이다. 손다이크의 결과의 법칙은 강화 개념의 선구였으며 스키너식 접근법의 기초가 되었다.

스키너(Skinner, 1904~1990)는 심리학은 목표, 목적, 욕구 등의 정신적인 개념을 사용해서는 안 되며 관찰 가능한 외현적인 행동의 연구에 한정되어야 한다고 주장하였다. 유기체는 유전적 기질을 가지고 태어나는 것이 아니라 환경과 경험이 어떤 영향을 미치는지에 따라서 행동이 형성되고 통제된다고 하였다.

행동주의 이론가인 파블로프(Pavlov, 1849~1936)와 왓슨(Watson, 1878~1959)이 반사적 행동의 조건 형성을 연구한 것과 달리 스키너는 유기체가 스스로 조건 형성을 조작하는 것을 연구하였다. 그는 조작적으로 실험을 하여 얻어진 결과를 조작적 조건 형성(operant conditioning)이라고 명명하였다. 스키너가 수행했던 실험 중 한 예를 들면, 스키너는 자신이 고안한 작은 상자에 흰쥐를 넣고 쥐가 그 안에서 다닐 수 있게 하였다. 상자 한편에 지렛대를 매달고 쥐가 이것을 누르면 자동적으로 먹이가 나올 수 있게 하였다. 쥐가 상자 안에서 다니다가 우연히 지렛대를 누르면 먹이가 나오게 되고, 시간이 지날수록 쥐가 지렛대를 누르는 횟수가 증가하게 되었다. 이 실험에서 먹이는 지렛대를 누르는 횟수를 증가시키는 강화(reinforcement)가 된다. 즉, 유기체는 어떤 반응에 대해 긍정적인 보상이 있으면 그 반응을 더 많이 나타내게 된다.

스키너의 이론은 인간의 모든 행동은 보상과 강화에 의해 학습된다는 것이다. 운동 기능, 인지 능력, 언어, 정서, 사회성 등 유아의 모든 발달은 환경의 영향과 연습에 의해서 증가하며, 이때 강화가 있으면 발달이 더 촉진된다고 하였다.

행동주의 이론은 1920~1930년대의 유아교육에 영향을 미쳤다. 손다이크에 의해 개념이 발전된 습관 형성은 유치원 교육의 목표처럼 되었다. 특히 행동주의는 특수교육 분야와 유아 특수 교육에 영향을 미쳤는데, 특수교육자들은 아동 훈련 프로그램에 행동주의 이론을 적용시킨 행동 수정 기법을 사용하였다.

(2) 반두라의 사회학습 이론

전통적인 학습 이론가들이 동물 실험을 통해서 인간의 행동을 설명하려 하였으나, 반두라(Bandura, 1925~)는 이러한 상황은 동물이 없는 사회적 상황을 실질적으로 설명하지 못한다고 보고 사회적 상황 속에서 인간의 행동을 모방이라는 기제를 통해 설명하려고 하였다. 인간의 학습과정은 직접적인 강화에 의해 경험을 통해 학습되기도 하지만, 다른 사람의 행동을 관찰함으로써 새로운 행동을 학습하고 억제하기도 한다. 관찰은 인간의 행동과 그 행동을 관찰한 사람 간의 관계를 밝히려는 시도를 하게 된다. 또한 일상적인 사회생활에서 많이 이루어지기 때문에 관찰학습이론을 사회학습이론이라 하기도 한다. 또는 직접적으로 학습이 이루어지는 게 아니라 대리적으로 이루어진다고 하여 대리학습이라 하기도 하고, 모방을 통하여 이루어진다고 하여 모방학습이라고도 한다.

반두라는 관찰 학습은 네 가지 요소에 의해서 이루어진다고 하였다. 무엇보다 먼저 관찰의 대상에게 주의를 기울이는 주의(attention) 과정, 대상의 형태를 상징적인 형태로 기억하는 파지(retention) 과정, 행동을 정확하게 재생하기 위해서 운동 기술을 구비하는 운동 재생(motor reproduction) 과정, 수행을 좌우하는 강화와 동기적(reinforcement and motivations) 과정이 관찰 학습의 요소이다.

4) 인본주의 이론

(1) 매슬로우의 인본주의 이론

매슬로우(Maslow, 1908~1970)에 의하면 인간은 누구나 본능적인 욕구를 가지고 태어난다고 한다. 또한 선천적으로 자아를 실현하려는 동기가 있다. 이러한 인간의 욕구와 동기는 강한 것으로부터 약한 것으로 위계를 이루고 있다. 강도에 따른 욕구의 위계는 다음과 같다.

① 생리적인 욕구

음식, 물, 공기, 수면, 성 등 기본적인 욕구이며 가장 강력하다.

② 안전에 대한 욕구

생리적인 욕구가 충족되면 안전에 대한 욕구가 생겨난다. 여기에는 안전감, 편안함, 보호 질서, 불안이나 공포로부터의 해방 등이 포함된다.

③ 소속감과 애정의 욕구

안전에 대한 욕구가 채워지면 소속감과 애정의 욕구를 가지게 된다. 집단 활동을 통해 자신이 어디엔가 소속되어 있다는 것을 확인하려 하고, 다른 사람으로부터 애정을 받고 싶어 한다.

④ 자존감의 욕구

소속감과 애정의 욕구가 충족되면 자존감의 욕구를 가지게 된다. 자존감이란 스스로를 존귀하게 생각하는 것으로, 다른 사람이 자신을 소중하게 대해 주기 때문에 갖게 되기도 하고 스스로 자신을 높게 생각해서 생겨나기도 한다.

⑤ 자아실현의 욕구

인간이 가지는 마지막 단계의, 가장 높은 수준의 욕구가 자아실현의 욕구이다. 자아실현이란 자신의 능력을 최대한 개발해서 활용하고 잠재 능력과 소질을 충분하게 발휘하는 것이다. 매슬로우에 의하면 1% 정도의 극소수의 사람만이 자아실현에 이른다고 하였다. 자아실현에 이른 사람은 현실을 왜곡하지 않고 있는 그대로 수용하며 다른 사람들과 원만한 인간관계를 맺는다. 또한, 자신의 감정을 자연스럽게 표현하며 매사에 의욕적이고 창의력과 독창성을 발휘하여 자신의 삶을 즐겁게 살아갈 수 있다.

이상과 같이 유아의 발달을 설명하는 대표적인 이론들을 살펴보았다. 이들 이론은 유아의 발달에 대한 이해를 도와줄 뿐만 아니라 유아를 어떻게 지도하고, 교육해야 하는지에 대한 근거를 제공한다.

3 유아의 발달적 특징 및 교육

1) 신체 및 운동 기능 발달

(1) 신체 발달

① 신체 크기의 변화

유아기는 영아기에 비해 키와 몸무게의 성장 속도가 점차 완만해진다. 5세 유아의 경우 키는 출생 시의 2배(약 109cm), 몸무게는 출생 시의 5배(약 18.6kg) 정도가 되며, 6세경에는 키가 성인의 65% 정도(약 115cm), 몸무게는 성인의 30% 정도(약 21kg)로 성장한다. 출생 시 머리의 크기는 전체 키의 1/4 정도였으나, 유아기 동안 팔다리가 길어지면서 머리의 비율이 점차 작아진다(대한소아과학회, 1998).

② 골격 및 치아의 발달

2세 이후가 되면 연골은 점차 단단해져서 유아의 겉모습이 튼튼해지고 내부 기관도 보호된다. 골격의 발달은 운동 발달과 몸의 균형에도 중요한 영향을 미친다. 머리의 윗부분이 크고 턱이 작던 영아는 이 시기에 치아와 턱뼈가 발달함에 따라 얼굴의 턱 부분이 둥글게 커진다. 2세 반경이 되면 20개의 유치(젖니)가 모두 나오며, 6세경부터는 유치가 빠지면서 영구치가 나오게 된다. 또한 팔과 다리가 길어짐에 따라서 이동성이 증가한다.

(2) 운동 기능 발달

① 대근육 운동 발달

3~4세가 되면 유아는 미끄럼틀에 올라가 미끄럼을 탈 수도 있고 그네, 세발자전거도 탈 수 있다. 5~6세가 되면 두발자전거도 탈 수 있으며 균형 잡기도 완전해지는데 보통 남아가 여아보다 균형 잡기가 빠르다. 또한 어른들처럼 두 발을 교대하며 계단을 오를 수 있다. 높이뛰기나 넓이 뛰기 등의 능력은 걷기 능력보다 늦게 나타난다.

② **소근육 운동 발달**

소근육 운동은 눈과 손의 협응에 의해서 발달한다. 3세경이 되면 손가락으로 물건을 집을 수 있으며 5~6세경이 되면 펜을 쥐고 균형 잡힌 문자를 빠르게 쓸 수 있다. 유아기에는 그리기, 오리기, 자르기, 붙이기, 찢기, 접기 등의 활동을 통해 소근육 운동을 발달시킬 수 있다.

[그림 4-4] 눈과 손의 협응에 의한 소근육 운동 발달

③ **자조 기능**

유아기에는 다양한 자조 기능(self-help skills)이 발달한다. 2세경에는 대소변 가리기를 할 수 있으며 혼자서 음식을 먹을 수도 있다. 3세경에는 숟가락과 젓가락을 효율적으로 사용할 수 있고, 6~7세경이 되면 오른손으로 제대로 식사를 할 수 있다.

3세경에는 옷을 벗을 수 있고, 4세경에는 옷을 입을 수 있으며, 5~6세가 되면 혼자서 옷을 입고 벗으며 단추나 지퍼를 열고 닫을 수 있다. 또한, 신발도 신고 벗어서 가지런히 놓을 수 있다.

(3) 신체 및 운동 기능의 발달과 교육

신체적인 발달과 운동 기능의 발달은 유아로 하여금 다양한 신체적인 활동에 참여하도록 한다. 이 시기 유아는 활동성이 증가하므로 다양한 신체 활동 놀이를 통해서 신체 및 운동 기능을 발달시킬 수 있다. 유아에게 신체 활동 놀이는 신체 기능뿐 아니라 신체 발육이나 안전 능력, 정신적 성숙 및 사회성 발달의 향상을 위한 필수적인 활동이다. 그러므로 적절한 신체 활동 놀이는 신체 각 부분의 조화로운 발달을 도와주며 순환, 배설, 호흡 등 신체 기관의 기능을 향상시키고 바른 자세를 갖게 한다(이숙재·이봉선, 1999). 또한, 자신을 보호하는 능력도 자연스럽게 발달시킨다.

이 시기에는 대근육과 소근육의 발달에 따라 미끄럼틀 타기, 정글짐 오르내리기, 공 던지기, 공차기, 훌라후프 돌리기, 자전거 타기, 사다리 오르기, 그네 타기, 시소 타기 등의 운동 놀이를 할 수 있게 되고, 즐기게 된다. 신체 활동 놀이나 또래와의 협동이나 규칙 지키기 등을 통해 사회적 관계를 형성하기도 한다. 신체 활동 놀이를 지도하기 위해서는 유아의 신체 발달 및 운동 능력을 세밀히 관찰하고, 유아와 개별적으로 상호작용을 하면서 놀이 경험을 확장시키며, 유아의 안전을 위해 놀이 규칙을 정하고 잘 지키도록 하는 것이 좋다(이숙재, 2001b).

2) 인지 발달

(1) 유아기 사고의 특징

유아기는 피아제의 인지 발달 단계 중 전조작기(2~7세경)에 해당하는 시기이다. 전조작기 유아의 인지 발달을 통해 유아기 사고의 특징을 알아볼 수 있다.

① 상징적 사고

유아는 2세경부터 상징을 사용하기 시작하며, 상징놀이를 통해 상징적 사고가 발달한다. 예를 들어, 막대기를 총이나 칼이라고 한다든지 베개를 아기라고 업고 노는 행동에서 상징적 사고를 볼 수 있다.

② **직관적 사고**

유아는 사물이나 사건의 여러 측면에 주의를 기울일 줄 모르며 그 속에 내재된 규칙이나 조작을 이해하지 못한다. 따라서 사물의 양이나 수는 그 모양이 변하거나 여러 부분으로 나누어져도 변하지 않는다는 보존 개념을 획득하지 못한다.

③ **자아 중심적 사고**

이 시기의 유아는 사물을 자신의 입장에서 보기 때문에 다른 사람의 관점을 이해하지 못한다. 이는 공간 조망, 감정 조망, 인지 조망 모두에서 나타난다. 즉, 유아는 다른 사람의 위치에서 보는 공간적 시각을 추론할 수 없으며, 다른 사람의 감정을 이해하지 못하고, 다른 사람의 사고 과정이나 행동의 원인을 이해하지 못한다.

④ **물활론적 사고**

물활론적 사고란 모든 사물은 살아 있고 각자의 의지에 따라 움직인다는 생각을 말한다. 모든 사물이 살아 있다고 생각하는 유아는 연령이 증가함에 따라 움직이는 것만 살아 있다고 생각하고, 다음에는 스스로 움직이는 것만 생명이 있다고 생각한다. 8세쯤 되면 비로소 동물과 식물에만 생명이 있다는 것을 알게 된다.

(2) 인지 발달과 교육

인지 발달이란 유아가 언어적인 기술을 획득하는 것처럼 사고와 추론 기술을 발달시키는 과정을 말한다(Spodek & Saracho, 1994). 인지 발달을 촉진하기 위해서 유아는 다양한 활동과 경험을 해 보아야 한다. 즉, 자료를 가지고 신체적인 조작을 해 보고 이러한 경험을 실생활 경험과 통합해 봄으로써 학습하는 것이 바람직하다(Kamii, 1985).

유아의 인지 발달을 조장하기 위해서는 우선 유아의 타고난 능력과 발달 수준을 잘 파악해야 한다. 유아의 질문에 성실하게 대답하며, 충분히 놀이할 수 있도록 환경적 자극을 제공하는 것도 중요하다. 또한 인지 발달과 더불어 창의성을 개발하기 위해서는 유아들이 계속적으로 창의적으로 생각하고 창의적인 태도를 가지고 행동하도록 정서적 자극을 제공하고, 적극적으로 창의성을 개발하기 위해서 유아가 스스로 질서와 조화를 탐색할 수 있는 환경을 마련해 준다. 그리고 유아가 주변의 사물에 대해 관심을 갖게 하고 스스로 질문하고 대답하도록 지도한다(이숙재·이봉선, 1999).

3) 언어 발달

인지 발달과 언어 발달은 매우 밀접하게 연관되어 있다. 언어 발달은 단어의 이해(의미)와 여러 단어의 구조(문장 구성)를 요구하며 사고를 위한 도구가 된다.

(1) 언어 발달의 특징

유아기는 수용 언어(유아가 듣는 것)와 표현 언어(유아가 말하는 것) 모두가 폭발적으로 증가하는 시기이다. 유아가 말하기 시작하고 단어와 문장으로 자신을 표현하기 시작하면서부터 매일 새로운 단어들을 습득하게 된다.

① 어휘 발달 및 문장의 사용

유아기에는 사용하는 어휘 수가 급속하게 증가한다. 2세경에는 300단어 정도를 알고, 3세경에는 900단어, 4세경에는 1,600단어 정도로 어휘 수가 증가한다. 유아는 추상적 의미의 어휘보다는 구체적 의미의 어휘를 빨리 획득하고, 비교급의 어휘나 시간 개념을 나타내는 어휘는 유아기 말 정도가 되어야 획득하게 된다.

2세경이 되면 유아는 두 단어로 문장을 만들어 사용할 수 있다. "엄마, 맘마."라는 두 단어 문장은 "엄마, 배고프니까 밥 줘요."라는 의미의 표현이다. 두 단어 문장을 사용하면서 유아는 전보다 효과적으로 의사소통을 할 수 있게 된다. 3세경이 되면 유아는 2~4개 정도의 단어로 문장을 만들어 사용하게 되고, 4세경에는 3~7개 정도의 단어로 문장을 만들기 때문에 거의 완전한 문장을 구사할 수 있게 된다. 또한, 5세경에는 6~12개의 단어를 사용하여 문장을 구사하기도 한다(유안진, 1999).

② **단어 의미의 발달**

유아는 추상적인 언어 비유나 은유, 유머나 농담 등을 이해하지 못하고, 한 가지 어휘가 다양한 의미를 가질 수도 있다는 것을 알지 못한다. 또한, 주어진 상황에서 유사성을 추출하여 이를 근거로 단어의 의미를 과잉 확대시키기도 하고 과잉 축소시키기도 한다.

③ **문법의 발달**

두 단어로 문장을 만들던 시기에는 품사의 순서가 중요하지 않았지만, 유아가 세 단어로 문장을 만들기 시작하면서부터는 품사의 위치가 정해진다. 또한, 접미사나 조사의 사용이 시작된다. 한 어휘를 습득하면 모든 경우에 이를 사용하는 과잉 일반화 현상이 나타나기도 하며, 복수형을 만든다든지 부정어를 사용하는 등의 문법을 배우게 된다. 의문사를 넣어 의문문을 만들게 되고, 복잡한 일부 변형들을 다 파악하지는 못하지만 5~6세경이 되면 대부분의 문법 규칙에 숙달하게 된다.

(2) 언어 발달과 교육

유아들은 언어의 습득을 통해서 사고와 추론 기술을 발달시킨다. 언어는 유아로 하여금 추상적 개념을 습득하여 개념이나 도식으로 조직할 수 있도록 해 주고, 이를 저장한 후에 다양한 상황에서 사용할 수 있는 정보로 전환하도록 돕는다(Spodek & Saracho, 1994).

언어 발달을 지도하기 위해서는 언어생활을 말하기, 듣기, 읽기, 쓰기의 네 가지 영역으로 나누어서 각 영역에 적합한 지도 방안을 사용할 필요가 있다. 구체적으로 보면, 말하기 지도에서는 유아에게 다양한 이야깃거리를 제공하여 말하고 싶은 욕구를 자극하고, 부담 없이 자유롭게 말을 할 수 있도록 허용적이고 개방적인 분위기를 조성해 주고 격려해 준다. 듣기 지도에서는 부모나 교사 자신이 주의를 집중해서 듣는 모범을 보이고, 칭찬, 격려를 통해 듣기 지도를 한다. 그리고 다양한 듣기 경험을 제공하고, 유아에게 적합한 동화를 들려준다.

읽기 지도에서는 유아가 읽기에 흥미를 갖도록 자극적인 언어 환경을 마련해 주고,

유아가 글자의 의미를 파악하도록 지도한다. 유아의 일상적인 경험을 토대로 읽기 지도를 하며, 읽기 활동은 말하기, 듣기, 쓰기 활동과 통합하여 지도한다. 쓰기 지도에서는 글자 중심의 쓰기 지도보다 글자의 의미를 강조하는 쓰기 지도가 중요하다. 쓰기의 필요성을 유아 스스로 인식하여 자발적으로 쓰기 활동에 참여하도록 유도하고, 유아의 발달 특징에서 기인하는 쓰기의 여러 가지 오류를 효과적으로 지도한다(이숙재·이봉선, 1999).

4) 정서 발달

브리지스(Bridges)에 의하면 정서분화는 생후 3개월 무렵부터 분화되기 시작하여 영아기에 이루어지며 불쾌한 정서가 유쾌한 정서보다 먼저 발달한다고 하였다. 2세경이 되면 유아는 성인이 보이는 거의 모든 정서를 다 나타내게 된다. 그러나 유아의 정서 반응은 아직 미숙하다.

(1) 유아기 정서의 특징

유아의 정서는 미숙하므로 지속 시간이 짧고 정서 표현의 변화가 매우 급격하다. 유아의 정서 변화가 급격하다는 것은 정서가 불안정하기 때문이라고 할 수 있다. 유아들을 보면 울다가도 금방 기분이 좋아져서 잘 놀기도 한다. 즉, 유아는 쾌와 불쾌의 양극단의 정서를 심하게 오가면서 정서를 표현한다. 또한 지속 시간이 짧은 만큼 자주 표출하게 된다. 유아는 정서 표현이 강렬하여 사소한 일에도 쉽게 흥분하며 강한 반응을 나타내며, 정서의 통제가 미숙하기 때문에 화가 나는 일이 있으면 참지 못하고 그대로 표현한다.

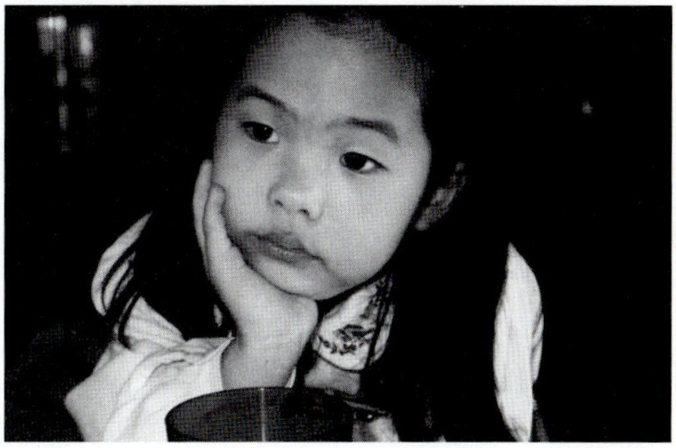

[그림 4-5] 변화가 급격한 유아기의 정서 표현

(2) 정서의 유형

① 기쁨

2세경까지는 기쁨이 웃음이나 동작으로 표현되지만 3세경부터는 언어의 발달에 따라 기쁨이 언어로 표현된다. 영아기에는 생리적, 감각적, 운동적인 원인에 의해서 기쁨을 느끼지만 유아기가 되면 사회적인 인간관계에 의해서 기쁨을 느끼게 된다. 또한 인지 능력의 발달에 의해 몸짓이나 농담 등을 이해할 수 있게 되어 이에 대해서도 웃음을 보이게 된다.

② 분노

유아는 하는 일을 방해받거나 원하는 것을 할 수 없을 때, 자신의 요구가 거부되거나 무엇을 빼앗겼을 때 분노의 정서를 보인다. 대체로 1세경이 지나면 유아는 떼를 쓰게 되는데 연령이 증가하면서 격렬한 분노는 다소 억제될 수 있으며 직접적인 방해물에 화를 내다가 4세경이 되면 공격적 행동으로 분노를 표시한다. 5세말경이 되면 언어의 발달에 따라 공격적인 행동보다는 공격적인 언어로 분노를 표시한다.

③ 공포

3세 말경이 되면 유아는 개나 고양이 같은 특정의 대상을 두려워하게 된다. 이는 시각적인 것에 공포를 느끼기 때문이다. 4세경에는 공포가 심해지는데, 이유가 없는 공포심이 심해진다. 이 시기의 공포심은 꿈으로 나타나 유아들은 악몽을 꾸기도 한다. 6세경이 되면 유아의 상상력이 발달하고 공포에 대한 반응이 학습되며 경험이 확장되어 공포 대상이 증가하기 때문에 공포심이 더 심해진다.

④ 질투

질투는 1세 반경이 되면 나타나기 시작하는데, 동생이 생기면 질투가 심해져서 퇴행 행동을 보이기도 한다. 3~4세경에는 질투가 매우 심해져서 울음으로 질투를 표현하기도 한다. 5~6세경에는 유치원에서 선생님이 다른 아이들에게 관심을 보이면 심한 질투를 나타내는데, 연령이 증가할수록 사회성이 발달함에 따라 질투의 표현이 억제된다.

⑤ **애정**

애정은 상호적인 것이므로 유아는 자기를 사랑해 주는 사람을 사랑한다. 영아기에는 자신을 주로 돌보아 주는 양육자에게 애정을 보이며 3세경이 되면 또래 간에 애정을 갖기 시작한다. 4~5세경이 되면 어린 아기를 귀여워하고 돌보아 주기도 한다.

(3) 정서 발달과 교육

유아기에는 정서를 표현하는 방법을 배우는 것이 중요하다. 자신과 다른 사람의 정서를 이해하고, 긍정적이고 생산적인 방식으로 정서를 표현하는 것을 배워야 한다. 유아의 정서 발달을 촉진하기 위해서는 정서적으로 안정된 환경을 조성해 주고, 정서 이해 능력을 향상시킬 수 있도록 또래 집단과 정서적으로 풍부한 상호작용을 하거나 이야기 나누기를 하도록 지도한다. 또한, 또래 간의 상호작용을 통해 감정 조절 능력을 향상시키고, 정서 표출을 위한 다양한 놀이 활동을 제공하며, 유아의 정서 표현 양식을 인정하고 존중할 뿐만 아니라 적절한 정서 표현의 모델을 보여 준다(정미라·박경자·배소연, 1998).

5) 사회성 발달

(1) 사회성 발달의 특징

① **우정의 시작**

유아기에는 다른 사람에 대한 이해가 발달하기 시작하나, 아직 성숙한 우정을 형성하지는 못한다. 유아들은 아직 다른 사람의 관점을 이해하지 못하기 때문에 친구로부터 자신이 원하는 것만을 생각한다. 이 시기의 유아는 에너지와 활동 정도가 비슷하고 같은 활동에 참여하는 동성의 친구와 친한 경향이 있다. 또한, 친구의 외모가 멋있거나 무엇을 잘 주기 때문에 친하다고 하기도 한다(황혜정, 2002).

② **사회적 행동**

사회적 행동이란 다른 사람과 원만한 관계를 가지며 주변 환경에 잘 대처하는 행동을 말한다(유효순, 1992). 친사회적 행동이란 긍정적인 사회적 행동, 즉 도움주기, 나누어 갖기 등 사람 사이의 우호적인 관계를 촉진시키거나 유지시키는 행동을 말한다(이숙재·이봉선, 1999). 친사회적 행동은 유아기에도 가능한데, 2~3세경의 유아도 다른 유아를 도와주거나 장난감을 나눠 주기도 하고 위안을 주려고 노력한다. 친사회적 행동은 연령의 증가와 함께 발달한다.

이 시기의 유아는 주도성이 강해지면서 점차로 독립심과 자신감을 얻게 된다. '나'에 대한 의식이 강해지면서 부모에게서 이탈하여 자기 스스로 결정하고 행동하기 시작한다. 사회 속에서 나를 인식함으로써 자아 개념을 확립하게 되는 것이다. 유아는 관심의 대상이 가족에서 또래로 옮겨 감에 따라 경험의 폭이 넓어지며 이에 따라 인지적인 성장도 촉진된다.

또한, 이 시기에는 성역할을 인식하게 되는데 이에 따라 여아는 여자다운 것을, 남아는 남자다운 것을 선택하고 행동한다. 색에 대한 선호나 놀이 유형 등에서도 성에 따른 차이가 현저하게 나타나고 친구 관계도 동성끼리 더 잘 어울리게 된다.

(2) 사회성 발달과 교육

사회적 행동은 사회의 구성원으로서 갖추어야 할 규범이라고 할 수 있다. 이는 곧 사회화라고도 할 수 있는데, 사회가 가지고 있는 가치를 내면화하고 이를 습득해 나가는 과정을 말한다. 유아는 성장과 더불어 생활 범위가 가정에서부터 유아교육기관 그리고 사회로 점차 확대된다. 가정에서의 역할뿐만 아니라 유아교육기관의 새로운 환경을 경험하는 것도 유아의 사회성 발달을 위한 자연스러운 교육이 된다. 특히, 또래와의 풍부한 경험은 사회성 발달의 중요한 요인이므로 또래와 잘 어울릴 수 있는 환경을 조성해 주어야 한다. 이 시기는 집단생활의 교육적인 의의가 특별히 강조되는 시기라고 할 수 있다.

Chapter 05

유아교육과 놀이

EARLY CHILDHOOD EDUCATION

놀이는 마음, 신체, 정신적인 측면을 통합하고 균형을 이루게 하는 유일한 인간 행동이다. 유아기의 놀이는 유아의 성숙에 따라 변화되어 다양한 형태로 개인의 행동 특성을 규정짓고 전체 발달 영역을 통합하는 중요한 의미를 지닌다. 유아는 자발적 활동인 놀이를 통하여 다양한 경험을 반복하고 새로운 세계를 탐구할 수 있기 때문에 놀이는 유아교육의 가장 적절한 방법이다. 실제로 놀이 활동은 오랫동안 유아교육과정의 일부분이었다. 그러나 모든 놀이가 다 교육적인 것은 아니다. 유아의 놀이는 그 목적에 따라 교육적 놀이와 비교육적 놀이로 구분할 수 있다. 교육적 놀이란 놀이 활동에서 오는 기쁨을 경험하게 하면서 동시에 의도한 학습 목표를 성취하도록 하는 것이다.

본 장에서는 교육적 놀이에 초점을 맞추어 유아 놀이의 개념 및 중요성과 최근까지의 놀이 이론을 살펴보고 유아 놀이의 특징을 알아보아 유아교육 현장에서의 효율적인 놀이 지도 방법에 대하여 논의한다.

1 유아 놀이의 개념 및 중요성

유아의 놀이는 오랜 역사에 걸쳐 많은 철학자, 교육학자, 심리학자들의 관심의 대상이었다. 아래에서는 여러 학자들이 설명하는 놀이의 개념 및 특징을 알아보고 유아의 성장 발달에 미치는 놀이 활동의 영향에 대해 살펴보겠다.

1) 유아 놀이의 개념

약 2,000년 전 플라톤과 아리스토텔레스는 유아의 놀이는 어른이 되어서 할 일을 미리 경험할 수 있는 교육의 기회라고 주장하였다. 르네상스 이후 유럽에서 유아에 대한 이해가 깊어지기 시작하면서 유아의 특성인 놀이에 대한 중요성도 차츰 인식되기 시작하였고 1800년대에 들어오면서 코메니우스, 로크, 루소, 페스탈로치, 프뢰벨 등 교육 철학자들에 의해 유아 놀이의 교육적 측면이 더욱 부각되었다.

유치원의 창시자인 프뢰벨은 유아의 놀이는 가장 순수한 정신적 소산으로 자기 내면의 욕구와 필요를 외부로 자유롭게 표현하는 것이라고 하였다. 프뢰벨은 유아에게 교육적인 놀이 기회를 제공하는 것을 강조하고 이를 위해 놀이의 요소를 파악하고 체계화하여 은물, 작업, 어머니의 놀이 참여 활동 등을 개발하였다. 몬테소리도 프뢰벨의 사상에 영향을 받아 유아의 자연적인 놀이를 재구성하여 교수 방법으로 체계화하였다. 한편 듀이는 유아의 놀이를 그 자체가 일로 연속되고 발전되는, 어린이의 성장 발달의 자연적인 수단으로 보았다. 따라서 성인에 의해 이미 틀에 짜인 은물이나 유희, 작업 등으로 유아의 놀이를 이루는 것은 부당하다고 말하였다.

이와 같이 놀이의 본질에 대한 학자들의 견해는 입장에 따라 차이가 나고 아직도 연구와 논의가 거듭되고 있으나 교육 현장에 적용하기 적합한 놀이의 본질적 특성을 정리하면 다음과 같다(Garvey, 1990).

- 놀이는 놀이하는 당사자에게 즐겁고 재미있는 것이다.
- 놀이는 내적인 동기로 일어나며 다른 외적인 목적이 없다. 즉, 놀이는 특정한 결과를 위한 노력이라기보다 즐거움을 주는 과정이다.
- 놀이는 놀이자가 자발적으로 선택하여 시작되는 자연 발생적인 것으로 놀이자 스스로의 적극적인 참여로 이루어진다.

2) 유아 놀이의 중요성

유아의 놀이에 대한 현재까지의 연구들에 따르면 유아의 놀이는 교육, 평가, 치료의 세 가지 측면에서 가치가 있다고 정리할 수 있다. 즉, 놀이는 어린이 학습의 효과적인 수단이 될 수 있고 놀이 수행을 통해 유아의 발달에 관한 평가를 할 수 있으며, 다양한 감정이 표출되는 놀이 시간을 통해 유아의 내면적 문제나 행동이 자연스럽게 표현되거나 치료될 수 있다. 아래에서는 유아 놀이의 교육적 기능에 초점을 맞추어 여러 발달 영역에 나타나는 놀이의 긍정적인 영향에 대하여 알아보겠다.

(1) 놀이를 통한 신체 발달

유아에게 있어서 놀이는 신체적으로 즐거움을 줄 뿐만 아니라 놀이 동작을 통해 대·소근육을 움직이게 되므로 신체 성장이 촉진되고 호흡, 소화, 배설 기능 등 전체적인 생리 기능이 증진된다. 또한 다양한 놀이를 하면서 뛰기, 던지기 등의 기본 운동 능력이 향상되고 신체의 적응 능력이 발달함과 동시에 활동적인 바깥놀이는 과잉 에너지의 돌파구가 되어 긴장감을 해소시켜 준다. 더 나아가서 놀잇감을 보고, 만지고 두드리는 등의 탐색 활동을 통해 감각 및 지각 능력이 발달된다.

(2) 놀이를 통한 인지 발달

여러 가지 다양한 놀이의 경험과 놀잇감들을 가지고 놀면서 유아는 수 개념, 분류 개념, 서열화 개념, 공간 개념, 시간 개념, 보존 개념 등을 자연스럽게 학습할 수 있다. 놀이 중 접하는 새로운 사물이나 상황을 탐색하고 실험하면서 환경과 사물에 대한 지식을 넓힐 수 있을 뿐 아니라(Henninger, 1987), 놀이 행동의 융통적이고 실험적인 속성은 유아의 문제 해결력을 길러 준다(Pepler & Ross, 1981).

(3) 놀이를 통한 언어 발달

유아는 놀이 과정에서 다양한 어휘를 배우고 정확한 발음과 목소리 조절 능력이 발달되며 문장 구성력과 표현력이 증진될 뿐 아니라, 바른 언어생활 습관을 자연스럽게 익힐 수 있다. 친구들과의 놀이 경험을 통해 자기중심적 언어에서 벗어나 남에게 귀를 기울이고 상대방을 이해하며 자신의 의견을 교환하는 의사소통 능력을 기를 수 있다. 또한 놀이 활동을 통하여 표준 언어의 규칙을 의식적으로 인식할 수 있는 기회를 제공할 수 있어서 읽기, 쓰기에 대한 관심이나 자발적인 학습을 유도할 수 있다.

(4) 놀이를 통한 사회성 발달

유아는 친구와 놀기 시작하면서 서로 물건을 나누어 갖고 양보하는 경험을 통해 자기중심성이 감소하고 협력하는 마음을 알게 되며, 사회적 관계 유지의 필요성과 가치에 대해서도 이해할 수 있게 된다. 더 나아가서 협동놀이를 통하여 자기가 처해 있는 사회적 입장과 주변 사회에 대한 관심을 높이며 다른 사람과 더불어 살아가는 데 필요한 질서 지키기, 협동하기, 공유하기 등의 사회적 능력을 배운다.

(5) 놀이를 통한 정서 발달

놀이 중에는 유아의 부정적 정서 표현도 사회적으로 정당하게 인정되기 때문에 놀이는 유아의 불안과 갈등을 극복할 수 있는 힘을 길러 주어 유아의 정신 건강에 도움이 된다. 또한 놀이 경험을 통해 성취감, 자신감, 인내심 등을 경험하면서 건전한 정서를 형성하게 되고 감정을 통제하는 방법을 배울 뿐 아니라 친구들의 다양한 정서 표현 방법을 관찰하면서 동일한 정서라도 개인에 따라 다르게 표현될 수 있음을 깨닫게 된다.

(6) 놀이를 통한 창의성 발달

놀이는 유아의 탐색적 활동과 호기심을 자극하고, 새로운 것에 대한 성취 후에 다른 것에 도전하게 함으로써 창의적이고 혁신적인 태도를 길러 준다. 또한 놀이를 통해 유아는 다각적인 탐색을 하게 되어 융통성 있게 사고하는 능력과 상상력이 발달되며 놀이 중에 새롭고 독특한 아이디어를 생각할 기회가 많아 독창성이 증진한다. 실제로 놀이 경험이 많은 유아는 창의성을 요하는 상황에서 더 융통적이고 자발적으로 행동하는 경향이 있다는 연구 결과도 있다(Pepler, 1986).

2 놀이 이론

놀이 이론은 크게 고전적 놀이 이론과 현대 놀이 이론, 두 가지로 나누어질 수 있다. 고전적 놀이 이론은 19세기 말에서 20세기 초까지 정립된 이론을 말하고, 현대 놀이 이론은 현대 심리학의 영향을 받아 좀 더 체계적으로 발전된 이론을 말한다.

1) 고전적 놀이 이론

19세기 후반과 20세기 초에 나타난 놀이 이론은 놀이의 발생적인 중요성을 강조하였다. 즉, 놀이는 왜 존재하며 그 목적은 무엇인가를 설명하고자 주로 실증적 연구보다는 철학적 사고를 중심으로 놀이 이론을 설명하고자 하였다. 고전적 놀이 이론에는 잉여 에너지 이론(surplus energy theory), 휴식 이론(relaxation theory), 반복 이론(recapitulation theory), 연습 이론(practice theory)이 포함된다.

(1) 잉여 에너지 이론

19세기 영국의 철학자이며 심리학자였던 스펜서(Spencer)에 의하여 주창된 이론으로 이 이론에 따르면 인간은 먹기, 마시기, 자기 등의 기본적 욕구를 충족시키기 위해서 일을 하고 이러한 기본 욕구가 충족된 후에 남겨진 과잉 에너지를 소모하기 위하여 놀이를 한다고 하였다. 따라서 생존을 위해 많은 일을 하지 않아도 되는 유아들은 남는 에너지가 성인보다 많기 때문에 성인보다 더 많은 놀이를 한다. 그러나 잉여 에너지 이론으로는 유아가 배고프거나 지쳐 있을 때에도 흥미 있는 놀잇감이나 기회가 생기면 집중해서 놀이하는 현상을 설명할 수 없다(Ellis, 1973).

(2) 휴식 이론

라자루스(Razarus)와 패트릭(Patrick)은 사람들이 고도의 집중력이나 섬세한 동작을 필요로 하는 일을 하면서 생긴 피로감을 풀기 위해서 놀이를 한다고 주장하였다. 휴식 이론은 스트레스가 심한 현대사회에서 놀이를 합리적으로 설명하는 것처럼 보이지만 스트레스가 쌓일 정도로 일을 하지 않는 유아가 놀이에 열중하는 이유를 해석하기에는 설득력이 부족하다(Frost & Klein, 1979).

(3) 반복 이론

반복 이론은 다윈의 진화론에 근거하여 홀(Hall)이 주장한 이론이다. 홀은 유아 놀이의 목적이 현대 생활에 더 이상 필요 없는 조상의 원시적 본능을 소거시키는 데 있다고 설명하면서 각 유아의 놀이는 인류의 진화 과정이 반복되어 나타나는 것이라고 하였다. 예를 들어 어린 유아가 기어 다니며 노는 것은 인간이 네 발로 기어 다니던 시기의 반영이며, 유아들의 술래잡기 놀이는 인류가 수렵 생활을 하던 선사시대의 경험이 재현되는 것이라고 설명하였다. 그러나 반복 놀이 이론으로는 현대 과학 기술의 소산인 컴퓨터 관련 놀잇감 등을 가지고 노는 유아의 행동을 설명할 수 없다(이연섭 외, 2001).

(4) 연습 이론

그루스(Groos)는 유아가 성인기에 필요한 기본적인 기술을 연습하기 위해서 놀이를 한다고 주장하였다. 예를 들어 가게놀이를 하면서 손님의 역할을 해 보는 어린이는 성인기 소비자로서의 행동을 미리 연습해 보는 것이라 해석할 수 있다. 그러나 연습 이론은 놀이 경험이 성격이나 인지 등과 같이 인간의 전면적인 발달에 영향을 미친다고 주장하는 학자들에 의해 놀이의 기능을 너무 제한시켰다는 비판을 받는다(이숙재, 2001a).

이상의 네 가지 고전적 놀이 이론들은 각각의 이론이 가지고 있는 여러 가지 제한점에도 불구하고 놀이에 관한 역사적인 조망을 제시하고 일반인의 놀이에 대한 견해를 대표하며 현대 놀이 이론 성립에 기초를 제공해 주었다는 점에서 그 가치를 인정받는다. 각 이론별로 주요 학자 및 놀이 동기에 대한 주장을 정리해 놓은 것은 〈표 5-1〉과 같다(Johnson et al., 1999).

〈표 5-1〉 고전적 놀이 이론

놀이에 대한 견해	이 론	학 자	놀이의 목적
에너지 조절의 수단	잉여 에너지 이론	스펜서	잉여 에너지 소모
	휴식 이론	페트릭, 라자루스	에너지 재충전
인간본능	반복 이론	홀	인류 진화 과정의 재현
	연습 이론	그루스	성인기에 필요한 기술 연습

2) 현대 놀이 이론

20세기에 접어들면서 현대 심리학의 영향을 받아 놀이의 본질을 좀 더 체계적으로 분석하려는 시도가 이루어졌다. 아래에서는 그중 대표적인 정신분석학적 접근과 인지 발달적 접근, 사회적 놀이 발달 이론을 소개하고자 한다.

(1) 정신분석학적 접근

정신분석학적 입장에서는 유아의 놀이를 무의식의 표출이라고 보고 놀이의 동기를 기쁨과 만족감을 추구하는 쾌락의 원리로 설명한다. 정신분석학의 창시자인 프로이트(1961)에 의하면 실생활에서 인상 깊게 느낀 사건을 표현하고 평상시에 이루기 힘든 소망을 성취하는 놀이를 통하여 유아의 자아가 성숙된다고 주장하였다. 또한 정서적으로 감당하기 어려운 상처를 받은 경우, 유아는 이 부정적인 경험을 자신이 다룰 수 있을 만큼 작은 부분으로 나누어 놀이를 통해 계속 반복함으로써 정서를 천천히 정화시킨다고 하였다. 일상에서 흔히 볼 수 있는 예로 부모로부터 꾸중을 들은 후, 유아들이 놀이하면서 인형을 야단치는 과정을 통해 부정적 정서를 대리 사물에 전환시켜 자신의 감정을 공개적으로 표현할 뿐 아니라 문제를 능동적으로 해결하여 정서적 안정을 찾는다. 즉, 정신분석학적 접근에서는 놀이란 유아가 정서적·인격적으로 원만하게 성장하도록 정신 건강을 유도하는 예방 활동이라고 생각했기 때문에 성인의 간섭으로부터 해방된 자유놀이 활동을 허용하는 것을 중요하게 생각했다.

정신분석학자인 에릭슨(1963)은 정서적 갈등을 해결하고 재조정할 수 있도록 독립적인 '자아 기능'을 강화시키는 데 놀이의 가치가 있다고 하였다. 즉, 유아의 자아 기능이 강화되어 유아가 주변 환경에 숙달되어 가는 발달적 현상이 놀이라고 정의하면서 유아는 다음의 놀이 발달 단계를 거쳐 자신의 내부 세계를 외부 세계와 관련시켜 간다고 하였다.

① 자기 우주적(autocosmic) 놀이 단계

유아가 출생하면서부터 자신의 신체를 가지고 감각적 운동이나 발성을 반복적으로 시도하면서 놀이하는 시기로 이 단계의 유아의 놀이 대상은 주로 부모이며, 유아는 부모와의 상호작용을 통하여 주변 세계에 대해 새롭게 관심을 기울이기 시작한다.

② **미시적 놀이 단계**

자신만의 세계 안에서 혼자 놀잇감이나 사물을 가지고 놀면서 사물 세계의 일정한 법칙을 이해하고 숙달시키는 단계로 현실 사회에 적응하기 위한 준비 단계라고 볼 수 있다.

③ **거시적 놀이 단계**

다른 사람과 함께 놀이하는 단계로 유아는 지금까지 숙달시킨 사물에 대한 법칙들을 다른 사람과 놀이에 적용하면서 놀이 영역을 확장시켜 나가고 자아를 조절하는 방법을 배워서 현실 세계에 적응하게 된다.

(2) 인지 발달적 접근

인지 발달적 접근에서는 놀이를 지적 성장을 촉진하는 도구로 보고 놀이 경험이 유아의 인지 발달과 긴밀한 관계를 맺는다고 주장하였다. 피아제에 따르면 유아의 놀이는 인지 발달을 자극하고 가속화시킬 수 있는 절대적인 요소로서, 놀이를 통하여 새로운 정보를 받아들이고 적응시키는 일을 반복적으로 수행하면서 자연스럽게 인지 발달이 일어난다고 하였다. 피아제가 주장한 놀이의 발달 단계는 연습놀이, 상징놀이, 규칙 있는 게임의 3단계이다(Piaget, 1962).

① **연습놀이**(practice play)

감각운동기(출생~2세)의 유아가 신체의 감각운동을 연습하는 즐거움을 위해 반복적으로 되풀이하는 가장 단순한 형태의 놀이 유형을 말한다. 예를 들면, 영아가 우연히 딸랑이를 흔들어 보았을 때, 흥미 있는 소리가 나면 딸랑이를 흔드는 동작을 반복하면서 딸랑이 외에 다른 놀잇감도 흔들어 보는 탐색 행동을 하여 놀이의 발달을 초래하게 된다.

② **상징놀이**(symbolic play)

전조작기(2~7세)의 유아들은 자기중심적 사고를 하고 직관적인 판단을 하며 물활론적 사고를 하는 인지 발달적 특징을 보이는데, 이러한 인지 능력을 기초로 유아들은 자신에게 일어났던 중요한 일을 재연하고 자신의 욕구에 따라 사물, 행동,

역할 등을 실제와 다르게 가작화하는 상징놀이를 한다.

③ **규칙 있는 게임**(games with rules)

구체적 조작기(7~11세)에 들어서 유아의 인지 수준이 급격히 변화하여 이전의 자아 중심성에서 벗어나 다른 사람의 관점을 이해하고 수용하게 되면서 유아는 집단 내에 정해진 놀이 규칙을 지켜야 하며 규칙을 변경하기 위해서는 다른 사람의 동의가 있어야 함을 깨닫게 된다. 이때 유아는 자기중심적 사고에서 벗어나는 인지적 경험과 함께 구조화된 놀이로서 게임을 이해하고 게임에 적용되는 규칙을 지키는 경험을 하게 된다.

브루너(Bruner, 1972)와 수턴 스미스(Sutton-Smith, 1967) 등은 놀이를 통해 융통성 있게 생각할 수 있는 창의성이 발달한다고 주장하였다. 브루너에 의하면 유아는 놀이를 하면서 목적을 달성하려고 애쓸 필요가 없기 때문에 부담 없이 새로운 시도를 해 볼 수가 있으며, 놀이 중에 이러한 행동 선택의 기회를 많이 갖게 됨으로써 사고의 융통성이 촉진된다고 한다. 수턴 스미스는 역할놀이 중 예를 들어 나무 블록을 고양이라고 하며 밥을 주는 행동을 통해 유아가 기존의 고정된 사고방식에서 벗어나 새롭고 유연한 사고를 하는 정신적 융통성을 갖게 된다고 하였다.

(3) 사회적 놀이 발달 이론

사회적 놀이 발달 이론에서는 놀이가 유아의 사회적 기술과 사회인지 능력을 발달시킨다고 보았다. 유아의 사회성 발달에 미치는 놀이의 영향을 연구한 파튼(Parten, 1932)은 유아들을 대상으로 자유놀이 시간 동안 사회적 놀이 행동을 관찰 분석하여 다음과 같은 사회적 놀이의 발달 단계를 발표하였다.

① **비참여 행동**(unoccupied behavior)

놀이에 참여는 하지 않으면서 놀이를 하는 다른 유아가 놀이하는 영역에 서 있거나 왔다 갔다 하면서 쳐다본다.

② **단독 놀이** (solitary play)

혼자서 놀잇감을 가지고 독립적으로 논다. 다른 유아와 가까이 있어도 상관없이 자신만의 놀이에 몰두한다.

③ **방관자적 행동** (onlooker behavior)

다른 유아가 노는 것에 관심을 가지고 쳐다보며 시간을 보낸다. 놀이하는 유아에게 좀 더 접근하기 위해 질문이나 제안을 하기도 한다.

④ **병행놀이** (parallel play)

다른 유아들 옆에서 비슷한 놀잇감을 가지고 놀이를 하지만 옆의 유아와 함께 놀려고 시도하지는 않는다.

⑤ **연합놀이** (associative play)

놀이하는 유아들끼리 서로 놀잇감을 교환하거나 다른 유아를 따라하기도 하지만 조직적 놀이나 협동 활동은 일어나지 않는다.

⑥ **협동놀이** (cooperative play)

놀이 목적에 따라 각자의 역할이 정해져 있고 그에 따라 놀이를 조직적으로 진행한다.

이상 현대 놀이 이론들의 주장과 대표학자를 각 이론별로 정리해 보면 〈표 5-2〉와 같다.

〈표 5-2〉 현대 놀이 이론

이 론	학 자	놀이의 목적
정신분석적 접근	프로이트	부정적 정서의 정화
	에릭슨	'자아 기능' 강화
인지 발달적 접근	피아제	현실 사회의 적응
	비고츠키	추상적 사고력 증진
	브루너, 수턴-스미스	창의력 증진
사회적 놀이 발달 이론	파튼	사회성 발달

3 유아 놀이의 종류 및 특성

유아의 놀이는 그 내용, 특징, 활동 영역, 유아의 연령 등 여러 가지 다양한 기준에 따라 구분될 수 있으나 본질적으로 융통적이고 창의적인 요소가 강하기 때문에 서로 중복되는 경향이 있다. 예를 들어, 조작놀이에 극화놀이 특징이 포함되고 쌓기놀이에 게임의 특징이 포함될 수 있다.

스밀란스키(Smilansky, 1968)는 피아제의 놀이 발달 이론을 준거로 유아의 성장·발달에 따른 놀이 유형을 생활에 필요한 기능을 익히는 기능놀이(functional play), 놀이 재료를 이용하여 새로운 것을 만들어 내는 구성놀이(constructive play), 유아가 자기 경험 속 인물의 역할을 모방·표현해 보는 극화놀이(dramatic play), 정해진 규칙 안에서 자신의 행동을 조절하는 규칙 있는 게임(games with rules)의 네 가지로 구분하였다. 이 기본적인 네 가지 놀이 유형의 틀 안에서 유아 놀이의 특성을 설명하고 각각 놀이 유형에 적합한 놀잇감과 지도 방법을 살펴보겠다.

1) 기능놀이

기능놀이란 유아가 최초로 하는 놀이로 단순한 근육 운동부터 행동이나 손으로 조작하는 놀이 등 유아가 실생활에 필요한 기능을 습득하게 하는 놀이를 말하며 신체적인 놀이인 감각·운동 놀이와 조작놀이가 이 놀이 유형에 포함된다.

(1) 감각·운동 놀이

신생아기부터 유아는 외부에서 비롯되는 빛, 색채, 움직임, 소리, 리듬, 맛, 냄새, 촉감 등의 자극을 즐긴다. 성장하면서 유아는 물, 모래, 진흙놀이 등을 통하여 다양한 감촉을 탐색하고 그네타기, 몸 흔들기, 낙서하기, 콧노래하기, 노래 듣기, 꽃냄새 맡기 등 자신의 신체를 이용한 놀이를 하면서 감각적이고 미적인 경험을 할 수 있게 된다. 또한 기어오르기, 달리기, 점프, 세발자전거 타기, 커다란 기구 타기, 파기 등과 같은 대근육 활동을 요하는 운동놀이를 통하여 신체 기술을 증가시킨다.

유아의 운동 놀이는 다른 놀이 유형보다 더 많은 공간을 필요로 하기 때문에 주로 실외에서 이루어지는 경우가 많다. 창의적인 신체 활동과 사회적 상호작용을 증가시키는 운동 놀잇감으로는 모래밭, 놀이집, 세발자전거, 외바퀴 손수레, 바퀴 달린 장난감, 사다리처럼 기어오를 수 있는 기구, 운반이 간편한 매트, 게임에 사용될 공과 줄넘기 줄 등을 들 수 있다.

감각·운동 놀이를 격려하기 위해서 교사는 무엇보다도 주의 집중 시간이 짧고 자기중심적으로 생각하는 유아의 특징과 더불어 각 유아의 신체 발달 및 운동 능력을 정확하게 파악하고 있어야 하고 발달상의 개인차를 충분히 고려해야 한다. 특정한 운동 기능을 증진시키는 놀이를 지도할 때는 적절한 시범을 보이면서 점진적인 계획을 가지고 접근하여야 한다. 예를 들어 높은 곳에 기어오르는 놀이를 할 때 유아가 공포심을 갖지 않도록 낮은 높이부터 시작하며 필요한 경우에는 손을 잡아 주는 등의 도움을 주면서 점차로 높은 곳까지 기어오르도록 지도한다. 특히 운동놀이에는 대근육 활동이 많이 포함되기 때문에 교사는 유아의 안전을 위해 놀이 기구를 정기적으로 점검하고 놀이 규칙을 잘 지키도록 지도하는 것이 중요하다. 예를 들어 기어오름대에 올라갔을 때 친구를 잡아당기거나 미는 장난을 하지 말 것과 높은 곳에서 함부로 뛰어 내리지 말 것 등의 안전 규칙을 지키도록 한다.

(2) 조작놀이

조작놀이는 퍼즐이나 구슬 꿰기, 도미노 게임 등과 같이 유아가 주로 책상 위에서 손과 손가락의 소근육을 사용해서 놀잇감을 여러 가지 방법으로 다루는 놀이로 정의할 수 있다. 조작놀이는 다른 놀이에 비해 정적이고 탐색적인 특징을 지니며 유아의 눈과 손의 협응력을 촉진시켜 주고 형태 지각력과 기억력의 발달뿐 아니라 문제 해결력과 인내심을 증진시키는 교육적 기능을 갖는 비교적 독립적인 활동이다.

조작놀이 중 가장 흔하게 볼 수 있는 놀잇감은 몇 개로 분절된 그림 조각을 맞추어서 본래의 그림을 완성시키는 퍼즐과 여러 조각 가운데 색깔, 모양, 용도 등을 기준으로 짝 맞추는 놀잇감, 여러 가지 구슬을 끈에 끼우거나 여러 형태로 구멍이 뚫린 판에 끈을 꿰는 놀잇감 등이 있다. 몬테소리 학자들이 '작업(work)'이라 정의하는 몬테소리 교구는 교육적 조작놀이의 좋은 본보기로 쌓기 및 포개기 교구, 다양한 나무못 판, 과학 교구, 수 교구, 잠금장치, 자연물을 이용한 교구 등이 포함된다. 이 밖에도 벨트, 혁대 장식, 단추, 리본, 지퍼 등 일상생활에 필요한 기술을 연습해 볼 수 있는 놀잇감이나 여러 가지 형태와 크기의 주방용품, 헌 시계나 라디오의 내부 등도 조작놀잇감으로 활용될 수 있다.

유아의 조작놀이를 격려하기 위해서 교사는 인지적 발달과 손가락 운동을 조정하는 근육 발달 수준을 고려하여 발달 정도에 알맞은 놀이 경험을 제공해야 하고 유아가 다양한 탐색을 할 수 있도록 편안하고 안락하며 다른 친구들의 방해를 받지 않는 놀이 공간과 충분한 시간을 할애해 주어야 한다. 또한 조작놀잇감을 다 사용한 후에는 제자리에 정돈하는 습관을 갖도록 지도해야 한다.

2) 구성놀이

구성놀이는 유아가 놀이 재료를 이용하여 새로운 것을 창조하거나 무엇을 만드는 놀이로 그림 그리기, 모래놀이, 쌓기놀이 등 개인적으로 창조의 즐거움을 느낄 수 있는 어떤 결과가 남는 활동을 말한다. 다음에서는 구성놀이 중 쌓기놀이에 대하여 좀 더 자세히 알아보도록 하겠다.

쌓기놀이는 블록 등의 놀이 자료를 이용하여 입체적인 구조물을 제작하는 모든 놀이를 뜻하며 신체 운동 놀이와 극놀이 요소를 모두 지니고 있어 공간과 자료만 허락된다면 유아가 오랜 시간 집중하여 놀 수 있는 매력적인 놀이이며 동시에 필요에 따라 과학 및 수학 학습 등에도 활용될 수 있는 유용한 놀이이다. 유아의 쌓기놀이는 처음 블록을 운반하는 단계에서 시작하여 블록을 한 줄로 쌓거나 길게 늘어놓는 간단한 구조물을 만들다가 점차로 정교한 구조물을 짓고 마지막에는 극적인 내용이 있는 구조물을 만드는 단계로 발전해 나간다(Hirsch, 1974). 유아가 자신에게 인상 깊은 장소와 상황을 표현하는 상징적인 구조물을 완성하는 데는 여러 날이 걸릴 수도 있고 모형 인간, 동물, 자동차류, 표지판 등의 소품을 첨가하기도 한다.

유아교육 현장에서 많이 사용되는 두 가지 기본적인 블록은 직사각형 블록을 기본 단위로 하여, 다른 블록은 이 기본 단위의 배수와 분수로 확대 또는 축소되는 사각형 블록들과 그 밖에 원기둥, 사각기둥, 경사로, 곡면 기둥 등의 블록으로 구성되는 단위 블록과 속이 비어 있거나 상하가 트여 있는 할로우 블록이다. 할로우 블록은 단위 블록에 비해 크기가 커서 어린이들이 구조물을 단시간에 완성시킬 수 있으므로 효과적이고, 이 블록으로 만든 구조물은 거의 실물 크기이기 때문에 어린이가 직접 들어가 앉거나 올라설 수가 있어서 어린이의 흥미를 더해 줄 수 있다. 이 밖에도 판지와 같은 두꺼운 종이를 사용하여 벽돌 형태로 만든 종이벽돌 블록, 여러 형태의 플라스틱 조각을 서로 끼워서 구조물을 만들 수 있는 놀잇감인 플라스틱 블록, 가볍고 안전하게 놀이를 할 수 있는 우레탄 블록 등도 있다.

블록을 제공할 때는 블록의 수량이 너무 적으면, 유아가 단조로운 형태의 구조물을 만들게 되고 반대로 수량이 너무 많으면 블록을 효율적으로 사용하지 못하게 된다는 점을 고려하여 유아의 연령이나 블록놀이 경험 정도 등에 따라 적절한 수량을 제공하는 것이 중요하다. 또한 나무, 플라스틱 또는 고무로 만든 사람이나 동물 모형, 장난감 자동차 종류, 작은 교통 표지판과 신호등, 작은 상자, 돌멩이나 조개껍질, 줄, 끈, 나뭇조각이나 실패, 도르래, 장난감 가구, 각종 잡지나 사진 등도 쌓기놀이를 더욱 흥미 있게 확장시키는 소품으로 사용될 수 있다.

쌓기놀이를 지도할 때 교사는 가능하면 파괴적인 목적보다 건설적인 목적을 위해서 블록쌓기를 하도록 유도하는 것이 바람직하다. 또한 블록놀이에는 넓은 공간이 필요하기 때문에 유아들이 서로의 구조물을 존중하면서 협동할 수 있도록 교사가 특별히 신경 써야 한다. 즉, 다른 유아가 만든 구조물을 함부로 부수지 않도록 지도하고 블록쌓기를 할 때는 블록을 쌓아 두는 교구장으로부터 약 30cm 이상 떨어진 장소에서 함으로써 다른 유아가 블록을 꺼내는 데 지장을 주지 않도록 한다. 그 밖에 무게가 무거운 블록을 사용할 때는 구조물의 높이 조절에 유의하여 유아가 다치는 일이 없도록 한다. 또한 블록을 정돈하는 데는 많은 시간이 소요되므로 교사는 서두르지 말고, 충분한 시간을 할애하여 지도하도록 한다.

3) 극화놀이

극화놀이는 유아가 자신의 직접, 간접 경험 속의 누군가를 가장하여 역할을 맡아서 다른 상황 안에서 실제 물체나 상징적인 물체를 가지고 누군가의 말씨, 행동을 모방하는 놀이이다. 극화놀이는 학자에 따라 분별해서 개념화하기도 하지만 흔히 상징놀이(symbolic play), 공상놀이(fantasy play), 가상놀이(make-believe play)와 같은 뜻으로 사용된다(이숙재, 2001a). 유아기의 극화놀이는 전화 받기, 인형 재우기, 밥 먹이기 등과 같이 부모나 성인의 역할을 모방(role playing)하는 데에서 시작한다. 유아가 성장함에 따라 극화놀이의 내용은 자동차 운전하는 척하기, 연필로 주사 놓는 척하기 등 가상 전환(make-believe transformation)의 형태를 띠며 더욱더 다양해지고 복잡해진다.

[그림 5-1] 손인형을 사용한 극화놀이

극화놀이를 할 때 유아는 자신이 작성한 극본에 의해 놀이의 활동을 계획하고 대화를 유발시키면서 새로운 아이디어를 시험하고 감정을 표현한다. 또한 극화놀이를 통해서 유아는 가족과 사회의 구성원이 되기를 학습하는 과정을 거치면서 주변 세계에 대한 이해를 증진시키고 환경에 대처하는 방법을 배운다.

유아들은 다양한 소품, 극화놀이를 위한 충분한 시간과 여러 가지 주제를 위한 아이디어들이 제공될 때 더 활발하게 극화놀이를 한다. 극화놀이를 활성화하는 구체적인 방법으로 특정 극화놀이의 주제와 연관된 다양한 소품 상자를 준비하는 방법이 있다(Bender, 1971). 극화놀이 영역에 갖춰 두면 유용한 소품들은 식당놀이, 슈퍼마켓놀이, 병원놀이, 미장원놀이, 공항놀이, 우체국놀이 등에 필요한 소품과 목공 연장 및 도구 등이다. 이 밖에도 유아의 몸 전체를 비쳐 볼 수 있는 커다란 거울을 준비하도록 하고 블록이나 다른 영역의 교재·교구들을 융통성 있게 활용하면 바람직하다.

극화놀이의 유형으로 주제 환상극 놀이가 있다. 주제 환상극 놀이는 유아가 동화 속의 등장인물이 되어서 이야기 내용을 가작화하는 놀이이다. 예를 들어 『곰 세 마리』 동화의 엄마곰, 아빠곰, 아기곰으로 등장한 유아들이 동화 내용에 따라

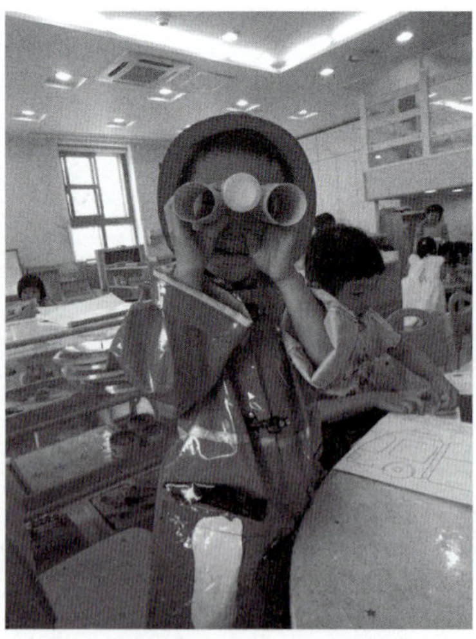

[그림 5-2] 다양한 소품을 활용한 극화놀이

놀이를 하는 것이다. 유아의 흥미와 자발적인 참여를 높이고 통합적인 놀이 경험을 하도록 주제 환상극 놀이를 효율적으로 지도하려면 교사는 주제 환상극 놀이를 시작하기 전에 유아들과 함께 배역을 정하고 배경을 어떻게 꾸밀 것인지, 분장을 어떻게 할 것인지에 대해 미리 계획하고 주제 환상극 놀이가 끝나면 놀이에 참여했던 유아들과 관객이 되었던 유아들이 함께 자신에 대한 평가, 다른 유아들에 대한 평가, 극놀이에 대한 제안 등이 포함된 평가를 하는 것이 바람직하다(이숙재, 2001a).

4) 규칙 있는 게임

규칙 있는 게임은 특정한 규칙에 따라야 하는 구조화된 활동으로 미리 정해진 혹은 새롭게 정해진 규칙을 확인하고 그것을 인식하고 수용하면서 주어진 한계 안에서 자신의 행동, 동작, 반응을 조절해 나가는 놀이를 말한다. 대부분의 유아들은 4~5세가 되면 게임을 할 수 있는데 처음 경험하는 게임은 간단한 지시에 따르는 신체 게임이나 게임의 요소를 지닌 음악 활동이 적절하다.

일반적으로 피구와 같은 겨루기 게임, 경주, 찾기 게임, 숨기기 게임, 추측하기 게임, 카드 게임, 판 게임 등의 그룹 게임들은 유아교육의 목표를 성취하는 데 도움이 된다고 평가된다. 교육적으로 유용한 게임은 유아에게 게임 방법을 생각해 내게 하고 흥미와 도전감을 맛보게 하며, 유아 스스로 게임의 승패 여부를 판단할 수 있게 하고 모든 놀이자가 적극적으로 참여하게 하는 특성을 갖춘 게임이다 (Devries & Kamii, 1980).

유아는 발달적으로 규칙을 지키고 규칙에 따른 적절한 행동을 하기에 미숙한 수준이기 때문에 유아가 게임의 기술을 익히도록 교사는 유아의 사고에 알맞게 게임을 수정하고 게임판과 놀이용 말, 각종 카드 등과 같은 게임에 사용되는 여러 가지 게임 자료를 준비하며 가능한 한 성인의 개입을 줄일 수 있도록 게임 방법을 지도해야 한다.

앞서 설명한 각 놀이 유형별로 연령에 따른 놀이 특징을 정리해 보면 〈표 5-3〉과 같다.

〈표 5-3〉 연령에 따른 유아의 놀이 특징

놀이유형		2세	3세	4세	5세
기능놀이	감각·운동놀이	• 낮은 층계 오르내리기 • 놀잇감을 끌고 돌아다니기 • 밀가루 반죽놀이 • 물, 모래놀이	• 달리기 • 세발자전거 타기	• 모험적인 놀이 • 한 발로 서기 • 정글짐 오르내리기	• 한 발로 뛰기 • 스키핑하기 • 계단에서 뛰기 • 엎드려서 미끄럼타기
	조작놀이	• 물건을 다른 물건 위에 포개 쌓는 놀이 • 구멍에 모양을 맞추어 놓는 놀이	• 구슬 꿰기 • 퍼즐 맞추기 • 지퍼 올리기 • 찍찍이 붙이기	• 분류놀이 • 수놀이 • 퍼즐 맞추기 • 일상생활 용품 조작하기	• 복잡한 퍼즐 맞추기 • 간단한 바느질 • 두 가지 이상의 속성을 근거로 짝 맞추기
	언어놀이	• 읽어 주는 짧은 동화 듣기	• 우스운 소리나 말놀이를 듣기 • 동화책에 관심 갖기	• 우스갯소리나 익살을 부리는 말장난 • 수수께끼 놀이	• 동화책 보기 • 동화, 동요를 지어서 다른 사람에게 들려주기 • 끝말잇기 • 수수께끼 등 말놀이
구성놀이	쌓기놀이	• 블록 운반하기 • 한 줄로 길게 늘어놓기 • 높게 쌓아서 탑 만들기	• 블록으로 막힌 공간 만들기 • 간단한 다리 만들기 • 자신이 만든 구조물에 이름 붙이기	• 막힌 공간과 다리를 혼합한 구조물 만들기 • 극놀이 도입	• 무엇을 만들 것인지 계획하고 시작 • 세부 장식까지 표현 • 균형, 패턴 등 고려 • 목공 연장을 사용하여 단순한 작품을 만들 수 있음
	미술놀이	• 다양한 재료 탐색하기	• 끼적거리기	• 사람형태 그리기 • 가위로 오리기	• 인물화 이외에 동·식물, 집 등 그리기 • 입체 조형물 제작
극화놀이		• 단순한 역할놀이(마루 닦기, 아기 돌보기, 빨래하기 등)	• 가정생활에 관련된 놀이(엄마, 아빠 역할)	• 직접 경험한 내용을 놀이(병원놀이나 가게 놀이 등)	• TV나 책에서 접한 인물이나 사건에 대한 놀이 • 스스로 꾸민 내용 놀이 • 실물과 유사하지 않은 형태의 놀잇감 사용 • 놀잇감 없이 가작화도 가능함
규칙 있는 게임					• 주사위 게임이나 바둑판 게임 • 숨바꼭질, 닭싸움 등

4 유아 놀이를 지도하는 교사의 역할

유아의 놀이를 지도하는 교사의 주요 역할은 놀이의 본질적인 특성을 유지하면서 교육적 가치를 갖도록 하는 데 있다. 교육 현장에서 교사는 모든 유아가 안전하고 쾌적한 환경에서 놀이를 할 수 있도록 유아의 특성, 상황적 요구 등 여러 가지 변인을 고려하여 놀이를 준비하고 개입하는 중요한 역할을 해야만 한다. 유아의 놀이를 현장에서 보다 효율적으로 지도하기 위한 일반적인 교사의 역할을 [그림 5-3]과 같이 제시하였다. 아래에서는 각각의 단계에 따른 교사의 역할에 대하여 알아보겠다.

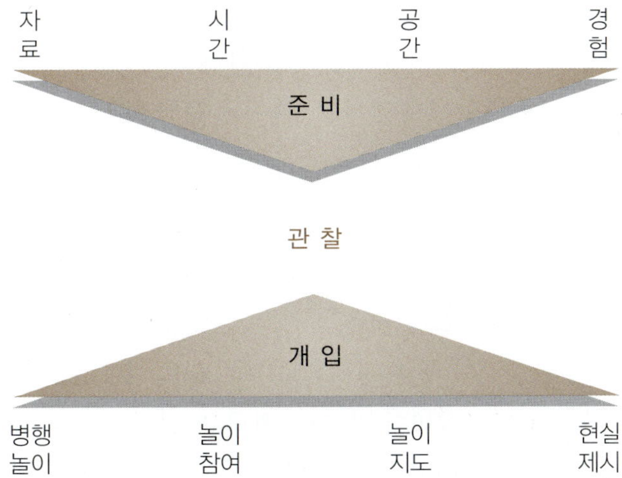

[그림 5-3] 유아의 놀이를 위한 성인의 역할 모형

출처: Johnson, Christie, & Yawkey(1999). Play and early childhood development.

1) 놀이 준비

놀이를 위해 준비 단계에서 교사는 유아들이 유익한 놀이를 즐겁게 할 수 있도록 놀이 자료, 시간, 공간, 경험을 사전에 철저하게 계획하고 준비해야 한다.

놀이 자료란 유아교사가 교육목적을 완성하기 위해 선정하며, 수업 시간에 활용하기 위해 개발·제작된 활동 자료를 총칭하는 유아 교재·교구로 놀이에 대한 유아의 흥미를 유발시키고 놀이를 효율적으로 진행시키는 매체의 역할을 한다. 교사가 유아에게 제공하는 놀이 자료는 유아의 놀이의 양상이나 지속 형태에 영향을 미치므로(Pepler & Ross, 1981) 놀이를 통해 이루고자 하는 교육목적을 가장 효율적으로 달성할 수 있도록 적절한 자료나 소품을 선정하는 것은 유아의 놀이 지도 시 신중하게 고려해야 하는 부분이다. 최근에는 정보화 시대에 발맞추어 컴퓨터나 인터넷을 활용한 교수 자료도 유아교육 현장에서 많이 사용되고 있는 추세이다.

교사는 하루 일과 중 놀이 시간을 언제, 또 얼마 동안 실시할 것인가를 사전에 계획해야 한다. 유아교육기관에서 자유 놀이 시간을 계획할 때 고려해야 할 조건으로는 유아의 연령 및 발달 수준, 유아의 흥미 및 참여도, 시기, 유아교육기관의 교육 방향 및 운영 형태, 날씨 및 기온 등이 있다(이숙재, 2001a). 놀이가 시작되어 같이 놀 친구를 정하고, 역할을 분담하고, 놀이를 진행하고 유아들 스스로 마무리할 수 있으려면 적어도 최소 30분에서 50분 정도의 자유놀이 시간이 요구된다(Griffing, 1983). 놀이 시간이 매일 일정하게 주어질 수 없다면 매일 짧은 시간을 주기보다는 일주일에 몇 번만이라도 충분한 시간을 제공해 주는 것이 좋다. 놀이 시간이 충분할 때 유아는 마음의 여유를 가지고 자기의 놀이에 열중할 수 있다.

놀이가 이루어지는 공간이 어떤 형식으로 배치되고 얼마만큼의 면적을 사용할 수 있는가 하는 점은 놀이가 얼마나 확장·심화되고, 불필요한 분쟁이나 갈등 없이 원활히 진행될 수 있느냐 하는 점에 많은 영향을 미친다. 그러므로 교사는 놀이가 이루어지는 공간을 적당한 방법으로 분할·통합하여야 한다(이기숙 외, 1995). 또한, 각 흥미 영역의 활동이 그 주의 주간 계획에 맞게 생활 주제와 관련되어 상호 연관이 되도록 환경을 구성하고 소품은 유아가 놀이에서 필요한 교구를 쉽게 선택할 수 있도록 정돈하며 각 흥미 영역별로 놀이 활동의 종류와 양을 적절하게 배치하여 계절과 시기에 따라 융통적으로 공간을 준비하도록 한다.

교사는 새로운 주제나 단원에 대한 놀이를 진행시키고자 할 때 이와 관련된 경험을 사전에 충분히 할 수 있도록 배려해야 한다. 놀이는 탐색과는 달리 친숙한 상황 속에서 일어나기 때문에 교사는 사전 방문이나 견학, 전문가를 초빙해서 이야기 나누기, 주제와 관련된 내용의 조사, 주제와 관련된 안내 책자, 동화책, 필름, 슬라이드, 사진, 인형극, 녹음 등을 이용해서 놀이 활동과 관련된 다양한 경험을 제공하여 유아의 놀이 수준을 높일 수 있는 방법을 모색해야 한다.

[그림 5-4] 놀이 및 교수 자료로서의 컴퓨터 활용

2) 놀이 관찰

유아 놀이 지도의 출발점은 관찰에서 시작된다는 말이 있을 정도로 성공적인 교사의 개입은 주의 깊은 관찰에 근거한다. 놀이 관찰은 유아의 놀이를 발전시키고 확장시키는 데 필수적인 요소로 놀이를 위한 준비에 기초가 될 뿐만 아니라 교사 개입의 적절한 시기를 알게 해 주는 교량 역할을 한다(Manning & Sharp, 1977).

교사는 유아가 자연스럽게 놀이하는 모습을 관찰함으로써 각 영역별로 유아의 발달 수준을 알고 유아의 개별적인 선호나 놀이 특징을 파악할 수 있어서 놀이 활동 및 놀이실 환경을 계획하고 준비하는 데 필요한 기초 자료를 수집하고 효율적인 놀이 개입이나 지도를 할 수 있다(이정환·박은혜, 1995). 그러나 숙달되지 않은 관찰은 오히려 유아에 대한 잘못된 정보를 수집하게 하는 부작용을 낳을 수 있으므로 교사는 정확하고 객관적인 관찰을 하기 위해 개인적인 편견이나 감정이 개입되지 않도록 노력해야 한다. 이를 위해 유아가 놀이를 하면서 실제로 말하고 행동한 것만을 정확하게 관찰하고 놀이 지도에 지장이 없는 한, 관찰 즉시 기록하는 것이 도움이 된다. 예를 들어 일화기록 방법으로, 유아의 언어, 행동, 표정 몸짓 등을 그림을 그리듯이 표현할 수 있다. 이 외에도 사전에 관찰하고자 하는 행동 목록을 준비하여 체크하는 방식인 행동 목록 양식이나 충분한 관찰을 통하여 행동 특성을 평가하는 평정 척도 양식 등을 사용할 수 있다. 관찰을 시작하기 전에 관찰 대상과 목적을 분명하게 정하면 유아를 보다 효율적으로 관찰할 수 있다. 즉, 관찰대상을 정한 후 관찰을 실시할 경우 담임교사는 반 아이들을 빠짐없이 고르게 관찰할 수 있게 되고, 관찰 목적을 분명하게 정한 후 관찰하면 유아의 발달을 고르게 관찰할 수 있다. 예를 들어 일주일 중 요일별로 관찰대상 아동을 하루에 3명~4명 정도 정하여 각 아동별로 발달이 고르게 관찰되고 있는지 체크할 경우에는 해당 반 유아들에 대하여 빠짐없이 전인발달을 체크할 수 있다. 유아를 관찰할 때 특히 명심해야 할 것은 유아의 놀이 관찰은 1회로 끝나서는 안 되고 여러 번에 걸쳐 지속적으로 관찰하여 종합적이고 포괄적인 자료를 수집할 뿐 아니라 놀이 행동이나 발달의 변화를 파악할 수 있도록 해야 한다는 것이다.

3) 놀이 개입

교사는 왜 유아의 놀이에 개입해야 하는가? 유아를 주의 깊게 관찰한 결과를 토대로 적합한 시기에 개입하는 교사는 유아가 가지고 있는 사전경험을 보다 다양하고 구체적으로 표현할 수 있도록 돕기 때문이다.

교사는 유아의 놀이를 확장시켜 주기 위해 적절한 개입을 통하여 놀이 지도를 해야 한다. 지나친 개입은 놀이를 중단시키거나 방해하고 교사의 개입이 전혀 없으면 놀이 상황의 잠재성이 개발되지 못한다. 따라서 교사가 아동의 놀이 시간을 유익할 수 있게 도와주기 위해서는 개입시기가 중요하다. 교사가 아동의 놀이에 개입해야 하는 순간은 다음과 같다. '아동이 전혀 놀이를 하지 않을 때', '아동의 놀이에서 지원이 필요할 때', '학습을 위한 결정적인 순간이 발생했을 때', '아동이 교사를 놀이에 초대할 때'이다(송혜린 외, 2004). 시의적절한 교사의 놀이 개입은 유아의 사회적 참여를 촉진시키고, 또래와의 상호작용을 강화하며, 놀이가 매우 즐거운 것이라는 것을 알도록 도와준다. 즉, 아동의 놀이를 더욱 정교하고 의미 있게 만들어 준다.

유아 놀이의 개입 시기와 개입 정도는 특정 상황에 기초하되 교사는 유아 발달에 대한 전반적인 지식과 대상 유아에 관한 특정한 지식에 기초하여 판단해야 한다.

교사의 개입 유형은 [그림 5-3]에 제시된 대로 교사가 유아의 놀이에 전혀 관심을 보이지 않는 최소한의 개입 형태인 무개입 유형부터 교사가 모든 놀이를 통제하고 유아에게 직접적인 지시를 하는 등 최대한의 개입을 하는 교수 활동 유형까지 여섯 가지로 나누어질 수 있다(Johnson, Christie, & Yawkey, 1999). 이 중에서도 유아의 놀이를 지지하고 발전시키는 교사의 역할로는 병행놀이, 놀이 조장, 놀이 참여, 놀이 지도 네 가지를 들 수 있다.

병행놀이는 교사가 유아 가까이에서 같은 자료를 가지고 놀이를 하지만 유아와 상호작용하지는 않는 유형이다. 이 방법은 유아가 교사와 함께 있다는 데 안정감을 느끼게 되고 오랜 시간 놀이에 몰두할 뿐 아니라 교사의 놀이를 보면서 새로운 놀이 방법을 배울 수 있기 때문에 기능놀이나 구성놀이 지도에 효과적인 개입방법이다. 그러나 교사와 유아의 관계가 친숙하지 않으면 유아가 어색하게 느껴 놀이를 중단할 수도 있다(이숙재, 2001b).

놀이 조장은 교사가 마치 무대 뒤에서 보이지 않게 도와주는 무대 감독(stage manager)처럼 유아의 놀이 준비를 도와주고 놀이가 시작된 후에는 유아의 놀이가 지속되고 재미있어지도록 직접적인 참여 없이 여러 방면으로 도와주는 개입 형태이다. 교사는 주로 유아가 놀이를 위해 분장을 하거나 환경을 구성하는 것을 도와 주고 놀이를 확장시키기 위해 필요하지만 미처 유아들이 생각해 내지 못한 준비물들을 챙겨 주는 역할을 한다.

놀이 참여는 놀이 주제에 교사가 참여하여 지속적으로 격려하고 놀이를 승인해 주는 개입 형태로 교사가 유아와 상호작용하는 것이 허용되고 놀이 수준에 긍정적인 영향을 미치도록 하되 유아가 놀이의 진행을 주도하도록 하는 방법이다. 교사는 주로 유아의 생각과 행동에 반응하면서 가끔 놀이를 활성화시키고 발전시키기 위하여 질문을 하거나 제안을 할 수 있다. 놀이 참여에서는 의도적인 교수 활동은 일어나지 않으나 교사와 유아 간의 친밀감을 높일 뿐 아니라 여러 가지 놀이 방법을 직접 보여줄 수 있고 교사가 놀이 파트너의 자격으로 다른 유아들을 의도적으로 놀이 활동에 초대할 수 있기 때문에 극화놀이나 구성놀이를 지도할 때 적절한 개입방법이다.

놀이 지도는 교사가 놀이를 시작하여 주도권을 가지고 놀이를 이끌어 나가며 유아에게 새로운 놀이 방법을 가르치는 매우 적극적인 개입방법이다. 유아와 같이 놀지 않으면서 유아의 놀이 행동에 대한 제안과 의견을 말해 주는 외적 개입(outside intervention)과 유아와 직접 같이 놀면서 새로운 모델을 제시해 주거나 놀이 활동을 이끌어 나가는 내적 개입(inside intervention), 그리고 동화 같은 특정한 이야기를 유아들이 극으로 꾸미도록 하여 놀이 행동을 가르치는 주제 중심 상상 훈련(thematic-fantasy training) 등이 있다. 이 방법은 유아가 다른 유아와 함께 놀이를 하는 데 어려움이 있을 때나, 놀이가 반복되거나 중단될 위험이 있을 때 놀이 속에서 교사가 아동에게 지식이나 개념 등을 자연스럽게 가르칠 수 있기 때문에 효과적이다. 그러나 교사가 주도적으로 지시와 통제를 하기 때문에 유아의 자발적인 놀이 욕구를 침해할 가능성이 있어서 신중하게 시도하여야 한다.

마지막으로 현실 제시는 교사의 개입이 가장 큰 영역으로 교사가 유아로 하여금 놀이에서 벗어나 현실을 직시하도록 놀이 주제에 현실을 개입시키는 목적을 가지고 개입하는 방법이다. 즉, 교사는 유아가 놀이를 하면서 인지 학습을 하도록 적절한 질문이나 제안을 한다. 예를 들어 유아가 병원놀이를 하는 경우, 교사가 "배가 아프면 어디에 가야 할까?", "갑자기 아플 때는 몇 번에 전화할까?" 등의 질문으로 인지 학습을 유도하는 것이다. 따라서 이 방법은 어린 유아보다 취학 직전 유아의 학습에 효과적이다. 그러나 이 방법은 교사가 유아와 풍부한 대화를 나누는 것을 어렵게 만들고 유아의 놀이 흐름을 방해할 가능성이 있으므로 자주 사용하지 않는 것이 바람직하며, 그 지속 시간은 가능한 한 짧게 하는 것이 좋다. 교사는 놀이 개입이 언제 유용한지, 어떤 개입유형을 사용하여야 할지 여부를 신중하게 결정하여 놀이가 아동의 학습과 발달에 보다 효과적일 수 있도록 돕는 역할을 해야 한다.

Chapter 06

유아교육기관에서의 부모 참여

EARLY CHILDHOOD EDUCATION

가정은 유아의 삶에 지속적으로 영향을 주는 가장 중요한 환경이다. 유아교육기관 종사자들은 유아들의 가정이 처한 상황이나 부모들의 가치나 기대 등을 잘 알고 있어야 한다. 또한 부모들과 의사소통이 원활히 이루어지도록 노력하고, 부모들로 하여금 교육기관에 적극적으로 참여하도록 유도하여 교육기관과 가정이 연계되도록 해야 한다.

본 장에서는 유아교육기관과 가정의 관계, 부모 교육 프로그램의 실제, 부모 참여 형태, 교사와 부모의 의사소통 등을 알아보고자 한다.

1 유아교육기관과 가정의 관계

1) 현대사회의 가정과 유아교육

유아교육에서의 중심은 물론 유아이지만 유아가 속한 가정 또한 유아교육에서 똑같이 중요하다. 이는 유아가 자신의 가족 체계의 구성원이고 그 가족의 가치와 문화는 유아와 분리될 수 없기 때문이다. 뿐만 아니라 가정과 유아교육 종사자들이 유아의 사회화에 대한 책임을 공유하기 때문이기도 하다. 가정은 유아가 태어나서 처음 경험하게 되는 사회 환경이며 부모가 제공하는 환경은 유아 발달 전반에 중추적인 역할을 하기 때문에 효율적인 부모 역할 수행은 유아의 성장과 발달에 크게 영향을 미친다. 그러므로 유아의 삶에서 가정이 차지하는 비중은 매우 크다.

유아에게 가장 중요한 영향을 미치는 가정이 최근 들어 상당히 변모하고 있다. 과거 몇십 년 동안, 유아들은 전통적인 가정에서 성장하였지만 오늘날의 유아들은 다양한 가족 구조 속에서 살아가고 있다. 예를 들어, 직업을 가진 여성이 급격히 증가하여, 아버지가 일을 하고 어머니는 집에서 가사와 자녀 양육을 수행하는 전통적인 가족 모델은 변화하고 있으며, 이혼의 증가로 한부모 가족이나 재혼 가족에서 성장하고 있는 유아도 증가하고 있다. 이러한 가족 구조의 변화는 다시 가족 기능의 변화까지도 초래하고 있다.

이렇게 달라진 상황에서 유아교육기관은 가정을 지원하기 위해 어떠한 역할을 수행하여야 하는지 고려해 볼 필요가 있다. 최근 들어 가장 현저한 변화 중의 하나는 맞벌이 가정의 증가로서, 어머니의 취업은 자녀의 양육 문제를 어머니만의 문제가 아니라 부모의 공통 관심사로 대두되게 하였다. 자녀 양육을 아버지가 분담하게 됨에 따라 아버지의 역할이 상대적으로 증가하게 되었다. 과거와는 달리 아버지들이 자녀 양육에 많은 책임을 지고 관심을 보이므로 유아교육기관에서는 그동안 간과된 아버지나 혹은 유아에게 중요한 남성(㉣ 할아버지)의 더 많은 참여를 유도하려는 노력이 있어야 한다. 그러기 위해서는 무엇보다도 우선 아버지 참여의 중요성에 대한 유아교육 종사자들의 인식이 필요하며 이들을 참여시키기 위해 적합한 부모 교육 프로그램의 개발이나 수정이 시급하다.

또한 기존의 가정의 개념을 넘어서는 다양한 가정 형태가 존재하는 상황에서, 유아교사들은 부모와 자녀로 이루어진 가정만을 정상적 가정으로 인정하고 한부모 가정, 재혼 가정, 미혼모 가정 및 입양 가정 등을 문제 가정으로 보는 편견을 버리고 이러한 가정에 대한 새로운 이해와 함께 이들의 가정과 유아를 지원하기 위해 부모 교육 또한 그 내용과 방법을 다르게 구성해야 할 필요가 있다. 즉, 현대사회에는 다양한 형태의 가정이 존재하고 각 가정에서 요구하는 부모의 역할이 다름을 이해하여야 한다. 결과적으로 현대 가정의 다양성을 수용하기 위하여 부모 참여라는 용어보다는 가족 참여라는 용어를 사용하는 것이 더 적절할 수도 있다.

한편, 사회는 상당히 빠르게 변화하고 있으며 그 안에서 살고 있는 구성원들의 가치와 철학도 함께 변화하고 있다. 자녀 양육방식 또한 전통적으로 전수되어 오는 방식과 현대적인 정보들의 혼재로 부모들은 많은 혼란을 겪고 있다. 과거에 비해 자녀의 수는 줄어들었지만 부모들의 양육 수행은 오히려 어려워졌다. 한 시대의 양육 태도는 그 시대의 부모들이 갖고 있는 아동관에 의해 결정된다고 할 수

[그림 6-1] 유아교육기관에서의 아버지 참여

있다. 유아교육기관에서 아무리 시대가 요구하는 바람직한 유아교육을 한다고 하더라도 일관성 있는 가정교육이 뒤따르지 못한다면 교육의 효과는 감소될 것이다. 따라서 유아교육기관은 부모들에게 교육을 통하여 그 시대가 요구하는 바람직한 아동관을 가지고 부모의 역할을 원활히 수행하도록 도와주어야 한다.

앞에서 살펴본 바와 같이, 가족은 유아의 삶에 지속적으로 영향을 주는 중요한 환경 요소이다. 그러나 가족의 개념은 고정되어 있는 것이 아니라 시대에 따라 변화한다. 오늘날 우리 사회의 가족 구조와 생활양식 등의 현실을 반영하기 위해서 유아교육 현장에 종사하는 전문가들은 부모 참여에 관한 정책이나 실제 등을 재구조화하는 노력이 필요하다. 그러기 위해서 교사들은 가족이 처한 상황이나 그들이 가지는 가치나 기대 등에 민감할 필요가 있으며 부모와 교사 간의 원활한 의사소통과 부모의 적극적 참여로 유아에게 교육기관과 가정 간의 연계성을 제공하는 것이 중요하다.

유아교육은 유아교육기관에서 전담해야 하고 교사에게 맡기기만 하면 모든 교육이 될 수 있다는 일반적인 통념은 잘못된 생각이며 부모의 적극적인 참여 없이는 유아교육의 효과를 제대로 거둘 수 없다는 것이다. 다시 말해, 유아교육의 효과를 높이기 위해서는 교사와 부모가 상호 밀접한 관계를 갖고 함께 노력하여야 하며 효과적으로 협력할 수 있는 다양한 방법을 모색하여야 한다(송규운·윤호열·이순종, 2001).

2) 유아교육기관과 가정의 협력

부모와 교사가 교수 과정에서 서로 협력한다면 유아는 보다 더 효율적으로 학습할 수 있을 것이다. 학습은 반복과 많은 경험을 통해 일어나기 때문에 교실에서 배운 것이 가정에까지 확장된다면 학습은 더 성공적으로 이루어질 것이다. 이러한 의미에서 유아교육에서 교사와 부모가 협력자라는 관점은 상당히 중요하다. 유아교육기관 종사자들은 유아의 부모들을 교육 현장에 참여시키기 위해 시간과 노력을 별도로 쏟아야 한다. 교사가 이러한 역할을 적극적으로 수행하여야 하는 이유는 유아와 부모 그리고 교사 자신에게 많은 도움이 되기 때문이다. 사실 부모와 긍정적인 협력 관계를 형성하지 못한다면 교사가 하고자 하는 많은 것들이 제대로 이루어질 수 없다. 가정과의 협력은 교사가 이루려고 하는 것들을 지원해 주고 고양시킬 수 있으며 교사의 역할과 분리할 수 없다는 사실을 이해하는 것이 중요하다. 유아교육기관의 교사와 운영자는 가정과의 호혜적인 관계를 확립하고 유지하기 위하여 노력하여야 한다. 스탬프와 그로브스(Stamp & Groves, 1994)는 유아교육기관과 가정 간의 독특한 관계를 제3의 기관이라고 언급한 바 있다.

가정과 유아교육기관이 협력 체제를 이룰 때 무엇보다 유아에게 많은 이로운 점이 있다. 교사와 부모가 유아에 관한 자신들의 관찰, 통찰, 지식이나 생각, 구체적인 사건들을 편안한 분위기에서 교환하면, 교사는 개별 유아에게 가장 적절한 반응을 제공할 수 있게 된다. 교사와 부모가 유아의 행동에 있어 일관된 반응을 제공하기 위해 공동으로 노력하는 것은 궁극적으로 유아의 학습에 도움을 준다. 예를 들어, 좌절에 대한 한 반응으로 칭얼거리는 유아에게 부모와 교사가 함께 이러한 행동을 무시하고 유아의 관심을 다른 것에 돌리도록 일치된 행동을 하였을 때 유아의 칭얼거림은 줄어들 수 있다. 특히 학기 초에 새로운 환경으로의 전이를 경험하게 되는 유아에게 교육기관과 가정의 연계성을 제공할 수 있다면 유아가 겪게 되는 새로운 환경에서의 불안감은 경감될 것이다.

부모와 교사가 협력한다면 부모에게도 도움이 된다. 핵가족의 젊은 부모들은 자신의 부모들의 직접적인 도움이 없이 전적으로 자녀를 양육해야 하므로 자녀 양육이 힘들고 과중하게 느껴진다. 이러한 상황에 유아를 돌보고 보호하는 부모 이외의 다른 성인, 유아교육기관의 교사가 있다면 양육에 대한 불안은 어느 정도 감소될 것이다. 즉, 유아교육기관은 일종의 확대 가족으로 기능하게 되어 부모로 하여금 자녀 양육의 책임이 나누어지는 느낌이 들게 한다. 그리고 종종 부모들은 유아 발달에 관한 적절한 정보를 취득할 기회를 가지지 못하여 성장하고 있는 유아의 본성을 잘못 이해하기도 한다. 이러한 경우에 교사가 유아 발달에 관한 지식을 부모와 공유하면 부모는 유아의 발달적 욕구에 더 적절하게 반응할 수 있게 된다. 유아교사는 유아 발달의 원리에 대한 특별한 교육과 효과적인 지도 기술을 훈련받은 전문가이므로, 부모가 교사와 유아들이 활동하는 과정을 관찰하고, 교사와 개방적이고 효율적인 의사소통을 하는 기회를 가지게 되면 유아교육에 관한 지식과 생각이 확장되어 부모로서의 효능감이 제고된다.

한편, 부모와 긍정적인 협력 관계를 형성하기 위해 가장 많은 노력을 하는 교사는 어떠한 도움을 받을 수 있을까? 유아 개개인은 독특한 욕구와 흥미를 가지고 있으며 유아교육기관에 오기 전에 각기 다른 경험과 행동 양식을 가지고 있다는 사실을 잘 알고 있다. 그런데 교사는 특정 연령과 발달 단계에 해당하는 유아의 일반적인 특성에 적용할 수 있는 것은 알고 있지만 개별 유아에게 효과적이기 위해서는 부가적인 정보가 필요하다. 부모는 자녀의 과거의 발달 상황과 현재의 특성에 대해 잘 알고 있으므로 이에 관한 정보를 얻기 위해 교사는 부모와 자주 의사소통할 기회를 만들어야 한다. 뿐만 아니라 교사가 가지는 시간과 노력, 지식, 창의성, 경험 등의 자원에 한계가 있을 때 부모들이 교육에 참여하여 부가적인 자원을 제공할 수 있다. 즉, 부모가 교육과정에 포함되면 교사가 유아들에게 제공하는 학습 경험은 훨씬 더 풍부해질 것이다. 이와 같이 교사는 부모와의 협력에 대한 가치를 인식하고 시간과 노력을 투자해야 한다.

2 부모 교육

1) 부모 교육의 필요성

부모 교육이란 목적, 대상, 내용, 그리고 방법에 따라 다양하게 정의할 수 있지만 부모 교육을 “부모의 자녀에 대한 이해와 지식을 증진시켜 사고와 감정 그리고 행동에 있어서 습관적인 방법을 돌이켜 검토해 보도록 함과 동시에 자녀를 양육하는 새로운 방법을 습득하도록 도와주는 다양한 교육적 경험이다."(이재연·김경희, 1989)라고 정의할 수 있다. 부모 교육이라는 용어도 일반적으로 부모 훈련(parent training), 부모 참여(parent participation), 부모 개입(parent involvement), 부모 역할 하기(parenting) 등 여러 용어로 불리기도 하는데 각 용어들은 다소 다른 개념으로 사용되고 있다.

유아교육에서 부모 교육이 중요한 것은 유아교육의 성공과 효과 지속이 부모의 역할 및 기능에 의해 영향을 받기 때문이며 가정환경이 유아의 일차적인 환경이고 모든 생활의 중심이 되기 때문이다. 즉, 가정환경의 핵심은 부모이며 부모는 유아 초기에 상호작용하는 경험의 양적·질적인 측면과 모든 발달에 중요한 영향을 미치므로 부모가 유아교육 및 발달에 대한 효율적인 가치관, 의식, 태도를 가지고 부모로서의 역할을 수행하기 위한 부모 교육을 실시하여 유아교육에 함께 참여하는 것이다. 뿐만 아니라 현대사회의 변화로 부모의 교육적 기능과 역할이 약화되고 부모의 가치 체계 혼란과 같은 복잡한 문제들로 부모 교육의 필요성은 더욱 절실해진다.

부모 교육의 필요성을 유아, 부모, 사회의 각 측면에서 살펴보면 다음과 같다. 먼저 부모 측면에서는 첫째, 부모도 미성숙한 한 인간으로서 부모 교육이 필요하다. 결혼 이전의 예비 부모 교육은 물론, 부모가 된 후에도 계속적으로 부모 교육을 받을 기회를 많이 갖도록 하는 것은 한 인간의 성숙을 위해서도 바람직할 것이다. 둘째, 확대가족 제도의 붕괴로 인하여 젊은 세대들은 자녀 양육에 따른 어른들의 도움, 조언 등을 즉각적으로 받을 수 없다. 이런 점에서 부모들에게 사전 지식을 제도적으로 보급하거나 지역사회 단위, 직장 단위로 부모 교육 강좌의 실시 등이 필요하다. 셋째, 도시화, 문명화, 산업화로 인하여 개인 또는 가정 단위의 사회 이동이 잦아지고 있으며 도시 간 이동은 물론 국제적인 이동도 증가하고 있다. 따라서 상이한 문화와 각기 다른 풍습, 관습 등에 따라 자신들의 자녀 양육을 위한 바람직한 모델을 가지기 어렵다는 점이 문제로 나타나고 있다. 따라서 이런 젊은 부모들을 정신적으로 후원하고 또한 자녀 양육에 자신감을 가질 수 있도록 하는 부모 교육이 필요하다. 사회적 측면에서는 인적 자원의 효율적 개발과 사회 균등 정책의 실시가 가능하며 교육의 경제성을 높이기 위해 부모 교육이 필요하다. 유아의 연령이 어릴수록 가소성이 높기 때문에 고등교육에서보다 유아교육에서 교육 효과가 크다. 따라서 질적 수준이 높은 인적 자원을 확보하기 위해서는 유아기에 이들을 가장 효율적으로 교육시킬 수 있는 교사인 부모를 대상으로 부모 교육이 필요한 것이다(유안진·김연진, 1997). 이와 같이 현대사회가 복잡하고 급속하게 변화됨에 따라 부모는 부모 역할을 수행하는 데 많은 어려움을 겪을 수 있으므로 부모 교육이 필요할 뿐 아니라 유아 개인과 사회 전체의 이익을 위해서도 부모 교육이 필요하다.

교육기관에서 실시하는 다양한 부모 교육 프로그램에 참여함으로써 부모는 교육기관의 교육 철학, 아동 발달에 관한 지식, 교수 방법 등에 관한 정보를 얻을 수 있고 가정과 교육기관에서 일관성이 있는 교육을 실시할 수 있게 되어 자녀 교육의 효과를 극대화할 수 있다. 부모 교육은 여러 가지가 있으며 교육의 내용이나 주제도 부모의 관심과 필요에 따라 매우 다양할 수 있다. 가장 흔한 주제는 아동 발달에 관한 것이나 영유아기의 발달 단계에서 발생할 수 있는 보편적인 문제에 관련된 것이다.

2) 부모 교육 프로그램의 실제

지난 수십 년 동안 부모를 위한 몇 가지 좋은 프로그램 모델이 개발되었다. 그 중 중요한 프로그램의 철학과 내용을 살펴보면 다음과 같다.

(1) 부모 효율성 훈련

부모 효율성 훈련(Parent Effectiveness Training, PET)은 미국의 임상 심리학자인 고든(Gordon, 1980)이 칼 로저스 이론에 입각하여 만든 부모 교육 이론이다.

고든은 부모-자녀 사이에서 발생하는 대부분의 문제들은 이를 효율적으로 다루지 못하는 데 원인이 있다고 여겨 부모-자녀 관계를 개선할 수 있는 효과적인 방법과 기술을 부모에게 교육하여 문제 해결에 도움을 주고자 하였다(이숙·우희정·이춘아, 2002). 고든은 '부모 효율성 훈련'이라는 교육과정을 개발하여 부모들이 의사소통 기술을 익혀 자녀들의 행동과 감정에 관해 카운슬러 역할을 수행하고, 부모와 자녀 사이의 갈등을 해결할 수 있도록 하였다. 이 프로그램을 통해 부모들은 '적극적인 경청, 나-전달법, 무승부법' 등의 기술을 익힐 수 있다.

'적극적인 경청'은 대부분 아동이 자신의 문제를 부모에게 이야기할 때 부모가 사용하는 기술이다. 이는 말하는 사람의 이야기를 비판이나 판단 없이 그대로 수용하고 그 사람의 감정을 진심으로 이해하려고 노력하는 태도를 가지고 적극적으로 의사소통에 참여하는 것을 말한다(이재연·김경희, 1989). '나-전달법'은 부모가 자녀의 행동으로 인해 화가 날 때 자녀에게 부모 자신의 감정 상태를 전달하는 방법으로 아동의 행동을 판단하지 않으면서 그 행동이 부모에게 어떤 영향을 주고 있는지 확실하게 전달한다. '나-전달법'은 부모들이 수용하지 못하는 행동을 자녀가 수정하도록 하는 데 효과적이며 유아의 저항과 반항을 줄일 수 있다고 한다. '무승부법'은 부모-자녀 간의 갈등이 발생하였을 때 서로가 타협하여 서로의 욕구가 충족될 수 있는 방향으로 갈등을 해결하여 지는 쪽이 없이 양쪽 다 이기는 방법이다. 일반적으로 부모-자녀 간에 갈등 상황이 일어났을 때 부모가 권위적인 태도를 취하여 승자가 되든지 허용적인 태도를 취하여 자녀가 승자가 되든지 하게 되면 어느 한 편이 패배감을 느껴 관계 형성에 나쁜 영향을 미치게 된다. 그러나 PET에서 제시하는 '무승부법'은 부모와 자녀가 함께 수용하여 합의하는 결정이기 때문에 누구도 저항하지 않아 효과적인 갈등 해결방법이다.

PET 프로그램에 참여한 부모들의 행동에 대한 연구는 자녀와의 긍정적인 상호작용과 가족 간의 응집성이 증가되었으며 가족 간의 갈등 빈도가 줄어들었다고 밝히고 있다(Gordon, 1995). PET 프로그램의 효과를 검증한 국내 연구(연미희, 1994)에서도 유사한 연구 결과를 보고하고 있다.

(2) 효율적 부모역할 수행을 위한 체계적 훈련

효율적 부모역할 수행을 위한 체계적 훈련(Systematic Training for Effective Parenting: STEP)은 딩크메이어(Dinkmeyer)와 맥케이(McKay)에 의해 개발된 프로그램으로 부모-자녀 사이에서 생기는 여러 가지 문제를 효과적으로 해결하는 실질적 접근 방법을 제시한다. STEP 프로그램은 기본 가설을 민주적인 가정에 두며 부모-자녀 관계의 질을 높이기 위해서는 부모-자녀가 상호 존중하고 부모는 자녀가 스스로 결정하고 행동할 기회를 더 많이 제공해야 한다고 설명한다.

STEP 프로그램의 교육내용을 살펴보면, 우선 부모들이 자녀와 좀 더 효과적인 관계를 가질 수 있도록 돕기 위해 자녀 행동에 대한 이해가 필요하다고 한다. 자녀의 행동을 이해하는 데 중요한 점은 자녀의 그릇된 행동 밑바닥에는 인정을 받거나 사회적으로 승인을 얻기 위한 욕구가 깔려 있다는 것을 인식하는 것이다. 그러므로 자녀의 잘못된 행동을 주의 깊게 관찰하여 그들의 좌절된 욕구를 파악하고 자녀와 긍정적인 관계를 형성하는 것이 중요하다. 유아가 잘못된 행동을 하는 데는 '관심 끌기, 힘 행사하기, 앙갚음, 무능함 나타내기' 등의 목적이 있다. 그리고 부모들은 자녀의 행동을 이해하여야 하고 아울러 자신에 대해서도 올바르게 이해하는 것이 중요하다. 예컨대 자신이 부모로서 완벽한 부모를 추구하는지, 책임감 있는 부모를 추구하는지를 점검하는 것이다. STEP 프로그램에서는 완벽한 부모는 없다는 것을 전제로 책임감 있는 부모의 역할을 강조하고 있다. 이 프로그램에서는 자녀의 자신감과 책임감을 배양시키는 기술과 더불어 '반영적 경청'과 '나-전달법'을 통한 효과적인 의사소통 방법을 훈련시키며 자연적이고 논리적인 결과의 원리가 강조된다. 자연적인 결과는 자연적인 상황에서 유아 스스로가 자신의 행동에 대한 결과를 경험할 수 있도록 하는 방법이며, 논리적 결과는 행동에 대한 결과가 유아의 행동으로 자연스럽게 일어난 것이 아니라 다른 사람이나 부모에 의해 정해지는 방법이다.

STEP 프로그램의 교육은 10~20명의 부모들로 구성하여 훈련받은 리더가 진행하며 주 1회 2시간씩 총 9주 동안에 걸쳐 실시한다. 여러 연구를 통해 스텝 프로그램은 부모의 양육 태도 개선에 효과가 있는 것으로 보고되고 있다(황옥자, 1988).

(3) 적극적 부모역할 훈련

적극적 부모역할 훈련(Active Parenting Today, APT)은 1980년대에 애들러(Adler), 드레이커스(Dreikurs)의 이론과 로저스(Rogers), 고든(Gordon)의 의사소통 방법, 그리고 기노트(Ginott), 앨리스(Allis) 등의 연구 결과를 바탕으로 포프킨(Popkin, 1987)이 개발한 비디오와 워크북을 사용하는 부모 교육 프로그램이다. APT의 목적은 자녀들이 민주 사회에서 필요로 하는 자질인 협동심, 용기, 책임감, 자기 존중감을 길러 주기 위한 기술과 지식을 부모에게 제공함으로써 가족 구조를 통하여 인간의 무궁한 잠재력을 개발하고자 하는 데 있다(연미희·김진숙, 2001). 이와 더불어 APT는 가정에서 부모가 자녀와 정기적으로 가족 회의를 열어서 가정의 의사 결정과정에 자녀를 참여시키는 것을 강조한다. 이를 통하여 민주적인 리더십과 발표력이 신장되도록 하며 가족 화목 활동을 권유하여 가족의 응집력과 부모-자녀 간의 애정을 돈독히 하는 방법을 가르쳐 주고 있다. 이 프로그램은 매회 2시간씩 8주에 걸쳐서 강의, 토론, 비디오 실습, 함께 나누기 등을 통해 훈련하며 한 집단의 크기는 10~20명이다.

3 부모 참여

1) 부모 참여의 중요성

'부모 참여'란 유아교육 프로그램이나 유아교육 현장에 부모가 참여하는 것을 의미한다. 즉, 부모들이 유아교육기관의 전체 프로그램을 계획하며 수행하고 평가하는 데 적극적으로 참여하는 것을 말한다. 일부 포괄적인 유아교육기관 프로그램에서는 부모들이 자문 위원과 정책 위원으로서 봉사하고 프로그램 계획뿐 아니라 교실 활동의 모든 측면에 참여하고 직원과 함께 프로그램 평가와 예산 및 인사 결정에 참여하기도 한다. 부모를 유아교육 현장에 참여하게 하는 가장 큰 이유는 부모 참여가 유아의 성취에 영향을 주기 때문이다. 가족의 지원과 참여가 있을 때 유아의 사회적, 학문적인 기술이 향상된다고 한다.

부모와 유아교육기관은 유아의 삶과 교육에 주요한 부분을 차지하기 때문에 협력자가 되어야 한다. 협력자들은 유아를 위해 공통의 이익과 책임을 인식하고 그들을 위해 더 좋은 프로그램과 기회를 만들어 내기 위해 함께 일하여야 한다(Epstein, 1995). 유아교육 프로그램이 성공적이 되기 위해서는 부모의 지원과 참여가 중요하며 유아는 교사뿐 아니라 부모에게도 계속적으로 자극을 받아야 할 필요가 있다. 그러나 유아교육에 있어서 부모 참여의 부족은 오늘날 교육에서 심각한 문제로 드러난다. 따라서 유아교육기관은 부모 참여의 중요성을 인식하여 이를 활성화하는 방안을 강구해야 한다. 유아교육 현장에 부모의 참여를 효과적으로 증가시키기 위해서는 우선 부모 참여에 대한 교사들의 긍정적인 태도가 중요하다.

유아교육 전문가들은 유아교육기관에서 가족과 부모 참여를 필요로 해야 하며 그렇지 않으면 교육과정은 효과적일 수 없다고 주장한다. 종종 교사들은 부모 참여 관행을 자신들에게 부과된 불필요한 짐으로 간주하고(Brand, 1996), 부모 참여를 위한 활동을 계획하는 것이 시간을 많이 소비하는 일이라고 여긴다. 그러므로 부모 참여의 목적과 효과에 관한 교사의 긍정적인 태도뿐 아니라 부모들의 적극적인 태도도 중요하다. 교사는 부모들이 유아교육에 적극적으로 참여하도록 유도하고 부모 참여로 얻을 수 있는 여러 이점을 알게 해야 한다. 중요한 것은 부모로 하여금 교육 현장에 참여하는 동안 자신들이 시간과 노력을 낭비하고 있거나 가치 없는 서비스를 제공하고 있다고 여기지 않게끔 자신들의 참여가 의미가 있음을 느끼게 해 주는 것이다.

유아교육 프로그램의 목표를 성공적으로 달성하기 위해서는 우선 교사와 부모 모두가 부모 참여에 대해서 긍정적이어야 하며 교사는 부모의 참여를 격려하고 부모는 자녀에게 주요한 서비스를 제공하는 교육에 어떤 방식으로든 참여해야 한다.

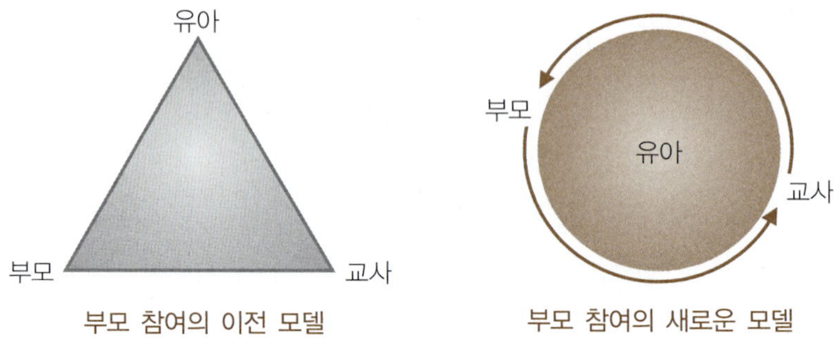

[그림 6-2] 부모 참여 모델

출처: Gestwicki(2000). Home, school, and community relations.

2) 부모 참여 형태

교육에 변화를 가져오고 관련이 있는 가정과 유아 그리고 교육기관 모두에게 이점을 줄 수 있는 효과적이고 의미 있는 프로그램을 만들기 위해서는 부모와 교육기관의 노력이 절대적으로 필요하다. 부모는 다양한 방식으로 유아교육에 참여할 수 있으며, 여기에서는 자원(資源) 제공자로서, 자원봉사자와 의사 결정자로서 부모 참여를 살펴보기로 한다.

(1) 자원 제공자로서의 부모

부모와 가족 구성원은 유아교육 프로그램에 기여할 수 있는 많은 자원을 가지고 있다. 유아교육기관은 프로그램을 진행하면서 적절한 상황에 유아의 부모나 친척들을 초대하여 유아들의 학습을 도울 수 있다. 예를 들어, 치과의사인 한 유아의 어머니를 초대하여 치아 건강과 위생의 중요성을 설명하게 할 수 있으며, 음식에 관해 학습할 경우, 제과점을 운영하는 유아의 삼촌 가게를 견학갈 수도 있다. 또한 어린 영아에 관한 주제를 다룰 때는 최근에 새로 태어난 유아의 동생과 어머니를 교실로 초대하여 관련된 이야기를 직접 들어보는 기회를 가지는 것도 가능하다. 이와 같이 부모, 형제, 조부모, 친척, 심지어는 애완동물까지 모든 가족 구성원은 유아교육 프로그램의 부분으로 포함할 수 있다.

또한 가족 구성원은 다른 방식을 통하여 교육기관의 자원이 될 수 있다. 예컨대, 유아들이 매일 사용하여 더러워진 교구나 역할놀이를 할 때 유아들이 입는 의상 등을 집으로 가져와 세탁을 하거나 정기적으로 유아교육기관을 방문하여 설비나 기구 등을 만들거나 수선하는 일을 할 수 있다. 그리고 부모들은 역할 모델로서 유아교육기관에 입학한 새로운 가족에게 교육 프로그램에 대해 오리엔테이션을 하거나 지원하는 식의 참여도 가능하다. 이와 같이 부모 지원은 질 높은 유아교육 프로그램을 유지하는 데 중요한 잠재력이 될 수 있다.

(2) 자원봉사자로서의 부모

부모들은 자원봉사자로 교사를 도와 유아교육에 참여할 수 있다. 특히 적정한 성인-유아 비율을 유지하기 위해 교사를 고용할 비용이 없는 교육기관인 경우 이러한 방식의 참여는 의미가 있다. 특히, 우리나라 유아교육 현장에서처럼 교사-유아의 비율이 높은 상황에서는 부모를 자원봉사자로 활용하여 교실에서 성인과 유아 간의 상호작용을 촉진하는 것도 좋은 대안이다.

부모가 자원봉사자로 활동할 때는 실제로 교실에 와서 미리 훈련을 받아야 한다. 교사나 기관 운영자는 자원봉사자에게 유아교육기관 프로그램의 철학, 목표, 자원봉사자의 적절한 활동, 기관 정책과 절차 등을 설명하여 미리 훈련하는 것이 중요하다. 부모들은 한 번에 한 유아와 활동하는 것에는 익숙할 수 있지만 여러 명의 유아와 활동하는 능력과 기술은 부족하다. 어린 유아들과 상호작용하는 것에 대해 특별히 훈련을 받지 못한 부모를 미리 지도하는 것은 그들의 참여를 증가시키는 방법이기도 하다.

만일 부모가 학급에서 유아와 직접적으로 활동하기에 적절하지 않은 경우에는 유아들의 활동 작품이나 포트폴리오를 정리하는 등의 유아와 직접 상호작용하지 않는 일을 수행할 수도 있다. 자원봉사자로서 할 수 있는 적절한 활동으로는 개별 유아 혹은 소집단에 책을 읽어 주거나 바깥놀이에서 유아를 감독하는 역할 같은 것을 예로 들을 수 있다. 또한 유아와 바깥 놀이터 주변을 산책하거나 교사의 도움이 특히 필요하거나 혹은 감독하지 않으면 위험한 흥미 영역(㉠ 요리, 물놀이, 바느질과 목공놀이활동, 덤블링 등)에서의 유아를 감독하는 역할을 하는 것이다. 그리고 현장 학습에서 유아들을 지도하거나 차량을 제공하는 것도 한 방법이다.

이와 같은 방식으로 교실 활동에 부모가 참여하게 되면 유아, 부모, 교사 모두에게 도움이 될 수 있다. 예컨대, 자신의 부모가 교실에서 교사와 함께 활동하는 것을 보게 되면 유아는 안전감과 자부심을 느낀다(Gestwicki, 2000). 부모는 자녀가 교실에서 어떻게 시간을 보내고 있는지를 파악하게 되며 또래들과 어울리는 것을 관찰할 수 있고 교사가 사용하는 지도 방법을 배울 기회를 얻게 된다. 교사 또한 부모가 제공하는 지원을 받을 수 있는데, 보조 교사가 있음으로써 활동을 보다 확장해 진행할 수 있으며 부모와 유아 간의 상호작용에 관한 통찰력을 얻는 기회로 사용될 수 있다.

〈표 6-1〉 교실 자원봉사자 역할의 예

교실에서의 자원봉사자 역할
교 사: 정선교 교 실: 별님반 자원봉사자 임무: 미술 영역에서 활동 지도 시 간: 10:00~11:00 / 3:00~4:30 (월요일~금요일)
[자원봉사자 역할] • 유아들이 수채화를 그리기를 원하면 앞치마를 입힌다. 유아가 이것을 먼저 스스로 하도록 격려한다. • 유아와 함께 색깔, 색 혼합, 모양, 크기 등에 대해 이야기한다. 대개 유아는 자신이 그린 수채화에 대해 얘기하는 것을 좋아하나 이것을 반드시 하도록 강요하지 않는다. 자원봉사자는 유아에게 "네가 그린 그림에 대해 얘기해 주겠니?"라고 질문해 본다. • 도화지 왼쪽 상단 구석이나 유아가 특별히 원하는 곳을 물어 유아의 이름을 작성한다. • 유아가 완성한 수채화를 건조대에 걸고 앞치마를 벗고 손을 씻는 것을 도와준다. • 필요하다면 붓과 팔레트를 씻는다.
[지도내용] • 색깔, 모양, 크기, 질감의 개념 • 손과 눈의 협응 • 생각과 느낌의 표현

출처: Olsen & Fuller(2003).

(3) 의사 결정자로서의 부모

부모는 자문 위원과 정책 결정자로 유아교육기관에 참여할 수 있다. 의사 결정자로서 적절한 역할은 관련 유아교육기관에 따라서 여러 가지가 있을 수 있다. 예를 들어 헤드스타트와 같은 정부 지원에 의한 프로그램에서는 부모의 역할이 예산, 교육과정 운영, 그리고 교직원을 고용하는 문제를 결정하는 권한을 가질 수 있을 만큼 상당히 적극적이다. 부모와 협력하는 유아교육기관은 일반적으로 부모운영위원회가 모든 정책 결정에 참여하도록 한다. 부모도 유아교육기관이 어떻게 운영되고 있는지에 대해 더 자세히 알게 되면 자녀의 욕구에 관해서도 더 많이 알게 된다. 유아교육기관 운영자와 교사 역시 부모의 관점을 이해하고 수용하게 됨으로써 자신들의 견해가 넓어지는 이점이 있다. 뿐만 아니라 교육과정 계획에서 부모들의 참여는 질 좋은 프로그램을 어떻게 구성하는지, 발달에 적합한 교육과정이 무엇인지 부모가 이해하는 데 도움을 준다. 부모가 교육과정에 관한 이해와 지식이 있을 때 교육과정에 필요한 사항을 더 많이 지원할 수 있게 된다.

이렇게 부모가 유아교육기관에 정책 결정자로 참여하게 되면 교육기관과 부모, 유아 모두에게 도움이 됨에도 불구하고 우리나라 현실에서는 이런 형태의 부모의 참여가 부족한 실정이다. 따라서 부모들의 의사 결정자로서의 참여를 촉구하는 유아교육기관의 노력이 절실히 요구된다.

4 교사와 부모의 의사소통

유아교육은 가정과 유아교육기관이 협력할 때 교육의 극대화를 도모할 수 있다. 가정과 유아교육기관의 연계성을 증진하기 위해서 교육에 종사하는 사람과 부모 간의 긴밀한 의사소통을 유지하는 것은 상당히 중요하다. 따라서 교사들은 부모를 교육에 참여시키기 위해서 그들과 다양한 방법을 통해 의사를 교환할 수 있어야 한다. 부모와 의사소통하는 방법에는 형식적, 비형식적 방법 두 가지가 있다.

1) 형식적 방법

(1) 가정 방문

가정 방문은 교사 입장에서 볼 때 시간이 많이 소모되는 일이기도 하지만 현실적인 어려움으로 인해 과거와는 달리 현재는 많이 활용되지 않는 의사소통 유형이다. 이러한 점에도 불구하고 제대로 수행된다면 여러 교육적인 가치가 있고 교사와 부모 간의 관계를 밀접하게 하는 데 중요한 수단이 될 수 있다. 즉, 교사는 유아의 가정환경과 유아-부모 간의 상호작용을 관찰하여 유아의 행동을 더 잘 이해할 수 있다. 가정 방문을 학기가 시작되기 전에 계획한다면 유아와 교사는 교실에서 집단으로 만나기 전에 개별적으로 서로를 알게 되는 장점이 있다. 부모 역시 학기가 시작하기 전에 교육 프로그램이나 교사의 배경, 훈련 정도, 교육 경험 등의 궁금한 사항을 질문할 기회를 가지며 자녀에게 거는 기대에 대해서도 이야기를 나눌 수 있게 된다. 이와 같이 교사가 가정 방문을 미리 잘 계획하여 준비한다면 효과적일 수 있다. 비록 짧은 시간의 가정 방문이지만 교사는 1년 내내 그 가치를 인식할 수 있다. 예를 들어, 교사가 유아의 이름과 얼굴을 기억해 준다면 유아는 입학 첫날부터 편안한 느낌으로 생활을 시작할 수 있어 새로운 환경에 쉽게 적응할 수 있다. 가정 방문은 학기 시작 전에 하는 것이 좋으며 이것이 가능하지 않다면 학기 초에 가능한 한 빨리 계획해야 한다. 가정 방문은 자주 할 수 있는 것은 아니지만 학기 중의 가정 방문은 유아교육기관에 올 수 없는 부모에게도 교사와 만날 수 있는 기회를 준다. 이처럼 유아의 가정을 방문하는 것은 많은 장점이 있지만 시간이 많이 필요하고 부모에게 부담감이나 불안을 줄 수 있는 단점이 있다.

교사가 가정 방문을 계획할 때 다음과 같은 사항을 고려하는 것이 중요하다. 미리 방문 일자를 잡고 부모에게 쪽지를 보내어 면담 시간을 미리 알려 준다. 부모에게 방문의 목적과 특별한 것을 준비할 필요가 없음을 알리는 것도 좋은 방법이다.

방문하는 동안에 부모에게 존중하는 태도를 취하고 가정환경에 대해 선부른 판단을 하지 않아야 한다.

(2) 기관 방문

① 개별 면담

유아 부모와 접촉은 개별 면담으로 할 수 있다. 개별 면담의 목적은 유아에 대해 더 많은 정보를 얻고 교육 프로그램이 유아에 미치는 영향에 대해 부모들에게 이해시키고, 유아들이 교육기관에서 겪는 어떤 어려움을 해소하기 위하여 특별한 계획을 세우는 데 있다. 개별 면담의 목적이 유아의 문제 행동에 대해 상의하는 것이라면 교사는 유아의 행동 원인에 대해 성급하게 판단하면 안 된다. 특히 부모와 대화를 하는 동안 가장 중요한 것은 부모로 하여금 방어적인 감정이 생기지 않도록 하는 것이다. 이러한 감정은 교사가 유아를 비난한다고 생각되면 일어날 수 있다.

개별 면담은 부모와 교사가 정보를 교환하고 어떤 문제에 관한 대안적인 해결책을 논의하는 시간이어야 한다. 대부분의 부모는 교사와의 면담을 가지는 것에 부담을 느낄 수 있으므로 이것이 과도한 짐이 되게 해서는 안 된다. 만일 부모가 면담에 참석하지 못한다면 교사는 부모가 자녀에 대해 관심이 없다고 판단하지 말고 다른 시간에 면담을 약속하거나 전화로 대안을 계획하는 것이 좋다.

개별 면담을 효율적으로 진행하려면 교사는 면담을 위해 사전에 철저하게 준비를 해야 한다. 면담 전에 부모에게 초대장을 보내고 초대장에는 면담 일시와 장소를 명확하게 제시한다. 혹시 정해진 시간이 여의치 않으면 면담 시간을 다른 부모와 바꿀 수 있고 스케줄을 변경할 수 있음도 알려 준다. 그리고 면담의 목적을 설명하고 모든 부모가 개별적으로 참여한다는 사실을 공지하는 것이 좋다. 특히 부모가 자녀에게 교사와의 면담을 알려 주어 유아를 불안하게 하지 않을 것을 당부해야 한다. 그리고 교사는 유아가 만든 작품이나 관찰 기록 같은 것을 미리 챙겨 놓고 부모와 상의해야 할 문제가 있다면 면담할 때 제시할 가능한 해결책에 대해서도 생각해 두는 것이 좋다. 혹시 유아가 가지는 어떤 문제 때문에 부모가 교사면담을 요청했을 경우 교사는 해결책을 제시하기보다는 부모의 말을 경청하고 대안을 제시해 주며 그 문제를 다룰 수 있는 충분히 자격 있는 전문가를 소개해 준다.

② **집단 면담**

집단으로 부모를 만나는 것도 부모와 의사소통을 하는 한 방법이다. 대체로 교사는 이 모임을 통해 유아를 위한 학습 목표를 함께 상의하고 그 목표를 달성하기 위해 유아교육기관이 기대하는 방식의 개요를 설명한다. 입학 초기에 이루어지는 집단 면담은 부모들끼리 서로 친밀감을 형성하게 해 준다. 또한 집단 면담을 통해 부모들은 자녀의 일반적인 문제에 대해 경험담을 함께 나누면서 스스로 해결 방법을 찾을 수 있으며 자신에 대한 평가와 넓은 지식을 갖게 된다.

부모의 관심이나 필요에 따라 모임을 어떻게 이끌어 나갈 것인가를 결정할 수 있다. 어머니와 아버지가 함께 참여하도록 유도하며 직장에 다니는 어머니도 참석할 수 있도록 시간을 조정하는 노력이 필요하다. 일단 면담이 계획되면 교사는 부모들에게 면담에 대한 공지를 하고 참석 여부를 개별적으로 확인한다. 그리고 자녀를 돌볼 사람이 없는 부모를 위해 베이비시터를 준비해 두는 등 부모들의 참여를 독려하는 노력이 필요하다.

(3) 전화 면담

만일 부모가 유아교육기관에 올 수 없거나 교사가 가정 방문을 할 수 없다면 교사는 전화나 편지 등으로 부모들과 정보를 공유하기 위해 접촉을 시도해야 한다. 오늘날 많은 바쁜 부모들에게 전화를 통한 면담은 가정과 유아교육기관 간의 통신 수단으로서 이상적일 수 있다. 특히 직장 때문에 자주 교사를 만날 수 없는 부모인 경우에 유용한 수단이 될 수 있다. 그러나 전화로 면담을 할 경우에는 서로 간의 얼굴을 볼 수 없기 때문에 라포와 신뢰를 형성하기 위해서는 시간이 더 걸릴 수 있다. 이때 특히 주의할 점은 교사는 유아의 부정적인 문제를 논의하지 않도록 하는 것이며 이러한 대화는 만나서 하는 것이 좋다. 전화 면담은 편리한 시간에 요점만 간단하게 이야기해야 한다. 교사는 사전에 유아편으로 부모들에게 전화 통화를 하기에 편리하고 희망하는 시간을 물어보는 편지를 보내는 것이 좋다.

(4) 가정통신문

가정통신문은 유아교육기관에서 행해지고 있는 여러 행사를 주 단위나 월 단위로 알려 주는 방식으로 부모들과 유아교육기관을 연결하는 기능을 한다. 보편적으로 가정통신문에는 유아의 가족들에게 관심이 있는 주제, 예를 들어 유아 발달에 관한 지식, 놀이의 중요성, 영양, 가장놀이의 의미 등의 내용을 싣거나 앞으로 다가올 행사(예 야외 학습)의 공지, 점심과 간식 메뉴, 유아교육기관의 활동(수리 및 공사)에 대한 간단한 설명 등으로 구성된다. 혹은 학습 활동에 대한 개괄적인 소개라든가 가정에서 부모와 함께할 수 있는 활동들을 알려 주기도 한다.

종종 부모들은 교사들이 이해할 수 없는 전문적인 용어를 사용한다고 느낀다. 이런 경우 가정통신문에 유아교육에서 사용하는 전문 용어를 풀이하여 실어 주면 부모들의 이해를 도울 수 있다. 무엇보다도 중요한 것은 부모들에게 정보를 제공하기 위해 글로 쓰인 자료는 간결하고 읽기 쉬워야 한다.

한편, 가정통신문은 부모들에게 교실에서 이루어지는 활동을 지원할 수 있는 정보도 제공해 준다. 예를 들어, 다음 주의 활동 주제가 '색'에 관한 것이라면 부모는 저녁 식사를 하는 동안이나 혹은 식료품 가게에 갔을 때 등 가정에서 있을 수 있는 일상적인 경험을 통해 색의 개념을 강화시킴으로써 유아의 학습을 지원할 수 있다.

가정통신문의 형식은 목적과 목표에 따라 다양하며 디자인도 매우 단순한 것에서부터 정교하고 전문적으로 만들어진 것까지 다양하다. 가정통신문의 표지를 주별 또는 월별 활동의 주제와 관련된 내용으로 도안한다면 부모의 관심을 끌 수 있다. 혹은 교실에서 유아가 만든 작품에다 유아교육기관의 소식을 담아 보내면 유아들도 흥미로워할 것이다.

그 밖에 이메일이나 인터넷의 홈페이지를 이용하여 의사소통이 이루어질 수 있다. 가정에 컴퓨터가 있는 부모들에게 이메일은 교사들과 접촉을 유지하는 효율적인 수단이 된다. 짧은 이메일 메시지를 주 단위로 교환할 수 있으며 부모들은 특별한 질문이나 관심거리가 있을 때마다 교사들에게 이메일을 보낼 수 있다. 또 다른 의사소통 수단은 인터넷 홈페이지이다. 홈페이지에는 유아교육기관 행사에 대한 공지나 전반적인 운영 변화에 대한 자세한 정보들을 게시할 수 있다. 이러한 의사소통은 컴퓨터를 소유하는 가정이 늘어가므로 보편적인 수단이 될 것이다.

2) 비형식적 방법

비형식적인 접촉은 시간이나 방법을 미리 계획하지 않은 상황에서 부모와 교사의 만남을 의미한다. 교사와 부모 간의 비형식적인 접촉은 부모가 유아를 데려오고 데려갈 때나 혹은 유아교육기관 이외의 장소에서 우연히 마주칠 때 이루어진다. 이러한 만남은 시간이 제한되어 있으므로 교사는 그날 교육기관에서 있었던 재미있고 즐거운 사건들을 알려 주는 것이 적절하며 유아가 가지는 어려움과 같은 심각한 문제를 논의하기 위한 개별 면담을 계획하는 기회로 활용할 수 있다.

특히 교사와 부모의 접촉은 어린 유아의 경우에는 매우 중요하다. 영아는 성장하는 속도가 빨라 하루가 다르게 나날이 다른 모습을 보여 주므로 유아교육기관에서 그날 영아의 새로운 성취나 활동 등을 부모에게 알려 주는 것이 좋다. 뿐만 아니라 간식, 낮잠, 배변과 같은 일상에 대해 부모도 알아야 하므로 교사가 영아의 하루 일과가 어떠하였는지 보기 쉽게 정리해 주면 부모에게 도움이 된다.

이와 같이 등·하원 시에 주고받는 비형식적인 대화는 유아교육 현장에서 가장 보편적인 의사소통 방법이며 특히 취업모인 경우에는 더욱 그러하다. 그러나 통학버스를 사용하는 교육기관에서 교사는 부모와 접촉하기 위해 별도의 노력(㉠ 전화나 쪽지) 등이 필요할 수 있다.

앞에서 살펴본 바와 같이 부모들은 형식적이거나 비형식적인 의사소통을 통하여 유아교육기관에서 언제나 환영하며 자녀 교육의 동반자이다. 또한 부모 자신들의 목소리는 중요한 것으로 인정받아야 한다. 중요한 것은 부모와 교사 간의 효과적인 의사소통을 위한 단순한 공식은 없다는 것이다. 부모와 교사 간의 호혜적인 관계는 잦은 접촉을 통해 얻어지는 신뢰와 존중에 기초하여야 한다. 예컨대, 유아에 관한 간단하고 긍정적인 일화를 나누고 개별 쪽지를 주고받고, 부모와 자주 전화로 통화를 하며, 부모의 욕구에 적극적으로 반응하는 것 등이 좋은 관계를 유지하는 데 기여한다고 본다.

Chapter 07

유아교육 환경

EARLY CHILDHOOD EDUCATION

유아의 학습과 발달에 영향을 줄 수 있는 환경적 자원은 교사, 교직원 등의 인적 자원과 시설·설비와 같은 물리적 자원으로 나눌 수 있다. 유아의 바른 성장과 교육을 위해서는 유아가 생활하는 환경 속의 인적·물적 자원이 잘 준비되어야 한다. 특히 유아들의 학습과 발달을 촉진할 수 있는 시설·설비 및 교구 등이 포함되는 물리적 환경은 인적 요인과 더불어 유아의 발달과 유아교육 프로그램의 질을 결정짓는 중요한 변인이 될 수 있다. 유아교육에서의 환경이란 교육과정의 효과적인 운영 및 유아의 발달을 촉진시키는 최적의 환경 구성을 의미한다.

본 장에서는 교육 프로그램에 영향을 미치는 환경적 변인 중 유아교육의 시설·설비 환경과 같은 물리적 환경만을 다루고자 한다.

1 환경 구성의 중요성

유아들이 활동하고 머무는 환경은 유아에게 매우 중요한 의미를 갖는다. 종일제로 운영되는 어린이집에서부터 유치원에 이르기까지 환경은 유아들에게 많은 영향을 미친다. 이러한 유아교육기관의 환경 구성이 어떻게 이루어지느냐에 따라 유아의 발달과 성장에 다른 영향을 미칠 수 있다. 예를 들어, 유아들에게 맞게 잘 구성된 환경은 정서적으로 편안함을 주기도 하지만 그렇지 않은 경우는 유아들이 불안하거나 불편함을 느낄 수 있다. 공간 구성이 어떻게 되어 있느냐에 따라 유아들의 공격성 등 바람직하지 않은 행동이 줄어들기도 하며, 오히려 유아들의 필요 없는 공격성이 증가하기도 한다. 또한 환경 구성에 따라 유아들의 사회성 발달이 용이하게 이루어지기도 하며 방해를 받기도 한다. 잘 구성된 환경에서 유아들이 마음껏 뛰어놀고 활동의 제한을 받지 않아 신체적 발달을 도모할 수 있지만 그렇지 않은 경우는 유아의 신체 활동에도 방해를 줄 수 있다.

영유아에게 있어 환경의 중요성에 대한 논의는 이미 연구를 통해서도 확인되고 있다. 기관의 환경 특히 시설·설비, 공간의 조직과 활용, 활동 영역 등과 같은 물리적 환경은 교육의 효과를 높이는 데 중요한 역할을 하며 실내외 공간 구성과 교재·교구 등의 변화는 유아의 행동 및 발달에 영향을 미친다. 즉, 연령에 적합하고 풍부한 장난감이 제공되는 환경에서 활동을 경험한 유아는 더 협동적이고 구성적이며, 적절히 놀이에 참여하고, 갈등을 덜 겪으며, 친사회적 행동도 더 많이 나타낸다.

또 유아기는 성장과 발달의 속도가 빠르고 환경과의 긴밀한 상호작용을 통해 발달이 이루어지므로 교사가 교육 환경과 보육 환경을 어떻게 조직하고 합리적으로 잘 계획하고 구성하느냐에 따라 교육과정 정상화에 영향을 미치며 유아의 사회성, 독립성, 놀이 참여 정도 및 놀이 확대 수준은 실내외 공간이 구성되고 사용되는 방법에 따라 높아지기도 하고 좌절되기도 한다(이영자·이기숙·이정욱, 2000).

따라서 물리적 환경은 유아들이 단순히 활동하는 공간적 의미에서 벗어나 유아의 신체적, 인지적, 정서적, 사회적 발달 등 전인 발달에 영향을 주는 중요한 역할을 하므로 잘 계획되고 구성되어야 한다. 또한 유아의 연령이나 발달 특성, 유아의 개인차 등 여러 가지를 고려하여 계획되고 구성되어야 한다.

환경 구성은 유아들뿐만 아니라 교사나 성인의 요구와 필요에도 적합하게 구성되어야 한다. 유아들에게는 활동하는 장소이지만 교사에게는 직장의 의미를 가지므로 하루 종일 편안하고 효율적으로 활동하기 위해서는 유아들뿐만 아니라 교사의 특성과 요구에 부합되는 환경을 구성하여야 한다.

결국 가정환경에 따라 그 안에 속해 있는 가족 구성원들이 편안함을 느끼고 행복을 누리며 삶의 질이 결정이 되는 것처럼 유아교육기관의 환경이 어떠냐에 따라 이곳에서 많은 시간을 보내는 유아들의 학습과 발달의 질이 결정된다. 따라서 유아의 발달에 적합하고 바람직한 환경을 구성하는 것이 중요하다고 볼 수 있다.

2 환경 구성 시 고려 사항

NAEYC(National Association for the Education of Young Children)가 발표한 발달에 적합한 실제(Developmentally Appropriate Practice, Bredekamp, 1987)에 의하면 유아의 물리적 환경 구성 시 다음과 같은 점을 고려하여야 한다(Kostelnik, Soderman, & Whiren, 1999). 즉, 안전성(safety), 편안함(comfort), 공간(space), 소음(sound), 유아의 신체 크기(child size), 이동성(mobility), 매력(attractiveness), 보관성(storage) 등이다. 그 내용을 구체적으로 살펴보면 다음과 같다.

1) 안전성

환경 구성 시 무엇보다 유아의 안전이 최우선되어야 한다. 유아는 스스로의 안전에 대해 통제할 능력이 없으므로 환경 구성 시 유아의 안전을 최대한 고려하여 어떠한 사고나 위험으로부터도 보호하도록 하여야 한다. 안전한 환경을 만들기 위해서는 우선 기관 차원에서 유아의 안전을 고려한 설비 및 배치를 하여야 하며 이를 유지하기 위한 계속적인 관리와 감독도 필요하다. 또한 교사는 건물, 교실, 운동장 등의 안전을 관리하고 유아에게 교구와 시설물을 안전하게 사용하는 법을 가르쳐 주어야 하며 항상 유아를 지도, 감독하여야 한다. 잘못된 환경 구성으로 인하여 교사의 눈이 미치지 못하는 곳에서 사고가 발생하기도 하므로 교사의 한눈에 들어올 수 있는 환경 구성을 하여야 한다. 발생 가능한 위험을 최소화할 수 있도록 물리적 환경을 조성하는 것이 교사의 감독을 용이하게 하며 유아들의 안전성을 확보하는 것이 된다.

DAP(발달에 적합한 실제)에서 제시하는 안전성 확보를 위한 지침은 다음과 같다.

(1) 실내 환경

- 전기 코드는 사용 시 외에는 덮어 놓을 것
- 연결 코드는 필요시에만 사용하고 너무 길게 늘어뜨리거나 연결하지 말 것
- 유아들이 옆에 있으면 전기 기구나 전열 기구를 지키고 있을 것
- 위험해 보이는 교구나 시설물을 없애거나 가능하다면 고칠 것
- 모든 화학제품은 유아의 손이 닿지 않는 곳에 둘 것
- 통로나 출입구 근처의 방해물, 시설의 부적절한 사용 등 위험 요소를 정기적으로 검사할 것
- 유아에게 교구를 안전하게 사용하는 법을 가르치며 이를 정규 교육의 한 부분으로 포함시킬 것
- 유아들이 위험한 장소나 사물을 나타내는 표시를 알아볼 수 있도록 가르칠 것
- 가벼운 외상을 치료할 수 있는 응급 치료 상자를 둘 것

(2) 실외 환경

- 연령에 맞게 구성된 운동장에서 놀게 할 것

- 운동장에 있어서는 안 될 것(유리 조각이나 쓰레기 등)을 없앨 것
- 목조 시설물이 갈라졌는지를 정기적으로 확인할 것
- 정비할 필요가 있는 것을 기관에 보고하고 작업 완료를 확인할 것
- 뾰족한 것, 미끄러운 것 등에 대하여 계속 확인할 것
- 통로가 미끄럽지 않게 할 것
- 사용 후 교구를 수납하여 위험 요소가 없게 할 것
- 시설물을 안전하게 사용하도록 가르칠 것

2) 편안함

유아는 어린이집이나 유치원에서 안정감과 편안함을 느낄 수 있어야 한다. 교사는 유아들이 의미 있는 활동에 몰입할 수 있게 하고, 편안하게 작업하며, 놀이 공간을 사용할 수 있도록 해야 한다. 유아들은 온도가 맞고, 공기가 신선하고, 조명이 적절할 때 활동을 잘 할 수 있으므로 너무 덥거나 춥지 않도록 해야 한다. 환기를 자주 하여야 하며 건물에 여닫이창이 없을 경우, 겨울이라도 창문을 열거나 원형 팬을 이용하여 공기를 순환시키는 것이 좋다. 유아는 또한 가구의 크기가 자신의 키에 맞을 때 편안함을 느끼므로 가구 크기는 유아의 키에 맞아야 한다. 실외 환경에 있어서도 날씨와 기후 조건에 따라 나무 그늘, 바람막이, 눈이나 비를 대비한 지붕이 있는 놀이 공간 등은 실외 공간을 안락하게 만든다.

3) 공간

교사는 교실 공간이 효율적으로 사용될 수 있도록 계획해야 한다. 실내 공간은 옷장이나 움직일 수 없는 수납장, 복도 등을 빼고 한 유아당 적어도 1평 정도(양옥승 외, 2001)는 되어야 한다. 실외 공간은 동시에 활동에 참여하는 유아 수 면적의 2~3배가 되어야 한다. 제한된 공간에 유아가 지나치게 많거나 공간이 좁으면 교사는 혼란스러움을 느끼게 되고, 유아는 신체적으로 충동할 가능성이 높아져 불필

요한 공격성이 생기기도 한다.

공간이 충분치 않을 경우는 좁은 공간을 효과적으로 사용할 수 있도록 하여야 한다. 예를 들어 천장이 높은 교실은 계단과 다락을 설치함으로써 전체 가용 공간을 넓힐 수가 있으며 언어 영역 등 비교적 정적인 영역은 위층에 두고 역할놀이 영역은 아래층에 둘 수 있다. 물리적 공간의 조성은 유아가 무엇을 할 수 있는지에 영향을 미치며, 자신들의 계획을 얼마나 수행할 수 있는지를 결정하고, 어떻게 교구를 사용하는지에 영향을 주어 프로그램의 질을 높이는 데 효과적이다.

교사는 교실 공간을 배치할 때, 이 배치가 유아의 행동에 어떤 영향을 줄 수 있는지를 고려해야 한다. 유아는 혼자서 활동하거나 자신의 사고와 감정을 통제할 수 있는 개인 공간을 필요로 한다. 따로 놓인 의자, 베개들을 이용하여 이러한 사적 공간을 만들어 주며, 옷장, 벽장, 수납장 등에도 유아 개개인의 이름을 붙여 주어 유아가 자신의 작품과 개인 소지품을 둘 수 있는 개인 공간들을 마련하여 준다. 실외의 숲 근처, 나무 아래, 시설물에서 떨어져 앉아 있을 수 있는 녹지는 야외에서의 유아의 사적 공간이 될 수 있다.

실외의 경우 놀이 시설물의 종류에 따라 개인 공간과 소집단 공간의 배치가 결정된다. 그네는 한 번에 한 사람만이, 미끄럼틀은 한 번에 3~5명의 유아들이 함께 할 수 있다. 실외에서도 이야기 듣기, 노래하기, 게임하기 등을 위한 대집단 공간이 있다. 대부분의 실외 공간은 유아들이 운동·신경 발달을 위한 공놀이와 여러 대집단 활동을 할 수 있도록 넓어야 한다. 또한 그늘에서 편안하게 모여 학습과 활동을 할 수 있는 또 다른 실외 공간이 있으면 이상적이다.

개인 공간, 소집단 활동 공간, 대집단 활동 공간의 구성은 확실한 물리적인 경계로 구분되어야 한다. 상상적인 경계는 비효과적이다. 유아들은 공간에 적절한 참여자의 수를 경계 내 공간의 크기 또는 의자 수로써 알 수 있다. 또한 교사는 공간에 적합한 유아의 수를 나타내는 신호를 효과적으로 사용할 수 있다. 수납장, 복도, 시설물, 낮은 분리대, 탁자 위 교구의 배치가 경계를 지을 수도 있다. 실외에서는 담장, 포장길, 연석, 모래놀이터, 풀밭 등 여러 구조물들이 경계를 만든다.

4) 소음

유아들이 한 공간에서 활동하다 보면 소음이 생기게 되며 다른 유아들에게 방해가 되기도 한다. 공간 구성이 효과적으로 이루어지지 않으면 한 영역에서의 소리가 다른 영역의 유아의 활동에 방해를 주기도 한다. 또한 건물의 구조나 외관이 외부로부터의 소음을 차단하게끔 되어 있지 않으면 밖에 지나가는 자동차 소리나 사람들 소리, 공사장의 소리들이 유아들의 활동에 지장을 주기도 한다. 특히 어린이집의 경우 밖으로부터의 소음 차단이 제대로 안 되거나 영아들의 보육실과 유아들의 교실이 근접해 있으면 영아들의 휴식 시간이나 수면 시간이 방해받을 수도 있다. 제한된 공간 내에서 이러한 소음을 최대한으로 줄이기 위해서는 교사의 끊임없는 노력과 주의가 필요하며 효과적으로 소음을 줄일 수 있는 방법을 강구해야 한다.

소음을 통제하는 것은 유아들의 개별적인 작업이나 협동 작업 등을 하기 위해 필요하다. 시설의 외장이 딱딱할 경우 청결을 유지하기는 쉽지만 소음을 증가시키게 되며 반대로 부드러운 외장은 소음을 흡수하고 따뜻하고 포근하지만 청결을 유지하기가 어렵다. 유아가 제대로 쉴 수 없는 소음이 심한 환경은 전반적인 인지 발달과 학업 성취에 좋지 않다(Moore, 1987). 교실에 부드럽고 소음을 흡수하는 교구가 있으면 일반적인 소음은 감소될 수 있다. 예를 들어 언어 영역에 의자 대신 작은 카펫 위에 큰 베개나 쿠션을 놓으면 주위 다른 아동을 방해하지 않고 읽기 활동을 할 수 있다. 소음이 심한 활동은 서로 가깝게 배치하고 조용한 활동과는 거리를 두는 것이 좋다. 예를 들어 쌓기놀이와 역할놀이는 시끄러운 편이므로 언어 영역과 떨어져 있어야 한다.

유아들은 매우 복잡한 환경에서 더 시끄럽다. 어떤 영역이 너무 시끄럽고 밀집되어 혼란하다면 교사는 어떤 일이 일어나고 있는지 주의 깊게 관찰해야 한다. 이에 따라 활동을 재조직하거나, 두 가지 활동으로 분리하거나, 없앨 수도 있다. 실외 활동의 큰 장점 중의 하나는 유아들이 소리에 신경 쓰지 않고 자유롭게 활동할 수 있다는 것이다. 악기 활동 같이 의도적인 소음이 많이 발생하는 활동은 다른 활동을 방해하지 않을 수 있는 실외에서 하는 것도 적절한 방법이다.

5) 아동의 신체 크기

유치원이나 어린이집의 가구나 도구, 시설물들은 이를 사용하는 유아의 신체 크기에 적합해야 한다. 앉았을 때 발이 바닥에 닿지 않거나 반대로 무릎이 탁자에 닿으면 매우 불편해진다. 성인용 가위보다는 유아의 손 크기에 맞는 작은 가위가 사용하기 더 편리하며 안전하다. 여러 연령대의 유아들이 사용할 경우 실외 기구들은 큰 유아보다 어린 유아에게 더 적합하여야 한다. 유아들은 자신들의 신체 크기에 맞는 시설이나 도구들이 있을 경우 더 정교하고 능동적인 활동을 하게 된다(Tegano, 1996).

6) 이동성

교사들은 유아가 적극적으로 참여하고 질서 있게 옮겨 다닐 수 있도록 프로그램을 계획해야 한다. 통로는 다른 유아와 부딪히거나 다른 유아의 작업과 놀이를 방해하지 않고 걸어 다닐 수 있을 만큼 넓어야 한다. 길면서 빈 공간은 유아들이 뛰거나 서두를 수 있으므로 피해야 한다. 대신 영역을 주의 깊게 배치하여 공간을 분할해야 한다. 탁자가 대각선으로 놓여 있거나 이젤 등이 놓여 있으면 유아들이 이를 피해서 돌아다녀야 하므로 유아들의 걸음 속도가 느려진다. 이럴 경우 교실 중앙을 개방 공간으로 사용하고 큰 탁자나 작은 탁자들에 학습 영역을 배치함으로써 그 주위로 이동이 용이하게 한다.

특히 어린 유아의 경우는 협응력이 아직 발달하지 못해서 넘어지고 비틀거리고 미끄러지기도 하므로 움직이는 통로에 물건이 흩어져 있어 유아의 이동을 방해해서는 안 된다(양옥승 외, 2001).

7) 매력

매력적이고 흥미로운 환경은 유아들의 감각을 자극한다. 매력적인 환경은 유아 중심적으로 구성되며 평온함과 흥미를 줄 뿐만 아니라 유아들이 자발적으로 활동에 참여하게 하고, 개인적 공간을 제공해 준다.

교사는 유아에게 깨끗하고 정돈된 환경을 제공해 주어야 한다. 교사 자신이 청결과 심미적인 것을 중요시하면 유아들은 이러한 바람직한 행동을 모방하게 된다. 교실은 혼잡하지 않으며 깨끗하고 시각적으로 끌리도록 조직되어야 한다. 정돈된 환경과 매력적인 교구들이 유아들의 흥미와 주의를 더 끌 수 있다. 이를 위해 교사는 바닥에 앉아 주위를 돌아봄으로써 유아의 관점과 눈높이에서 교실을 면밀히 살펴보아야 한다.

교사는 유아 자신이 자신들의 학습과 생활 환경에 관심을 가질 수 있도록 도와주어야 한다. 유아들이 제대로 정리 정돈을 할 수 있도록 북돋워 주어야 한다. 활동이 끝난 작업대를 청결히 하는 것도 중요하다. 유아들이 어지러워진 공간을 떠나기 전에 다음 유아가 사용할 수 있게 바닥을 닦고 깨끗이 하도록 북돋워 주어야 한다. 궁극적으로 교사는 계속되는 교육과정에 맞게 물리적 환경을 조성해야 한다. 교구, 게시판, 그림들은 다양한 주제를 반영하여 주기적으로 바뀌어야 한다. 유아의 흥미를 끄는 요소와 학습 영역의 재료는 정기적으로 교체되어 유아의 변화하는 요구와 흥미를 반영해야 한다. 불필요한 교구는 없애 교실에 있는 모든 사물들이 유아에게 목적과 의미를 줄 수 있어야 한다.

8) 보관성

교구들은 사용되는 공간 가까이에 수납되어야 한다. 유아가 쉽게 사용해도 되는 교구는 개방된 선반에 놓고 교사가 관리해야 하는 교구는 닫힌 장이나 높은 선반에 놓는 것이 바람직하다. 예를 들어 계산기, 작은 플라스틱 적목, 천 조각 같이 작고 여러 개가 있는 교구는 플라스틱 용기에 수납해야 한다.

자전거, 공구, 용기, 썰매 등 실외 학습에 필요한 여러 교구들은 실외 창고나 실외에서 여는 수납장에 수납해야 한다. 이동식 시설을 멀리서 가져와야 하는 것보다 이런 곳에 수납하면 더 편하고 자주 이용하게 된다.

3 실내 환경 구성

1) 흥미 영역 구성의 중요성

실내 활동실의 환경 구성은 흥미 영역별로 구성된다. 흥미 영역이란 분리대나 기타의 방법으로 경계를 암시해 주도록 설비함으로써 분명히 구분짓게 되는 활동실의 각 영역을 총칭한다(Seefeldt, 1980). 이 영역들에 각각의 영역에 맞는 교구 및 교재를 비치하여 유아 스스로 탐색할 놀잇감과 완성할 과제를 선정하게 한다. 활동의 선택 기회가 주어지고 다양한 활동 영역이 구분된 곳에서는 유아의 사회적 상호작용 수준이 높고 유아의 제안적 행동과 활동에의 참여가 증가하였다는 연구 결과를 보더라도 흥미 영역별 환경 구성은 필수적이다(이영자·이기숙·이정욱, 1999).

유아교육기관의 흥미 영역은 유아의 요구에 맞는 적절하고 반응적인 것이어야 한다. 프로그램의 교육과정이나 가르치는 주제에서 나오는 계획된 학습 활동과 교구들이 준비되어 있는 영역이다. 유아의 필수적인 기술과 능력의 발달을 촉진시키기 위해 성인이 학습 환경을 적극적이고 의도적으로 조성함으로써 영역이 만들어진다.

흥미 영역의 구성은 교사에게도 많은 도움을 준다. 환경을 준비하고 감독하고, 유아와 프로그램을 평가하고, 유아의 발달에서 반응적이고 요구되는 변화를 일으켜야 할 교사의 책임은 활동 영역을 사용함으로써 더 용이해질 수 있다(McKee, 1990). 교사는 교실을 자유롭게 돌아다니며 유아의 교구 사용과 학습 영역을 즉각적으로 평가한다. 교사는 새로운 교구와 영역을 소개한 다음 각 흥미 영역을 돌아

다니며 유아들의 활동을 지원하고 지도한다. 교사는 유아들이 어떤 종류의 활동에 몰두하고 어떤 종류의 활동에는 별로 관심이 없는지를 관찰할 수 있다. 그리고 이러한 관찰을 통해 다음에 흥미 영역을 구성할 때 이를 반영할 수 있다. 또한 흥미 영역에서 유아는 적극적이고 능동적이 되기 때문에 교사는 짧은 시간을 이용하여 다양한 지식과 기술 습득에 대해 개인별 또는 소집단과 선택적으로 작업할 수 있고, 자연적인 상황에서 이루어져야 하는 유아 발달에 대한 교사의 평가가 더 쉽게 이루어질 수 있다.

2) 효과적인 흥미 영역의 구성

효과적인 흥미 영역을 구성하기 위해서는 다음과 같은 점을 고려해야 한다. 발달에 적합한 실제(DAP)에 입각하여 코스텔닉 등(Kostelnik et al., 1999)이 제시하는 점은 다음과 같다.

- 흥미 영역은 교사가 유아의 능력에 대해 알고 있는 지식에 기초하여 조직되고 수행되어야 한다. 교실에서 하는 모든 활동과 경험에 대해 교사는 다음과 같은 질문들을 스스로 던져야 한다.
  - 이 흥미 영역이 어떻게 장기적인 교육 목표에 기여하는가?
  - 유아들이 이 영역으로부터 무엇을 얻을 것인가?
  - 이 영역에서의 활동이 유아가 이미 가지고 있는 지식을 어떻게 확장시켜 줄 것인가?
  - 유아가 이 활동 시간을 가장 잘 이용하는 것인가?
  - 활동, 경험, 교구들이 유아의 발달적 수준과 흥미에 잘 맞는가?
  - 이 활동이나 경험의 효과를 어떻게 평가할 것인가?
- 흥미 영역에서 나타나는 활동은 경직되고 정적이기보다는 융통적이고 다양해야 한다. 교사는 유아가 각 영역에서 교구를 탐색하고 어떻게 사용하고 싶어 하는지에 주의를 기울여야 한다. 유아는 이용 가능한 교구를 창의적으로 사용할 줄 알고

이를 다양한 방법으로 사용하려고 한다. 잘 구성된 흥미 영역에서 유아는 교사가 설정한 각 영역 목표에 맞게 활동하면서 다른 영역에서는 자신들이 하고 싶은 대로 활동할 수도 있다. 이는 새로 소개된 교구와 더불어 각 영역에서 사용 가능하도록 비치된 기본적인 개방형 교구를 사용함으로써 가능하다.

- 하루에 유아가 활동할 수 있는 일련의 흥미 영역은 잘 세분화되어 있어 유아의 인지적, 정서적, 그리고 심리적, 신체적 발달을 균형 있게 고려하여야 한다. 각 영역은 포괄적인 교육과정을 제공할 수 있도록 균형 잡혀야 하고 유아의 연령에 맞게 조절되어야 한다. 또한 특정 영역당 필요한 공간의 양도 유아가 발달함에 따라 조절되어야 한다.
- 유아는 흥미 영역을 적절하게 사용하는 방법을 배워야 한다. 각 영역에서 활동을 시작하기 전 교사가 유아에게 새로운 활동과 교구를 소개하는 시간을 갖는 것이 좋다.
- 동일한 흥미 영역이 다른 때에 다른 목적을 위해 사용될 수 있다. 교구는 한 영역에만 국한되지 않는다. 교사가 흥미 영역을 어떻게 구조화하고 어떻게 목표를 설정하느냐에 따라 동일한 교구가 하루는 인지 영역에, 다른 날은 언어 영역에 또 다른 날에는 사회 영역에서 사용될 수 있다.
- 교사는 흥미 영역 시간 동안에 다른 교구와 활동을 준비하거나 유아를 평가하기보다는 유아와 즉각적인 상호작용을 하는 것이 좋다.

3) 흥미 영역의 효율적 사용법

많은 교사들은 혼자 교실 내의 모든 일을 감독해야 한다. 보조 교사나 부모들이 도움이 되기도 하지만 대부분의 현장에서는 교사 혼자서 유아들을 지도하고 감독하는 경우가 많다. 이때 교사는 자립적이고 직접적인 지도를 덜 필요로 하는 영역을 구성할 수 있는 능력이 있어야 한다. 다음은 유아들이 독립적으로 활동할 수 있는 흥미 영역 활동을 촉진시키는 방법들이다.

- 교사는 각 영역에서의 목표를 설정하고, 대집단 활동 시에 실제 교구 사용법에 대한 시범을 보이면서 활동을 소개해야 한다. 유아에게 질문할 수 있는 기회를 주며, 어디에서 그리고 얼마 동안 교구를 사용할 수 있는지를 유아들에게 알려 주며 협동 작업 시에 유의하여야 할 점에 대해서도 알려 준다.
- 교사는 일반적인 영역 활동이 시작된 후에 새로운 영역과 더 복잡한 영역을 소개해 주어야 한다. 유아들이 흥미 영역을 순서대로 돌아가며 활동을 할 수 있도록 차례를 정하면 이는 유아들에게 순차적인 속성을 이해시킬 수 있을 뿐 아니라 유아의 자율성을 증가시켜 줄 수 있다.
- 유아들에게 지시하거나 가르쳐 주어야 할 것을 어린 유아들에게는 그림을, 큰 유아들에게는 지시문이나 테이프에 녹음된 음성 지시를 사용하는 등 다양한 방법을 사용하면 효과적이다.
- 유아가 독립적으로 과제를 할 수 있는 활동을 구성해야 한다.

4) 흥미 영역 구성의 예

실내 흥미 영역은 쌓기놀이 영역, 역할놀이 영역, 조작놀이 영역, 언어 영역, 수·과학 영역, 조형 영역, 음률 영역, 물놀이 영역, 모래놀이 영역, 컴퓨터 영역, 요리 영역, 목공놀이 영역 등으로 구분된다(교육부, 2000). 각각을 살펴보면 다음과 같다.

(1) 언어 영역

언어 발달은 유아의 중요한 발달 과제 중의 하나다. 언어 영역은 유아의 언어 기술과 능력을 도와주어야 한다. 유아는 읽기, 쓰기, 듣기, 그리고 이야기 나누기 등에 대하여 적극적으로 탐색할 기회를 가져야 한다. 언어 영역은 질적으로 풍부하여야 하며 유아의 나이에 적절하여야 한다. 언어 영역을 구성할 때는 다음과 같은 점을 고려하여야 한다.

- 언어 영역은 방의 조용한 곳에 위치하여야 하며 녹음기나 테이프를 사용할 수 있는 전기 콘센트가 있어야 한다.
- 유아의 말하기, 듣기, 읽기, 쓰기를 위한 교재와 교구가 갖추어져야 한다.
- 책을 전시할 경우 책의 측면보다는 책의 표지가 보이게끔 하여야 한다.
- 유아의 신체 크기에 맞는 의자나 테이블이 준비되어 있어야 한다.
- 푹신한 담요나 베개 등은 유아들이 편안한 자세로 책을 읽게끔 도와준다.
- 유아들의 눈높이에 맞추어 한글이나 글자를 전시한다.
- 유아들이 계속 반복해서 읽을 수 있는 책을 준비해 주며, 주제와 관련된 책들을 계속 바꾸어 주어야 한다.

[그림 7-1] 언어 영역 구성의 예

(2) 미술 영역

미술 영역은 유아가 자신을 둘러싼 세계를 탐색하고 재구성하기 위해 다양한 자료를 사용하는 곳이며 창작적 표현과 감각적 탐색의 기회를 제공해 주는 곳이다. 미술영역을 구성할 때는 다음과 같은 점을 고려하여야 한다.

- 미술 영역은 물을 쉽게 사용할 수 있는 싱크대 근처에 위치해야 한다.
- 유아들이 쉽게 꺼낼 수 있는 곳에 종이, 가위, 풀, 사인펜, 크레용 등을 준비한다.

- 젖은 것을 말릴 수 있는 빨래대나 테이블을 준비한다.
- 유아들의 작품을 전시하고 규칙적으로 작품을 집에 보내도록 한다.
- 영역의 청소와 유지를 위해 유아들이 사용할 수 있는 스펀지나 휴지 등을 준비한다.
- 유아들이 혼자서 사용할 수 있는 이젤을 준비시켜 두는 것도 필요하다. 또한 커다란 책상과 의자도 준비해야 한다.
- 재료들을 유아들에게 보여 주기 전에 사용법과 취급법에 대하여 알려 준다.
- 유아들이 스스로 정리할 수 있도록 개인함이나 용기에 라벨이나 사진을 붙이거나 표시를 해 둔다.

[그림 7-2] 미술 영역 구성의 예

(3) 과학 영역

과학 활동을 통해 유아들은 구조화되고 자연적인 사물들을 관찰하고 조작하는 기회를 가짐으로써 사물과 현상들 간의 유사점 및 차이점을 잘 이해할 수 있다. 유아는 주의 깊게 보고 정확하게 관찰하는 능력을 발달시키기 위해 다양한 재료를 냄새 맡고 보고 듣고 느끼고 만져볼 수 있어야 한다. 과학 영역을 구성할 때는 다음과 같은 점을 고려하여야 한다.

- 과학 영역은 과학 자료나 교구의 성격에 따라 다르게 위치해야 한다. 예를 들어 식물을 키우기 위해서는 햇볕이 필요하며, 물의 양이나 압력을 공부하기 위해서는 물 근처에 있어야 한다.
- 활동을 위한 연장과 도구의 사용과 관리 저장에 대해 알려 주어야 한다.
- 카메라, 공책, 스케치북, 연필 등은 관찰의 기록을 위해 필요하다.
- 참고 서적을 준비해 주면 큰 유아들은 이를 참고할 수 있다.

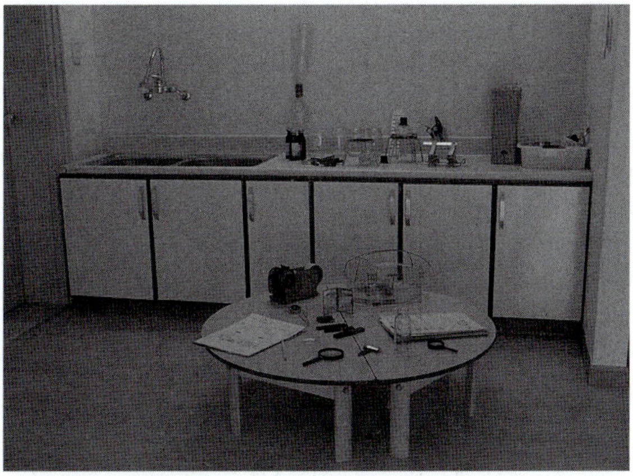

[그림 7-3] 과학 영역 구성의 예

(4) 조작놀이 영역

조작놀이 영역은 유아들의 눈과 소근육 협응 능력을 증진시키는 활동이 이루어지는 곳으로, 유아들이 수학적 개념을 획득하고 새로운 개념을 학습시키는 능력을 발달시키기 위해서는 다양한 수학적인 교구들을 실제로 다뤄 보는 것이 필요하다. 조작 영역을 구성할 때는 다음과 같은 점을 고려하여야 한다.

- 편리한 곳에 개방식 선반과 커다란 테이블과 의자를 준비한다.
- 선반에 난이도가 다양한 여러 가지 자료들을 많이 준비한다. 다양한 수학적 양적 사고가 가능한 자료들을 준비한다.

- 정리를 위해 투명한 플라스틱 용기에 이름을 써서 붙인다.
- 새로운 게임이나 자료들을 준비해 주며 사용법과 관리에 대해서도 알려 준다.
- 개방식 자료, 스스로 조작하는 자료, 게임 등을 골고루 갖추어 둔다.
- 큰 유아들을 위해서는 활동을 기록할 필기도구를 준비해 준다.
- 모든 자료를 한꺼번에 제공하여 주지 말고 규칙적으로 바꾸어 준다.
- 종일반의 경우 유아의 관심을 계속 끌도록 오전과 오후에 자료를 바꾸어 준다.
- 활동을 어떻게 해야 하는지 무엇을 해야 하는지에 대하여 사진이나 그림을 통해 방법을 보여 준다.

[그림 7-4] 조작놀이 영역 구성의 예

(5) 쌓기놀이 영역

비교적 개방적인 교구인 블록들은 모든 발달 영역에 쉽게 적용되기 때문에 이 영역에서 유아들의 많은 기술과 능력들이 촉진된다. 구부리기, 올리기, 쌓기, 균형 맞추기, 밀기, 당기기, 뻗기를 통해 발달되는 미세 근육과 대근육 협응 외에도 방향성, 손재주, 눈과 손의 협응, 배열, 문제 해결, 사회화, 패턴의 개념화, 균형에 대한 이해를 증가시킨다. 쌓기놀이 영역 구성 시 다음과 같은 점을 고려하여야 한다.

- 대집단 활동으로도 이용될 수 있는 넓은 공간을 마련한다.

- 진열대나 선반을 이용하여 삼면이 닫힌 공간을 마련한다.
- 조용한 영역과 떨어진 공간에 마련한다.
- 영역의 바닥은 딱딱하고 무늬가 없는 마루를 깐다. 카펫을 깔 수도 있으나 너무 푹신거리면 블록이 잘 세워지지 않으므로 되도록 편편할수록 좋다.
- 각각의 모양대로 담을 수 있는 박스를 준비하며 박스 겉에 어떤 모양을 넣어야 하는지를 표시하여 준다.
- 쌓기놀이와 더불어 사용할 수 있는 다른 도구와 소품을 준비하고 이를 따로 보관하여 블록과 섞이지 않도록 한다.
- 블록을 조심스럽게 다루는 규칙을 정한다. 유아들은 사용에 필요한 블록만을 가지고 놀며 항상 깨끗하게 유지하게 한다.
- 동시에 한 영역을 사용할 수 있는 유아의 수를 알려 준다.
- 빌딩이나 건축 주제와 관련된 책이나 잡지, 건축 도면 등을 놓아둔다.
- 이 영역이 대집단 활동으로도 이용된다면 선반에 커튼을 달아 블록이 보이지 않도록 한다. 이렇게 해야 유아들이 이에 한눈팔지 않고 대집단 활동에 집중할 수 있다.

[그림 7-5] 쌓기놀이 영역 구성의 예

(6) 역할놀이 영역

역할놀이 영역에서 유아들은 자신의 경험을 재연하고 상상 속의 역할을 하며 서로 상호작용한다. 이를 통해 유아들은 특정 장소에서 일어나는 일에 대한 이해를 통합하고 확장시킬 수 있고 사회, 가족, 성역할에 대한 다양한 관점을 형성할 수 있다. 또한 자기표현, 어휘 발달, 소속감과 협동, 다양한 사회적 교환 방식을 습득한다. 역할놀이 영역에서 활동과 경험을 촉진시키기 위해서 유아의 연령과 발달 수준, 그리고 개인적 요구와 흥미를 고려하는 것이 중요하다. 역할놀이 영역 구성 시 고려해야 할 점은 다음과 같다.

- 교실의 조용하지 않은 영역에 위치하게 한다. 쌓기놀이 영역 가까이에 위치하게 하면 쌓기놀이 영역으로 확장시킬 수 있다.
- 가구나 다른 선반으로 경계를 만든다.
- 사용을 안 할 경우는 영역을 닫아 놓아 유아들이 언제 놀 수 있고 언제 놀 수 없는지를 알게 한다.
- 소도구들을 준비하여 유아들이 잘 볼 수 있게 하고 유아들이 이를 잘 관리할 수 있도록 라벨을 붙여 둔다.
- 집 영역에는 요리책, 집수리책, 신문이나 다른 서류 등 집에서 많이 볼 수 있는 것 등을 준비한다.
- 규칙적으로 영역을 바꾸어 준다. 새로운 소도구들을 첨가해 주고 이미 있던 것은 1주일이나 2주일 단위로 바꾸어 준다.
- 적당한 책이나 라벨이 붙은 사진, 다른 출판물 등을 준비한다. 예를 들어 캠프에 관한 주제인 경우 캠핑차에 대한 카탈로그를 준비해 두면 좋다.
- 쌓기놀이의 주제와 관련된 소도구들은 활동 뒤에 장이나 높은 선반에 놓으며 흩어져 있지 않도록 한다.

[그림 7-6] 역할놀이 영역 구성의 예

(7) 대집단 영역

대집단 영역은 교실 내에서 일체감을 가장 잘 발달시키는 곳이다. 다양한 목표를 위해 교사와 유아가 전체로 모이거나 노래 부르기, 이야기 듣기, 이야기 나누기, 합창이나 합주, 손가락 놀이하기 등 많은 즐거운 경험과 학습이 이루어지는 공간이다. 대집단 영역 구성을 위한 지침은 다음과 같다.

- 모든 유아와 성인이 편안하게 앉을 수 있는 충분한 공간이 필요하다.
- 시청각 자료를 사용할 수 있도록 전기 콘센트 근처에 위치해야 한다.
- 활동에 방해가 되는 다른 교구들은 덮어 놓는다.
- 어린 유아들을 위해서 자리를 지정해 주는 것도 도움이 된다.

(8) 모래놀이 영역

유아들은 모래와 물을 잘 다룰 수 있으며 이를 가지고 활동하기를 좋아한다. 모래놀이 영역을 구성할 때는 다음과 같은 점을 고려하여야 한다.

- 바닥이 딱딱하며 물이 있는 근처에 뚜껑으로 덮을 수 있는 모래놀이 영역을 만든다. 딱딱한 바닥이 어려우면 카펫이나 다른 바닥 위에 무거운 플라스틱 시트를 올려놓으며 사용하지 않을 경우는 덮어 놓는다.
- 소도구들을 영역 근처에 놓아두고 학습 목표를 위해 주의 깊게 선택하며 항상 같은 것을 사용하지 않는다.
- 유아들이 젖지 않도록 활동복을 준비하고 활동이 끝난 다음에 유아들이 스스로 치울 수 있도록 스펀지나 걸레 등을 준비한다.
- 유아들이 탐구하고 싶어 하는 개념과 관련된 그림이 있는 책, 사진을 전시한다.

(9) 개인 영역

유아는 혼자서 편안히 쉴 수 있는 공간이 필요하다. 매번 활동에 참여할 수는 없으며 그날의 기분이나 상황에 따라 활동에 참여할 수 없거나 원하지 않을 때 혼자 조용히 떨어져 있을 공간이 필요하다. 이곳에는 부분 카펫, 작은 소파나 편안한 의자, 흔들의자, 베개, 담요 등을 마련해 줄 수 있으며, 낮은 가림대를 배치해서 다른 공간으로부터 보호되도록 하여야 한다(양옥승 외, 1999). 유아들이 편안하게 지낼 수 있도록 해 주며 활동에 참여하지는 않아도 친구들의 활동을 지켜볼 수 있으면 더욱 좋다.

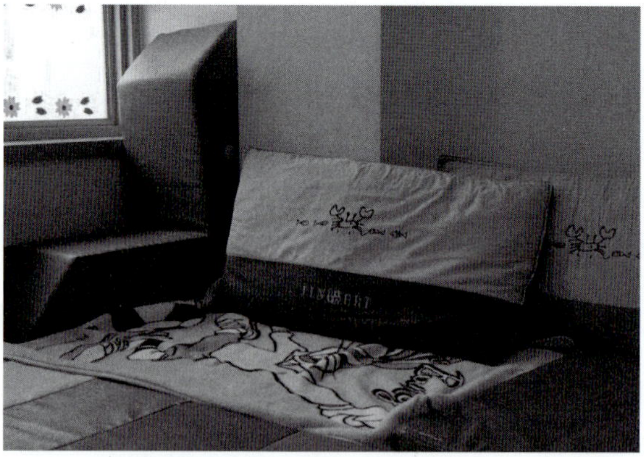

[그림 7-7] 개인 영역 구성의 예

(10) 음률 영역

음률 영역은 음악을 틀어 놓는다든가 유아들이 노래를 한다든가 하는 등 활동적인 공간이므로 쌓기놀이 영역이나 역할놀이 영역 가까이 배치하는 것이 좋다. 음악을 틀 수 있는 녹음기나 카세트 등이 준비되어야 하고 이를 사용하기 위해 전기 콘센트가 준비된 공간이어야 한다.

[그림 7-8] 음률 영역 구성의 예

5) 실내 환경 구성의 실제

흥미 영역별 환경 구성을 위해서는 우선 교실에 배치되어야 할 흥미 영역에 대하여 먼저 고려한다. 위에서 제시된 각 영역별 환경 구성 시 고려해야 할 점을 반영하여 교실의 전체적인 환경 구성을 하여야 한다. 각 교실마다 출입문 위치, 창문의 위치, 싱크대나 수도의 위치 등 고정되어 바꿀 수 없는 조건에 따라 다를 수는 있으나 일반적으로 흥미 영역 구성 지침을 고려하여 구성한 실내 공간 구성의 예는 [그림 7-9]와 같다.

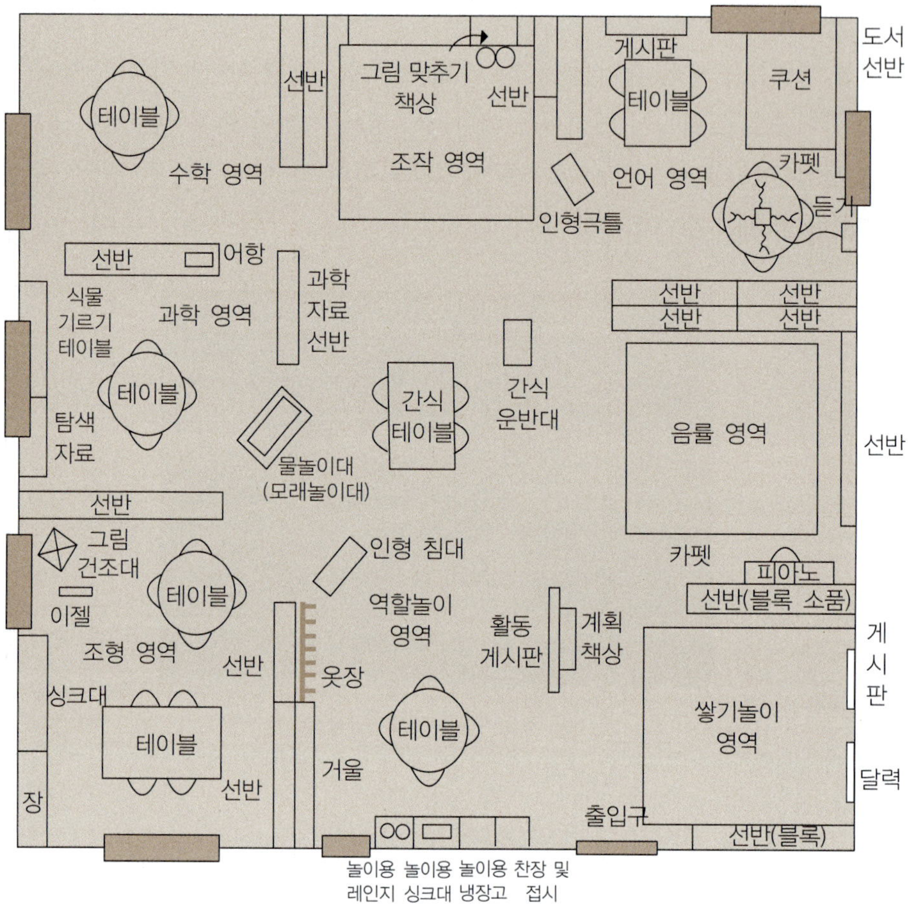

[그림 7-9] 실내 환경 구성의 예

출처: 이영자 · 이기숙 · 이정욱(1999).

위에서 제시된 흥미 영역은 유치원뿐만 아니라 종일제인 어린이집에도 똑같이 적용이 되는 공통적인 흥미 영역이 된다. 그러나 어린이집의 경우는 종일반으로 운영이 되며 영아들을 보육하고 있기 때문에 환경 구성 시 낮잠 영역, 식사 영역, 기저귀 갈기 영역, 화장실 영역 등을 보육실 내에 또는 보육실과 인접한 곳에 배치하여야 한다. 낮잠 영역은 활동적인 영역이나 혼잡한 곳으로부터 떨어진 조용한 장소이어야 하며 기저귀 가는 영역은 물을 사용할 수 있는 싱크대 근처에 위치하여야 하고 기저귀 가는 영역과 식사 영역은 멀리 떨어져 있어야 한다.

또한 영아반의 경우는 발달 특성상 유아들과는 다르게 흥미 영역을 구성하여야 한다. 공간은 대부분 놀이 공간으로 구성된다. 커다란 바닥 영역이 있어야 하며 영아들이 기어 다니기도 하므로 바닥은 항상 깨끗하여야 한다. 마지막으로 어린 유아들이 하루 종일 지내는 환경이므로 무엇보다도 집과 같은 따뜻하고 편안한 환경을 제공해 주어야 한다.

4 실외 환경 구성

실외 활동은 유아를 위한 프로그램에서 빠뜨릴 수 없는 부분이다. 유아들은 실외활동을 통해 대근육 발달뿐 아니라 개념 학습의 기회, 기술과 사회적 관계의 발달 기회, 창작적 활동에의 참여 기회, 놀이 활동을 통해 즐기는 기회를 갖게 된다(이영자 외, 1999).

1) 실외 환경 구성 시 고려 사항

실내 환경을 구성하는 원칙이 실외 환경에도 적용이 된다. 실외 공간의 환경 구성 또한 실내 공간의 환경 구성과 유사하게 구성하며 실내와 실외가 연결되고 흥미 영역으로 공간 배치를 하여야 한다.

실외 공간에 배치할 수 있는 흥미 영역으로는 대근육놀이 영역, 물·모래 영역, 동·식물을 기르는 영역 등이 있고 유아가 쉴 수 있는 휴식 공간이 있다. 실내 영역에서 제시한 쌓기놀이 영역, 미술 영역도 실외에서 같이 운영될 수 있다(심성경 외, 1998). 또한 기후와 계절에 따라 실외 흥미 영역의 범위와 종류는 실내 학습 영역을 보충하거나 반복할 수 있다.

실외 환경을 구성하기 위해서는 다음과 같은 점을 고려해야 한다.

- 유아들의 작은 사고에 즉각적이며 위생적으로 대처할 수 있도록 비상 구급약이나 물품을 준비하여야 한다.
- 놀이터를 점검하며 유아들이 어떻게 기구들을 사용해야 하는지에 대한 지침을 마련한다.
- 한꺼번에 많은 유아들이 같은 기구에서 놀지 않도록 하여야 한다. 순서를 돌아가게 하며 유아들의 관심을 다른 활동에 돌리도록 하여야 한다.
- 유아 및 성인들에게 기구들을 어떻게 사용하는지에 대해 설명한다.
- 어린 유아들은 나무나 미끄럼틀 등에 올라가지 않게 한다.
- 가능한 한 위험을 줄이기 위해 유아들의 놀이 유형을 항상 관찰한다.
- 다른 반의 유아들과 놀이터를 사용하는 시간을 정한다. 어린 유아들과 큰 유아들이 같이 놀지 않도록 한다.
- 표면의 안전 상태나 위험 정도, 유아의 나이 등을 고려한다.

2) 실외 환경 구성의 예

(1) 대근육 활동 영역

대근육 활동 영역은 그네, 미끄럼틀, 시소, 오름대 등의 고정된 놀이 기구를 배치한 영역과 유아들이 자유롭게 공놀이, 달리기, 줄넘기, 타기 등을 하도록 마련된 개방 영역이 있다(양옥승 외, 2001). 유아들이 마음껏 뛰어놀 수 있는 충분한 공간과 기구들을 마련해 주어야 한다.

(2) 물·모래놀이 영역

앞에서 제시된 실내에서의 물·모래놀이 영역이 실외에서도 그대로 적용·설치된다. 단 실외에서는 유아들이 좀 더 자유롭게 물·모래 활동을 할 수가 있다. 실내에서처럼 모래가 떨어진다거나 물이 흐른다든가 등의 걱정 없이 더 자유롭고 활발하게 적극적으로 이 활동을 즐길 수가 있다.

(3) 동식물 기르는 영역

유아는 자연 환경을 좋아하고 많은 것을 배운다. 유아는 성장하면서 자기 주변의 여러 가지 생물에 관심을 가지게 된다. 동물을 키워 본다거나 식물을 기르면서 동식물을 사랑하는 마음을 가지게 되며 자연 현상을 자연스럽게 경험하게 된다. 식물과 작은 동물들은 운동장의 구석진 부분에 위치한다. 동물 사육장은 바람이 잘 통하고 배수가 잘 되는 곳에 마련해서 냄새가 나거나 지저분하게 되지 않도록 한다.

(4) 휴식 공간

실내에서와 마찬가지로 실외에서도 유아가 활동을 하고 싶지 않거나 혼자 있고 싶을 때에 조용히 쉴 수 있는 공간이 마련되어야 한다. 이곳에서 유아는 쉬면서 다른 유아들이 하는 활동을 조용히 지켜보거나 개별적인 활동을 할 수 있다. 휴식 공간은 다른 공간으로부터 방해받지 않도록 그늘진 곳을 선택하여 배치하고 바닥에는 돗자리나 담요를 깔아 주어 휴식을 취할 수 있게 해 준다.

유치원이나 어린이집 유아들은 하루의 대부분을 이곳에서 보내기 때문에 그들의 신체 발달이나 정서 발달을 위해서 실외 활동은 꼭 필요하며 일과 계획에 반드시 포함되어야 한다. 일반적으로 도심지에는 충분한 실외 공간을 갖지 못하는 실정이지만 좁은 공간일지라도 반드시 실외 공간을 갖추는 것이 바람직하며 독자적인 실외 공간을 갖추지 못할 경우 인근의 공공 시설을 활용하는 방법을 고려하여야 한다. 실외 공간을 어린이집의 울타리 밖으로 이웃 놀이터, 공터, 공원 등 손쉽게 접근할 수 있는 자연 공간으로 확대한다면 실외놀이 환경의 부족을 보완할 수 있다(이순형 외, 2001).

[그림 7-10] 실외 환경 구성의 예 I

[그림 7-11] 실외 환경 구성의 예 II

Chapter 08

유아교육기관의 경영

EARLY CHILDHOOD EDUCATION

우리나라 유아교육기관은 1980년대 이후 급격히 양적인 팽창을 하였다. 이제 양적 발전과 더불어 질적 발전이 이루어져야 하며 이를 위해서는 유아교육기관의 합리적 경영이 필요하다. 본 장에서는 유아교육기관의 합리적이고 능률적인 경영을 위해 객관적 기준의 범위 안에서 나름대로의 경영 영역을 설정하고 그 영역별로 구체적인 내용을 다루었다. 그 내용은 유아교육에 관한 인사 관리, 교육 과정 등 교육 활동에 관한 계획, 시설·설비의 관리, 재정 및 사무 관리, 유아교육기관과 가정 및 지역사회와의 관계에 대한 것이다.

1 유아교육기관 경영의 개념

1) 유아교육기관 경영의 의의

유아교육기관 경영은 교육목표를 바탕으로 교육과정을 운영하고, 유아교육기관의 조직을 관리하고 총괄하는 것으로 기관장이 어떠한 교육철학과 목표를 가지는가에 따라 경영 방침과 조직문화가 다르게 나타날 수 있다. 이러한 유아교육기관 경영의 특성은 교육철학과 가치, 신념체계가 조직구성원과 일치할 때 시너지 효과가 나타날 수 있는 장점이 있다.

유아교육기관을 운영하는 데 필요한 사항은 데커와 데커(Decker & Decker, 2001)가 제시한 것처럼 유아교육 프로그램의 목적과 목표를 정하는 문제, 유아들의 개인차를 고려하는 문제, 유아들의 집단 구성에 관한 문제, 교사의 역할을 정의하는 문제, 교직원의 위치를 결정하는 문제, 비품과 학습 자료의 문제, 시설 및 공간 배치의 문제, 일과의 계획과 경영 문제 등이라 할 수 있다.

유아교육기관은 일반적으로 소규모 조직이며 조직 구성원이 대부분 여성으로 상호 밀접한 인간관계를 특성으로 한다(이경자, 2003). 교육목표 설정과 의사결정권을 가진 원장의 교육철학과 경영관이 매우 중요하게 작용한다고 할 수 있다(김혜경, 2012). 그러므로 유아교육기관 경영의 가장 중요한 바탕은 원장의 철학과 가치에 기반한다고 할 수 있다.

유아교육기관의 경영은 원장의 교육철학과 같은 개인적인 요인뿐만 아니라 사회적 요인, 정책적 요인과 맞물려서 이루어진다고 할 수 있다. 특히 2012년 누리과정이 시행된 이후 2013년부터 연령별 누리과정이 확대·시행되어 유아 학비 지원이 이루어짐에 따라 유아교육기관에 대한 국가의 관리·감독이 강화되고 재정의 투명성이 강조되고 있다. 또한 유치원 알리미를 통해 유치원의 주요 정보를 학부모와 일반인에게 공개하여 학부모의 알권리를 보장하고 있다. 이러한 정책적, 사회적 변화 속에서 유치원 경영이 투명하게 이루어지고 공개되는 추세로 유아교육기관 경영의 중요성은 더욱 강조되고 있다. 이 장에서는 유아교육기관의 경영의 투명성, 공공성을 확보하고 2019 개정 누리과정을 교육목적과 취지에 따라 적용하기 위한 유아교육기관 경영에 대한 내용을 소개하도록 한다.

2) 유아교육기관의 경영 영역

유아교육기관을 합리적이고 능률적으로 경영하기 위하여 법적, 객관적 기준의 범위 안에서 나름대로의 경영 영역을 설정하는 것이 필요하다. 김옥련(1985)의 분류에 의하면 그 경영 영역은 〈표 8-1〉과 같다.

표에서 보는 것과 같이 경영 영역의 세부 사항은 대단히 많다. 이 많은 영역을 원활하게 경영하기 위해서 경영자는 구성원들의 특성에 따라 적절하게 업무를 분담하여 기관의 경영을 효율적으로 하여야 한다.

〈표 8-1〉 경영 관리의 영역

	영역	내용
1	유아의 관리	입(전·퇴)학, 반 및 집단 편성, 출결석, 보건, 안전, 간식
2	교직원 관리	채용(전직, 퇴직), 반 담당, 원무 담당, 복지, 교원 연수, 직원회의, 근무 평가, 장학 지도
3	교육 활동의 경영	교육과정 내용의 관리, 반편성, 환경 관리, 특별 활동 코너 관리, 교구, 시청각 교재, 조형 재료 관리, 표준화 검사, 각종 관찰 기록 관리 및 활용, 행사 경영, 운동회, 소풍, 원외 활동지도, 가정 조사, 응급 체제 관리, 외부 전문가 기타 인적 자원 활용
4	시설·설비의 경영	건물, 교실, 유원장, 생활 시설·놀이 시설·관리 시설 설비의 관리, 환경 관리, 안전 관리, 구입, 수리 유지 관리
5	재정 관리	납부금, 보조금, 수입금, 기부금, 차입금, 이월금, 시설비, 교구비, 인건비, 기타
6	사무 관리	사무 분담과 사무 처리 조직, 사무 표준화, 법정 서류 관리, 보고 서류, 기록 서류, 통신, 문서 처리
7	부모와의 협력	PAT, 가정 통신, 부모 교육, 상담, 교육 참관, 가정교육
8	지역사회와의 협력	지역 환경 관리, 지역 기관(초등학교, 경찰서, 소방서, 동사무소 등)과 유아교육 전문 협회, TV·라디오 등 대중매체 기관과의 협력, 지역 봉사

2 유아교육기관의 인사 관리

1) 인사 관리의 개념

교원 인사 관리는 교직원을 대상으로 하는 인사 사무를 의미한다. 여기서 교직원이라 함은 유아교육 활동에 관련된 모든 사람, 즉 유아교육기관에 종사하는 교원과 이들의 활동을 지원해 주는 사람들을 총칭한다. 교원 인사 관리의 궁극적인 목적은 교육 활동과 관련된 인적 자원을 가장 효율적으로 활용하려는 데 있다. 이를 위해서는 유아교육기관의 교육 조직이 훌륭하게 되고 사람을 잘 선발하고 임용하여 적재·적소에 배치하여야 효율적인 경영을 할 수 있다.

유아교육기관의 인사 관리 기본 방향에 대해 김주건(1997)은 다음과 같이 유의해야 할 점을 지적하고 있다.

① 관리의 대상이 인격을 가진 사람이라는 점을 고려해야 한다. 즉, 한 사람 한 사람의 개인적 위신(individual dignity)을 인정하고 존중해야 한다.
② 유아교육기관 특히 자기 기관의 실정(지역사회, 직원 구성, 규모, 시설, 전통 등)을 충분히 분석하고 이에 부합되는 인사 관리 체제를 구축해야 한다.
③ 유아교육기관의 인사 관리는 합리성과 더불어 유연성이 있어야 한다.

유치원 교원능력개발평가가 도입되어 2015~2016년 국공립 유치원과 희망사립 유치원을 중심으로 시범운영하고 2017년부터 국공립 유치원과 사립 유치원 규모별 시행으로 확대 운영하였으며 2018년부터 단계적으로 확대 시행하였다. 유치원 교원능력개발평가를 통해 보다 객관적이고 공정한 평가를 바탕으로 전문성 향상과 지속적인 능력개발을 유도하고 있다(교육부, 2019). 교사평가 결과에 따라 교원의 전문성 향상, 맞춤형 연수 등을 통해 교육활동의 질적 개선을 도모하고 있다. 유아교육기관의 인사관리는 정책 변화를 통해 보다 체계적인 과정으로 이루어져 원장, 원감, 동료교사 및 학부모까지 포괄적인 관점으로 평가를 진행하고 있다.

2) 유아교육기관 교직원 자격과 역할

유아교육기관에서 실무를 담당하는 교직원은 원장 또는 시설장, 원감, 교사, 보조교사 등이다. 이들은 각각의 맡은 지위에 따라 다른 역할과 능력을 요구받으며, 직종에 따라 기대되는 자격 기준도 다르다.

(1) 교직원의 종별과 자격

유치원과 어린이집의 교직원의 종별과 자격 기준은 원장, 시설장, 원감, 교사로 나누어지고 교사의 종별과 자격기준은 제2장의 〈표 2-1〉과 〈표 2-2〉에 제시되어 있고, 원장, 시설장, 원감의 자격 기준은 다음 〈표 8-2〉와 〈표 8-3〉과 같다.

〈표 8-2〉 원장과 원감의 자격 기준

종별 \ 자격	자격기준
원장	1. 유치원의 원감자격증을 가지고 3년 이상의 교육경력과 소정의 재교육을 받은 자 2. 학식·덕망이 높은 자로서 대통령령이 정하는 기준에 해당한다고 교육과학기술부장관의 인정을 받은 자
원감	1. 유치원 정교사(1급)자격증을 가지고 3년 이상의 교육경력과 소정의 재교육을 받은 자 2. 유치원 정교사(2급)자격증을 가지고 6년 이상의 교육경력과 소정의 재교육을 받은 자
비고: 1. 원장·원감, 초·중등교육법의 규정에 의한 교장·교감, 교육장·장학관·장학사·교육연구관·교육연구사의 경력연수는 교육경력연수로 볼 수 있다.	

출처: 「유아교육법」 제22조 제1항 관련 별표 1〈개정 2008. 2. 29, 2010. 3. 24, 법률 제8852호〉.

〈표 8-3〉 어린이집의 원장 자격 기준

자격종류	자격기준
일반기준	1. 보육교사 1급 자격을 취득한 후 3년 이상의 보육 등 아동복지업무 경력이 있는 사람 2. 「유아교육법」에 따른 유치원 정교사 1급 자격을 취득한 후 3년 이상의 보육 등 아동복지업무 경력이 있는 사람 3. 유치원 원장의 자격을 가진 사람 4. 「초·중등교육법」에 따른 초등학교 정교사 자격을 취득한 후 5년 이상의 보육 등 아동복지업무 경력이 있는 사람 5. 「사회복지사업법」에 따른 사회복지사 1급 자격을 취득한 후 5년 이상의 보육 등 아동복지업무 경력이 있는 사람 6. 「의료법」에 따른 간호사 면허를 취득한 후 7년 이상의 보육 등 아동복지업무 경력이 있는 사람 7. 국가 또는 지방자치단체에서 7급 이상의 공무원으로 보육 등 아동복지업무에 5년 이상 근무한 경력이 있는 사람
가정어린이집	1. 일반기준에서 정한 자격을 갖춘 사람 2. 보육교사 1급 이상의 자격을 취득한 후 1년 이상의 보육업무 경력이 있는 사람
영아 전담 어린이집	만 3세 미만의 영아만을 20명 이상 보육하는 어린이집 1. 일반기준에서 정한 자격을 갖춘 사람 2. 간호사 면허를 취득한 후 5년 이상의 아동간호업무 경력이 있는 사람
장애아 전담 어린이집	• 「장애인복지법」 제32조에 따라 장애인으로 등록된 영유아만을 20명 이상 보육하는 어린이집 • 일반기준에서 정한 자격을 갖춘 사람으로서 다음의 어느 하나에 해당하는 사람 1. 대학(전문대학을 포함한다)에서 장애인복지 및 재활 관련 학과를 전공한 사람 2. 장애아 보육시설에서 2년 이상의 보육업무 경력이 있는 사람
「고등교육법」에 따른 대학(전문대학을 포함) 또는 법 제21조 제2항 제2호에 따른 교육훈련시설이 운영(위탁 또는 부설 운영을 말함)하는 어린이집	1. 일반기준에서 정한 자격을 갖춘 사람 2. 어린이집을 운영하는 대학의 전임강사 또는 교육훈련시설의 전임교수 이상으로서 보육 관련 교과목에 대하여 3년 이상의 교육 경력이 있는 사람
위의 어느 하나에 해당하는 사람은 보건복지부령으로 정하는 사전직무교육을 받아야 한다.	

출처: 개정 「영유아보육법 시행령」 제21조 관련 별표 1(2012. 3. 4 현재).

(2) 교직원의 역할

① 원 장

원장은 유아교육기관 전체를 조직하고 관리하고 감독하는 일을 맡을 뿐만 아니라 유아교육기관에서 일어나는 일에 대해 궁극적인 책임을 진다. 따라서 이들은 기관을 효과적으로 운영하기 위해서 전문적인 지식과 기술이 요구된다. 즉, 예산 편성, 인가 규정, 수입과 지출에 대한 지식, 고용, 세무, 해고 과정 등의 전문 지식과 아울러 건강과 안전, 소방 규정, 유아의 영양, 유아와 직원의 평가 방법 등을 이해하고 있어야 한다.

② 원 감

「유아교육법」 제20조에서 제22조에 명시된 것에 의하면 유치원에 교원으로 원감을 둘 수 있고 대통령령이 정하는 일정 규모 이하의 유치원에는 원감을 두지 아니할 수 있다(2011. 10. 26). 원감은 원장을 보좌하여 원무를 관리하고 원아를 교육하며, 원장이 부득이한 사유로 직무를 수행할 수 없는 때에는 그 직무를 대행한다. 다만, 원감을 두지 아니하는 유치원의 경우에는 원장이 미리 지명한 교사가 그 직무를 대행한다. 원감은 자격기준에 해당하는 자로서 대통령령이 정하는 바에 따라 교육과학기술부장관이 검정·수여하는 자격증을 받은 자이어야 한다.

③ 교 사

교사는 보육과 교육을 모두 제공하기 때문에 교사가 필수적으로 갖추어야 할 조건은 부모에 대한 신뢰, 교수 내용과 인간 발달에 대한 이해, 그리고 사회 현상에 대한 올바른 인식 등이다. 더욱이 유아에 대한 사랑과 인내심, 친절함, 따뜻함, 개방성, 안전의 중요성에 대한 이해 등을 가져야 한다. 그리고 학습 환경의 구성, 교육 목표의 선택과 개발, 교실 관리, 유치원과 부모의 중재자 역할, 적절한 교육내용의 선정, 유아의 발달 평가, 적절한 책임자에게 유아의 특별한 요구를 보고하는 일(㉠ 유아 학대, 유아 유기 등), 직원 및 지도 팀 일원으로서의 업무 수행 등의 과업을 수행해야 한다.

④ **사무직원**

사무직원은 각종 공문서 처리, 회계, 교직원과 유아들의 기록 유지 보관 등의 행정 사무의 임무를 담당한다. 소규모의 유아교육기관에서는 원장 혹은 교사가 업무를 담당하기도 한다.

⑤ **영양사와 조리사**

점심과 간식을 제공하는 유아교육기관에서는 영양사가 유아들의 영양을 고려하여 균형 있는 식단을 마련하고 조리사를 두어 위생적인 식사를 제공한다.

⑥ **간호사**

유아교육기관의 간호사는 유아들의 일상적인 건강과 응급 시의 처치 등의 업무를 담당한다.

⑦ **운전기사**

면허증을 소지한 사람이어야 하며 등원, 하원, 견학, 야외 행사 시에 차량을 운행한다. 유아교육기관의 운전기사는 특별히 성격이 차분하고 안전 운행을 할 수 있는 사람이라야 한다.

⑧ **관리인**

유아교육기관의 시설 보수, 관리, 경비 등의 업무를 수행한다. 또한 비품이나 교구의 운반, 실내외 공간의 관리 및 청소를 담당한다.

3) 학급 경영

유아교육기관에서 학급은 최소 단위로서 교수·학습 활동이 직접적으로 이루어지는 기본 단위이다. 일반적으로 학급 경영은 학급 내에 있어서의 교수를 주로 하는 활동과 경영을 주로 하는 활동으로 나눌 수 있다.

(1) 학급 경영의 원리

학급 경영을 구상하고 전개하는 데는 다음의 네 가지 일반적 원칙이 있고 이는 학급 경영 활동 그 자체에 내재되어 있는 속성과 학급 경영 활동을 효율적으로 수행하기 위해서 필요한 요건들을 바탕으로 도출된 것(박병량·주철환, 1999)으로 그 내용은 다음과 같다.

① 교육적 학급 경영

교육적 학급 경영은 교육의 본질과 목적에 부합되도록 운영하는 것으로 그 자체가 교육 활동이기 때문에 교육은 인간 성향의 가변성을 믿고 개인이 지닌 잠재적 가능성을 최대로 발전시키고자 하는 노력이다. 따라서 학급 경영은 학생 개개인의 지적·정의적·신체적 능력을 최대로 개발하여 자아실현된 인간에 도달할 수 있도록 하는 것이다.

② 학생 이해의 학급 경영

학생 이해의 학급 경영이란 학급 경영의 구상과 전개가 학생의 이해를 기반으로 하는 것을 뜻한다. 효과적인 학급 경영을 위해서는 학생의 발달 단계에 따라 지적·정서적·신체적·사회적 발달의 여러 특징과 학습 능력 및 준비도, 그리고 집단의 역학과 사회적 심리의 이해를 근거로 하여 학급의 여러 활동이 구성되고 경영되어야 한다.

③ 민주적 학급 경영

민주적 학급 경영은 민주주의의 이념인 인간존중, 자유·평등, 참여, 합의 등에 입각하여 학급을 경영하는 것을 말한다. 민주적 학급 경영을 하게 되면 학급 구성원 개개인의 인격이 존중되고, 자유로운 학급 분위기가 조성되고, 학생 스스로 결정할 수 있고 책임질 수 있는 자율적 행동이 조장된다.

④ 효율적 학급 경영

효율적 학급 경영은 효과적이고 능률적으로 학급을 운영함을 말한다. 학급 경영의 효과성은 학급의 목표가 성공적으로 달성되는 것을 의미하며, 능률성은 학급의 자원을 경제적으로 이용하여 최대의 성과를 얻는 것을 말한다. 또한 효율성은 집단 구성원의 심리적 만족을 의미하는 뜻으로 사용되기도 한다.

(2) 원아 모집과 학급 편성

① 원아 모집

유아교육기관은 원아 모집을 원활히 하기 위해 지역사회와 학부모들에게 효과적으로 홍보 활동을 해야 한다. 유아교육기관의 홍보 목적은 단순히 원아 모집을 순조롭게 하기 위한 목적뿐만 아니라, 가정과의 원활한 관계를 통해 유아교육의 효과를 높이고 지역사회와의 화합 분위기 조성에 도움을 줌으로써 유아교육기관이 그 지역사회의 센터로서 역할을 할 수 있도록 하기 위함이다.

원아 모집은 새로운 학년도가 시작되기 전까지 마무리되어야 하므로 12~2월 중에 이루어진다. 유치원의 원아 모집 절차는 ① 원아 모집 공고 ② 입학 원서 교부 및 접수 ③ 입학 대상자의 선발과 통보 ④ 입학금 혹은 납입금 납부 ⑤ 입학 대상자 확정 등의 순서에 따르게 된다.

② 학급 편성

「유아교육법 시행령」 제16조(개정 2012. 8. 31, 대통령령 제24074호)에 의하면 "유치원의 학급 수와 학급당 최소 및 최대 유아 수는 유치원의 유형, 지역 여건 등을 고려하여 관할청이 정한다."로 되어 있다.

대부분의 유아교육 전문가들은 현재의 1학급당 원아 수가 유아의 연령 발달에 비추어 교사 대 유아 비율이 높다는 의견을 가지고 있다. 학급 편성은 만 3~5세 유아를 연령별로 편성하기도 하고 만 3~4세 혹은 만 4~5세 혼합 반으로 편성하여 운영하는 경우도 있다. 현재 학급 편성은 각 지방의 교육청에 따라 약간의 차이는 있으나 대체로 연령에 따라 20~30명으로 학급당 인원수로 편성하는 경향이다.

또한 우리나라 어린이집의 학급당 원아 수는 보건복지부령으로 정하고, 보육교직원은 「영유아보육법」 제17조 관련 보육교직원의 배치 기준(제9932호 정부조직법, 개정 2011. 12. 8)에 따라 만 1세 미만의 영아 3인당 1인, 만 1세 이상 만 2세 미만의 영아 5인당 1인, 만 2세 이상 만 3세 미만의 영아 7인당 1인, 만 3세 이상 만 4세 미만의 유아 15인당 1인, 만 4세 이상 미취학 유아 20인당 1인을 원칙으로 하며, 유아 40인당 1인 경우에는 보육교사 1급 자격을 가진 자이어야 한다. 그리고 장애아 보육은 장애아 3인당 1인을 원칙으로 하되, 장애아 9인당 1인은 특수교사 자격소지자로 한다.

4) 장 학

(1) 장학의 개념 및 기능

장학은 일반적으로 교육 행정의 한 구성 요소로서 유아교육기관에서의 교수·학습의 개선을 위하여 제공되는 지도와 조언을 의미한다. 조성일과 장선철(2000)은 장학의 중요한 기능을 첫째, 교사의 전문적 성장을 돕는 일, 둘째, 교육과정 운영의 개선을 돕는 일, 셋째, 교수 학습 지도 개선을 돕는 일, 넷째, 교육 환경과 관리 개선을 돕는 일 등으로 제시하고 있다.

장학 업무의 효율적인 운영을 통하여 교수·학습 활동의 개선과 교육발전의 향상, 그리고 교육 목표의 달성을 도모하기 위해서는 무엇보다 장학 지도의 민주화, 과학화, 전문화를 촉진하는 데 역점을 두어야 한다.

(2) 장학의 유형

① 수업 장학

수업 장학이란 교사의 교수·학습 방법의 개선, 향상 및 실험·실습 교육의 효율화를 위한 전문적인 지도 조언을 목적으로 실시하는 장학 활동이다. 그러므로 수업 장학은 교사의 교수 행위에 직접적으로 영향을 주는 학교 내에서의 제반 지도 활동을 말한다.

② 임상 장학

임상 장학이란 학급 내에서 교사와 유아 사이에 이루어지는 교수·학습 활동의 상호작용 과정에 초점을 두고 장학 담당자와 교사 간에 대면적 상호작용을 하는 장학을 말한다. 이 장학의 기본 자료는 학급 내에서 발생한 교사와 유아 사이의 상호작용 과정을 기록한 것인데, 교사의 지각, 신념, 태도 및 지식을 분석함으로써 이들 결과는 교사의 수업 활동을 개선하고 유아의 학습 효과를 향상하기 때문에 임상 장학은 수업 장학의 한 방법이라고 할 수 있다.

③ 동료 장학

동료 장학은 관심 분야가 같은 교사들이 모임을 통해 수업 방법을 개선하고자 상호 지도, 조언해 줌으로써 교수 기술 향상과 전문적 성장을 도모하기 위한 장학 활동이다. 동료 장학은 같은 기관 내에 근무하는 동료 교사들이 쉽게 만나 협동하고 노력하여 행정 계층에서 오는 위화감 없이 친근감을 갖는 분위기에서 교사들 간 수업 활동을 도와준다. 그리고 같은 교사의 입장이기 때문에 교사 간의 교수 상황을 잘 이해할 수 있어 교수 활동의 효과성을 극대화할 수 있다는 장점을 가지고 있다.

④ 요청 장학

요청 장학은 일선 기관에서 교사에게 교수·학습 방법에 관한 전문적 지도가 필요하다고 판단하여 장학사 혹은 전문가를 초청함으로써 이루어진다. 요청 장학은 교과 영역을 중심으로 장학 협의팀(원장, 원감, 대학 교수 등 참여)을 구성하고 이 장학 요원을 파견하여 집중적으로 실시한다.

(3) 장학 담당자의 자질

장학 담당자는 업무 수행 과정에서 최선의 방법을 발견하고 그 방법을 하나의 지침으로 하여 그 지침을 교사들에게 제공한다. 이런 역할을 성공적으로 수행하기 위해서는 일반적으로 지도성, 융화 단결, 의사소통 능력, 결정 과정에의 참여 정신 등을 갖추어야 한다. 장학 담당자들이 공통적으로 지녀야 할 특수한 자질은 다음과 같다.

- 인간적으로, 전문적으로 우수한 교사의 자질을 갖추어야 한다.
- 다른 사람에게는 그다지 분명하지 않는 문제에도 민감한 태도를 가져야 한다. 특히 프로그램의 목적, 방법론, 교사-유아 상호 관계의 영역에서 그러한 태

도가 꼭 필요하다.

- 모든 교사의 문제점과 어려움을 수용할 수 있어야 한다.
- 뛰어난 의사소통 기술을 갖고 있는 교수와 송환 기술을 연마해야 한다.
- 자기 평가의 중요성을 인식시켜 교사로 하여금 자기 자신에게 늘 비판적인 태도를 지니도록 고무한다.
- 교사의 입장보다는 유아를 보호해야 한다는 입장에서 일을 처리할 줄 알아야 한다.

3 교육과정의 계획과 관리

1) 유아교육과정의 계획 절차

유아교육기관을 경영하는 데 가장 중요한 것은 경영자가 유아교육의 어떤 심리적·생태학적·철학적 견해를 가지고 프로그램의 방향을 설정하고 그 기초를 결정하는가이다. 이 결정에 따라 교육과정의 유형이 결정되고 행정적 요소와 교육적 요소도 구체적으로 결정되며 이러한 모든 구성 요소는 항상 상호 연결되면서 실행된다.

행정적, 교육적 구성 요소의 평가에 의해 전반적 프로그램의 평가가 이루어지고 프로그램의 평가에 기초하여 실천적 기초의 재검토 및 수정·보안이 이루어진다. 이러한 유아교육기관 프로그램의 계획, 실행 평가의 체계를 도표화하면 [그림 8-1]과 같다.

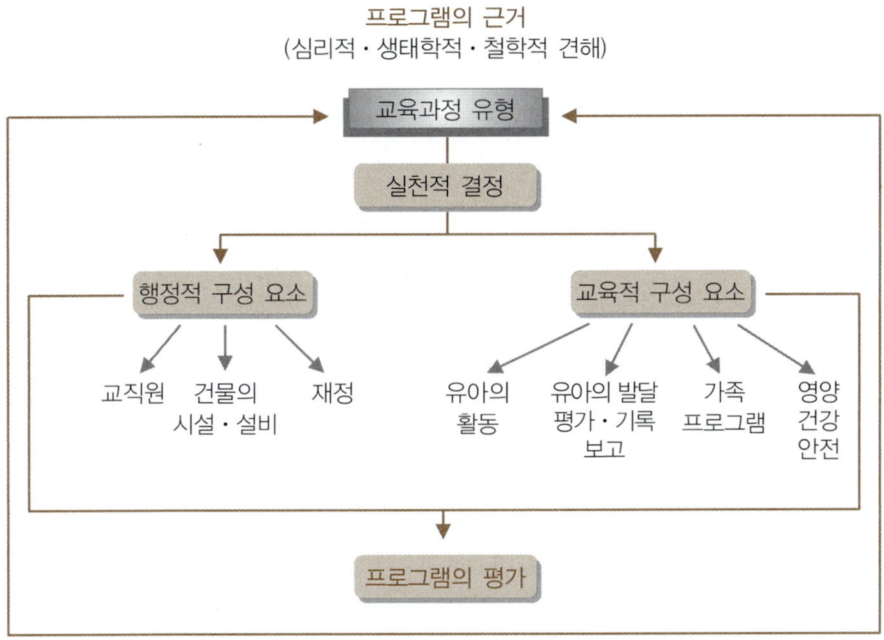

[그림 8-1] 프로그램의 계획, 실행, 평가 체계

출처: Decker & Decker(2001). Planning and administering early childhood programs.

2) 교육과정의 계획과 운영

유아교육 프로그램은 유아교육기관이 택한 실천적 기초에 따라 교육과정이 일관성 있게 계획되고 운영되어야 한다. 한 유아교육기관 내에서도 연령과 운영 시간에 따라 교육과정의 계획 및 운영은 달라지며 유아가 학습과 발달을 이룰 수 있도록 교사가 수립하는 교육 계획은 연간 교육 계획, 월간 교육 계획, 주간 교육 계획, 일일 교육 계획 등이 있다. 유아들에게 적합하면서도 효율적인 프로그램을 계획하고 운영하기 위하여 고려하여야 할 점은 다음과 같다.

- 프로그램이 지향하는 교육 목표를 설정하고, 이에 기초하여 교육 계획을 수립한다.

- 교육 계획의 발달적 적합성을 고려한다.
- 교육 계획의 융통성을 고려한다.

2019년 누리과정이 개정됨에 따라 유아·놀이중심 누리과정의 개정 중점에 따른 교육과정의 계획과 운영 시 고려해야 할 점을 살펴보면 다음과 같다. 먼저 누리과정의 성격으로 2019 개정 누리과정에서 신설된 내용이다(교육부, 2019).

- 국가수준의 공통성과 지역, 기관 및 개인 수준의 다양성을 동시에 추구한다.
- 유아 중심과 놀이 중심을 추구한다.
- 유아의 전인적 발달과 행복을 추구한다.
- 유아의 자율성과 창의성 신장을 추구한다.
- 유아, 교사, 원장(감), 학부모 및 지역사회가 함께 실현해 가는 것을 추구한다.

누리과정 운영 시 누리과정의 성격을 고려하여 다양성을 추구하고, 유아의 자율성과 참여를 중시하는 것을 알 수 있다. 유아에게 가장 적절한 교육과정 실제가 있다는 기존의 관념에서 벗어나 지역사회와 가정의 배경, 유아 개인의 고유성을 바탕으로 다양한 교육과정 편성과 운영의 실제가 가능함을 시사한다고 할 수 있다.

누리과정의 편성·운영에서는 바깥놀이를 포함하여 유아의 놀이가 충분히 이루어지도록 편성하여 운영한다는 내용을 두어 하루 일과의 중심이 유아의 놀이에 있음을 분명히 하고, 일과를 편성하고 운영할 때 유아의 놀이가 충분히 이루어질 수 있도록 해야 함을 강조하고 있다. 이러한 누리과정의 개정 중점에 따라 각 유아교육기관에서는 놀이를 중심으로 충분한 시간을 안배하는 한편, 기관과 가정, 개인의 특성이 반영된 각 유아교육기관별, 학급별 특성을 살린 일과를 편성해야 할 것이다.

4 시설·설비의 관리

1) 유아교육기관 시설·설비의 개념

유아교육시설은 유아들의 교육을 일정한 장소에서 계속적으로 운영할 수 있도록 하기 위하여 설치되어 있는 물적 조건으로 건물 및 건물 속의 현관·복도·활동실과 유희실 등의 크기, 구조 등과 관련된 것을 의미하고, 설비는 책·걸상, 선반, 가구 등과 관련된 것으로 넓게는 교재·교구를 포함시킬 수 있다. 이러한 유아교육기관의 시설을 분류해 보면 다음과 같다(교육부, 1994).

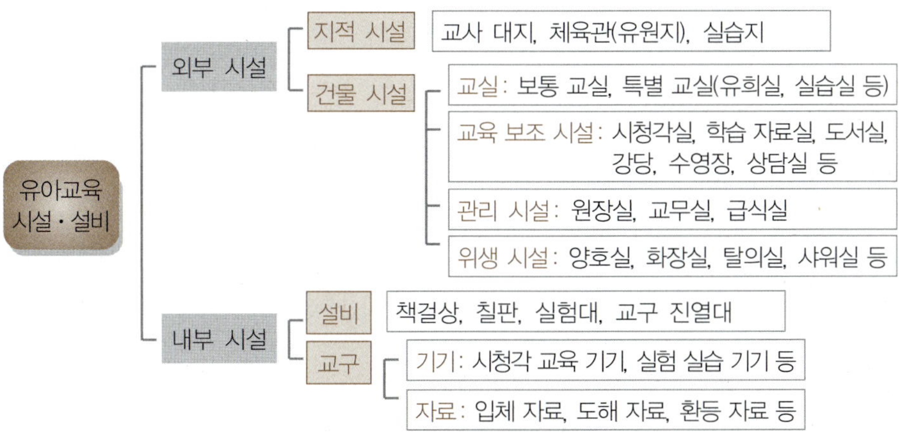

[그림 8-2] 학교 시설의 분류

2) 유아교육의 시설·설비의 기준

유아교육시설에 관한 법령에는 「유아교육법」, 「유아교육법 시행령」, 「유치원 시설·설비 기준령」, 「유치원 교구·설비 기준령」, 「영유아보육법」 등이 있다. 이들 중에 「유아교육법 시행령」 제8조(일부개정 2012. 8. 31, 대통령령 제24074호)

의 「유치원 시설·설비 기준령」, 「유치원 교구·설비 기준령」과 「영유아보육법」을 중심으로 유아교육기관의 시설·설비 기준을 다음에서 살펴보기로 한다.

(1) 유치원 시설·설비 기준령

- 교사의 기준 면적(㎡)(제3조 제2항 관련)

= 5N(정원 40명 이하), 80 + (3 × 원아 정원) (정원 41명 이상)

- 보통 교실: 학급 수 동일, 1실당 66㎡ 이상(학급당 30인 이하는 50㎡ 이상)
- 유희실: 1실당 66㎡ 이상, 4학급 이상은 2실 이상
- 유원장과 유희실, 유희실과 보통 교실 겸용 가능

- 체육장의 기준 면적(㎡)(제5조 제2항 관련)

= 160㎡(정원 40명 이하), 120㎡ + 학생 정원(정원 41명 이상)

- 40명 이하: 160㎡
- 40명 이상: 1㎡/1인 가산

(2) 어린이집

「영유아보육법」 제9조(어린이집의 설치 일반기준)와 제15조의 규정에 의한 어린이집의 설치 일반기준 별표 1은 〈표 8-4〉와 같다(개정 2011. 12. 8, 2012. 10. 31).

〈표 8-4〉 어린이집의 설치 기준

보육실	① 보육실은 건축법령상의 층수와 관계없이 해당 층 4면의 100분의 80 이상이 지상에 노출되어 있고, 해당 층 주 출입구의 하단이 지표면으로부터 1미터 이내인 층(이하 "1층"이라 한다)에 설치하여야 한다. 다만, 다음 각 호의 어느 하나에 해당하는 경우는 예외로 한다. ㉮ 해당 층 4면의 100분의 50 이상 100분의 80 미만이 지상에 노출되고, 해당 층 주 출입구의 하단이 지표면으로부터 1미터 이내이며, 지방보육정책위원회의 심의를 거쳐 채광·환기·습도·침수 등 영유아의 건강과 안전에 문제가 없는 것으로 확인된 해당 층에 어린이집을 설치하는 경우 ㉯ 건물 전체를 하나의 어린이집으로 사용하면서 1층[㉮의 경우를 포함한다] 이상 5층 이하에 보육실을 설치하는 경우. 다만 영아를 위한 보육실은 1층[㉮의

<table>
<tr><td>보육실</td><td>경우를 포함한다]에 우선적으로 배치하여야 한다.
㉰ 사업장이 있는 건물의 1층[(㉮)의 경우를 포함한다] 이상 5층 이하에 직장 어린이집을 설치하는 경우
㉱ 300세대 이상의 아파트단지 전체가 「건축법 시행령」 제119조제1항제3호다목에 따른 필로티나 그 밖에 이와 비슷한 구조인 경우에 그 위층에 어린이집을 설치하는 경우(필로티나 그 밖에 이와 비슷한 구조인 층에 거주공간이 없을 경우만 해당한다)
㉲ 산업단지에 있는 건물의 1층[(㉮)의 경우를 포함한다] 이상 5층 이하에 제5조의4에 따른 어린이집을 설치하는 경우
㉳ 산업단지에 있는 「산업집적활성화 및 공장설립에 관한 법률」에 따른 지식산업센터 건물의 1층[(㉮)의 경우를 포함한다] 이상 5층 이하에 어린이집을 설치하는 경우
② 보육실은 거실, 포복실 및 유희실을 포함하여 영유아 1명당 2.64제곱미터 이상으로 한다.
③ 보육실에는 침구, 놀이기구 및 쌓기놀이 활동, 소꿉놀이 활동, 미술 활동, 언어 활동, 수학·과학 활동, 음률 활동 등에 필요한 교재·교구를 갖추어야 한다.
④ 어린이집은 환기·채광·조명·온도 및 습도가 적절히 유지·관리되도록 하여야 한다.
⑤ 보육실은 바닥난방시설을 갖추어야 한다.
⑥ 그 밖에 보육실 설치에 필요한 구체적인 기준은 보건복지부장관이 정한다.</td></tr>
<tr><td>조리실</td><td>① 조리실은 채광이 잘 되도록 하고, 기계 환기시설을 하여 청정한 실내 환경을 유지하도록 하며, 창문에는 방충망을 설치하여야 한다.
② 식기를 소독하고 위생적으로 취사 및 조리할 수 있는 설비를 갖추어야 한다.
③ 공공기관이나 사회복지관 안에 설치된 어린이집의 경우에는 같은 건물에 있는 조리실을 함께 사용할 수 있으며, 유치원과 같은 건물에 설치된 어린이집은 유치원의 조리실을 함께 사용할 수 있다.</td></tr>
<tr><td>목욕실</td><td>① 목욕실은 난방을 하여야 한다.
② 바닥은 미끄럼 방지장치를 하여야 한다.
③ 샤워설비, 세면설비 및 냉온수 공급을 위한 설비를 갖추어야 하며, 수도꼭지는 온수 사용 시 화상을 입지 아니하도록 온도를 조정 및 고정할 수 있어야 한다.
④ 목욕실은 보육실과 인접한 공간에 위치하여야 한다.</td></tr>
<tr><td>화장실</td><td>① 바닥은 미끄럼 방지장치를 하여야 한다.
② 세정장치와 수도꼭지 등은 냉온수의 온도를 조정 및 고정할 수 있어야 한다.
③ 화장실은 수세식 유아용 변기를 설치하고, 보육실과 같은 층의 인접한 공간에 설치하여야 한다. 다만, 가정어린이집의 경우 성인용 변기에 디딤판과 탈부착식 유아용 변기를 설치하고 이동식 유아용 변기를 갖춘 경우에는 유아용 변기를 설치하지 아니할 수 있다.</td></tr>
<tr><td>놀이터</td><td>① 보육 정원 50명 이상인 어린이집(12개월 미만의 영아만을 보육하는 어린이집은 제외한다)은 영유아 1명당 3.5제곱미터 이상의 규모로 옥외놀이터를 설치하는</td></tr>
</table>

놀이터	것을 원칙으로 한다. 다만, 보건복지부장관이 어린이집 규모(정원)에 따라 같은 시간대에 놀이 활동에 참여하는 최대 영유아 수 및 면적의 기준을 정하는 경우에는 그 기준에 따라 놀이터를 설치할 수 있다. ② 옥외놀이터에는 모래밭(천연 및 인공 잔디, 고무매트, 폐타이어 블록 또는 「어린이놀이시설 안전관리법」에서 정하는 기준에 적합한 것을 포함한다)에 6세 미만의 영유아가 이용할 수 있는 대근육 활동을 위한 놀이기구 1종 이상을 포함하여 놀이기구 3종 이상이 설치된 옥외놀이터를 설치하여야 한다. 다만, 업무용시설 밀집지역 등 지역적 특수성에 따라 옥외놀이터를 설치하는 것이 불가능한 경우에는 옥내놀이터(지하층에는 설치 불가)를 설치하거나 「어린이놀이시설 안전관리법」에 따라 설치·관리되는 인근놀이터를 활용할 수 있되, 활용하는 것으로 인정되는 경우는 6세 미만의 영유아가 이용할 수 있는 놀이기구가 3종 이상이 설치되고 놀이터의 관리주체가 사용을 승낙한 경우로 한정한다. ③ 옥내놀이터는 다음과 같이 설치한다. ㉮ 옥내놀이터는 놀이터로 사용하는 공간 및 그 주변에 소음·분진·폭발·화재의 위험이 없어야 하며, 실내공간을 활용하는 경우 조명·채광·환기·온도·습도가 적정하여야 한다. ㉯ 어린이집에 엘리베이터가 설치되지 아니한 경우 옥내놀이터는 보육실로부터 5층 이내에 설치하며, 층 간 이동을 위하여 아동용 손잡이 레일을 설치하는 등 안전에 필요한 장비를 구비하여야 한다. 이 경우 아동용 손잡이 레일은 영유아가 잡거나 짚고 올라갈 수 없는 구조여야 하며, 영유아의 신체가 빠지거나 끼는 사고가 없도록 설치한다. ㉰ 옥내놀이터를 어린이집으로 사용하는 건물 내의 실외공간에 설치하는 경우에는 울타리나 보호난간을 최소 1.5미터 이상으로 설치하되 놀이기구의 높이 등에 맞춰 안전을 확보할 수 있는 높이로 설치하여야 하고, 그 밖에 안전에 필요한 장비를 구비하여야 한다. 이 경우 울타리나 보호난간의 재질은 부식·파손의 위험이 없어야 하며, 영유아가 잡거나 짚고 올라갈 수 없는 구조로 설치하되, 난간 사이에 간격이 있는 경우 그 안치수는 80밀리미터 이하로 하여야 한다. ㉱ 옥내놀이터를 어린이집의 최상층 바닥면에 설치하는 경우, 울타리나 보호난간은 바닥면 최하단으로부터 1.2미터까지는 콘크리트·조적(벽돌 등) 또는 강화유리 등으로 설치하여야 하고, 고정식 놀이기구는 해당 층 바닥이 설치하고자 하는 놀이시설의 하중을 견딜 수 있도록 건축되어 있고, 「어린이놀이시설 안전관리법」에서 정한 기준에 적합한 경우에 설치할 수 있다. ㉲ 건물 2층 이상에 옥내놀이터를 설치하는 경우, 영유아보육법령에서 정하는 비상재해 대비시설을 갖추어야 한다.

<table>
<tr><td>놀이터</td><td>④ 어린이집의 놀이터, 놀이기구 및 어린이용품은 「품질경영 및 공산품안전관리법」, 「어린이놀이시설 안전관리법」 및 「환경보건법」에서 정한 기준을 준수하여야 한다.
⑤ 그 밖에 놀이터 설치에 필요한 구체적인 기준은 보건복지부장관이 정한다.</td></tr>
<tr><td>급배수 시설</td><td>① 상수도 또는 간이상수도에 의하여 먹는 물을 공급하는 경우에는 저수조를 경유하지 아니하고 직접 수도꼭지에 연결하여 공급하여야 한다. 다만, 직접 수도꼭지에 연결하기 곤란한 경우는 제외한다.
② 어린이집에서 지하수를 음용수로 사용할 경우에는 저수조 등의 시설을 경유하여야 한다.
③ 더러운 물, 빗물 등이 잘 처리되도록 배수설비를 하여야 한다.</td></tr>
<tr><td>비상재해 대비시설</td><td>① 소화용 기구를 갖춰 두고 비상구를 설치하는 등 비상재해에 대비한 시설을 갖추어야 한다. 이 경우 비상구는 상단에 비상구 유도등을 달고 잠금장치를 문 안쪽에 설치하여야 한다.
② 어린이집은 비상시 양 방향으로 대피할 수 있어야 하며, 각 층별 출구 및 대피시설 등은 다음의 구분에 따른다.
㉮ 어린이집이 건물 1층인 경우: 주 출입구 외에 도로 등 안전한 외부 지상과 연결이 가능한 1개 이상의 출구[비상구 또는 유사시 사람의 출입이 가능한 창 또는 개구부(開口部)]를 어린이집 주 출입구의 반대방향에 설치하거나 장변길이의 2분의 1 이상을 이격하여 설치할 것. 이 경우 출구의 규격은 유효 폭 0.75미터 이상 유효 높이 1.75미터 이상이어야 하고, 출구의 최하단은 안전한 외부 지표면으로부터 1.2미터 이하여야 한다.
㉯ 어린이집이 2층과 3층인 경우: 비상계단 또는 대피용 미끄럼대를 영유아용으로 설치하고 그 밖에 안전사고 및 비상재해에 대비한 대피시설, 장비 등을 구비할 것. 다만, 「건축법 시행령」 제34조제2항에 따라 어린이집 내부에 직통계단을 2개소 이상 설치하거나, 「소방시설 설치유지 및 안전관리에 관한 법률 시행령」에 따른 스프링클러설비(간이스프링클러설비를 포함한다)를 건물 전체에 걸쳐 유효하게 설치하고 「소방시설 설치유지 및 안전관리에 관한 법률」 제9조제1항에 따라 소방방재청장이 정하여 고시하는 피난기구의 화재안전기준에 따른 피난기구를 「소방시설 설치유지 및 안전관리에 관한 법률 시행령」 별표 4에 따라 설치한 경우에는 비상계단 또는 대피용 미끄럼대를 설치하지 않을 수 있다.
㉰ 어린이집이 4층과 5층인 경우: 「소방시설 설치유지 및 안전관리에 관한 법률 시행령」에 따른 스프링클러 설비 및 자동화재탐지 설비를 건물 전체에 걸쳐 유효하게 설치하고, 건물 내에 양방향 대피가 가능한 2개소 이상의 직통계단을 설치하며(2개 이상의 직통계단 설치가 곤란한 경우에는 직통계단 1개소는 건물외부에 비상계단을 설치하여 이에 갈음할 수 있다), 보육실의 주출입구는 직통계단 또는 비상계단까지의 보행거리가 30m 이내가 되도록 설치하고, 건물의 천장</td></tr>
</table>

비상재해 대비시설	·바닥과 벽체 등의 내부마감재는 불연재로 설치하며, 벽체 등에는 가연성 장식물을 부착하지 아니하고, 조리실은 내화구조로 된 바닥, 벽 및 「건축법 시행령」 제64조에 따른 방화문으로 외부와 구획하며, 「소방시설 설치유지 및 안전관리에 관한 법률 시행규칙」 제7조에 따른 연소우려가 있는 건축물의 구조가 아니어야 하고, 2급 이상의 방화관리자를 고용(직원 중 방화관리자 자격증을 가진 자가 있을 경우에는 그러하지 아니하다)하여 방화관리를 할 것. ③ 그 밖의 소방시설의 설치는 「소방시설 설치유지 및 안전관리에 관한 법률 시행령」 별표 4에 따르며, ①부터 ③까지에서 정한 소방 및 화재 대피시설에 대하여 특별자치도지사·시장·군수·구청장이 요청하는 경우에는 관할 소방관서는 그 설치 여부를 확인한 후 통보한다. ④ 가스를 사용하는 경우에는 「도시가스사업법」, 「액화석유가스의 안전관리 및 사업법」에서 정한 규정에 따라 설치하고 관리하여야 한다. ⑤ 그 밖에 비상재해대비시설 설치에 필요한 구체적인 기준은 보건복지부장관이 정한다.
그 밖에 실내설비	① 영유아가 접근할 수 없는 안전한 장소에 응급조치를 위한 비상약품 및 간이 의료기구 등을 갖춰 두어야 한다. ② 비상구를 제외한 모든 출입문 및 창문은 안쪽에서 잠길 우려가 없어야 하고, 밖에서 쉽게 열 수 있어야 하며, 출입문 및 창문의 가장자리에는 영유아의 손이 끼지 아니하도록 손 끼임 방지 고무패킹이나 완충장치를 설치하여야 한다. ③ 돌출형 방열기(라디에이터)는 영유아의 신체가 직접 닿지 아니하도록 울타리를 설치하여야 하며, 이와 유사한 온열기를 사용하는 경우에는 영유아가 직접 온열기에 닿지 아니하도록 적절한 보호장치를 설치하여야 한다. ④ 책상, 의자 등 가구의 모서리는 둥글고 표면이 매끄럽게 처리된 것이나, 고무 등으로 모서리에 보호장치를 설치하여야 한다. ⑤ 보육실에 설치된 교구장, 수납장 등은 안전을 위하여 아래 부분에 무거운 비품을 보관하여야 하고, 선반을 설치하는 경우에는 물건이 떨어지지 아니하도록 지지대를 설치하여야 하며, 무거운 물건은 너무 많이 쌓아 놓아서는 아니 된다. ⑥ 보일러 설비, 퓨즈박스(두꺼비집), 화기, 소독수, 살충제, 조리실의 칼·가위·포크·랩 등은 영유아의 손이 닿지 아니하는 위치에 배치되어야 한다. ⑦ 어린이집 내부(벽, 천장 등)의 마감재료는 「건축법 시행령」 제2조에 따른 불연재료, 준불연재료 또는 난연재료를 사용하여야 하며, 보육실은 「환경보건법 시행령」 제16조에 따른 환경안전관리기준을 준수하여 설치하여야 한다. 실내장식물과 창문에 설치하는 커튼류 및 카펫 등 「소방시설설치유지 및 안전관리에 관한 법률」 제12조에 따른 방염대상물품은 소방시설설치유지 및 안전관리에 관한 법령에 따른 방염 성능이 있는 것으로 설치하여야 한다.

3) 유아교육시설의 원리

유아교육기관의 시설은 유아들이 안정된 분위기에서 즐겁게 학습할 수 있도록 실용성과 유용성, 건강성, 아름다움, 또는 매력을 가지고 있어야 한다. 이러한 제 특성들을 고려하여 유아교육기관의 시설에서 중요시해야 할 사항은 다음과 같다(임재택, 2001).

- 유아교육시설은 유아 중심적이어야 한다.
- 유아들과 교직원들의 안전을 최대한 중요시해야 한다.
- 건물의 형태는 대상 유아들의 발달 수준이나 흥미 및 요구에 따라야 한다.
- 건물은 장애아들을 고려해서 계획하는 것이 중요하다.
- 공간과 교구의 배치를 변화시킴으로써 건물 사용의 효율성을 높일 수 있어야 한다.
- 시설이나 설비를 계획할 때는 융통성을 중요시해야 한다.
- 유아교육기관의 시설이나 설비를 계획할 때는 비용을 고려해야 한다.
- 유아교육기관을 설립하고자 할 때에는 시설의 위치를 중요시해야 한다.

4) 유치원 시설의 위치 및 건물의 구조

(1) 시설의 위치 및 주변 환경

- 토지의 형태는 불규칙한 형태보다는 직사각형이나 정사각형이 좋으며 방위는 동서 간의 길이가 긴 것이 바람직하다. 경사진 토지인 경우 북쪽보다 남쪽이 낮아야 한다. 또 높낮이의 차이가 있는 토지일 때, 기복이 심하지 않아 그것을 잘 이용할 수 있다면 원지에 변화를 주므로 오히려 좋은 경우도 있다.
- 원지나 그 주위가 습기가 차지 않고 지반이 견고하여야 한다. 지면이 약간 볼록하고 주위보다 적당히 높은 지대일 때 자연적 배수가 되므로 좋다.
- 햇빛이 잘 들어오고 태풍, 돌풍, 강설 등 자연 재해의 위험성이 없어야 한다.

- 주위에 교통이 빈번한 도로나 철도 또는 위험한 강, 바다, 연못, 호수가 없어야 한다.
- 주변에 공장, 쓰레기장 등으로부터 유해 가스, 매연, 먼지, 소음, 병원균 등이 들어올 염려가 없어야 한다.
- 풍기가 문란하거나 소란스러움으로부터 유아에게 위해를 줄 염려가 없어야 한다.
- 수도, 전기, 가스, 전화, 공원 등의 지역사회 자원을 이용하기에 편리해야 한다.
- 지역 개발 계획상의 규제 사항을 조사하여 미래의 전망을 판단한다.

(2) 건물의 형태

유아교육기관의 건물은 단층이 좋으며 그 이유는 다음과 같다.

- 유아의 모든 활동이 한 층에서 이루어질 때 교사의 시간과 노력이 절약된다.
- 실내놀이와 실외놀이 간의 감독 및 의사소통이 용이하다.
- 교사를 포함한 어른들의 지원이 보다 능률적으로 활용될 수 있으며, 프로그램도 융통성 있게 활용될 수 있다.
- 유아가 실내와 실외를 쉽게 드나들 수 있으므로 활동이 바뀔 때 종종 발생하는 유아 간의 갈등이 감소된다.

5 유아교육기관의 재정 및 사무 관리

유아교육기관을 경영하기 위해서는 유아교육기관의 계획을 실천할 수 있는 재정 확보가 요구된다. 국공립 유아교육기관의 경우 교원 인건비와 운영비가 지방교육비 특별 회계 예산에서 결정되어 지원되므로 재정 확보의 어려움이 없으나 사립 유아교육기관의 경우 재정적 지원이 없으므로 교육비로 모든 재정 운영이 이루어져야 한다. 재정 확보가 이루어진 후에도 관리가 적절히 이루어져야 기관의 교육목적에 부합한 예산 집행을 할 수 있다. 이와 관련하여 전국의 초·중·고등학교와 국공립 유치원이 2010년부터 시행했던 에듀파인 시스템은 2020년부터 모든 유치원에 도입되어 회계의 투명성을 확보하기 위한 노력을 기울이고 있다. 특히 2020년 1월 유치원 3법이 통과됨에 따라 모든 유치원의 에듀파인 시스템 사용에 대한 법률적 근거가 마련되어 유치원의 회계 투명성 확보를 통한 공공성이 더욱 강화되었다고 하겠다. 이와 관련하여 유치원도 「학교급식법」에 적용 대상으로 포함되어 초·중·고 수준의 관리·감독을 받게 되었다.

유아교육과 관련된 법적 근거 마련과 정책적 변화를 통해 생애 첫 학교인 유치원이 유아학교로서 지위를 확보하는 한편, 학교급별 체계가 강화되는 계기가 되었다. 이와 같은 정책적 변화는 유아교육기관의 책무성과 공공성을 강조하는 것으로 유아교육기관을 운영하는 데 있어 투명한 재정 관리를 바탕으로 한 교육적 의사결정의 전문성이 확보될 때 진정한 교육기관으로서 역할을 할 수 있음을 시사하는 것이다.

유아교육기관 재정은 다음과 같은 성격을 띠고 있다.

- 교육비의 확보 및 지출은 공경제의 성격을 띠며, 수입, 보관, 지출은 합법적 절차로 운영되어야 한다.
- 교육 목표 달성을 위한 유아교육기관 경영 관리 활동은 수단적인 성격을 띠고 있다.
- 유아교육비에 대한 산출 효과는 장기적이다. 유아기에 투입되는 장기적이고 계속적인 교육비의 효과는 장래에 더 큰 생산에 기여할 수 있는 인력을 개발하는 데 있다.

그리고 유아교육기관의 사무 관리는 유아교육 활동의 수행 과정에 수반되는 여러 기록과 장부의 작성 및 보관, 공문서의 수발 등 문서 관리를 집행하고 처리하는 업무를 의미한다.

1) 예산 편성

유아교육기관의 예산 편성 업무는 다음과 같은 절차로 진행되는 것이 바람직하다(임재택, 2001).

- 다음해의 교육 목표에 따른 교수·학습 활동 및 행사 계획을 위한 모든 경비 지불 항목을 열거한다.
- 각 항목별로 소요 경비를 산출한다.
- 수입이 될 재원을 정한다.
- 수입과 지출을 비교·검토해 본다(대부분의 경우 지출이 초과된다).
- 교직원 회의를 통하여 유아교육기관의 목표에 따라 우선적인 항목을 정한다.
- 수입과 지출의 균형을 맞춘다. 수입이 감소될 사항(예를 들면, 원아 이동 등으로 인한 교육비 수입 감소)과 지출에서 빠질 사항에 대비하여 예비비 책정을 해 둔다. 보통 예비비로 예산의 10% 정도를 책정한다.
- 예산 재평가, 예를 들어 실천성 없는 기금 모금 수입 등은 제외시킨다.
- 협의와 수정 절차를 걸쳐 확정한다.

예산은 크게 인건비, 운영비, 시설비로 구분된다. 시설비는 유아교육기관의 설립 시 어느 정도 갖추어져 있을 경우 그리 큰 비중을 차지하지 않는다. 따라서 교육비는 주로 인건비와 학교 운영비로 소요된다. 교육의 질을 높이기 위해서는 학교 운영비가 차지하는 비율이 높아야 할 것이다. 교육비 구성을 정리하여 제시하면 [그림 8-3]과 같다.

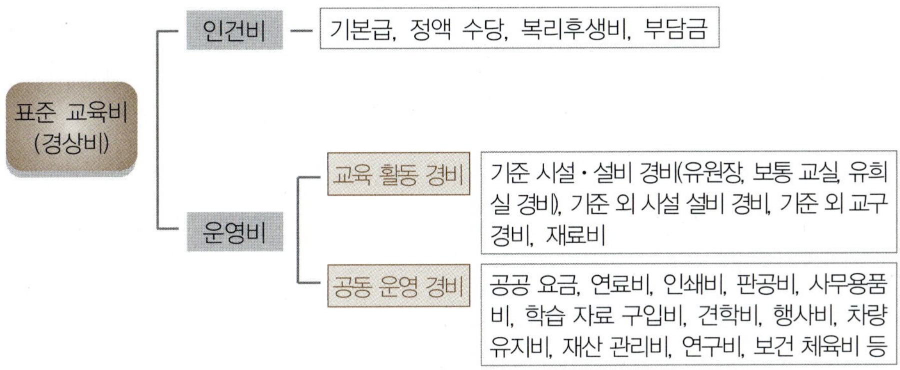

[그림 8-3] 유아교육기관의 교육비 구성

2) 유아교육기관의 예산 집행

재정 관리를 규모 있게 하기 위해서는 앞에서 고려한 교육비(보육료)책정에 근거하여 세입을 산정하고 세입에 따라 세출을 집행하여야 한다.

(1) 세입 관리

유치원이나 어린이집의 수입은 유치원 입학금(어린이집 입소비), 유치원 교육비(어린이집 보육료)가 주된 수입 근원이며 국공립 기관의 경우 보조금이 포함된다. 유치원의 입학금과 교육비, 어린이집의 입소비와 보육료는 서면으로 보호자에게 통지하여 체신 관서 또는 금융 기관을 통하여 수납·계리하도록 되어 있다. 일반적으로 입학금은 입학 시에 전액을 징수하지만 수업료는 1년을 4기로 나누고 균등하게 징수하고 있다. 교육비 또는 보육료에 의한 수입이나 기타 수입은 수입 결의서로 결재한 후 원장, 세입 대장(세입부), 교육비 수납부에 기입한다.

(2) 세출 관리

유아교육기관의 인건비 지출, 공과금 납부, 교재·교구 등의 물품 구입비 지출은 다음과 같은 방법과 절차에 따른다.

① 인건비 지출

- 사무 담당 직원은 학기 초에 내정한 교직원의 호봉 기준에 따라 매달 봉급 지급표를 작성하여 지출 결의서 서류를 갖추어 원감, 원장이 결재한 후 교직원의 은행구좌로 입금한다. 아울러 세출부와 원장에 기입하여 둔다.
- 봉급 지급에 따라 오는 소득세는 사무직원이 소득세액징수표 양식에 기재하여 은행에 납부한다.
- 의료 보험과 연금의 경우 교직원 임용 시 각각을 관리하는 관리 공단에 신청하며 이에 따라 매월 관리 공단에서 보내오는 납부 청구서를 받아 지불하게 된다.

② 교재·교구·사무용품 등 물품 구입

- 교사 또는 사무직원이 필요한 물품의 품명, 규격, 수량, 단가, 금액, 용도 등을 명시한 물품 매입 품의 및 요구서를 제출한다.
- 회계 담당 사무직원 또는 교사는 해당 지출 항목의 잔액이 얼마나 남아 있는지를 확인한 후 물품 매입 요구서를 원감에게 제출한다.
- 원감은 그 물품의 구입 필요성 여부를 검토한 후 두 업체 이상 업자의 견적서를 첨부하여 서류를 원장에게 제출하여 결재를 받아 구입 절차를 밟는다. 가능하면 현품을 실제로 보고 검토한 후 구입 물품 및 구입 업자를 내정하고 청구서를 받고 물품을 납입받는다. 일상 용품의 경우 이런 절차를 밟지 않고 직접 구입한다.
- 원장, 원감과 사무직원이 물품을 확인한 후 사무직원은 장부에 기입하고 지출 결의서를 작성하여 결재 후 현금을 지불하고 영수증을 받는다. 영수증을 증빙 서류에 붙인 후 지출 결의서와 함께 보관한다.

③ 시설 수리 보완

시설 수리 보완이 필요할 때 구체적으로 명시한 시설 수리 보완 요구 품의서를 사무직원이 원감에게 지출한다. 원감은 사무직원과 협의하여 두 업체 이상 업체로부터 견적서를 받아 원장의 결재 후 업체를 지정하고 시설 수리 보완을 요청한다. 시설 수리 보완이 끝나면 원장, 원감, 사무직원이 시설 수리 보완 사항을 확인한 후 업체로부터 청구서를 받아 사무직원이 지출 결의서를 작성한다. 원감, 원장의 결재를 얻어 시설 수리 보완비를 지불하고 영수증을 받아 증빙 서류에 붙여 철하여 둔다.

3) 사무 관리

(1) 사무 처리의 조직

유아교육기관의 사무 처리는 그 종류와 양에 따라 조직적이고 능률적으로 수행해야 한다. 그리고 교직원의 자질, 능력, 희망, 고유 업무 등을 고려하여 분담하고 사무 분담은 원장이 일반적으로 결정, 지시하는 것보다 교직원들 간의 합의에 의해 결정하는 것이 바람직하다. 다음 〈표 8-9〉는 유아교육기관 업무 분담과 사무 처리 조직의 예이다.

〈표 8-9〉 유아교육기관 업무 분담과 사무 처리 조직

<table>
<tr><td>원 장</td><td colspan="2">지시, 지도, 결재</td></tr>
<tr><td>원 감</td><td colspan="2">원장 유고 시 그 관리 사무를 대행, 직원의 분담 사무 전반에 관한 지도·감독, 시설·설비 점검, 시설·설비·도서 등의 보관 목록 작성, 결근 교사의 보충 계획, 공문서 발송, 교육 법규의 정리 보관, 일지 기입, 방문자 접대, 회계 사무 처리, 설립자와의 연락, 기타</td></tr>
<tr><td rowspan="3">교 사</td><td>유아 관리 업무</td><td>출석부 기입(入·退園 절차), 학급 관리 및 청소, 연락망 작성, 가정환경 조사, 사고 처리·보고, 졸업 증서 대장의 기입, 증서 작성, 수업료 징수, 기타</td></tr>
<tr><td>지도 업무</td><td>교육 과정 편성 프로그램 작성, 학급 경영 계획, 평가 기입, 가정 연락, 방문, 행사 계획 실시, 보건, 안전 관리, 환경 구성 기타 작품 게시, 사육 재배 계획, 관리 기록, 관리 사진</td></tr>
<tr><td>사무 업무</td><td>서무 관계: 회의록, 우편물, 공문서 접수, 증명서 접수, 증명서 발행, 경리 관계, 교재비, 소품비, 사진 대금, 수입 지출
관재: 시청각 교재 대장, 소모품 관리, 시설·설비 관리
보건 관계: 보건 문서 접수, 보고, 통계, 기록, 진료 업무 기록, 청소계획, 화장실 관리, 섭외 업무, PAT 회계, 동창회
연수 관계: 원내 연수, 원외 연수</td></tr>
</table>

(2) 문서의 종류와 처리

① 문서의 종류

유아교육기관의 경영 관리에는 각종 대장, 문서, 기록들이 있다. 이러한 각종 문서의 종류는 유아교육기관 업무의 성격이나 세분화의 정도에 따라 상당히 차이가 있을 수 있고, 경영 방침에 따라 문서를 간소화할 수도 있고, 상세화할 수도 있다.

교육 행정 관리 규정 제7조의 별표 3에는 각급 학교에 필수적으로 갖추어야 할 장부를 비치하도록 규정하고 있는데, 그중 유아교육기관에 해당하는 대장과 문서들을 간추려 보면 다음과 같다.

① 법령, 공문서: 유치원 관계 법규, 영달 문서, 공고 문서
② 원칙: 유치원 내부 규정철
③ 교육 활동 계획:
- 교육 계획철(연간, 월, 주, 일 교육 계획 및 실행 결과 기록)
- 행사 계획철(소풍, 운동회, 생일 축하, 현장 견학 등의 계획 및 실행 결과 기록)

④ 지도 기록: 가정 연락부, 증명서 교부 대장, 졸업 증서 대장
⑤ 원아 출석: 출석부, 출석 상황 일람철, 장기 결석자 조사철
⑥ 직원 명부:
- 직원 명부, 직원 이력서철, 학급 담임 일람표
- 직원 조직 일람철, 임용철, 교직원 이력서철
- 인사 관계철, 증명서 교부 대장

⑦ 유치원 일지:
- 유치원 일지, 학급 일지, 직원 회의록
- 유치원 참관자 명부, 유치원 자원봉사자 명부

⑧ 조사 통계: 교육 통계철, 출석 통계철, 표준화 검사철, 유치원 연혁사
⑨ 경영 관리:
- 사무 분담 기록부, 시설·설비 점검부, 관련 단체 연락부
- 문서 발송철, 문서 접수철, 전화 팩스 송수신 대장
- 타 시설 참관 보고철, 원장회의 기록부, 장학 지도 기록부

⑩ 경리:
- 재산대장, 예산서철, 경리부, 영수증철

- 물품 구입 대장, 계약서철, 비품 대장, 소모품 대장
- 교재·교구 목록철, 물품 인수부, 봉급 대장, 여비 청구서철

⑪ 위원회, 부모회: 회의록철, 규약철, 사무 처리부, 간부 일람표, 경리부

한편 「영유아보육법 시행규칙」(제23조 및 제34조 관련) 별표 8의 어린이집 운영 기준 서식에는 다음의 장부 및 서류를 비치하도록 하고 있다(보건복지부령 제165호, 일부개정 2012. 10. 31).

① 재산 목록과 그 소유를 증명하는 서류(부동산을 임차하는 경우에는 임대차 계약서를 포함)
② 어린이집 운영 일지
③ 보육교직원의 인사 기록 카드(채용구비 서류, 이력서 및 사진 포함)
④ 예산서 및 결산서
⑤ 총계정원장 및 수입·지출 보조부
⑥ 금전 및 물품 출납부와 그 증명 서류
⑦ 소속 법인의 정관 및 관계 서류
⑧ 어린이집 이용 신청자 명부 및 이용 아동 연명부
⑨ 생활 기록부, 영유아 보육 일지 및 건강 진단 카드
⑩ 보육교직원의 인사, 복무 및 어린이집 운영에 관한 규정 등
⑪ 안전 점검표
⑫ 그 밖에 어린이집 운영에 필요한 서류

위에 제시된 12가지 문서나 대장 이외에 어린이집 운영에 필요한 서류들은 입소 신청서, 입소 포기서, 종사자 비상 연락망, 종사자 업무 분담표, 종사자 주소록, 종사자 초과 근무 명령서 및 초과 근무 일지, 영양사 업무 일지, 간호사 업무 일지, 약품 수출부, 투약 대장, 방문자 신청 접수부 및 방문자 기록부, 자원봉사자 접수부 및 활동 일지, 시설 안전 점검표, 보육료 불입 통지서, 급·간식 식단표, 부모 교육 출석부 등이 있다.

② **문서의 보존**

모든 공문서는 대통령령으로 된 공문서 보관·보존 규정 제4조에 따라 보존 기간을 '영구 보존'에서부터 '1년 보존'까지 7종으로 구분하고, 그 "보존 기간의 종별 책정 기준은 총리령으로 정한다."라고 규정하고 있다.

공문서가 아니라도 유아교육기관이 작성한 대장이나 문서에도 그 보존 기간을 달리하여 보관해야 한다. 최근에는 이러한 기록을 전산화하여 보관하기도 한다. 이와 같은 대장이나 문서는 문서철을 만들어 두면 다음에 매우 유용하게 활용할 수 있다.

6 유아교육기관과 가정 및 지역사회와의 관계

1) 유아교육기관과 가정의 연계

최근에는 부모 교육이란 부모와 교사가 상호 보완하는 상호작용의 관계로 점차 바뀌어 부모가 유아교육기관에 참여하는 것을 장려하며 부모와 교사가 서로 도와 가정과 기관에서 일관성 있는 교육을 도모한다는 의미의 교육 개념으로 정착되어 가고 있다.

유아교육발전 기본계획(2019~2022년)에 따르면 학부모 참여 강화를 통해 유아의 발달을 지원하는 것을 목적으로 학부모 간 공감과 소통의 문화를 형성하고, 유아교육 참여를 활성화하기 위한 방안을 적용하여 운영하도록 하고 있다(교육부, 2018). 2019 개정 누리과정은 가정과 지역사회와의 협력과 참여에 기반하여 운영하는 것으로 명시하고 있다(교육부, 2019). 유아교육기관 운영에 있어서 학부모와의 긴밀한 연계가 유아의 조화로운 발달을 위한 기반이 되므로 교육이나 체험 프로그램, 재능기부를 통한 수업이나 활동 기회를 제공하는 등 다양한 참여 방법을 통해 유아교육기관과 학부모가 협력할 수 있도록 해야 할 것이다. 부모 참여를 확대하고 활성화하기 위한 방안으로는 학부모 참여교실, 학부모회, 학부모 교육지원 등 여러 형태가 있다. 학부모 간 소통할 수 있는 기회를 마련하여 양육과 교육의 지혜를 나누고, 부모로서 스스로 고민하고 성장할 수 있는 소통의 장을 마련하는 데 유아교육기관이 적극적으로 지원해야 할 것이다.

2) 유아교육기관과 지역사회와의 연계

(1) 초등학교와의 연계

우리나라 교육과학기술부나 유아교육 현장 혹은 초등학교 측에서 유아교육기관과 초등학교 1학년 교육의 연계에 대해서 오래전부터 걱정하고 연구하려고 하고 있다. 그 한 가지 방법으로 유치원과 초등학교 교사가 서로 현장을 오고 가며 서로를 이해하고 학습의 내용이나 방법들을 연계하기 위해 노력하고 있다. 그러나 현실적으로 잘 되지 않고 있다. 유치원과 초등학교 1학년 아동은 발달의 특성상 같은 단계에 있으므로 두 교육기관이 연계하고 협력하는 것은 반드시 필요하고 중요한 과제라 할 수 있다.

두 교육기관이 연결되고 조화로운 연계 교육 프로그램을 구상하여 운영함으로써 교사 상호 간의 이해를 높이고 유아들이 초등학교에 적응하는 데 도움을 받게 된다. 현장에서 이루어지고 있는 유치원과 초등학교의 연계 방침은 다음과 같다.

- 초등학교 교사와 유아교육기관의 교사가 상호 교류를 통해 상대 교육기관의 교육을 올바르게 이해한다.
- 다양한 연계 교육 활동 계획을 수립하여 실천한다.
- 상호 수업 참관을 통해 교육과정 운영, 교수·학습 방법 측면에서 유치원 교육과 초등 교육을 접목시켜 나가도록 한다.

(2) 지역사회와의 연계

유아교육기관은 지역사회의 한 부분이므로 기관이 위치하는 지역사회와 원만한 관계를 유지하면서 지역사회의 특성과 요구를 파악하여 시설 경영에 적극 반영해야 한다. 그 구체적 내용에는 가족과 유아의 수, 연령, 가정의 사회 경제적 지위, 유아교육기관이 위치한 지역사회의 주거 특성, 대상 가족이 원하는 경영 형태 등이 있다.

또한 유아교육기관은 자기 기관 이외의 유아들을 위해 지역사회의 모든 자원을 연계 활동을 통해 활용할 수 있도록 노력해야 한다. 그 예로서 부모나 지역사회의 전문가들을 유아교육기관의 자원봉사자로 활용하는 것, 지역사회의 공공 기관, 각종 공장, 사회단체 등을 협력 관계를 통해 이용하거나 현장 견학을 하는 것 등이 있다.

아울러 유아교육기관은 지역사회에 항상 개방하고 지역 주민들이 요구하는 프로그램을 제공하여 친근감을 가지고 관계를 가질 수 있는 센터 역할을 하여야 한다.

Chapter 09

유아교육과정

EARLY CHILDHOOD EDUCATION

본 장에서는 유아교육과정을 개념화하기 위한 토대로서 우선 교육과정의 개념과 유형을 소개하고 유아교육과정의 개념과 유형을 살펴본다. 아울러 1960년대 이후 개발된 유아교육 프로그램들의 접근법 및 그 구체적인 실제를 알아본다.

1 유아교육과정의 개념

유아를 위한 교육기관은 특별한 목적을 달성하도록 설계되었다. 유아교육기관에서 교사나 교직원들은 이러한 목적을 달성하도록 계획된 활동을 유아들에게 제공한다. 계획된 활동이란 무엇인가? 이는 유아교육과정 분야에서의 핵심적인 질문이다. 유아교육의 성공 여부는 유아교육기관에서 제공하는 교육과정에 달려 있다. 유아교육과정의 개념을 이해하기 위해서는 먼저 일반 교육과정의 개념을 살펴볼 필요가 있다.

1) 교육과정의 개념과 유형

교육과정의 어원을 살펴보면 교육과정이라는 단어가 언제부터 쓰이기 시작했는지는 확실하지 않지만 교육과정이 현재 교육학의 전문 분야로서 체계적이고 과학적으로 연구되기 시작한 것은 1918년 Franklin Bobbitt의 『The Curriculum』으로부터이다. 교육과정의 'curriculum'이라는 단어의 어원은 라틴어의 'currere'이며 'currere'는 '뛴다', '달린다'는 뜻으로 경마장의 말이 '경주로를 따라 달리는 것'을 말하는 것으로 목표 지점을 향해 따라가는 코스를 의미하였다.

교육에 있어서 '달린다'라는 의미가 '공부한다'로 전용되어 새로운 교육적 개념으로 대두되었다. 즉, '달린다'라는 뜻은 학생에게 있어서는 '공부한다'라는 의미이며 달리는 코스는 특정한 목적을 가진 학생들이 일정한 기간 동안에 공부하는 과정(course of study)을 뜻한다(오성삼 외, 1996). 그러나 학생들이 공부한다는 것은 일정한 순서에 의해서 배열된 코스에 따라 달리는 것을 의미하기 때문에 어떠한 방향만이 아니고 내용도 아울러 가지고 있음을 알 수 있다. 따라서 'course of study'란 'contents of study'라는 의미로 전용될 수 있다.

그러므로 'course of study'와 같은 뜻으로 쓰이는 'curriculum'은 '일정한 순서로 배열한 학습의 코스'를 의미하는 동시에 '학습 내용이나 경험의 내용'을 의미한다. 학습 내용이나 경험의 내용은 학습자의 발달 단계에 따라 계획되며 조직되고, 배열되어 전개되어야 하므로 학습의 내용과 학습의 코스는 밀접하게 관련된다. 결국 'curriculum'의 의미는 '학생들이 학습할 내용을 일정한 순서에 따라 조직하고 배열한 것'이라고 할 수 있다(유광찬, 1999).

현재 교육과정 분야에서는 교육과정에 대한 뚜렷한 개념이 정립되어 있지 않다. 교육과정에 대한 개념은 학자들마다 보는 시각과 관점에 따라 매우 다양하게 정의되기 때문이다. 교육과정에 대한 다양한 개념들을 정리하여 이귀윤(1996)은 교사를 중심으로 하는 사람들은 대체로 교육과정을 가르치는 내용이나 교과로 보는 경향이 있으며, 배우는 학생들을 중심으로 생각하는 사람들은 경험으로 보는 경향이 있다고 하였다.

한편 교육 활동 그 자체에 의미를 두는 사람들은 교육과정을 학교에서 일어나는 의도적이든 무의도적이든 간에 모든 활동 또는 과정으로 본다고 하였다. 이러한 교육과정 개념의 다양성은 근본적으로 인간·지식·사회를 보는 시각의 차이에 기인한다. 학자들은 교육과정의 목표와 내용에 있어서 강조점을 달리할 뿐만 아니라 무엇을, 누구에게, 어떻게 가르쳐야 하는가에 대해서도 서로 상이한 입장을 보이고 있으며, 이는 궁극적으로 서로 다른 교육과정 유형을 형성하게 한다(이귀윤, 1996). 이는 각기 다른 기준에 의해 교육과정이 여러 유형으로 나누어질 수 있음을 의미하는 것으로 철학적 관점, 교육목적, 내용 선정의 준거, 교육과정의 구조에 대한 관점에 따라 분류된다. 이를 토대로 교육과정의 제 유형들을 살펴보면 다음과 같다(이귀윤, 1996).

(1) 교과중심 교육과정

교과중심 교육과정은 학교에서 무엇을 가르치느냐에 주된 관심을 둔 것으로 학교의 지도하에 학생이 배우는 모든 교과와 교재를 말한다(유봉호, 1990). 교과중심 교육과정은 가장 전통적인 교육과정 유형이며, 학습자에게 학문 또는 진리의 체계를 부여하는 데 그 목적을 두고 있다. 교과중심 교육과정을 주장하는 학자들은 각 교과가 그 자체의 논리와 체계를 지니고 있다고 보고 이 교과를 학습케 하는 것이 교육의 목적이 되어야 한다고 주장한다. 그러나 이 교육과정은 학생들이 경험하는 다른 중요한 부분들, 즉 계획되거나 계획되지 않은 활동들에 대해서는 적절히 설명하지 못할 뿐만 아니라, 인지 발달, 창조적 표현력, 사고력 등의 고등 정신 능력을 함양하는 데도 부적절하다.

바로우(Barrow, 1984)는 교육과정이 '학습되어야 할 교과(subject matter)의 개요'로 이해되어야만 교육과정 개념에 관한 오해의 소지가 줄어들 수 있으며, 교육과정 학자들 또한 '무엇이 학교 교육과정의 주요 내용이 되어야 할 것인가' 하는 교육과정 문제를 다룰 수 있다고 보았다. 클리어바드(Kliebard, 1986)는 교육과정이란 인류 문화 유산의 누적된 지식, 즉 교과를 가르치는 것이라고 주장하였다.

교과중심 교육과정은 반드시 어느 하나의 기준에 의해서 분류된 유형이라고 보기는 어렵다. 다시 말해 철학적 관점을 분류 기준으로 삼을 경우에는 진보주의적 입장과 반대되는 전통주의적 입장의 교과 교육과정으로 이해될 수 있으며, 또 내용 선정의 분류 기준에서 보면 학생의 흥미나 실생활 경험보다는 지식이나 학문을 내용의 원천으로 삼고 있다.

(2) 학문중심 교육과정

브루너(Bruner, 1960)의 'The process of Education'에서 시작하여 브로디(Broudy)와 피닉스(Phenix) 등에 의해 제시된 교육과정의 동향을 학문중심 교육과정이라는 말로 일컫는다. 지식이나 학문의 구조를 가르쳐야 한다는 브루너의 주장은 학습의 경제성에 그 기초를 두고 있다. 그의 주장에 의하면 지식이나 학문의 구조는 학습의 전이를 높이며, 기억을 오래가게 할 뿐만 아니라, 고등 지식과 기초 지식 간의 간격을 좁힐 수 있다는 것이다. 학문중심 교육과정은 이러한 지식이나 학문의 구조를 중시하는데, 학문의 구조란 그 학문의 중심이 되는 개념이나 법칙, 원리로서 그 학문 영역을 하나의 특수한 학문 영역으로 만드는 기본 패턴을 말한다.

브루너의 주장, 즉 학문의 구조를 가르쳐야 한다는 점에서 보면 교과중심 교육과정을 강조한 것으로 해석될 수도 있다. 그러나 그는 교과의 중요성을 강조하면서도 교과 중심의 교육과정이 빠지기 쉬운 지식의 단편적, 수동적인 전달을 반대하고 발견 학습을 통한 심층적 이해에 의해 교과의 구조를 밝힐 것을 강조하고 있다. 암스트롱(Armstrong, 1988)은 개별 학문의 구조 및 기본 아이디어로부터 교육과정의 목표가 도출되어야 한다고 주장하였으며, 맥네일(McNeil, 1977)은 학문중심 교육과정의 발전 방향을 세 가지로 요약한 바 있다. 첫째, 탐구 수업에 대한 강조로서 지식의 습득에 있어서 단순히 주어진 내용을 얼마나 많이 암기하는가보다는 어떻게 지식을 습득하며 형성하는가와 같은 지식의 획득 방식이나 탐구 방법 등을 강조한다. 둘째, 통합적 학과로서의 시도이며, 셋째는 기초 교육의 강조이다.

그러나 학교 현장의 교사들은 학문중심 교육과정을 교과중심 교육과정과 별다른 차이 없이 받아들이고 있을 뿐만 아니라 각 학문에 따른 구조나 탐구 방법의 개발도 미비한 실정이다. 또한 학문중심 교육과정은 학습자의 요구나 특성을 간과할 가능성이 많으며, 개별 학문의 구조화, 체계화를 강조하기 때문에 지식의 조직에 있어서도 통합화보다는 분절화를 강조한다는 비판을 받기도 한다.

학문중심 교육과정도 교과중심 교육과정과 마찬가지로 철학적 분류에서는 전통주의적 입장에 기초하고 있으며 내용 선정의 분류 기준에서 보면 지식에 비중을 두고 있다.

(3) 인지과정 중심 교육과정

인지과정이란 일반적으로 생각하기, 계획 세우기, 분류하기, 관계짓기, 창작하기, 문제 해결하기 등과 같은 인간의 지적 작용을 지칭하는 말로 사용된다. 다시 말해 인지과정은 학습과정에서 사용되는 특수한 전략이나 지적·정의적 요소를 작동시키고, 변화시키고, 처치하고, 변환시키는 일련의 특수한 정신적 기능을 의미한다(Burns & Brooks, 1970). 인지과정 중심 교육과정이란 탐구 결과로서의 지식 그 자체를 가르치기보다는 문제 해결력, 창의력, 비판적 사고력 등 사고의 방식이나 학습하는 방법을 중시하는 교육과정 유형을 말한다.

일반적으로 학습 내용은 내용(content) 지식과 과정(process) 지식으로 구분된다(Conley, 1993). 내용 지식이 일반화된 원칙, 원리, 개념, 정의, 사실 등을 의미한다면, 과정 지식은 정보를 이해하고 습득하는 데 관련되는 방법론이나 절차, 즉 학습 전략, 문제 해결력, 비판적 사고력, 사회적 기술 등을 포함한다. 인지과정 중심 교육과정은 각 교과에 내재해 있는 지식을 가르쳐야 한다는 인문주의 교육관과 유사한 것으로 보일 수도 있으나, 내용 지식뿐만 아니라 내용을 습득하는 방법, 즉 과정지식까지를 학습 내용에 포함시켰다는 점에서 차이가 있다.

인지과정 중심 교육과정은 지식의 증가와 사회의 변화가 가속화됨에 따라 그 중요성이 더욱 강조되고 있다. 급속하게 변화하는 사회에서 학생들이 접하는 문제나 상황은 단순히 기존의 교과 내용이나 고정된 지식만으로는 해결되기가 어렵기 때문이다. 따라서 인지과정을 강조하는 학자들은 지식과 정보를 많이 주입하기보다는 문제 해결에 도움이 되는 인지과정을 강화시켜야 한다고 주장한다. 다시 말해 단순한 사실이나 구체적인 지식보다는 의문을 제기하고 생각하는 과정이 중시되어야 하며, 모든 지식을 다 가르치기보다는 지식을 구성하고 창조할 수 있는 방법을 가르치는 것이 빠르게 변화하는 사회에 보다 융통성 있고 적응력 있게 대처할 수 있도록 해 준다는 것이다. 그러나 인지과정이나 학습하는 방법을 지나치게 강조하다 보면 우선적으로 배워야 할 내용상의 기본적인 개념이나 준거를 소홀히 하는 오류를 범할 수도 있다. 뿐만 아니라 인지과정의 구체적 실체에 대한 파악이 어려운 것도 문제점으로 지적되고 있다.

이런 유형의 교육과정은 철학적 관점의 분류 기준으로 보면, 전통과 진보의 중간 위치에 속한다고 할 수 있으며 또한 인지과정을 중시한다는 점에서 본다면, 수업과 교육과정을 통합하는 일원론으로 분류될 수 있다. 그리고 내용 선정 기준에서는 지식에 속한다고 볼 수 있다.

(4) 경험 중심 교육과정

경험 중심 교육과정은 루소 이후 제창되어 온 아동 중심 교육사상에 기인한 것으로, 교육과정 구성의 기초를 학생의 직접적인 흥미나 필요, 경험의 체계에 두고 있다. 이 유형의 교육과정은 실용주의, 실험주의 등의 교육철학을 배경으로 하고 있으며, 심리주의, 행동주의의 성격을 띠고 있는 진보주의 교육개혁가들의 사상적 배경을 이루고 있다. 듀이(Dewey)는 1896년 시카고 대학에 실험학교를 세우고 여기서 처음으로 경험 중심 교육과정을 적용하였다.

경험 중심 교육과정은 교육의 수단과 목적이 하나의 과정, 즉 경험과 분리될 수 없다는 입장에서 출발한다. 다시 말해서 교육과정을 학습 이전에 의도된 계획으로 보기보다는, 교사와 학생 간의 상호작용을 통해 학습자에 의해 경험되는 의미로 보는 입장이다. 경험 중심 교육과정에서는 교과보다는 생활을, 지식보다는 활동(행동)을, 분과보다는 통합을, 교사의 교수보다는 학습자의 활동을 중시하고 있다.

경험 중심 교육과정은 첫째, '행함으로써 배운다'는 학습 심리의 원칙에 따라 활발한 학습 활동이 이루어질 수 있으며, 둘째, 실생활과 결부된 문제들을 올바르게 처리할 수 있다는 장점이 있으나, 일정한 지적 체계보다는 학습자의 흥미나 요구를 중시하기 때문에 학력의 질적 저하를 초래할 수 있다는 비판을 받기도 한다.

경험 중심 교육과정은 철학적 관점에서 보면 진보적 입장으로 분류될 수 있으며, 교육의 목적에서 보면 사회와 개인을 동시에 중시하고 있다. 또한 내용 선정의 원천에서 보면 문화적 측면을 많이 강조하고 있다.

(5) 인간 중심 교육과정

인간 중심 교육과정은 현대 학교 교육의 비인간적인 측면에 대한 반발로서 전인교육을 학교 현장에서 보다 구체적으로 전개하려는 일련의 교육과정 동향을 말한다. 교과나 학문 중심의 교육과정이 개개인의 필요나 심리적 요구를 충족시키지 못한다는 비판을 받게 되자 1970년대에 들어서 새롭게 강조되기 시작한 것이 바로 교육의 인간화, 즉 인간 중심 교육이라고 볼 수 있다.

인간 중심 교육과정을 지지하는 학자들은 현재 시도되고 있는 학교 교육의 비인간화 가능성을 지적하면서, 학교 교육은 학습자의 필요에 따라 학습자가 하나의 전인(全人)으로 성장하는 데 필요한 경험을 균형 있게 제공해야 한다고 주장한다. 다시 말해서 인간 중심 교육과정은 인간의 성장 가능성을 최대한으로 신장시키고 개인적으로 만족스러운 삶을 살 수 있도록 도와줌으로써 개인의 자아실현을 지향하는 데 궁극적인 목적이 있다.

인간 중심 교육과정은 인본주의 심리학을 배경으로 하고 있기 때문에 개인의 건전한 자아 개념이나 감성, 올바른 태도나 가치관 교육을 통해 개인의 자아실현을 최대한 돕는 데 주안점을 두고 있다. 또한 사회학적 배경을 가진 인간 중심 교육학자들은 인간 소외나 비인간화와 같은 문제가 왜곡된 사회 구조 때문이라고 지적하면서, 인간과 사회와의 관계에 대해 관심을 기울이기도 한다. 그러나 인간 중심 교육과정은 그 범위가 넓을 뿐만 아니라 개인의 주관 및 가치관의 차이에 따라 그에 대한 평가나 해석도 다양하기 때문에, 학교 현장에서 구체화되기에는 어려움이 따른다. 또한 개인의 성장을 지나치게 강조하다 보면 전체 사회 구조 속에서 이루어지는 교육의 본질에 대한 전반적 이해를 결여할 수 있으며, 인지적·지적 발달을 소홀히 할 수도 있다는 비판이 제기되고 있다. 인간 중심 교육과정은 진보주의적 가치관에 입각하고 있으며 내용 선정의 원천으로 보면 생활 경험으로 분류될 수 있다.

(6) 사회재건 중심 교육과정

사회재건 중심 교육과정은 교육이 사회를 개선하고 건설하는 데 견인차의 역할을 해야 한다는 사회재건주의자들의 주장에서 출발한다. 1930년대 러그(Rugg)는 학교에서 가르치는 교육과정과 현실 사회의 문화 사이에 격차가 있음을 지적하면서, 학교는 사회의 발전에 뒤떨어져서는 안 된다고 주장하였다. 러그의 동료 카운츠(Counts, 1932)는 『*Dare the school build a new social order?*』라는 책에서 사회 변화의 도구로서 학교교육의 필요성을 역설하였다. 카운츠의 뒤를 이어 브라멜드(Brameld)

는 학생들이 사회 변화의 필요성과 타당성을 인식하고 새로운 사회 건설을 수행할 수 있도록 학교에서는 사회 개선에 필요한 지식과 가치를 제공해야 한다고 주장하였다(Schubert, 1986). 맥네일(McNeil, 1977) 역시 사회 개혁을 효과적으로 수행하는 것이 교육과정의 주된 역할이라고 주장하였고, 같은 맥락에서 클리어바드(Kliebard, 1986)는 학교가 사회 변동의 대리인 역할을 해야 함을 강조하였다.

사회재건주의자들의 주장에 의하면, 교육은 단순히 학생들을 기존의 사회 체제에 적응시키기보다는 기존 사회의 불합리한 조건들을 비판적으로 분석하고 보다 이상적인 사회로 이끌어 가는 능력을 제공해 줄 수 있어야 한다는 것이다. 따라서 사회재건 중심 교육과정을 강조하는 학자들은 학교가 기존의 지식 체계를 있는 그대로 전달하는 것에 반대하면서, 사회의 중요한 문제들을 분석하고 이를 실천에 옮기도록 하는 데 주안점을 두고 있다.

이렇게 볼 때, 사회재건 중심 교육과정은 학생들로 하여금 무엇이, 왜, 어떻게, 변화되어야 하는가와 같은 질문을 제기하게 하고, 나아가 국가적 혹은 국제적인 문제에 적극적으로 참여하는 실천가가 되도록 하는 데 그 근본 취지가 있다고 볼 수 있다. 이 유형의 교육과정은 학생들에게 인종적 평등성을 가르쳐 준다든지, 혹은 부유층, 중산층, 노동자층, 빈민층 상호 간에 공감적 이해를 증진시킴으로써 새로운 사회 질서를 수립하는 것을 교육의 목적으로 삼고 있다.

그러나 사회재건 중심 교육과정은 학교의 자율성, 교육의 가능성을 부각시켰다는 점에서 그 의의를 인정받을 수 있으나, 사회 재건의 초점을 어디에 둘 것인가에 대한 합의가 어려울 뿐만 아니라 교육과정을 실제로 구성하는 데 구체적인 시사를 제공해 주지 못하고 있다. 이 교육과정은 말할 것도 없이 학교 교육목적에 초점을 둔 교육과정 유형에 속한다고 할 수 있다.

2) 유아교육과정의 개념

유아교육과정은 유아교육이 갖는 학문적 특성이나 대상 연령 및 기관 유형의 다양성으로 다른 단계의 교육과정과는 구별된다(Spodek, 1991). 그러나 이와 같은 주장이 유아교육과정과 교육학의 교육과정 관점이 서로 다르다는 것을 뜻하는 것은 아니다. 교육과정에 사회적 가치를 반영하고, 이러한 가치를 학습자를 위한 경험으로 전환시켜야 된다는 점에서 초·중등 교육과정이나 유아교육과정은 하등 다를 바가 없다. 또한 유아교육과정 역시 그러한 관점을 교육 프로그램 속에 포함시켜서 조직화하고 실천해 나가도록 해야 한다고 본다(이기숙, 2000).

이와 같이 유아교육과정의 개념은 교육과정 관점에 그 근거를 들 수 있지만 교육과정 이론과는 다른 독특한 특성으로 인해 교육과정 이론에만 기초할 수는 없다. 일반적인 교육과정의 개념 정의와 마찬가지로 유아교육과정의 개념도 유아교육의 역사와 변천 과정에 따라 다양한 개념 정의가 이루어져 왔다.

스포덱(Spodek)은 유아교육과정을 프로그램의 교육목적에 따라 계획되고 조직된 학습 경험들의 목록이라고 하였다. NAEYC(1991)에서는 3~8세의 유아를 위한 바람직한 교육과정 내용과 평가를 위한 지침에서 유아교육과정을 '유아가 학습할 내용, 교육과정 목표를 성취해 나가는 과정, 유아의 이러한 목표 성취를 돕기 위한 교사의 역할, 교수와 학습이 발생하는 상황에 관해 서술한 조직화된 틀(framework)'이라고 정의하였다(Spodek, 1991).

맥카시와 휴스턴(McCarthy & Houston, 1980)은 유아교육과정이란 교육과정 관점에서의 다양한 교과목의 개념이 아닌 유아에게 가르치는 것 혹은 유아가 배우는 것이라고 정의하였다. 윌리엄스(Williams, 1997)는 교육과정이 교사, 행정가, 부모들에게 각각 다른 의미를 가지지만, 유아교육의 대상이 지니는 특수성으로 인하여 초·중등 일반 교육과정의 의미와는 차이가 있다고 본다. 그는 유아교육에서 교육과정은 미리 계획되기보다는 아동의 흥미와 욕구, 교사의 흥미, 환경 속의 사람과 사물, 기대하지 않던 사건으로부터 나올 수 있는 것으로 이들의 통합 속에서 이루어져야 한다고 하였다.

알미(Almy, 1975)는 유아교육에서는 교육과정이 프로그램이란 용어로 자주 대치되어 사용되며 프로그램이란 학교 안에서 일어날 수 있는 모든 계획적인 경험뿐만이 아니라 그것을 넘어서서 흔히 가정과 지역사회에까지 연장될 수 있는 교육적 경험이라고 하였다. 이 외에도 유아교육과정이 유아교육기관에서 일어나는 모든 우연한 사건(what happens)으로서 설명될 수 있다고 보며, 그것은 교사가 유아의 욕구를 충족시켜 주고 계획된 목적들을 성취하는 방식이라고 하였다(Hildebrand, 1986; Eliason & Jekins, 1986). 이와 같이 유아교육과정의 개념은 광범위하다는 것을 알 수 있다.

슈바르츠와 로비손(Schwartz & Robison, 1982)은 다양한 유아교육과정의 개념을 다섯 가지로 분류하여 정리하고 있다. 즉, ① 우연히 일어난 것, ② 유아가 학교에서 갖게 되는 모든 경험, ③ 교수 계획, ④ 교수 요목, ⑤ 프로그램이다.

(1) 우연히 일어나는 것으로서의 유아교육과정

우연히 일어나는 것으로서의 유아교육과정(curriculum as a happening)은 활동의 선택을 유아들이 주도하고 교사는 유아들의 활동을 지원하는 교육과정으로 교사가 교육내용을 선별, 계획하기보다는 유아의 흥미와 요구에 따른다. 즉, 유아는 능동적인 선택을 통해 스스로 학습할 수 있다는 관점이다. 따라서 교사는 유아의 다양한 흥미와 요구를 일으키고 이를 충족시켜 줄 수 있는 풍부한 교육 환경을 마련해 주는 것이 중요하다.

이 입장에서 교육과정의 중요한 자원은 아동 자신이다. 구체적으로 어떤 활동이 이루어지는가는 유아의 선택에 달려 있기 때문에 교육과정은 '우연히 일어나는 것'이 된다. 이와 같은 교육과정을 우연히 일어난 사건으로 여길 때는 학습의 특별한 내용보다는 학습하는 과정에 그 가치를 둔다. 왜냐하면 학습 활동과 경험 속에 포함된 유아의 흥미 그 자체를 가치 있는 것으로 보기 때문이다. 이 교육과정에서 가치를 두는 목표에는 유아들이 활동 속에서 경험하는 자율성, 타인과 자신에 대한 신뢰성, 존중감, 주도성, 협동 등이 있다. 이러한 가치는 문제 해결의 과정, 과제 구성과 계획, 환경에 대한 물리적 속성의 발견을 통해 이루어진다. 따라서 교육 활동은 유아의 선택과 행동으로부터 나오게 되며 미리 계획될 수 없다. 교사는 아동의 선택에 민감하게 반응하면서 아동이 선택한 활동 속에서 그때그때 적절하게 학습을 지원한다. 단, 활동 시간, 정리, 간식, 대집단 시간이나 음악 시간의 전반적인 일과의 길이와 순서 및 유아의 참여를 유도하는 특별한 활동이나 교재·교구에 대한 계획을 하며, 아동의 다양한 활동 선택을 돕는 환경 구성에 대해서도 계획한다.

교사의 역할은 유아의 선택과 행동을 따르고 끊임없는 관찰 및 유아와의 상호작용을 통해 정보를 수집하며 유아들의 놀이를 지원·확대하고 유아들이 적절한 경험을 선택하도록 돕는 데 있다. 교사는 직관적이어야 하며 순간순간의 의사 결정이 필요하다. 이 교육과정은 유아를 중심으로 하는 개별적이고 인간적인 교육이라는 장점이 있으나 유아의 행동을 지원하기 위해 순간순간 교사의 적절한 의사 결정이 요구되는 점에서는 유능하고 능력 있는 교사를 필요로 하는 단점이 있다.

(2) 유아가 학교에서 경험하는 모든 것으로서의 유아교육과정

유아가 학교에서 경험하는 모든 것을 교육과정의 개념으로 생각하는, 유아가 학교에서 경험하는 모든 것으로서의 유아교육과정(curriculum as all the child's experiences in school)은 잠재적 교육과정의 영향이다. 교사가 의도하지 않았거나 계획하지 않은 경험들도 유아들에게 개인적인 중요성을 갖고 있다는 관점을 내포하고 있다. 즉, 가르치기 위해 계획된 것만이 학습되는 것은 아니라는 것이다. 교사가 인식하지 못하는 많은 학교 경험이 의도하지 않는 효과를 가지고 있다는 것을 의미하는 것이다. 따라서 잠재적 교육과정과 우발적, 비계획적 사건의 영향을 중시하는 관점으로 교수에 대한 계획을 능가해서 유아에게 개인적으로 더 의미를 주는 학급의 분위기, 집단의 구성원이 다른 사람과 반응하는 방식인 집단의 역동성, 다른 사람들 사이의 정서적 의사소통의 영향을 중시한다. 특히 교실에서의 경험에 세심하게 영향을 미치는 외부의 사회적 영향을 중요시한다.

교사는 학습이 일어나는 상황에 좀 더 세심하게 주의를 기울일 필요가 있으며 사회적 변화에 민감해야 하고 학습 결과에 영향을 끼칠 수 있는 많은 예측할 수 없는 문화적 요인들에 대해 좀 더 세심한 배려를 해야 한다. 이러한 교육과정의 개념 하에서는 학급 내 경험에 영향을 주는 사회적 변화 등에도 민감해야 하는 등 교사에게 광범위한 책임이 요구되며 학습 결과에 대한 예측 불가능성과 교사 입장에서 이러한 결과를 통제할 수 없다는 인식을 교사가 갖게 되는 것이 단점이다.

(3) 교수 계획으로서의 유아교육과정

교수(teaching)를 위한 계획으로서의 교육과정 개념은 오래전부터 일반 교육과정의 개념으로 정의되어 오고 있는 개념이다. 교육과정을 '구조화된 일련의 학습 결과'(Johnson, 1967), '학습자의 교육을 위한 계획'(Zais, 1976), '특수한 목표, 선택, 구조적 내용과 요소를 가지고 있는 계획'(Taba, 1962)으로 생각하는 입장이다. 의도된 계획으로서의 교육과정은 매우 특별할 수도 있고 일반적일 수도 있으며 장기적 계획이나 단기적 계획을 나타낼 수도 있다.

최근의 많은 유아교육 프로그램 속에서 이와 같은 교육과정 계획들의 예를 찾아볼 수 있다. 교수 계획으로서의 교육과정은 매일매일의 교육과정을 결정하는 데 사용되는 정도가 각기 다르다. 교육과정 계획은 관련이 없는 일련의 활동으로 제한하기도 하고 한 가지 주제나 내용 영역에 따라 일련의 활동들을 진술하기도 한다. 문서화된 것이든 아니든 교수 계획은 활동에 대한 계획, 내용에 대한 해석, 과정에 대한 계획 혹은 이들 세 가지를 종합한 종합적 계획으로 나뉠 수 있다.

따라서 이 입장은 계획을 유아를 위한 교수의 기초로 보는 것이다. 왜냐하면 이러한 교수 계획은 유아의 욕구, 흥미, 활동을 예견하고 자료와 환경을 체계화하도록 도와줌으로써 경험이 풍부한 교사나 초보적 교사 모두에게 유아들을 지도하는 데 큰 어려움을 주지 않기 때문이다.

그러나 한편으로는 이러한 교사의 미리 짜인 교수 계획은 유아의 매일매일의 요구, 흥미에 대한 융통성 있는 교육을 감소시킬 수 있는 가능성이 높다는 비판을 받고 있다. 즉, 교사가 유아들을 세밀히 관찰하지 않고 문서화되거나 정해진 교수 계획에 따라 융통성 없는 지도를 할 가능성이 많다. 경험 있는 많은 유아교육 교사들은 매일 유아들의 요구에 반응하는 데 자발성과 융통성을 감소시킬 수 있는 교수 계획으로서의 교육과정을 반대하고 있다.

(4) 교수 요목으로서의 유아교육과정

유아들을 위한 목표나 유아들에게 무엇을 어떻게 가르칠지에 대한 것을 일련의 문서로 작성한 교수 요목을 교육과정으로 보는 매우 좁은 의미의 교육과정 정의이다. 교수 요목은 대개 문서화된 포괄적 계획으로 교육과정을 위한 장기적 지침으로 사용된다.

교수 요목의 개념으로 교육과정을 정의하는 입장은 교수를 위한 계획의 개념으로 교육과정을 보는 입장과 같은 비판을 받고 있다. 그러나 문서화된 계획은 교육과정 운영 시 심각한 제한을 가져올 수 있다는 단점이 있다. 이러한 교육과정은 유아의 통일된 학습 경험이나 학습 결과까지도 예견할 수 있지만 유아의 개개인의 특성 및 흥미, 요구에 대한 고려가 무시되기 쉽다. 그러나 교사들이 실제로 교수 계획안을 짜는 데 참여한다면 유아들의 학습 욕구에 대한 생각을 재검토하고 교실 내의 적용을 평가해 보는 데 도움을 주는 자료가 될 수 있으며 교사들로 하여금 자신의 생각을 명료하게 하도록 도와줄 수 있다.

(5) 프로그램으로서의 유아교육과정

이 입장은 교육과정이라는 용어가 가끔 '몬테소리 프로그램'이나 '학문 중심 프로그램'과 같은 특별한 프로그램으로 서술되는 것을 말한다. 프로그램은 '보상 프로그램', '헤드스타트 프로그램', '팔로우 스루(Follow Through) 프로그램', '발달적 프로그램' 등으로 이름이 붙여져 왔는데, 프로그램의 이름에 따라서 특정한 교육과정 모형을 나타낼 수도 있지만 그렇지 않은 경우도 있다. 예를 들어 '몬테소리 프로그램'이라고 부를 때에는 몬테소리에 의해 개발된 이론과 교구에 의한 교육과정을 뜻하는 것이 되지만 '헤드스타트 프로그램'이나 '팔로우 스루 프로그램'은 통일된 이론이나 독특한 접근법을 가지고 있지는 않다.

프로그램으로서의 교육과정을 정의하는 입장은 유아교육 분야에서만 볼 수 있는 독특한 관점으로, 실제 교육과정과 프로그램이란 용어가 혼용되고 있다. 이는 헤드스타트 이후 다양한 교육과정 모형들이 개발되면서 유아교육과정 분야의 많은 저서들이 서로 구별되는 교육과정 패턴을 가진 프로그램들에 관해 기술해 왔기 때문이라고 볼 수 있다.

프로그램으로서의 교육과정의 개념은 '몬테소리 프로그램'이나 '디스타(DISTAR) 프로그램'처럼 이론적 근거와 프로그램의 목적에 따라 일관성 있게 수립된 계획을 가진 프로그램 모형에서 가장 잘 나타난다.

2 유아교육과정의 접근법

1) 유아교육과정의 이론적 근거

유아를 위한 교육은 고대 그리스의 플라톤에서부터 찾을 수 있으며 그 후 코메니우스, 루소, 페스탈로치 등에 의해 강조되어 왔으나 특별히 유아를 위하여 계획된 교육과정의 개념을 처음으로 전개한 사람은 프뢰벨이다(이기숙, 1983). 그 후 듀이의 실용주의(Pragmatism)는 유아교육의 철학적 기초를 변화시키는 데 중요한 영향을 미쳤다. 듀이는 유아에 관한 사상에 있어 프뢰벨과 많은 공통점을 가지고 있지만 프뢰벨의 상징주의를 비판하면서 인간과 환경과의 사회적 상호작용 개념을 제시하였다.

유아교육에 대한 듀이의 이러한 영향은 홀(Hall)의 아동 연구, 손다이크(Thorndike)의 학습 이론 속에서 재구성된 교육과정을 지지하는, 즉 개혁 유치원

교육과정의 새로운 이론적 뼈대를 구성했다. 보수주의에서 진보주의에로의 변화를 통해 유아에게는 시행착오를 통해 활동을 선택할 수 있는 자유가 허용되었다.

20세기 초반에는 게젤(Gesell)의 인간 발달 이론에 영향을 받아 유아의 나이별로 수집된 표준적이고 평균적인 행동 목록에 의하여 유아교육과정이 구성되었다. 특히, 유아원은 프로이트의 사상을 받아들였으며, 최근에는 피아제(Piaget) 이론에 의하여 초기의 환경적 상호작용의 중요성과 함께 후의 학습을 위한 어린 시기의 자극의 중요성을 강조하는 인지 발달과 사회 문화적 접근법으로서 비고츠키의 이론이 새로운 교육과정의 이론적 근거를 구성하고 있다.

헤드스타트 이후, 대상 유아의 특성에 따라 유아교육과정의 목적, 내용, 방법이 다양하게 전개되고 운영되어야 한다는 개념 아래 수많은 유아교육과정 모델들이 개발되었다. 즉, 중·상류층에 국한된 실태에서 벗어나 저소득층 유아의 발달적·심리적 특성에 관한 많은 연구가 이루어졌고, 이들의 발달을 촉진시켜 주기 위한 다양한 교육 프로그램이 개발되었다.

그러나 1980년대 이후에는 저소득층의 유아를 위한 다양한 프로그램 모델의 개발보다는 모든 계층의 유아에게 적절하고 유아의 개별적인 요구를 수용하는 프로그램의 접근법이 논의되고 있다(이기숙, 2000). 그러나 헌트, 블룸, 피아제와 같은 인지론적 입장의 이론이 1960년대 이후 새로운 유아교육과정 개발에 상당한 영향을 미친 것은 사실이라고 할 수 있다(Evans, 1975).

2) 유아교육과정의 접근법

유아교육과정의 유형은 아동관 및 유아의 학습과 발달에 관한 세 가지 입장인 성숙주의, 행동주의, 구성주의로 일반적으로 나누어지며 이러한 기본 입장으로부터 많은 유아교육 프로그램 모델들이 개발되었다.

(1) 성숙주의적 유아교육과정 접근법

유아 발달의 중요한 힘은 유아의 내부와 보편적으로 경험된 것으로부터 나온다는 입장으로 인간 발달에 영향을 미치는 환경적 요소의 영향을 최소한으로 인정한다. 물론 환경적 요소들이 유아들의 내적 성장 가능성을 지지하거나 또는 억제하는 것처럼 보일 수도 있으나, 성장의 기본적인 방향은 인간의 내부에서 나온다는 것이다. 따라서 이들의 입장에 의하면 부모나 교육, 사회적 영향은 유아들의 성장을 주도하는 요인이기보다 그들의 성장을 돕고 촉진시켜 주는 것이라 볼 수 있다(이기숙, 2000).

루소와 프뢰벨의 아동중심관에 뿌리를 두고 프로이트, 에릭슨의 정신분석 이론, 게젤의 성숙주의 발달 이론 등 심리학적 이론이 바탕이 되었으며 전통적인 아동 중심 프로그램들의 접근법이 이에 속한다. 성숙주의적 접근의 유아교육과정은 유아의 학문적 능력이나 특별한 기술 습득에 그 목표를 두지 않고, 전인적 아동으로서의 성장을 목적으로 하며, 아동의 흥미와 성장 단계에 따른 자연스런 학습 기회의 제공을 목적으로 한다.

성숙주의자들은 만약 유아가 자신의 내적 계획에 따라 발달할 수 있는 충분한 시간을 가진다면, 유아는 후에 읽고 셈하는 것에 대한 학습뿐만 아니라 다른 종류의 과제들도 보다 쉽게 수행할 수 있을 것으로 보고 유아의 성숙을 재촉하기 위한 성인이나 교사의 지나친 개입을 바람직하지 않은 것으로 본다.

따라서 편안하고 수용적인 분위기 속에서 교사는 정서적으로 유아를 지원하는 물리적 환경을 마련하고 유아가 흥미를 보일 때 교수 자료와 교육적 경험을 제공하여야 한다. 또한 효과적인 학급 운영을 위해 발달 수준이 유사한, 즉 학습 준비도가 비슷한 유아들로 집단을 구성한다.

(2) 행동주의적 유아교육과정 접근법

유아교육의 행동주의적 접근법은 역사적으로 로크에서부터 손다이크 그리고 심리학적 이론을 구체화한 스키너로 계승되어 온 경험주의, 행동주의 이론에서 그 근거를 찾을 수 있다. 이 입장은 유아의 발달에 대한 외적 요인의 중요성을 강조하고, 외적 경험을 적절하고 단계적으로 배열함으로써 유아의 발달을 바람직한 방향으로 변화시킬 수 있다는 것이다.

행동주의자들의 목적은 외적 환경들을 적절히 조직하고 변화시킴으로써 유아의 바람직한 행동을 촉진하고, 바람직하지 않은 행동을 감소 혹은 소거시키는 것이다. 이들은 유아의 자아 개념이나 신체적 성숙 패턴, 그리고 내적 사고과정 등의 요소에는 관심을 두지 않고 외적으로 관찰 가능한 인간의 행동만이 가치가 있다고 생각한다. 따라서 유아의 느낌이나 동기에 대한 지식은 유아의 구체적인 행동을 변화시키기 위해서 필요하지 않은 반면, 필요한 지식은 오직 관찰 가능한 유아의 행동에 대한 것이라고 주장한다. 모든 프로그램들이 다 그런 것은 아니지만 대부분의 행동주의 프로그램들은 쓰기, 읽기, 셈하기(3R's)와 같은 전통적인 학문적 기술 습득에 초점을 두고 학교에서의 성공을 강조한다.

유아교육 프로그램 중에서 행동주의적 이론의 입장에 근거한 모델들은 이미 잘 알려져 있고 널리 활용되기도 한다. 이러한 형태의 프로그램으로 직접적 교수 모델이라고 불리는 디스타(DISTAR: Engelmann-Becker follow through model), 행동 분석 모델 등이 대표적이다.

(3) 구성주의적 유아교육과정 접근법

유아의 발달을 유전적 요인과 환경적 요인과의 상호작용 결과로 보는 구성주의 혹은 상호작용주의 관점에 기초한 접근법이다. 이 입장은 앞에서 설명한 두 입장과는 아동관에서 차이가 있다. 유아들의 탐색 활동이나 사고 활동의 의미는 무엇인지, 특히 환경과의 상호작용을 통해 유아들은 어떻게 발달하게 되는지에 관심을 갖고 구성주의자들은 유아의 발달이 그들의 능동적인 활동을 통해 이루어진다고 보며, 주로 환경과 유아와의 상호작용에 관심을 갖는다.

성숙주의자들이 일반적으로 연령을 발달 단계 구분의 중요한 요소로 보는 반면, 구성주의자들은 연령보다는 적절한 경험이 발달을 위해 필수적인 것으로 강조한다. 각 발달 단계에서 경험한 자극의 풍부함과 적절성의 정도는 유아가 다음 단계의 발달로 얼마나 잘 옮겨 갈 수 있는지와 직접적인 관계가 있다. 즉, 발달은 전개(unfolding)의 과정이 아니고, 유아 자신의 내적, 구조 변화에 따른 활동의 결과로 이루어지므로 각 개인은 사회적·물리적 환경과의 상호작용을 통해 계속적으로 인지 구조를 재구조화한다. 그러므로 가장 바람직하며 풍부한 발달은 보다 광범위한 아동 중심적인 경험으로부터 교사, 또래와 계속적으로 상호작용함으로써 이루어진다.

3) 발달에 적합한 유아교육의 실제

1960년대 이후 유아를 위한 교육에 공립학교의 참여가 늘어나고 1980년대에 들어와 학문적·기술적 접근의 우세함에 의해 유아교육은 점점 형식화되기 시작하였으며 유아를 대상으로 하는 테스트도 증가되기 시작하였다. 즉, 1960년대 이전의 학습 준비도의 개념은 읽기, 쓰기, 셈하기 기술을 습득하기 위한 직접적인 교수와 연습지의 사용으로 대치되고 놀이와 자료의 사용을 위한 시간은 점점 줄어들면서 그 가치에 대한 인식도 감소하게 되었다.

특히 1980년대 이후 천재아 선호 증상과 일찍부터 유아에게 형식적인 교육을 시키자는 온실 이론(hothousing)의 문제가 점점 심각하게 대두되고 있다. 이것은 유아들에게 일찍부터 학업 성취를 강요하는 것으로서 유아의 놀이 시간을 축소시키고 어린 연령부터 소위 공부를 가르쳐야 한다는 압력이 부모들에게 증대되고 있는 현상을 말한다.

이와 같은 학문적 성취와 테스트에 대한 압력에 대응하기 위한 움직임과 유아교육학 배경이 없는 사람들의 유아를 위한 프로그램의 설계와 운영을 우려하여 1984년 미국유아교육협회(National Association for the Education of Young Children)는 유아교육의 적절한 교육적 실제의 지침을 위한 위원회를 만들었다. 1985년 이 위원회의 보고 후에 미국유아교육협회는 '4세아와 5세아를 위한 바람직한 지도의 실제'

에 대한 입장을 발표하였다. 이후 이것은 '출생에서 8세까지의 유아를 위해 발달적으로 적합한 유아교육의 실제에 대한 미국유아교육협회의 입장'으로 발전되었다(Bredekamp, 1987).

이후 '발달에 적합한 실제(DAP)'는 유아교육에 많은 공헌을 했으나, 초기의 DAP는 이론적 기초를 피아제의 발달이론에 지나치게 의존하여 많은 비판을 받았다. 이러한 비판에 직면하여 '발달적으로 적합한 유아교육의 실제(Developmentally Appropriate Practices: DAP)'는 1997년과 2008년에 개정되었고, 2019년에 또 다시 개정이 진행되고 있다(NAEYC, 2019). 1997년 이후 개정된 DAP는 중요한 3가지 원칙, 즉 연령의 적합성(age appropriateness), 개인적 적합성(individual appropriateness)과 사회문화적 적합성(socio-cultural appropriateness)을 제안하고 있다.

연령의 적합성은 아동의 발달과 학습에 있어서 보편적인 기준에 대한 지식으로 영유아가 속한 연령집단의 발달 수준과 특성에 맞는 교육과정의 운영을 의미한다. 개인적 적합성은 각각 개인으로서의 유아에 대한 지식으로 개개 유아의 차이점을 실제 지도하는 데 고려하여야 한다는 것이다. 같은 연령의 영유아라 하더라도 발달의 속도, 관심, 능력, 기질과 경험은 상당히 다양하므로, 이러한 영유아의 개인차, 다양성을 수용하여 교육과정을 운영하여야 한다. 사회문화적 적합성이란 각 유아의 독특한 사회적·문화적 배경에 대한 지식으로 개별 영유아 및 그 가족이 지닌 가치, 신념, 전통, 문화 등에 적합해야 한다는 것으로, 이를 존중하는 학습 경험을 제공해 주는 것을 의미한다. 유아교육현장에서 '발달에 적합한 유아교육 프로그램 실제'는 연령의 적합성, 개인적 적합성, 사회문화적 적합성을 의미하며 교사가 3가지 정보에 기초한 학습 환경과 경험을 제공할 때 성취된다(Bredekamp & Copple, 1997).

'발달에 적합한 실제(DAP)'에 대한 지지가 행정적·개인적·법적 차원에서 이루어지고 있다. NAEYC의 발달에 적합한 실제는 현대 유아교육과정에 있어 유아교육 프로그램을 판단하는 기준으로서 미국의 많은 주와 교육위원회에서는 널리 활용되고 있는 기준이며 또한 교육 목표, 내용, 방법에 대하여 재검토하게 하는 좋은 기준을 제시해 준다는 것을 부인할 수 없다. 그러나 발달에 적합한 실제가 발간된 이후 이를 비판하는 소리가 높았으며, 특히 발달 이론에만 기초하여 모든 것을 제시하려고 하는 것에 대한 반발이 일어나고 있다. 이에 스포덱(1991)은 유아교육의 실제는 유아의 발달적 측면과 교육적인 측면이 함께 고려되어야 한다는 '교육적으로 적합한 유아교육의 실제(Educationally Appropriate Practices: EAP)'를 제시하기도 하였다.

'발달에 적합한 실제'의 요소에서 중요한 것은 어떻게 유아들이 성숙하는가에 대한 민감성이다. 그러므로 어떤 활동과 교재에 대한 교사의 선택은 유아들의 학습의 기본 형태가 언어와 놀이, 상징적 표상, 그리고 유아가 경험하는 세계의 재구조화라는 지식에 기초해야만 한다. 교사 역할의 중요한 부분은 세계에 대한 유아의 지식을 확장하는 경험과 자료를 제시하고 그 지식을 어떻게 상징화할 수 있는지를 제시하는 것이다. 다음과 같은 질문의 대답에는 발달적 적합성과 관련된 지침들만으로 모호하다(Spodek & Saracho, 1994). "유아교육 교사는 무엇을 가르치고 어떻게 잘 가르칠 수 있는가?" 그것은 발달 촉진을 확장시키는 것을 제외하고는 유아들에게 가르쳐지는 것이 관련성이 없다는 것을 암시한다. 발달에 대한 영향을 가진 것으로 생각되는 성취가 이루어질 때를 빼고는 프로그램의 평가는 결코 유아의 성취나 학습 결과에 기초하면 안 된다.

그러므로 유아의 지식을 향상시키는 것은 발달을 향상시키는 것과 똑같이 중요하며 유아교육의 더 좋은 목적이 된다. 발달 이론과 교육 이론은 서로 다르다. 하나는 다른 하나에게 정보를 줄 수 있지만 다른 하나에서 유래할 수는 없다(Fein & Schwartz, 1982). 발달 이론은 유아교육과정의 자원이지 근원이 될 수 없다(Spodek, 1973). 실제로 유아교육의 장기적 효과에 대한 증거는 교육적 과정을 개선시키는 데 발달적 과정의 가치를 지지하기는 하지만 발달과정에 대한 유아교육의 영향을 의문시한다. 유아교육의 장기적 효과 연구에서 발달적 영향인 IQ 점수는 3학년이 되면 사라져 버리지만 학교 성취도에 대한 영향은 고등학교까지 지속되었다(Lazar & Darlington, 1982).

우리가 유아교육을 생각할 때 우리는 교육의 과정(가르치는 방법)으로부터 교육의 내용(가르칠 것)을 분리할 필요가 있다. 아동 발달의 지식은 유아들이 무엇을 알 수 있고, 발달 이론이 특정한 시기에 유아들이 아는 것을 어떻게 알게 되고, 자신들의 지식을 어떻게 정당화하는지에 대한 이해를 도와준다. 그러나 우리가 유아들이 알기를 원하는 내용은 특정한 시기에 유아들이 무엇을 알 수 있는지에 대한 지식뿐 아니라 우리의 문화가 중요시하는 유아들이 알아야 한다고 생각하는 지식으로부터도 나온다.

3 유아교육 프로그램의 실제

본 절에서는 유아교육과정의 접근법에서 예로 들었던 유아교육 프로그램들의 구체적인 실제를 몇 가지 소개하고자 한다(이기숙, 2000).

1) 뱅크 스트리트 프로그램

뱅크 스트리트(Bank Street) 프로그램은 미국의 많은 프로그램들 중에서도 가장 현대적 의미의 '아동 중심', '아동 발달'을 강조하는 교육 프로그램의 하나로 알려져 있으며, 특히 듀이의 진보주의 교육 철학에 뿌리를 두고 있다. 이 프로그램은 유아의 발달을 강조하며 듀이의 진보주의 이론에 기초하기 때문에 성숙주의 유아교육과정 접근법에 기초한 프로그램이라 할 수 있다.

이 프로그램은 근본적으로 인간의 학습과 발달을 서로 상관된 것으로 보고 인간발달에 대한 환경의 요소를 중시했다. 즉, 교육은 유아의 발달 단계에 적합한 학습환경을 마련해 줌으로써 일어나게 해야 한다는 것이다.

1960년대와 1970년대에 이르러 혜택받지 못한 유아들에게 지적 발달을 증진시켜야 한다는 보상교육운동이 일자, 뱅크 스트리트에서도 인지 발달과 언어 발달이 새롭게 강조되기 시작했으며 동시에 자아 강화 개념 또한 재개념화되었다. 불우 아동의 결핍을 언어적-개념적 기능의 결핍과 인간관계를 유지하는 기술의 결핍으로 구분하고 이러한 결핍 요소를 보완하기 위해 유아의 능력, 대인 관계, 개성, 창의성을 중심으로 한 교육을 실시하였다. 이에 따라 1971년부터 '발달적 상호작용'이라는 용어가 사용되기 시작하였으며 인지와 정서의 상호작용 그리고 유아와 환경 간의 적극적인 상호작용을 중요시한다(Biber, Shapiro, & Wickens, 1971; Goffin, 1994; Neger & Shapiro, 2000).

뱅크 스트리트 프로그램은 유아의 능력, 대인 관계, 개인성, 창의성을 증진시켜 자신감 있고 발명적이며, 책임감 있고, 생산적인 인간을 육성하는 데 근본 목적을 두고 교사는 유아가 스스로 활동을 자유롭게 선택·실천해 나갈 수 있도록 활동을 소개하고 계획하며 유아를 관찰·진단하여 개별화된 교수를 한다. 즉, 유아가 선택한 활동을 그의 능력이나 발달 단계에 맞게 조정해 주는 것이다. 교사가 유아의 활동을 도와주는 방법은 학습 환경을 구성하고 유아의 학습 활동에 적극적으로 참여하는 것이다. 또한 부모의 역할을 매우 강조하여 유치원에서는 부모의 관심과 요구, 흥미를 알고 부모들이 유아교육기관에서 실시되는 교육을 알게 하기 위해 부모 교육을 실시한다.

2) 디스타 프로그램

이 프로그램은 일리노이 대학의 베라이터(Bereiter)와 잉글만(Engelmann) 교수가 행동주의 이론에 기초하여 저소득층 유아를 대상으로 만든 프로그램이다. 1967년 이후로 잉글만-베커(Engelmann-Becker) 프로그램으로 불리기도 하지만 공식적으로 디스타(DISTAR: Direct Instructional System for Teaching Acceleration and Remediation)라고 불린다.

프로그램의 목적은 학교 학습을 성공적으로 수행하여 다른 유아들과의 경쟁에서 뒤지지 않도록 하기 위해 필요한 기술을 획득하도록 하는 데 있다. 베라이터와 잉글만은 유아교육기관을 학교 학습의 기초를 형성해 주는 장소로 보아 교육은 유아의 전반적인 발달을 도모하기 위한 것이기보다는 학문적 기초 형성을 위한 함축적이고 분명한 목표가 수립되어야 한다고 생각한다. 따라서 디스타 프로그램에서 선정한 유아교육 프로그램의 목표는 세부적이다.

교육내용은 유아의 학문적 기초를 형성시켜 주기 위하여 언어, 읽기, 셈하기의 세 가지로 나누고, 그 외 반구조적 활동(간식, 음악)을 부수적으로 포함시킨다(이기숙·홍순정, 1994). 디스타의 언어, 읽기, 수학 프로그램은 각각 Ⅰ, Ⅱ의 2가지 수준으로 되어 있으며 한 수준이 1년 과정으로 이루어진다.

하루의 일과는 세 번의 학습 시간과 세 번의 대집단 활동 시간으로 나뉘어 있다. 각 활동의 단위는 15~20분 정도이다. 그러나 시간은 유아의 상태, 물리적 환경, 활동의 종류에 따라 융통성이 있다. 유아들은 세 개의 집단으로 나뉘어 5명의 유아가 한 집단을 형성한다.

개념 학습을 위해서는 지나치게 풍부한 환경은 유아들에게 오히려 부적당하다고 보기 때문에 새로운 개념이나 학습을 소개하기 위하여 꼭 필요한 교구만 제시해 유아의 효과적인 학습이나 바람직한 행동을 위해 행동 수정 기법을 사용하며 처음에는 교사의 강화에 의해 행동을 조정할 수 있게 하고 점차 유아의 자발적인 학습으로 유도한다. 따라서 교사 훈련은 주로 유아의 학습 과제를 수행하기 위한 방법과 행동 수정 기술 등을 익히는 데 역점을 둔다.

3) 피아제 이론에 기초한 프로그램

피아제 이론에 기초한 프로그램은 매우 다양하다. 그중 카미와 드브리스(Kamii & DeVries) 프로그램과 하이/스코프(High/Scope) 프로그램을 중심으로 소개하고자 한다.

(1) 카미·드브리스 프로그램

카미·드브리스 프로그램은 피아제 이론에 기초한 구성주의 프로그램 중 하나로 유아의 인지적 요소와 발달 단계를 기초로 개발된 프로그램이다. 따라서 프로그램의 전체적 방향은 유아의 전체적인 인지 구조를 발달시켜 문제 해결력을 길러 주는 것이다.

유아의 인지적, 도덕적, 사회·정서적, 신체적 영역에의 균형 있는 발달을 통한 전인격적 인간으로서의 성장을 교육의 궁극적 목적으로 장기 목표와 단기 목표를 제시하고 있다. 장기 목표는 크게 두 가지로 제시하고 있는데 새로운 행동을 추구하는 창조적·발명적·탐구적인 인간을 길러 내는 것과 기존 의식을 그대로 수용하는 것이 아니라 비판적·분석적 태도를 가지는 인간을 양성하는 것이다(이기숙·홍순정, 1994). 단기 목표로는 사회·정서적 목표와 인지적 목표로 구분하고 있다. 이는 인지적 발달은 사회·정서적 발달과 병행하며 또한 상호작용한다는 견해에 근거한 것이다. 목표 제시와 함께 카미는 목표 수립에서 주의해야 할 점을 두 가지 들고 있다. 하나는 피아제가 실험 연구를 통해 밝힌 실험 자체를 유아들에게 직접 가르침으로써 유아의 발달을 이룰 수 있다고 생각하지 말라는 것과 다른 하나는 목표를 분류, 서열, 수, 공간 등과 같이 별개의 개념인 것처럼 구분하지 말라는 것이다. 왜냐하면 이러한 개념들은 각각 별개로 발달하는 것이 아니라 전체적으로 발달하기 때문이다.

카미와 드브리스 프로그램은 교육내용을 세 가지로 구성하고 있다. 일상생활, 전통적인 유아 발달 프로그램 내용, 피아제 이론이 암시하는 활동들이다.

- 일상생활: 지식은 직접 가르쳐지는 것이 아니라는 피아제의 구성주의적 견해에 의하면 유아는 일상을 통해 배우고 발달해 간다고 할 수 있다. 실제로 유아는 일상의 여러 가지 상황이나 활동 속에서 물리적·사회적 세계를 이해하고 경험하게 된다. 따라서 이러한 활동 자체가 교육과정의 내용에 포함된다.
- 유아 발달 프로그램 내용: 뱅크 스트리트 프로그램이나 전통적 교육과정에서 행

해지는 유아 발달 프로그램의 다양한 활동들이다. 예를 들면 쌓기놀이, 그림 그리기, 동식물 기르기, 물·모래놀이, 요리하기 등이 있다.

- 피아제 이론이 암시하는 활동들: 물리적 지식, 논리·수학적 지식, 사회적 지식에 근거를 둔 활동, 도덕성 발달과 대인관계 증진을 위한 갈등 상황에 대한 토의, 목적물 맞히기·숨기기, 카드판을 이용한 게임 등의 그룹 게임, 피아제의 실험 과제에서 도출되는 공굴리기, 거울놀이, 진자(추) 흔들기 활동, 그림자놀이 등의 물리적 지식과 관련된 활동 등 다양한 활동으로 구성된다.

교사의 역할은 유아들이 자신의 학습을 스스로 진행할 수 있게 교구와 활동을 제시해 주고, 사고의 폭을 넓혀 주며, 자발적 학습을 위한 유아의 활동 과정을 진단 평가하고, 적절한 반응과 도움을 주는 것이다. 교사는 유아를 현재 발달 수준 이상으로 가르치려고 하거나 촉진하려고 하지는 않는다. 다만 놀이를 통해 학습자가 스스로 학습의 의미를 발견하게 하며, 학습할 수 있도록 돕는 것이다. 이외에도 교사는 유아들의 학습을 효율적으로 수행하기 위하여 부모 교육도 실시한다.

(2) 하이/스코프 프로그램

하이/스코프 교육과정은 유아의 자연스러운 발달에 교육적 기초를 둔 모델로, 1960년대 와이카트 등이 중심이 되어 페리(Perry) 유아원 프로그램을 개발하였다. 현재까지 하이/스코프 교육연구재단은 음악, 율동, 컴퓨터 등을 포함한 교육과정 개발을 계속해 오고 있다(Hohmann, 1997).

하이/스코프 교육과정은 피아제의 발달 이론에 기초하여 유아가 자신의 활동을 계획하고 수행하고 평가할 수 있는 능동적인 학습자라는 것을 강조한다. 교사는 흥미 영역을 구성하고 일과를 개발하여 유아 스스로 활동하는 학습 환경을 조성한다. 그리고 교사는 유아가 핵심 경험을 하면서 선택하고, 문제를 해결하도록 격려하며, 지적·사회적·신체적인 발달을 이룰 수 있도록 돕는다. 장기적인 연구들은 하이/스코프 교육과정의 효과를 밝히고 있다.

하이/스코프 프로그램에서는 유아가 능동적으로 학습할 수 있게 일정한 패턴의 하루 일과를 유지해 주도록 하기 위해, 다음날 새로운 활동을 할 예정이라면 그 전날 미리 알려 준다. 견학은 갑자기 이루어지는 특별 활동이 아니라 계획에 의한 활동이어야 한다. 이러한 일관성 있는 하루 일과는 유아에게 책임감과 독립심을 발달시켜 나가는 데 필수적인 통제력을 제공해 준다. 교육과정 운영은 계획-실행-평가(plan-do-review)의 과정으로 이루어진다. 따라서 하이/스코프 교육과정의 하루 일과는 계획-작업-평가와 그 외 부수적인 요소들로 이루어져 있다. 이 계획-작업-평가의 순서는 교사가 밀도 있게 전 과정에 참여하는 동안에도 유아가 그들 활동에 대한 생각을 표현할 수 있도록 해 준다.

부모 참여는 두드러진 특징 중의 하나이다. 1960년대 초에 교사가 매주 각 유아의 가정 방문을 하였으며, 지금은 취업모의 증가로 인하여 부모 참여는 집단 면담과 다른 여러 가지 방법에 더 초점을 맞추고 있다.

4) 몬테소리 프로그램

몬테소리 프로그램은 이탈리아의 의사였던 마리아 몬테소리의 이론에 기초한 프로그램이다. 1907년 로마에서 3~7세의 도시 빈민 유아를 대상으로 어린이집(Casa dei Bambini)을 창설한 몬테소리는 프랑스의 의사이며 정박아 교육의 선구자이기도 한 이타르와 세강의 영향을 받아 지적장애아를 대상으로 하던 교육방법을 정상아들을 위해 적용한 프로그램으로 개발하였다.

1900년대 초 몬테소리의 교구와 교육철학이 미국에 전파되어 유아교육에 상당한 영향을 미치기 시작하였으나 1920년 이후에는 거의 소멸되었다. 이는 그 당시 진보주의 교육 운동의 영향으로 유아의 놀이, 창조성, 상상력 등이 강조되고 무엇보다 집단 활동과 사회화가 강조됨으로 인해 몬테소리 교육의 개별화 교육 개념과는 갈등을 불러일으키게 되었기 때문이다. 그러나 1960년대에 이르러 유아의 지적 발달과 교육이 강조되고 불우 아동에 대한 관심이 증대됨으로 인해 몬테소리 교육법은 다시 각광을 받게 되었다.

몬테소리 교육과정은 몬테소리가 고안한 교구 자체가 교육과정을 의미한다. 몬테소리가 고안한 다섯 가지 영역을 위한 교구를 유아들 스스로 개별적으로 시행착오를 거쳐 해 봄으로써 학습이 이루어진다. 이때 교사는 안내자의 역할을 한다.

몬테소리 프로그램에서 구체적인 교사 역할은 첫째, 유아의 발달 단계와 흥미에 맞게 준비된 환경을 제공하는 것이다. 둘째, 관찰자로서의 교사 역할이다. 교사는 유아의 교구 선택이나 집중 정도, 사용 방법 등에 대해 세심하게 관찰하고 유아의 민감기를 포착하여 학습 효과를 올릴 수 있도록 적절한 배려를 해 주어야 한다. 셋째, 촉진자로서의 역할이다. 교사는 유아와 교구 간의 상호작용을 촉진하기 위해 유아가 선택한 교구에 대해 정확한 시범을 보인다. 그러나 유아가 환경과의 교류가 이루어져 교구에 적극적으로 몰입하게 되면 개입을 최소화해야 한다. 따라서 몬테소리 프로그램에서의 교사는 교사라는 명칭보다 안내자 또는 지도자라고 불린다. 넷째, 환경 준비자로서의 역할이 있다. 교사는 최적의 시기에 최적의 준비된 환경을 만들어 제공해야 하고, 유아와 환경 사이를 연결해 주는 역할을 해야 한다.

몬테소리 교육과정의 기초는 환경이며, 크게 다음의 다섯 가지 영역으로 구성되어 있다. 즉, 일상생활 훈련, 감각 교육, 수학 교육, 언어 교육, 문화 교육 영역이다(신화식·김헌수, 1992).

5) 프로젝트 접근법

프로젝트 접근법은 1920년대 미국에서 듀이와 킬패트릭에 의해 시작되어 1960년대 '열린 교육(Open Education)'으로 발전되었으며 1990년대에 들어와 다시 캐츠(Katz)와 차드(Chard)에 의해 재소개된 유아 교수·학습 방법으로, 1960년대 미국의 뱅크 스트리트 대학 프로그램과 1960~1970년대 영국의 유아 학교에서 널리 실시되었던 '열린 교육'에서 맥을 찾아볼 수 있다.

프로젝트 접근법은 교사와 유아들이 학습할 가치가 있는 특정 주제에 대해 심층적으로 연구하는 교수·학습 방법으로서 유아들의 생활 세계에 대한 이해를 증진시키고 계속 학습하고자 하는 성향을 강하게 키워 주는 것을 목적으로 듀이의 교육관과 아동관을 반영하고 있다. 교육의 목표는 지식과 기술의 획득 및 성향과 감정의 배양이다. 각 유아들은 프로젝트를 전개하는 과정에서 개인적 능력을 발휘하고 또한 또래로부터 배울 수 있는 기회를 가질 수 있다.

프로젝트의 실행은 계획 및 시작, 탐색과 표상, 마무리·전시 및 평가의 3단계로 나누어진다. 프로젝트 접근법에서의 주제는 특정 지역 유아들의 관심사를 반영하는 것으로서 교사가 결정권을 가진다. 교사는 유아들의 친숙성과 흥미, 구체적 경험과 표상 활동의 가능성을 고려하여 주제를 선택함으로써 학습의 효율성을 높인다.

프로젝트 접근법에서 특정 주제를 연구하는 데 각 단계별로 소요되는 시간은 일정하지 않다. 일반적으로 프로젝트의 1단계나 3단계보다는 2단계를 수행하는 데 더 많은 시간을 필요로 한다(Chard, 1995). 프로젝트에 걸리는 시간은 프로젝트의 주제의 성격에 따라서 짧게는 며칠 만에 종결될 수 있고, 길게는 3~4주에 걸쳐 지속될 수도 있다.

프로젝트는 기존 교육과정에 대한 대안이 아니라 보완적 기능을 한다. 캐츠와 차드(1989)는 교사들이 기존 교육과정을 프로젝트로 대치하기보다는 현재의 교육과정 안에서, 프로젝트를 실험해 보고 그것을 교사들 자신의 목적과 철학, 그리고 환경에 적용시켜 볼 것을 제안한다. 프로젝트 활동은 유아 학급에서 일상적으로 전개되는 다른 활동(노래 부르기, 그림 그리기, 동화, 실외놀이 등)들과 병행할 수 있다.

6) 레지오 에밀리아 접근법

레지오 에밀리아 접근법(Reggio Emilia approach)은 이탈리아 북부의 레지오 라마냐 지역에 위치한 레지오 에밀리아 시에서 운영하는 0~3세 어린이를 위한 영유아 센터 13곳과 3~6세 어린이를 위한 22개의 유치원에서 공통적으로 실시되는 유아교육 프로그램을 총칭하는 용어이다.

레지오 에밀리아의 유아교육은 제2차 세계대전 직후 부모 협동 운동(parent cooperation movement)에서 시작됐으며, 1970년대 초부터 시에서 재정과 운영을 담당하고 있다. 레지오 에밀리아 시는 전체 예산의 12% 정도를 유아교육에 투자하고 있으며 해당 연령 유아 중 약 50% 정도가 취원하고 있다.

레지오 에밀리아의 교육자들은 상징적 표상에 체계적으로 초점을 두고 유아들의 지적 발달을 유도하는 매우 독특하고 혁신적인 교육방법을 발전시켜 왔다. 특히 프로젝트를 사용하는 교육과정의 맥락 안에서 유아들의 상징적 언어의 사용을 강조하며 유아들로 하여금 자신의 주변을 탐색하고 다양한 '언어,' 즉 말, 몸동작, 선 그림, 페인팅, 조각, 그림자놀이, 콜라주, 음악 등의 다양한 표현 방식을 통해 자신들을 표현하도록 격려하고 있다.

한 가지 또는 몇 가지 이론을 기초로 개발되는 일반 유아교육 프로그램과는 달리 레지오 에밀리아의 유아교육은 지난 30년간 많은 유아교육 이론에 영향을 받았고 현재도 새로이 대두되는 이론들의 영향을 받고 있다. 특히 듀이, 피아제, 브론펜브레너, 비고츠키, 가드너의 이론이 많은 영향을 주었으며 상호 관계(interrelationship)에 의거한 교육, 가설적 이론(native theory) 및 반영적 사고(reflectivity) 그리고 협상(negotiation)을 통한 지식의 공동 구성(co-construction of knowledge) 등이 핵심개념으로 인식되고 있다.

레지오 에밀리아에서 유아를 바라보는 관점은 '행복한 유아', '강한 유아', '능력있는 유아'로서의 이미지를 강조한다. 이들은 유아들이 태어날 때부터 자신의 생각과 이론이 있다고 생각하기 때문에 성인이 무엇인가를 담아 주어야 하는 존재가 아니라고 믿는다. 오히려 유아들 고유의 생각과 이론을 교사와 부모를 포함한 모든 성인이나 또래와의 관계 속에서 주고받음으로써 지식을 구성해 나가고 발전시켜 나갈 수 있는 힘과 능력이 있다고 생각한다.

레지오 에밀리아의 교육과정은 발현적 교육과정(emergent curriculum)으로 한 가지 주제 또는 개념을 심도 있게 학습해 나가는데, 보통 프로젝트라는 용어로 표현된다. 레지오에서 프로젝트를 실시할 때는 보통 3~4명으로 구성된 소집단의 유아들이 다양한 주제를 가지고 장·단기 프로젝트를 실시한다. 집단의 구성은 유아들의 흥미, 남녀의 비율, 공동으로 학습해 나가는 과정에서 서로 도움을 줄 가능성 등을 기초로 교사가 주로 구성한다.

프로젝트에서 탐구할 주제는 유아들의 자발적 놀이나 탐색을 교사가 관찰한 것이나 교사의 학문적 호기심, 교사 또는 부모의 사회적 관심사 등에서 도출될 수도 있고, 교사나 유아의 관심을 끄는 우연한 사건에서 도출되기도 한다.

레지오의 하루 일과는 보통 월요일에서 금요일까지 오전 7시 혹은 8시부터 오후 4시까지 운영된다. 부모의 사정에 따라 오후 4시 이후에도 각 기관에서 유아들을 보호하기도 한다. 오전 중에는 학급 전체 모임(학급의 공동 관심사 이야기, 노래 부르기, 프로젝트에 관한 토론), 자유 선택 활동, 프로젝트 등을 하며 12시경에 점심을 먹는다. 오후에는 낮잠(1~3시)을 잔 후, 귀가 준비를 한다. 따라서 프로젝트를 통한 발현적 교육과정이 레지오 에밀리아 교육과정의 특징이기는 하지만 모든 유아들이 항상 프로젝트에 참여하는 것은 아니다.

유아들은 일반 교육기관에서 관찰되는 것처럼 대·집단 모임, 역할놀이, 상상놀이, 적목놀이 등의 자유 선택 활동 등에도 참여하며 그 시기에 진행되는 프로젝트에 참여하는 유아들만 프로젝트에 관련된 활동을 하게 된다(이기숙, 2000).

Chapter 10

유아교육 평가

EARLY CHILDHOOD EDUCATION

유아교육 평가는 유아의 전인적인 성장과 발달을 돕기 위해 유아교육과 관련된 제반 현상과 과정의 효율성을 알아보는 과정으로, 발달에 적합한 유아교육을 계획하고 실행하는 데 있어 필수적이다. 이에 본 장에서는 유아교육 평가와 관련하여 교사가 알아야 할 내용을 다음과 같이 구성하였다. 먼저 유아교육 평가의 기초가 되는 평가의 개념, 목적과 필요성, 평가의 역사를 제시하였다. 유아교육 평가의 방법으로는 평가의 대상과 평가 시기를 중심으로 다양한 평가방법을 살펴보았다.

1 유아교육 평가의 기초

1) 유아교육 평가의 개념

교육 평가의 개념을 교육이라는 행위의 과정과 성과에 대해 가치를 판단하는 일련의 과정으로 정의할 때(황해익, 2009), 유아교육 평가의 개념은 유아교육의 특성을 추가로 고려하여 정의된다. 즉, 유아교육 평가는 유아교육기관에서 유아의 전인적인 성장과 발달을 돕기 위해 제공되는 모든 교육활동의 과정과 결과에 대한 포괄적이고 체계적인 가치판단의 과정이라 할 수 있다(보건복지부, 2012).

유아교육 평가와 관련하여 자주 사용되는 여러 용어가 있다. 측정(measurement)이라는 용어는 일정한 규칙에 따라 어떤 사물이나 속성에 수치를 부여하는 것을 의미한다(문수백, 1998). 예로서, 유아교육 현장에서 유아의 창의성을 알려고 한다면 창의성 검사의 각 문항에 대해 정해진 규칙에 따라 점수를 할당하는 것을 들 수 있다. 평가(evaluation)는 측정처럼 어떤 현상이나 사건을 양적·질적으로 기술하는 것 외에 수집된 결과에 대한 가치를 판단하는 것을 포함하며(이영석, 2000), 총평(assessment)은 평가와 측정의 중간 개념으로서 평가 대상에 대한 양적·질적 자료를 수집하여 해석이 가능하도록 정리하는 활동이다(문수백, 1998). 유아에 대한 측정 자료와 면접 기록 등 다양한 정보를 토대로 총체적으로 평가하는 것을 의미하며, 사정(査定)이라고도 한다(이은해, 1995). 따라서 유아교육 현장에서는 이러한 용어들을 정확히 이해하고 사용할 필요가 있다.

2) 유아교육 평가의 목적 및 필요성

유아교육 평가의 목적은 유아의 전인적인 성장을 돕기 위해 유아교육과 관련된 모든 현상과 과정의 효율성을 제고하는 데 있다(황해익·서정현·송연숙·이경화·

최혜진, 2009). 이를 통해서 유아교육의 효과를 증진시키고 유아교육 프로그램과 유아교육 환경의 질적 개선을 도모함으로써 유아를 비롯한 유아교육 관계자들에게 도움을 주게 된다.

유아교육 관계자들을 중심으로 유아교육 평가의 목적에 기초한 평가의 필요성을 구체적으로 살펴보면 다음과 같다(강문희 외, 2002; 이영석, 2000; 황해익, 2009).

- 유아 평가를 통해 유아의 발달, 특수아의 판별, 유아의 행동지도를 위한 기초자료를 수집하면 교사는 유아 개개인의 전인적 성장·발달을 이해하고 나아가 유아교육과정의 계획과 교수방법의 적합성 및 효율성을 높여 유아의 발달을 지원할 수 있게 된다. 또한 유아 평가자료는 부모면담이나 부모 교육을 위한 자료로서 의미가 크다.
- 유아교사의 평가를 통해 교사는 전문가나 교육청 등에서 설정한 기준에 자신이 잘 맞추고 있는지, 교육 전문가로서 자신의 발전을 위해 노력하는지를 검토해 볼 수 있다.
- 학부모의 유아교육기관 선택권, 즉 유아교육기관 운영의 효율성과 교육의 질이 높은 유아교육기관을 선택하는 권한의 행사를 지원할 수 있다.
- 유아교육기관에서는 설정된 유아교육 목표의 달성 정도와 기관 운영의 효율성을 높이는 데 필요한 합리적이고 객관적인 정보를 얻을 수 있다.
- 유아교육 평가는 유아교육기관의 질 관리를 위한 수단이다. 따라서 유아교육기관의 평가 결과는 국가수준에서 효과적인 유아교육 정책을 개발하고 국가수준의 관리 시스템을 구축하는 데 필요한 자료를 제공한다.

3) 유아교육 평가의 역사

평가 활동은 우리나라의 고려시대, 조선시대 때 시행된 각종 시험 제도뿐 아니라 서양의 고대 국가에서 지적·신체적 발달을 측정하는 검사를 사용한 데서 그 기원을 찾을 수 있다. 그러나 유아교육에서의 평가는 실험심리학 또는 개인차심리학에서의 검사에 대한 관심에서 비롯됨으로써 특히 유아 검사 분야가 유아교육 평가를 주도했다고 볼 수 있다(김영채, 1983; 황해익 외, 2009). 유아교육 평가의 주요 변화의 과정은 다음과 같다(강현석·황윤세, 2007; 이은해, 1995).

- 20세기 초 비네(Binet)가 유아를 대상으로 한 지능검사를 개발한 이 후 1950년대 이전까지의 유아평가는 성숙주의 입장의 아동연구운동에서 강조하는 발달목록에 의한 평가, 그리고 행동주의 접근에서 강조하는 성취 결과의 양적, 표준화된 평가에 대한 의존이 높았다.
- 1950년대 이후에는 피아제(Piaget)의 인지 발달 이론의 영향을 크게 받기 시작하였다. 지능이나 인지 발달에 대한 다양한 대안적 관점이 등장함으로써 검사의 구성요소들이 변화되고 다면적 평가자료의 유용성에 대한 관심이 높아졌다. 특히 헤드스타트 프로그램(Head Start Program)과 같은 다양한 유아교육 프로그램의 효과 검증을 위한 검사도구의 개발, 기초교육에 대한 교사의 책무성 확인을 목적으로 한 표준화 검사의 개발은 검사의 중요성을 강조하는 계기가 되었다.
- 1980년대 이후 발달에 적합한 유아교육 실제가 강조되면서 표준화된 검사 보다는 대안적 평가(alternative assessment)의 활용 경향이 높아지게 되었다. 이에 유아교육 평가에서 평가과정과 교수과정을 통합하여 실시하는 평가가 시도되고 있다.

2 유아교육 평가의 방법

유아교육기관은 실제 이루어지는 교육의 근간을 제공하는 교육과정을 충실하게 운영하여야 한다. 이를 위해 누리과정과 표준보육과정에서는 공통적으로 유아교육기관의 교육과정 평가와 유아 평가를 중요한 평가 영역으로 포함하고 있다. 본 절에서는 보다 구체적으로 평가의 대상, 평가가 이루어지는 시기를 중심으로 다양한 평가방법을 살펴보고자 한다.

1) 평가 대상별 평가방법

(1) 유아 평가

① 유아 평가의 목적과 내용

유아에 대한 평가는 유아의 발달과 학습을 모니터하기 위해서, 특별한 도움이 필요한 유아를 판별하기 위해서, 수업의 계획과 결정을 안내하기 위해서, 그리고 교육 관계자들과 소통하고 보고하기 위해서 실시한다(McAfee & Leong, 2010). 즉, 유아 평가는 개별 유아에 대한 평가 결과를 교육에 반영함으로써 유아의 발달을 최적화하는 데 목적이 있다(황해익, 2009).

유아 평가의 내용은 누리과정의 목표와 내용에 근거한 유아의 특성과 변화 정도를 평가함으로써 유아에 대한 이해와 누리과정 운영의 질을 개선하는 자료로 활용하도록 한다(교육부, 2019).

〈표 10-1〉 누리과정의 영역과 내용 범주별 유아 평가의 내용

영역	내용 범주	평가 내용
신체운동·건강	신체활동 즐기기	신체 인식도, 신체운동 능력, 신체조절 능력, 기초적인 이동운동·제자리 운동·도구를 이용한 운동 능력, 실내외 신체활동 자발적 참여도
	건강하게 생활하기	신체 및 주변 청결도, 몸에 좋은 음식 관심도, 바르고 즐거운 식이태도, 적절한 휴식 태도, 질병예방법 인지 및 실천도
	안전하게 생활하기	안전한 놀이 생활, 스마트기기의 바른 사용, 교통안전 규칙 준수도, 다양한 안전사고 대처방법 경험도

영역	내용 범주	평가 내용
의사소통	듣기와 말하기	관심 있게 듣기 능력, 자신을 언어적으로 표현하는 능력, 상황에 적절하게 말하기 능력, 상대방의 이야기를 듣고 관련해 말하기 능력, 바른 태도로 듣고 말하기 능력, 고운 말 사용 능력
	읽기와 쓰기에 관심 가지기	말과 글의 관계에 관심 갖는 태도, 읽기에 대한 관심도, 생각을 글자와 비슷한 형태로 표현하는 능력
	책과 이야기 즐기기	책에 대한 관심 갖고 즐겨 상상하는 태도, 동화·동시로 말의 재미를 느끼는 태도, 말놀이와 이야기 짓기를 즐기는 태도
사회관계	나를 알고 존중하기	자아 인지 및 존중도, 감정 인지 및 적절한 표현력, 자율성
	더불어 생활하기	가족의 의미 인지 및 화목하게 지내는 태도, 친구와 서로 도우며 사이좋게 지내는 태도, 친구와의 갈등을 긍정적 해결하는 능력, 서로 다른 감정·생각·행동을 존중하는 태도, 친구와 어른께 예의 바른 행동하는 태도, 약속과 규칙의 필요성 인지 및 준수도
	사회에 관심 가지기	내가 사는 곳에 대한 궁금한 것 알아보는 태도, 우리나라에 대한 자부심 정도, 다양한 문화에 대한 관심도
예술경험	아름다움 찾아보기	자연과 생활에서 아름다움을 느끼고 즐기는 정도, 예술적 요소에 관심을 갖고 찾아보는 태도
	창의적으로 표현하기	노래 즐겨 부르는 태도, 간단한 소리와 리듬 만드는 능력, 움직임과 춤으로 자유롭게 표현하는 능력, 극놀이로 표현하는 능력
	예술 감상하기	예술을 감상하며 상상하기를 즐기는 태도, 서로 다른 예술 표현을 존중하는 태도, 우리나라 전통 예술에 대한 관심도와 친숙도
자연탐구	탐구과정 즐기기	주변 세계와 자연에 대한 지속적 호기심 갖는 태도, 궁금한 것 탐구과정에 즐겁게 참여하는 태도, 탐구과정에서 서로 다른 생각에 관심 갖는 태도
	생활 속에서 탐구하기	물체를 세어 수량 알아보는 능력, 물체의 위치와 방향 · 모양을 알고 구별하는 능력, 일상에서 계량의 속성을 비교하는 능력, 주변에서 반복 규칙 찾는 태도, 자료를 기준에 따라 분류하는 능력, 도구와 기계에 관심 갖는 태도
	자연과 더불어 살기	주변의 동식물에 관심 갖는 태도, 생명과 자연환경을 소중히 여기는 태도, 날씨 · 계절의 변화를 생활과 관련짓는 태도

참고: 교육부(2019).

② **유아 평가의 절차**

유아에 대한 평가의 절차는 대체로 다음과 같이 기술될 수 있다(문수백, 1998; 임재택, 2001; 황해익, 2009).

● 평가 목표의 설정

유아의 평가에서 가장 선행되어야 할 문제는 어떻게(how) 측정하느냐 하는 문제보다 무엇을(what) 평가하느냐 하는 평가의 목표를 명확히 하는 것이다. 따라서 유아 평가의 목표는 유아들의 전인적인 성장 발달을 도와준다는 입장에서 타당하게 설정되어야 한다. 또한 유아교육 현장에서 측정이 가능하도록 구체적이고 행동적인 용어로 진술되어야 한다.

● 평가 장면의 선정

평가 장면의 선정이란 유아들의 특정한 발달 결과가 가장 보편적이고 구체적으로 나타나며 행동의 증거로서 나타날 수 있는 여러 가지 조건이나 기회를 말한다. 평가 장면들은 그 나름의 특징이 있으므로 어떤 행동을 측정·평가하는 데는 어떤 평가 장면이 가장 적절한가를 결정해야 한다.

일반적으로 평가 장면은 교실이나 유원장 같은 유아의 일상적이고 자연스러운 생활 장면과 객관적 또는 검사 상황 장면이라는 두 가지 장면으로 나뉠 수 있다. 유아들에게 알맞은 평가 장면으로는 관찰 장면, 면접 장면, 표준화 검사 장면, 일화 기록 장면, 공동 작업 장면, 작품 분석 장면, 현장 실습 장면 등이 있다.

● 평가 도구의 선정 및 제작

이 단계는 평가의 절차에서 가장 중요한 단계이다. 평가 도구를 선정하거나 제작할 때 기본적으로 고려해야 할 점은 평가 목표를 얼마나 충실하게 측정하고 있느냐의 정도와, 측정하고자 하는 내용을 얼마나 정확하게, 그리고 일관성 있게 측정하고 있느냐의 정도이다. 기존에 개발된 평가 도구를 선정해야 할 경우에는 그 도구가 현재 평가하고자 하는 유아 평가의 목적과 내용에 적합한가를 살펴보아야 한다. 또한 검사의 실시 요강을 통해 검사의 대상, 실시 방법, 소요 시간, 결과 처리, 해석 방법 등을 충분히 검토해야 한다.

◎ 평가의 실시와 결과 처리

평가의 실시 역시 평가 목표와 밀접히 관련되므로, 평가의 실시 시기와 횟수, 실시 대상과 실시 방법의 결정은 유아 평가 목표의 달성에 도움을 주는 방향으로 결정되어야 한다. 예로서, 유아들의 발달 정도를 정기적(연중 2~6회) 또는 비정기적으로 평가하는 것은 유아들의 발달 상태를 파악하게 하고, 개인차에 알맞은 유아교육 활동과 생활 지도를 가능하게 한다. 그리고 평가의 결과는 다음 활동 계획에 활용될 수 있도록 항상 공정하고 신뢰롭게 정리해 두도록 한다.

◎ 평가 결과의 해석 및 활용

평가 작업을 통해 수집된 정보와 자료가 유아를 위한 교육활동에 유용하게 사용되기 위해서는 분석적·종합적 해석, 상대적·절대적 해석, 개인적·집단적 해석이 필요하다. 평가의 결과를 바르게 해석하여 유아교육과정 및 학습 지도법의 개선, 부모와 유아의 상담 자료에 활용하도록 하되, 본래의 평가 목적 외에 다른 목적으로 이용되지 않도록 유의해야 한다. 평가 결과의 보관과 비밀 유지에도 관심을 가져야 한다.

이상과 같은 평가의 절차는 유아를 대상으로 한 평가에서만 적용되는 것은 아니다. 큰 맥락에서 보면 유아교육의 인적, 물리적 환경에 속하는 대상들에 대한 평가에서도 공통적으로 적용되는 절차라고 볼 수 있다.

③ 유아 평가의 방법

유아 평가의 방법은 유아에 대한 자료를 수집하는 방법을 의미한다. 자료를 수집하는 방법은 규준집단 유무와 표준화의 여부를 고려하여 크게 형식적 평가와 비형식적 평가로 나눌 수 있다(Decker & Decker, 2001; Gullo, 2001).

형식적 평가는 창의력 검사, 준비도 검사와 같이 성취도를 측정하여 유아 간의 능력을 비교하는 표준화 검사와 각종 검사도구를 사용하는 평가방법이다. 반면 비형식적 평가는 개별 유아의 성장과 발달을 살펴보기 위해 유아의 행동을 관찰하거나 유아의 작업표본과 반응결과물, 부모·유아와의 면담자료, 비디오와 사진자료 등의 자료를 사용하는 평가방법이다.

전통적으로 검사를 통해 객관적인 측정을 하는 형식적 평가가 유아 평가의 방법으로 주류를 이루어왔다. 그러나 유아에 대한 평가는 유아들을 서로 비교하기(개인 간 평가, 상대평가)보다는 평가 시점별로 평가준거에 어느 정도 도달했는지를 비교함으로써(절대평가) 개별 유아 내에서 변화 과정을 평가(개인 내 평가)하는 데 초점을 두어야 한다. 따라서 근래에는 유아를 평가할 때 형식적 평가방법보다는 비형식적 방법이 주로 사용된다. 비록 형식적 평가와 비형식적 평가가 개념상 구분된다 하더라도 어느 정도의 연속성을 가지므로 유아에 대한 통합적인 이해를 위해서는 그 연속선상의 다양한 평가방법의 장점과 단점을 고려하여 적절하게 선택하여 활용할 필요가 있다.

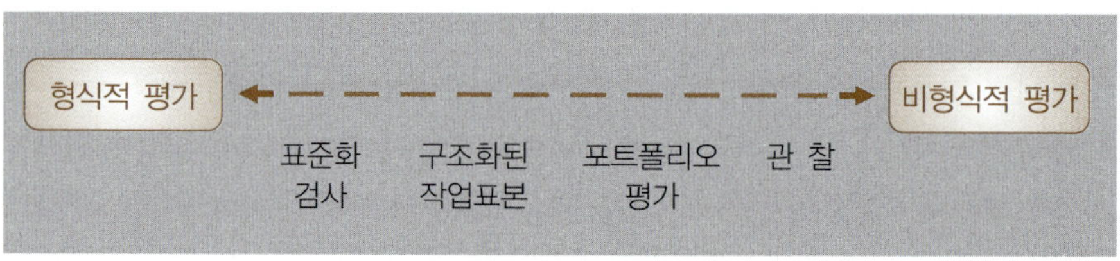

[그림 10-1] 유아 평가 방법의 연속선

출처: 황해익(2009).

유아에 대한 자료를 수집하는 방법인 관찰법, 면접법, 포트폴리오 평가방법, 작품분석, 검사법에 대해 구체적으로 살펴보면 다음과 같다(강문희 외, 1999; 임재택, 2001; 황해익, 2009; 황해익 외, 2009; Martin, 1999).

관찰법

관찰은 유아를 대상으로 평가하는 방법 중 가장 오래된 것이다. 유아의 행동을 객관적으로 살펴보고 기록하는 방법으로서 유아에게는 평가를 위한 특별한 능력을 요구하지 않는다. 유아교육기관에서는 교사가 실내에서 자연스럽게 나타나는 유아들의 행동을 관찰하는 자연 관찰 또는 유아들과 직접 활동하고 생활하면서 관찰하는 참여 관찰이 흔히 실행된다.

관찰한 내용을 일정한 형식에 따라 일관성 있게 기록하는 방법은 크게 세 가지로 구분된다.

첫째, '서술 형식'으로 일정한 양식이 없이 관찰한 것을 그대로 서술하는 것이다.

둘째, 미리 준비된 체크리스트('체크리스트 형식')나 평정 척도('평정 척도 형식')를 사용하는 방법이다. 평정 척도 형식은 관찰 행동에 대한 판단에 기초하여 척도에 표기하는 방법이다.

셋째, 최근 과학 기술의 발달과 보급에 따라 녹음기, 사진기, 슬라이드, 비디오, 카세트, 컴퓨터 등 여러 가지 매체를 동원하여 간편·정확·신속하게 관찰 결과를 기록하는 '관찰 매체에 의한 기록 형식'이 있다.

〈서술형 일화 기록의 예〉

일화 기록 관찰 일지

관찰 아동	채 승 미	생년월일 2015. 5. 8 (남·여)
	송 은 실	2016. 2. 10 (남·여)
관 찰 일	2020년 9월 16일	
장 면	등원 시간에 엄마 떨어지기 (8 : 55am)	
기 록	은실이가 교실 문 앞에서 엄마의 무릎을 잡고 울고 있다. 책을 읽고 있던 승미가 책을 놓고 은실이에게로 다가온다. 은실이가 승미를 쳐다보며 잠시 눈물을 그치자 승미는 은실이의 손을 잡아 준다. 은실이의 엄마가 교실을 떠난다.	
관찰의 초점	은실(엄마와 떨어지기), 승미(친사회적 행동)	

〈체크리스트의 예〉

행동 발달 관찰 기록지

관찰유아 ______________ 생년월일 ____________(남·여)
관 찰 자 ______________ 관 찰 일 ______________
지 시

다음은 유아의 발달을 전체적으로 평가해 볼 수 있는 체크리스트이다.

1. 유아를 선택하여 관찰한다.
2. 체크리스트에 있는 행동이 나타나면 ✔로 표시한다.
3. 체크리스트 마지막에 각 발달 영역별로 요약을 한다.
4. 관찰 결과에 따라 각 영역별로 한 가지씩 교수 방법을 계획한다.

기본 생활 습관	예	아니오	비고
1. 정리, 정돈을 할 수 있다(장난감, 작업, 간식 책상).	____	____	____
2. 간식/식사 전에 손을 씻는다.	____	____	____
3. 규칙(차례, 약속)을 잘 지키는 편이다.	____	____	____
4. 어른에게 존댓말을 사용한다.	____	____	____
5. 음식을 골고루 먹는다.	____	____	____
6. 낮잠을 잔다.	____	____	____
7. 교사의 지시를 잘 이해하고 따른다.	____	____	____
8. 물건을 소중히 다루고 아껴 쓴다.	____	____	____
9. 고마워, 괜찮아, 미안해 등의 말을 적절하게 사용한다.	____	____	____

〈평정 척도의 예〉

유아의 사회·인지적 놀이 관찰

관찰유아 ______________ 생년월일 ____________(남·여)
관 찰 자 ______________ 관 찰 일 ______________
지 시

다음 각 항목을 읽고 관찰하는 유아의 사회, 인지적 발달에 평점을 주도록 한다.

항목		척도	
1. 놀이 형태	주로 혼자서 논다.	├──┼──┼──┼──┤	친구와 함께 논다.
2. 놀이 방법	단순한 기능놀이 또는 연습놀이를 한다.	├──┼──┼──┼──┤	친구와 역할놀이를 한다.
3. 놀이 시간	한 곳에서 오래 놀이하지 못하고 자주 이동한다.	├──┼──┼──┼──┤	다양한 대화나 놀이 방법으로 오랫동안 놀이를 지속한다.

[그림 10-2] 관찰 기록의 양식별 예

◎ 면접법

면접법은 직접 유아와 부모를 만나 언어 반응을 통해 여러 가지 자료를 수집하는 방법이다. 특히 부모와의 면접은 가정에서의 유아 행동과 또래 관계를 포함한 유아의 전반적인 생활 정보를 보다 종합적으로 파악하는 데 유익한 방법이다.

면담에서 사용되는 질문 내용은 기존의 면접용 질문지를 사용할 수도 있으나 교사가 해당 유아교육기관의 실정에 알맞게 필요한 질문을 만드는 것이 좋다. 면접은 질문 내용의 구조화 정도에 따라 구조화, 반구조화, 비구조화된 면접으로 구분될 수 있다. 사전에 면접에 관한 치밀한 계획을 세우되 면접 장면에서 융통성 있게 면접을 진행하는 반구조화된 면접이 널리 사용된다.

◎ 포트폴리오 평가방법

포트폴리오 평가란 시간의 흐름에 따라 구체적인 목적을 갖고 조직적으로 모아 놓은 유아에 대한 기록과 활동 결과물인 포트폴리오(portfolio)를 종합적으로 평가하는 방법이다. 이 방법은 교수활동과 통합하여 적용될 수 있고 유아를 평가하는 과정에 참여하게 함으로써 자신의 활동과 결과물에 대해 되돌아 생각해 볼 수 있는 시간을 갖도록 하는 비형식적 평가의 대표적인 예이다. 포트폴리오를 구성하는 내용물로는 유아의 활동과 결과물, 유아에 대한 교사의 관찰 기록, 부모나 또래의 조언, 사진 등 유아의 전체적인 발달의 질을 평가하는 데 도움이 되는 모든 자료들이 포함될 수 있다.

◎ 작품분석

유아의 작품을 분석함으로써 유아의 행동 특성과 발달 수준을 평가하는 방법이다. 즉, 대화기록, 그림, 녹음자료, 사진, 입체물 등 유아의 다양한 작품을 정기적, 체계적으로 수집하고 이에 근거하여 유아의 발달에서 일어나는 변화를 평가하는 것이다. 그러나 입체물처럼 작품의 특성상 수집과 보관에 어려움이 있을 수 있다.

검사법

검사는 유아의 내재된 속성을 측정할 수 있도록 고안된 도구로서 표준화 검사와 교사제작 검사로 나누어 살펴볼 수 있다.

첫째, 표준화 검사는 누가 사용하더라도 검사의 실시와 채점, 결과의 해석이 동일하도록 검사의 모든 절차와 방법이 일정하게 표준화되어 있는 검사이다. 또한 신뢰도와 타당도가 검증된 검사로서, 객관적으로 수집된 검사 결과를 제시된 규준에 따라 해석함으로써 유아를 다른 유아들과 상대적으로 비교할 수 있도록 해 주는 형식적 평가방법이다. 그러나 유아 간의 상대적인 평가결과를 오용하거나 검사 과정에서 유아가 스트레스를 경험할 수 있다는 데 단점이 있다.

현재 우리나라에서 사용되고 있는 유아용 표준화 검사의 예를 제시하면 다음 〈표 10-2〉와 같다.

〈표 10-2〉 우리나라의 유아용 표준화 검사의 예

검사 내용	검사명	저자 (제작년도)	대상 연령
발달 전반	아동발달검사 (Korean-Child Development Inventory : K-CDI)	김정미 · 신희선 (2010)	15개월~6세
지능	한국 웩슬러 아동 지능검사 5판 (Korean Wechsler Intelligence Scale for Children-Fifth Edition: K-WISC-V)	곽금주 · 장승민 (2019)	6세 0개월~ 16세 11개월
	한국 웩슬러 유아지능검사 4판 (Korean Wechsler Preschool and Primary Scale of Intelligence-IV: K-WPPSI-IV)	박혜원 · 이경옥 · 안동현(2015)	2세 6개월~ 3세 11개월, 4세~7개월
	KABC-II 카우프만 아동용 지능검사 (Kaufman Assessment Battery for Korean Children, Second Edition)	문수백 (2014)	3~18세
학습준비도	유아 학습준비도 검사	한국교육개발원 (1987)	4~6세
창의성	유아용 종합 창의성 검사	전경원(1995)	4~6세

<table>
<tr><th colspan="2">검사 내용</th><th>검 사 명</th><th>저자
(제작년도)</th><th>대상 연령</th></tr>
<tr><td rowspan="2">사회
·
정서</td><td>성격</td><td>아동용 주제통각 검사
(Children's Apperception Test: CAT)</td><td>김태련 외 3인
(1976)</td><td>3~10세</td></tr>
<tr><td>적응
행동</td><td>적응행동검사
(National Institute of Special Education Korean Adaptive Behavior Scale
: NISE-K · ABS)</td><td>국립특수교육원
(2018)</td><td>2~6세</td></tr>
<tr><td colspan="2">언어</td><td>취학 전 아동의 수용 언어 및
표현 언어 발달 척도</td><td>김영태 · 성태제 ·
이윤경(2003)</td><td>2~6세</td></tr>
</table>

둘째, 교사제작 검사는 유아교육 평가의 영역이 광범위하며 또한 각 세부 영역을 측정·평가할 수 있는 도구가 다양하게 개발되어 있지 않으므로, 평가의 목적과 내용에 따라서 교사가 도구를 직접 제작하여 사용하는 검사이다. 대부분의 교사제작 검사는 유아 개인이나 전체 집단에 필요한 활동 계획에 도움이 되도록 제작되며, 검사의 실시 방법은 대체로 유아들이 교육활동 중에 보이는 기능과 개념을 관찰하고, 질문하고, 실행해 보도록 하는 것이다. 그러나 신뢰도와 타당도가 검증되지 않은 검사이며 다른 유아들과의 비교를 위한 규준이 없다는 데 한계가 있다.

- 언어적 능력 검사 문항

문항	제시 자료
〈읽기 1〉 다음에 나오는 글자를 천천히 읽어 보세요. 누 커	누 커
〈읽기 1〉 다음에 나오는 글자를 천천히 읽어 보세요. 디 야	디 야
〈읽기 1〉 다음에 나오는 글자를 천천히 읽어 보세요. 요 피	요 피
〈읽기 2〉 다음에 나오는 글자를 천천히 읽어 보세요. 를 백	를 백
〈읽기 2〉 다음에 나오는 글자를 천천히 읽어 보세요. 상 학	상 학
〈읽기 2〉 다음에 나오는 글자를 천천히 읽어 보세요. 난 찾	난 찾
〈읽기 3〉 다음에 나오는 글자를 천천히 읽어 보세요. 가는 말이 고와야 오는 말이 곱다.	가는 말이 고와야 오는 말이 곱다.
〈읽기 3〉 다음에 나오는 글자를 천천히 읽어 보세요. 돌다리도 두드려 보고 건너라. 〈이해〉 '돌다리도 두드려 보고 건너라.'는 말은 무슨 뜻일까요?	돌다리도 두드려 보고 건너라.
〈사물 명칭 1〉 1. ('자'를 가리키며) 이것은 무엇인가요? 2. ('크레용'을 가리키며) 이것은 무엇인가요? 3. ('책, 걸상'을 가리키며) 이것은 무엇인가요? 〈사물 명명 1〉 6개의 그림이 있지요. 이 중에서 특성이나 성질이 다른 것은 무엇일까요?	
〈사물 명칭 2〉 1. (기차) 이것은 무엇인가요? 2. (오토바이) 이것은 무엇인가요? 3. (비행기) 이것은 무엇인가요? 4. (자동차) 이것은 무엇인가요? 5. (배) 이것은 무엇인가요? 〈사물 명명 2〉 6개의 그림이 있지요. 이 중에서 특성이나 성질이 다른 것은 무엇일까요?	
〈틀린 글자 찾기〉 선생님이 읽는 문장을 잘 듣고 문장 속에서 잘못된 글자를 찾아보세요. 1. 배를 타고 감을 건너요. 2. 장난감을 서랍에 차곡차곡 놓아요.	(유아 응답 기록)
〈표현 - 신체 부위 이름 알기〉 선생님이 손가락으로 짚는 신체의 이름을 말해 보세요. 1. 이마 2. 어깨 3. 팔꿈치	(유아 응답 기록)

〈표현〉 _____가 좋아하는 것 세 가지만 이야기해 보세요. _____가 잘하는 것 세 가지만 이야기해 보세요. _____이 가족은 모두 몇 명이에요? 가족의 이름을 천천히 말해 보세요	(유아 응답 기록)
〈문제해결〉 이제부터 선생님이 짧은 동화 한 편을 들려줄게 잘 들어 봐. 어느 땅속 깊이 서로서로 도와가며 먹이도 모으고 열심히 살아가는 개미들의 마을이 있었대. 그런데 언제부터인지 개미마을에 심술꾸러기 개미 한 마리가 나타나서 개미들이 모아 놓은 과자부스러기와 곡식들을 마구마구 빼앗아 가기 시작했어. 그래서 개미마을에서 가장 나이가 많은 개미 할아버지는 한 가지 방안을 내놓았어. 그건 바로 힘 자랑 대회를 열어서 개미마을을 지킬 수 있는 가장 힘이 센 개미를 뽑는 거였대. 하지만 개미마을 개미들은 개미가 너무 무서워서 아무도 힘자랑 대회에 나오지 않았대. 1. 이때 개미 할아버지는 기분이 어땠을까? 2. 개미할아버지는 왜 그런 기분이 들었을까? 3. 너라면 개미 할아버지에게 어떤 말을 해 주고 싶니?	(유아 응답 기록)

- 언어적 능력검사기록 검사 기록지

		정 답	응 답	점 수
			정답 1, 오답 0	
쓰기(이름 쓰기)				
읽기 및 이해	받침 없는 글자 읽기	누		
		커		
		디		
		야		
		요		
		피		
	받침 있는 글자 읽기	를		
		백		
		상		
		하		
		난		
		찾		
	문장 읽기	속담 1 읽기		
		속담 2 읽기		
	문장 이해	속담 2 의미		
	사물 명칭	사물 명칭1 - 자		
		크레용		
		책, 걸상		
		사물 명명1		
		사물 명칭2 - 기차		
		오토바이		
		비행기		
		자동차		
		배		
		사물 명명2		
	틀린 글자 찾기	감-강		
		낳-넣		
표현	신체 부위 이름 알기	이마		
		어깨		
		팔꿈치		
	좋아하는 것			
	잘하는 것			
	가족 이름			
문제해결	원인 파악			
	조언			
합계				

[그림 10-3] 교사제작 학습준비도 검사의 예시: 언어적 능력 검사 문항과 기록지

출처: 방소영(2013).

(2) 교사 평가

교사의 임용, 승진, 승봉 등 인사관리나 교사의 전문성 향상을 목적으로 실시되는 교사에 대한 평가는 유아교육의 질적 관리를 위해서 중요하다(이영석·박재환·김경중, 1985; 이은해, 1995; Goodwin & Driscoll, 1980). 교사 평가는 교사들의 사기와 동기 유발에 관계되며, 유아와 유아교육기관에 미치는 영향이 크므로 평가의 계획 단계에서부터 교사들을 참여시키고, 교사에게 평가의 준거와 방법을 분명히 알려 주어야 한다.

〈표 10-3〉 유아교육 현장에서의 교사 평가 준거

영역	하위 영역	내용
일반적 특성	신체	신체적 건강, 활동성, 예의 바른 태도, 바른 자세
	인성	적극성, 정서적 안정감, 자제력, 협동심, 성실성, 사려성, 긍정적인 인간관, 공정성, 부모 및 동료 교사와의 원만한 관계
	교양 및 지적 능력	다방면에 걸친 지적 능력, 순발력, 유창하고 명료한 언어 사용 능력, 창의력
전문적 특성	교직에 대한 태도	유아교사직에 대한 사명감, 유아교육 활동에 대한 열의, 전문성 신장을 위한 노력, 책임감, 수용적 태도, 적합성, 교직에 대한 신념
	교육 기술	유아교육과정 재구성 능력 및 실천 능력, 평가 능력 및 활용력, 교재·교구 제작 및 다양한 활용 능력, 적절한 자극 및 개입 정도, 융통성 있게 유아교육 활동을 운영하는 능력
	전문적 지식	소속 기관의 유아교육 철학에 대한 이해, 유아교육과정에 관한 지식, 생활 지도 및 상담 지식, 다양한 교수 방법에 대한 지식, 평가에 관한 지식

출처: 이은해(1995); 황해익(2000); Decker & Decker(2001).

유아교육 현장에서 활용될 수 있는 교사에 대한 평가방법은 자기 평가와 타인에 의한 평가로 나누어 볼 수 있다(이은해, 1995; 황해익 외, 2009; Decker & Decker, 2001; Goodwin & Driscoll, 1980).

교사의 자기 평가는 자기평가척도를 사용하여 스스로, 주기적으로 점검하거나 반성적 저널쓰기를 통해 반성적 사고를 하는 방법이다. 자신의 강·약점을 발견할 수 있어서 스스로의 발전에 기여할 수 있지만, 교사의 자신에 대한 주관적인 판단과 과대평가의 경향이 문제될 수 있으므로 다른 평가 자료와 함께 사용하는 것이 바람직하다.

타인에 의한 평가는 동료나 상급자, 부모, 외부관찰자가 교사평가 도구로써 평가하는 방법이다. 시험제도의 적용, 교사의 근무 실태 관련 자료로써 비반응적 측정하기, 교사의 포트폴리오 분석 등의 평가방법도 사용될 수 있다.

(3) 부모평가

부모에 대한 평가는 유아교육현장에서 부모 교육 및 부모의 참여가 보편화되고 교육기관과 가정 간의 연계가 강조되고 있는 상황에서 과거보다 중요하게 이루어지고 있다. 부모평가의 방법은 부모가 교육에 참여하는 수준에 따라 달라지지만, 일반적으로는 부모의 지식, 태도 그리고 역할 수행을 여러 가지 방법으로 평가하게 된다(이은해, 1995). 부모를 대상으로 관찰, 면접, 질문조사한 자료나 가정통신문의 지시에 대한 부모의 반응, 부모회의 출석률, 자원봉사 실행 횟수, 부모가 주도하여 이루어진 교사와의 면담 등의 기록이 평가 자료로 사용될 수 있다.

(4) 유아교육기관 평가

유아교육기관에 대한 평가는 유아교육기관의 내용적·물리적 요인 모두를 평가 대상으로 포함하여 평가하는 것이다(황해익 외, 2009). 미국은 1986년부터 민간단체인 NAEYC가 주관하여 인준평가 제도를 시행하고 있지만, 우리나라의 경우 국가수준에서의 평가체제에 따른 평가가 2005년 이후 시작되었다.

① 유치원 평가

유치원 평가는 「유아교육법」 제19조(평가)에 근거하여 유치원의 교육력과 교육서비스의 질적 수준을 제고하고, 학부모에게는 알 권리를 보장하고 유치원 선택권을 확대하는 데 목적을 둔다.

유치원 평가는 2007년 시범평가를 시작으로 2019년부터 3년 주기로 실시되는 4주기 평가가 마무리되었다. 교육부(2017)의 4주기 평가시행 계획에 의하면, 각 시·도교육청이 평가를 주관하되 평가 영역과 내용은 국가수준의 공통지표와 시·

도교육청 수준의 자체지표로 이원화하여 지역유치원의 자율적·창의적 운영을 고려할 수 있도록 하고 있다. 평가절차는 개별 유치원이 제출한 자체평가서를 서면평가하고 현장방문 평가를 하는 것으로 진행된다. 평가결과는 A~D등급으로 구분되며 A등급 유치원은 평가주기를 1년 연장(4년)하고 D등급 유치원은 평가주기를 1년 단축(2년)해 실시 가능하며 시·도교육청이 지원방안을 적극적으로 수립·추진하도록 하고 있다. 시·도의 여건 등을 고려하여 유치원 등급과 평가영역별 등급과 공개를 권장하고 영역별 소견과 총평은 반드시 공개하도록 하고 있다.

② 어린이집 평가

어린이집 평가는 「영유아보육법」 제30조(어린이집 평가)에 근거하여 이루어진다. 「영유아보육법」에 따라 설치한 모든 어린이집(방과후 전담 어린이집 제외)을 대상으로 보육서비스의 질 향상을 위해 정기적으로 평가를 실시하되 그 평가업무는 한국보육진흥원에 위탁하여 실시된다. 어린이집 평가제는 국가 차원에서 주기적인 평가를 함으로써 모든 어린이집의 보육서비스 질을 확보하고, 안심 보육환경 조성을 조성하며, 보육과 양육에 대한 사회적 책임 강화·실현하는데 목적을 두고 있다(보건복지부 보육정책과, 2020).

어린이집 평가는 2005년 시작되었고 2017년에서 2019년 6월까지는 유치원 평가인증과 공통지표를 적용한 제3차 평가인증(2017년~2019년 6월)이 시행되었다. 제도를 시행한 초기에 비해 평가인증의 상태를 유지하고 있는 어린이집의 비율이 지속적으로 상승하고 있으므로 평가인증제도가 어린이집 보육의 질을 관리하는데 기여하였음을 알 수 있다.

〈표 10-4〉 평가인증 유지 현황

(단위: 개소, %)

구분	2005	2006	2007	2008	2009	2010	2012	2014	2016	2017	2018	2019. 4.
전체(A)	28,367	29,233	30,856	33,499	35,550	38,021	42,527	43,742	41,084	40,264	39,171	37,815
인증유지(B)	622	1,060	4,500	9,683	16,686	21,154	27,357	33,050	32,795	32,257	31,625	31,377
유지율(B/A)	2.2	3.6	14.6	28.9	46.9	55.6	64.3	75.6	79.8	80.1	80.7	83.0

주: 2019년 4월 말 기준으로 산출함.

출처: 보건복지부·한국보육진흥원(2019).

그러나 평가인증이 자발적 신청 어린이집을 대상으로 시행되어 미인증 어린이집의 질 관리가 되지 않고 영유아의 인권과 안전 관리가 강조되면서 2019년 6월부터는 전체 어린이집을 대상으로 한 평가제가 시행되고 있다. 어린이집 평가제의 평가영역과 평가지표는 '보육과정 및 상호작용', '보육환경 및 운영관리', '건강·안전', '교직원'인 4개 영역의 총 18개 평가지표로 구성되어 있다. 이는 유치원 평가제에서 적용하는 국가수준의 공통지표와 동일한 것이다.

〈표 10-5〉 어린이집과 유치원 평가제의 비교

구분	어린이집 평가제	유치원 평가제
법적 근거	영유아보육법	유아교육법
평가 기관	한국보육진흥원	시·도 교육청, 유아교육진흥원
평가 대상	전체 어린이집	전국 국·공·사립 유치원
평가 영역 구성	• 4개 영역, 18개 지표, 59개 항목 1. 보육과정 및 상호작용(5지표) 2. 보육환경 및 운영관리(4지표) 3. 건강·안전(5지표) 4. 교직원(4지표)	• 4개 영역, 20개 지표, 77개 항목 1. 교육과정(6지표) 2. 교육환경 및 운영관리(5지표) 3. 건강·안전(5지표) 4. 교직원(4지표) • 지표 구성: 국가공통지표, 시·도 자체 지표(자율)
평가 절차	• 평가대상 통보 ⇨ 기본사항 확인 및 자체점검 ⇨ 현장평가 ⇨ 종합평가(총 3개월) 대상통보 (한국보육진흥원) ⇨ 기본사항 확인 및 자체점검 보고서 제출 (지자체, 어린이집) ⇨ 현장평가 (현장관찰자) ⇨ 종합평가, 결과 통보 (종합평가위원회)	자체평가 (유치원) ⇨ 현장평가 (평가 위원회) ⇨ 종합평가 (평가 위원회) ⇨ 평가결과 송부/심의 (평가담당기관/심의위원회) ⇨ 결과 공시 (유치원)
평가 결과	4등급: A, B, C, D	4등급: A, B, C, D
평가 주기	• A, B등급: 3년 • C, D등급: 2년	• A등급은 평가주기를 1년 연장(4년), D등급 유치원은 평가주기를 1년 단축(2년) 가능(교육감 결정)

주) 유치원 평가제는 4주기 평가추진 계획(교육부, 2017)에 근거함.

출처: 교육부(2017); 보건복지부·한국보육진흥원(2019).

〈표 10-6〉 어린이집과 유치원 평가영역별 지표의 구성

어린이집			유치원		
평가영역(항목 수)	평가지표	항목 수	평가영역(항목 수)	평가지표	항목 수
I. 보육과정 및 상호작용 (18)	1-1. 영유아 권리 존중(필수)	2	I. 교육과정 (29)	1-1. 교육 계획 수립 및 실행	4
				1-2. 균형적·통합적 일과 운영	5
	1-2. 보육계획 수립 및 실행	6		1-3. 교수·학습방법	6
	1-3. 놀이 및 활동 지원	3		1-4. 교사-유아 상호작용	6
	1-4. 영유아 간 상호작용 지원	4		1-5. 유아 간 상호작용 시 교사 역할	4
	1-5. 보육과정 평가	3		1-6. 평가	4
II. 보육환경 및 운영관리 (14)	2-1. 실내 공간 구성 및 운영	4	II. 교육환경 및 운영관리 (20)	2-1. 실내 공간 구성	5
	2-2. 실외 공간 구성 및 운영	3		2-2. 실외 공간 구성	3
	2-3. 기관 운영	4		2-3. 기관 운영	5
				2-4. 가정 및 지역사회와의 연계	5
	2-4. 가정 및 지역사회와의 연계	3		2-5. 방과 후 과정	2
III. 건강·안전 (15)	3-1. 실내외 공간의 청결 및 안전	3	III. 건강·안전 (15)	3-1. 실내외 공간의 청결 및 안전	4
	3-2. 급·간식	3		3-2. 급·간식	3
	3-3. 건강 증진을 위한 교육 및 관리	3		3-3. 건강 증진을 위한 교육 및 관리	3
	3-4. 등·하원의 안전	3		3-4. 등·하원의 안전	2
	3-5. 안전교육 및 사고예방	3		3-5. 안전교육 및 사고 대책	3
IV. 교직원 (12)	4-1. 원장의 리더십	3	IV. 교직원 (13)	4-1. 원장의 리더십	4
	4-2. 보육교직원의 근무환경	3		4-2. 교직원의 근무환경	3
	4-3. 보육교직원의 처우와 복지	3		4-3. 교직원의 처우와 복지	3
	4-4. 보육교직원의 전문성 제고 노력	3		4-4. 교직원의 전문성 제고 노력	3
총계	18개	59	총계	20개	77

출처: 교육부(2017); 보건복지부·한국보육진흥원(2019).

2) 평가 시기별 평가방법

유아교육기관에서의 평가는 교육과정의 운영 내용과 활동, 교수·학습 방법, 운영환경뿐 아니라 교육과정의 목표와 내용에 따른 유아의 특징과 변화 정도를 평가 대상에 포함하고, 평가방법으로는 다양한 방법을 활용하여 종합적으로 평가하여야 한다. 또한 평가결과는 교육과정의 운영 개선, 유아에 대한 이해 및 부모면담 등을 위해 활용되어야 한다(교육과학기술부, 2012).

따라서 유아교육 현장에서는 교사연수나 훈련을 시행한 후 매년 교육과정의 운영 전반에 대한 평가 계획을 체계적으로 세우고 평가를 실시하여야 기관 운영의 효율성을 높일 수 있다.

유아교육기관에서 학년도별로 1년간의 평가계획을 수립할 때 시기별로 고려해야 할 평가의 목적과 내용을 살펴보면 다음과 같다(강문희 외, 1999; 문수백, 1998; 황해익 외, 2009).

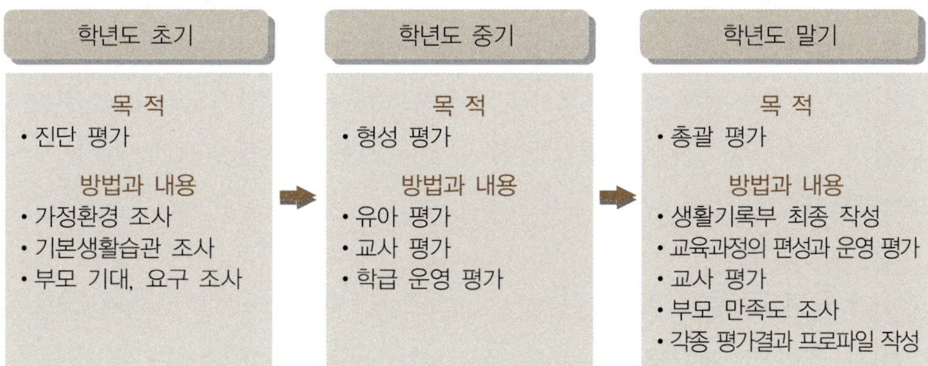

[그림 10-4] 평가시기별 평가의 목적, 방법과 내용

(1) 학년도 초기

학년도 초기에는 교육계획이나 유아를 위한 의사결정에 필요한 정보를 얻기 위해 진단적 평가(diagnostic evaluation)에 목적을 둔다.

신입원아의 경우 입학 전후의 시기에 가정환경, 기본생활습관을 조사하며, 재원아의 경우 생활기록부에 기재된 정보를 활용한다. 새 학년도의 시작에 따른 교육과 발달 관련 유아교육기관에 대한 부모의 요구나 기대를 면담이나 조사서를 통해 조사하여 교육과정의 운영에 반영할 수 있다.

(2) 학년도 중기

학년도 중기는 형성 평가에 목적을 두는 평가시기이다. 형성 평가(formative evaluation)는 학습 활동이 진행되는 도중에 유아들에게 송환 효과(feedback)를 주고, 교육과정이나 학습 활동의 내용 및 방법을 수정하고 개선하여 학습 증진을 극대화하기 위해 실시하는 평가이다.

교사는 유아의 특징과 변화를 정기적으로 다양한 방법으로 점검한다. 관찰과 기록, 포트폴리오 평가, 건강검진 등 유아교육기관에서의 유아에 대한 정보는 물론 부모와의 일일연락장 교환이나 면담을 통해 가정에서의 유아에 대한 정보를 근거로 평가할 수 있다. 아울러 교사는 반성적 저널쓰기, 동료들로부터의 수업연구 평가를 통해 자신의 교수-학습과정을 개선할 수 있도록 한다. 학급의 운영 전반에 대한 중간 점검을 위해 유아와 교사의 양적 자료(㉠ 유아발달척도 점수)와 질적 자료(㉠ 교사일지)들을 모아서 평가한다. 유아의 생활기록부에 기재할 사항을 기록, 보관하도록 한다.

(3) 학년도 말기

학년도 말기에는 총괄평가에 목적을 두고 평가가 이루어진다. 총괄평가(summative evaluation)는 형성평가를 통해 수정·보완을 되풀이한 다음 최종적으로 완성된 교육과정이나 프로그램의 종합적인 성과 및 그 효율성을 다각적으로 판단하기 위해 실시하는 일종의 최종 종합평가이다. 대개 학기 말 또는 학년 말에 실시된다.

먼저 유아교육기관에서는 교육과정 편성과 운영의 전반에 대한 평가를 위해 교사가 작성한 일지, 교육과정 평가척도 등을 사용하여 평가한다. 이러한 평가를 매

학기 말에 실시한다면 유아교육기관 운영을 보다 체계적으로 점검하고 개선할 수 있게 될 것이다.

또한 유아의 발달 특성과 변화를 종합적으로 평가하여 기록하는 생활기록부를 작성한다. 생활기록부는 「영유아보육법」 제29조 제2항, 「유아교육법」 제14조에 근거하여 반드시 기록하여야 하는 공식 문서이다.

학년도 말기에 이루어지는 교사 평가는 교사 개인의 전문성 향상을 위한 평가라는 점 외에 임용·승진·현직유지 등의 행정적 의사결정을 위한 평가라는 점에서 의미를 가진다. 상급자나 기관 행정가가 교사에게 요구되는 일반적 특성과 전문성을 평가하고 등급을 매기기도 한다. 교사의 일반적 특성에는 신체, 인성, 교양 및 지적 능력 등이 포함되며, 전문적 특성에는 교직에 대한 태도, 교육기술, 전문지식 등이 해당된다.

총괄적 목적의 부모 평가는 다음 학기 또는 다음 해의 유아교육기관의 운영을 개선하고 향상시키기 위해 부모의 의견을 조사하는 것이다. 유아교육기관의 시설·설비와 교재·교구와 같은 물리적 환경, 교육과정의 질, 부모 교육, 건강·영양·안전 관리 등의 운영 전반을 대상으로 평가한다.

이상과 같은 각종 평가결과들을 프로파일로 작성하여 보관하면 학년도 간 비교가 가능하여 유아교육기관의 교육과 운영의 질 향상을 위한 객관적인 자료로써 유용하게 사용할 수 있다.

Chapter 11

주요 국가의 유아교육

EARLY CHILDHOOD EDUCATION

본 장에서는 국가의 이념에 따라 정책과 제도가 유아교육과 보육에 어떻게 반영되어 있는가를 살펴보고, 주요 국가의 역사적 배경, 행·재정 체제, 유아교육기관 유형, 프로그램, 교사 양성 체제 및 자격 등을 다루고자 한다.

세계 여러 나라의 유아교육 혹은 보육 제도는 자국 내의 정치 및 경제적 사건, 아동·가정을 보는 관점, 그리고 전통적으로 그 사회에 전해 내려오는 이념이나 사상에 의해 형성 과정을 거치면서 사회에 확산되고 변화하여 왔다. 역사적으로 초기에는 영국에서 시작한 산업혁명이나 경제 공황, 제1, 2차 세계대전과 같은 세계적인 사건이 각국의 유아교육 제도 형성에 영향을 미쳤고, 특히 초기에는 자선 사업이나 빈민 구제, 여성 노동자의 자녀 보호, 노동력을 착취당하는 아동들의 보호 등에 중점을 두었다. 20세기 후반부터는 산업화 및 도시화, 취업 여성의 증가, 가족 구조의 다양화 등으로 보육에 대한 다양한 요구가 사회적으로 반영되어 오고 있다.

현재 세계의 교육 제도는 그 나라 형편에 맞는 제도 및 행정 관리 체계를 채택하여 운영하고 있다. 수요자가 영유아교육기관을 선택하고 수익자 부담에 의해 운영하며 행정 부서가 이원화된 체제를 선택하고 있는 국가와 국가나 지방정부에서 영유아기관을 설치하여 정부 지원 체제로 운영하는 일원화 국가로 구분할 수 있다.

이원화 체제를 채택하고 있는 국가로는 시장 경제를 채택하고 있는 미국이나 영국, 한국, 일본 등이 있으며, 일원화 체제를 채택하고 있는 국가는 공교육 체계를 확립하고 있는 스웨덴을 비롯한 노르딕 국가들이 있고, 연령으로 구분하고 있는 국가는 프랑스, 독일, 이탈리아, 러시아, 중국 등의 국가가 있다〈표 11-1〉.

〈표 11-1〉 각국의 유아교육 체제

유 형	내 용	주관 부서	실시 국가
이원 병행 체제 (유치원과 보육시설 별도 운영)	• 교육과 보육 기관을 분리 병행 • 수요자(보호자)가 선택	• 교육부 • 보건복지부	한국, 미국, 영국, 일본, 호주, 캐나다, 뉴질랜드
일원 병행 체제 (유치원과 보육시설 통합 운영)	• 보호 기능과 교육을 일원화 • 종일제, 반일제, 시간제 운영	• 보건복지부	스웨덴(현재 교육부로 이관), 덴마크, 핀란드, 노르웨이
연령 구분 체제	• 0~2세의 보호 • 3세~취학 전 교육	• 보건복지부 • 교육부	프랑스, 독일, 이탈리아, 러시아, 중국

1 미 국

1) 역사적 배경

미국 최초의 보육시설은 1838년에 해일(Hale)에 의하여 보스턴에서 시작되었는데 선원 가족 중에서 취업한 부인의 자녀와 미망인 가정의 자녀를 위해 보육 서비스를 제공한 것이 계기가 되었다. 1815~1860년에는 수많은 외국 가정들이 미국으로 이민 오면서 보육시설이 생겨나기 시작하였다. 보육시설의 주된 이용자들은 이민 가족이나 미망인의 자녀, 혹은 어머니의 취업이 불가피한 빈곤한 가정의 아이들이었다. 따라서 미국에서 초기 보육의 목적은 가난하고 문제가 있는 가정의 자녀를 일시적으로 낮 동안만 돌보아 주는 것이었다.

1856년 위스콘신 주의 워터타운(Watertown)에 처음으로 독일계 유치원(kindergarten)이 설립되어 유치원 운동이 가속화된 반면, 1870년에는 가난한 도시 이민자 자녀를 위한 자선 유치원이 설립되기 시작하였다. 1873년 세인트루이스에 공립 유치원이 세워졌고, 프뢰벨 이념을 중심으로 확장되었다. 듀이(Dewey)의 경험주의적 교육사상이 미국 교육 전반에 크게 영향을 미치면서 유치원의 확장과 함께 영국으로부터 유아원(nursery school)이 도입되었다. 1920년 보스턴에 5세 미만 유아를 위한 유아원이 최초로 세워졌고, 1926년에는 유아원 교사 양성 센터가 세워졌다(Beatty, 1998).

제2차 세계대전 동안에는 여성이 전쟁 관련 사업에 대거 참여하게 되었다. 또한 1942년 제정된 랜함 법(Lanham Act)에 의해 탁아 프로그램에 대한 지원이 이루어졌고, 직업여성에 대한 편견도 없어지면서 보육시설이 번창하게 되었다. 1945년에는 150만 명 이상이 보육시설에 다녔고, 이 기간 동안에 경제 공황과 전쟁을 겪으면서 보육은 신체적 보호를 강조하는 사회 복지의 차원에서 전개되었으며, 조직적·관료적인 행정 체계의 일부로 정립되었다. 1946년에 랜함 법에 준한 기금이 없어지면서 보육시설 붐이 사라져 3,000개 정도의 보육시설이 이 당시에 폐쇄되었다. 그 이유로는 시설 아동에 대한 부정적 연구 결과와 보울비(Bowlby)의 모성 실조에 대한 연구들이 유아는 가정에서 키워야 한다고 주장하였기 때문이다. 그러나 취업모가 증가하면서 공립·민간 보육시설을 이용하거나 친지와 이웃에 자녀를 맡기는 숫자가 증가하게 되었다. 중·상류층 유아의 교육기관으로 유치원과 유아원이 대표적 기관이 되었다.

1964년 경제기회법에 근거한 헤드스타트(Head Start)는 가난한 아동이나 소수민족의 아동과 가족을 위한 포괄적 지원을 정부 차원에서 제공함으로써 유아의 학업 성취도를 높이고자 하였다. 헤드스타트는 저소득층 영유아를 위한 보상 교육으로 연방 정부의 주도하에 학습 경험, 건강, 영양, 부모 교육 등 종합적인 프로그램을 실시하였고, 프로젝트 팔로우 스루(Project Follow Through)는 헤드스타트를 끝낸 유아에게 유치원에서 초등학교 3학년까지 연장 프로그램에서 교육받을 수 있도록 1967년에 지원되기 시작하였다. 특히 헤드스타트 프로그램은 교육과 보호에 대한 정부의 지원 가능성을 실현시켰으며, 여러 가지 연방 프로그램을 통하여 유아교육시설에 대한 공적 지원을 가능하게 했다는 점에서 중요한 의의가 있다고 볼 수 있다. 1960년대 이후에는 다양한 유아교육 프로그램 접근법이 개발되어 확산되었다.

1970년대에는 아동에 대한 백악관 회의에서 미국인 가정이 당면한 가장 심각한 문제로 보육시설 문제를 선정하였다. 그리고 1975년에 사회보호법이 제정됨에 따라 보육은 정부의 사회사업의 일부가 되었고, 여러 가지 법안의 제정으로 보육을 위한 정부 기금을 합법적으로 사용할 수 있게 되었으나 기금의 수혜 대상은 저소득층 자녀들에게만 제한되었다. 1980년대에는 보육 사업 분야에 새로운 변혁이 일어나 다시 주 정부와 민간에 의해 운영되는 방향으로 전환되었다.

1987년 ABC(Act for Better Child Care) 법안을 통과시켰는데, 유아 보호에 대한 재정적 지원이 핵심 골자였다. 1990년 부시 대통령은 교육 개혁의 첫 단계로 국가 교육 목표를 설정하였고, 1992년 클린턴 대통령은 모든 취학 전 아동에게 동등한 기회를 제공하기 위해 소외된 계층의 자녀를 위한 유아교육을 강화하고자 교육 공약을 발표하였다. 클린턴 대통령은 1994년 '목표 2000: 미국교육법'을 제정하여 교육이 국가의 중대 관심사임을 표명하고 21세기의 교육적 노력을 강조하였다. 또한 조기 헤드스타트(Early Head Start) 프로그램이 만들어지면서 보건복지부가 관리하고 저소득층 임신부 및 영아 가정을 지원하게 되었다(김지은, 2005). 또한 1997년 클린턴 대통령은 '21세기 미국 교육을 위한 행동 강령'을 발표하였고, 2002년까지 3~4세 유아를 우선 대상으로 1백만 명까지 확대하고, 0~2세 영아에게도 적용하는 조기 헤드스타트 프로그램의 확장이 실시되었다(나정·장영숙, 2002a). 이후 조지 W. 부시 대통령의 정부가 들어서면서 저소득층을 겨냥해 발표한 '기초 학력 부진아 없애기(No Child Left Behind)'는 모든 학생의 기초 학력이 최저 수준 이상이 되도록 공교육 분야를 강화하는 정책을 펼쳐 나갔다.

2) 유아교육 체제 및 유아교육기관 유형

(1) 행·재정 체제

미국의 연방 정부는 교육에 대한 직접적 책임이나 권한을 갖지 않고, 교육에 대한 재정 지원 등의 보조 기능을 담당한다. 주정부에는 주교육국(State Department of Education)을 두고 행정 업무를 담당하며, 교육감은 주민이 직접 선거하거나 주교육위원회(State Board of Education)에서 선출하는 방식이 있다. 실제 교육 행정은 지역 학구(Local School Districts)가 주도하고 각 학구에는 교육 위원회가 있고 지역 주민들에 의해 선출되며, 학구의 교육 예산과 결산을 담당한다(나정·천세영·장명림, 1996; 한국교육개발원, 1998).

연방 정부의 교육 및 보육에 관한 지원은 크게 두 가지 종류가 있는데, 직접적 지원과 간접적 지원으로 분류할 수 있다. 직접적 지원은 교육부 소관의 공립학교 병설 유치원과 4세 이하의 유아를 대상으로 한 前유치원(prekindergarten)의 교육 및 취학 전 장애아 교육에 대한 지원, 그리고 보건복지부의 헤드스타트 및 공비에 의한 보육 사업 등이 있고, 간접적 지원은 보육시설의 식비 지원 및 저소득층 가정에 대한 보육료 소득 공제 등 보육, 그 자체보다는 보육 관련 경비에 대한 지원이 이루어지고 있다.

(2) 유아교육기관 유형

미국 내 유치원 및 보육시설의 종류는 50개 주의 행정 체제가 다르듯이 매우 다양하다. 운영 주체도 연방 정부, 주 정부, 지방정부, 산업체, 종교나 자선 단체, 대학 부모 모임, 영리 단체, 개인 등으로 다양한데, 대표적인 기관을 기술하면 다음과 같다.

① 유치원

유치원(kindergarten)은 전형적인 유아교육기관으로 만 4~6세아를 대상으로 발달적으로 적합한 활동을 제공하는 것을 목적으로 하고 있다. 유치원은 초등학교 병설의 공립 유치원과 사립 유치원이 있으며, 반일제와 종일제로 운영되고 있다. 종일제 유치원은 오전 중에는 유치원의 전통에 따른 교육을 주로 하고, 오후에는 유아 개개인의 개성과 욕구에 따라 편안한 분위기에서 교육을 하도록 배려하고 있다.

많은 학구에서는 유치원을 공립학교 제도 안에 포함시켜 초등학교 교육과정과 연계적으로 운영하고 무상으로 실시하고 있다. 초등학교에 유치원 학급이 있는 경우는 유치원 학년(K-grade)으로 불리고, 유치원의 경우에는 석사 학위를 소지한 교사가 많은 편이다. 유치원 교육은 의무가 아니므로 유아들은 유치원 단계를 거치지 않고 초등학교 1학년에 입학할 수도 있다(신동주, 1996).

② 유아원

유아원(nursery school)은 공립과 사립이 있으며 2세 반에서 5세 유아를 대상으로 놀이와 사회성 발달 및 인지 발달을 강조하며 대개 반일제로 운영된다. 부모 협동 유아원(parent cooperative nursery)은 다른 유아원과 목적은 같지만 부모와 유아원이 공동으로 기관 운영에 참여한다.

③ **보육기관**

유치원이나 유아원이 주로 반일제로 실시되고 연령 제한이 있는 반면, 보육기관(day care center)은 주로 취업모를 위해 유아의 교육과 보호를 종일제로 제공하며 대상 연령폭도 넓다. 기관의 종류로는 출생에서 6세 유아까지 집단으로 양육하는 기관 보육(child care center), 가정에서 소수의 유아를 자연스럽게 양육하는 가정 보육(family day care), 보통 6주 된 신생아부터 초등학교 저학년 아동까지를 대상으로 근로자를 위해 고용주나 기업이 직접 탁아 기관을 운영 또는 위탁하는 직장 보육(employer child care), 유치원 아동에서 초등학교 저학년까지 방과후 프로그램을 제공하는 방과후 보육(school aged child care, SACC), 부모가 외출하여 볼 일을 보고자 할 때 짧은 시간 동안 영아부터 초등학교 아동까지 보호하는 일일 아동 보육 센터(drop-off child care center) 등 가정과 사회의 요구에 따라 매우 다양한 유형이 있다(한국유아교육학회, 2000).

④ **헤드스타트**

연방 정부의 프로그램으로 보건복지부에서 관장하고 있으며, 만 2~6세 저소득층 가정의 아동을 대상으로 기관 프로그램과 가정 방문 프로그램을 무료로 실시하고 있다. 헤드스타트(Head Start)의 연장으로 프로그램에 참여하였던 초등학교 저학년 아동을 대상으로 제공하는 팔로우 스루(Follow Through)와, 가정에서 헤드스타트 서비스를 제공받는 홈스타트(Home Start)도 있다. 1994년부터는 임산부와 영아를 대상으로 하는 조기 헤드스타트(Early Head Start) 프로그램도 실시하고 있다(김지은, 2005).

3) 유아교육 프로그램 및 교사 양성

(1) 프로그램 내용 및 구성

미국의 교육과정은 주, 지역, 기관 그리고 교사에 따라 다양한 프로그램을 실행하고 있다. 특히 1960년과 1970년대에는 여러 유아교육과정 프로그램이 개발되었고, 공립학교 5세 유치반과 3~4세 유아반의 프로그램에 대한 주 정부와 지방정부의 지원이 증가하였다. 유아교육 전문가들이 유아교육의 질적인 수준을 높이기 위하여 1987년 미국유아교육협회(NAEYC)에서 『발달에 적합한 실제』를 출간하였다. 초판에서는 유아의 연령과 개개인의 발달 수준, 흥미, 욕구 수준을 고려하여 실행할 것을 제안하였고(Bredekamp, 1987), 개정판에서는 3세 미만의 영아 발달에 적합한 실제도 소개하고 있다(Bredekamp & Copple, 1997).

(2) 교사 양성 체제 및 자격

미국의 교사 양성 제도는 크게 세 가지로 나뉘는데 첫째는, 대학의 양성 과정을 이수한 자에게 교사 자격증을 수여하는 것이다. 대학의 양성 과정은 4년제뿐만 아니라 5~6년제 양성 제도도 있으며, 약 1,400여 개의 교사 양성 대학이 있다. 두 번째는 준학사 학위로 2년제 대학에서 보조 교사나 아동 양육 보조 등의 자격을 주는 직업 교육의 양성 과정을 제공하고 있다. 세 번째는 전문 단체인 아동발달협회의 국가자격증 프로그램을 이수하는 것으로 1971년에 시작한 CDA(Child Development Associate National Credentialing Program)가 대표적이다.

유아교사는 대부분 4년제 대학이나 2년제 전문대학에서 양성되며 직전 교육(preservice)과 현직 교육(inservice)을 요구하는 것도 주마다 다르고, 어떤 주는 CDA 과정을 이수한 경우 인정해 주기도 한다.

CDA에서 보육교사 자격을 받기 위해서는 고등학교 이상의 학력을 갖추거나 전문대학이나 직업학교에서 유아교육과 관련된 직업 훈련을 받은 경험이 있어야 하고 최근 3년간 640시간 이상의 실습 경험이 있어야 한다. CDA 교육 프로그램은 2개월부터 2년에 이르기까지 다양한데 보통 1년 과정이다. 고등학교 이상 학력을 가진 자로 8개월간 유아교육 현장에 근무하면서 교육을 받고 120시간의 세미나 수업을 받아야 한다. 자격은 3년간 유효하며 5년 이내에 동일한 교육을 통하여 자격을 갱신해야 한다(서문희, 2001).

미국은 K~12의 기본 학제 안에 유아교육을 포함시키고 있으며, 유치원 교육을 공교육 제도 안에서 실시하고 있다. 유치원 교육은 취학 직전 연령인 만 5세 아동을 대상으로 제공하며 초등학교에 유치원 학년(K-grade)을 설치하여 제공한다. 3, 4세 아동들은 유아원에 다니고 주로 사립에 의존하고 있으며, 그 외에 헤드스타트를 포함하여 저소득층이나 특수아를 위한 유아교육 프로그램이 연방 정부 및 주 정부의 지원하에 무상으로 실시되고 있다. 미국은 2000년 이후 만 3, 4세 유아를 공교육의 대상으로 하향화하는 Pre-Kindergarten과 Kingdergarten을 연계한 만 3~5세 대상의 Universal Pre-Kindergarten(공립유아학교) 체제로 전환하려는 노력을 추진하고 있다(한국유아교육학회, 2007). 미국의 유치원과 보육시설을 대략 비교해 보면 다음과 같다.

〈표 11-2〉 미국의 유치원과 보육시설

구 분	유치원	보육시설
관련 법규	교육법(Educate America Act)	ABC 법안(Act for Better Child Care)
행정 부서	교육부	보건복지부
대상 연령	3~6세	0~6세
프로그램	주 정부 수준의 교육과정과 다양하게 개발된 프로그램으로 운영	교육과 보호를 통합한 다양한 프로그램으로 운영
교사의 자격	주마다 다양하나 대부분 4년제 대학을 졸업하면 정교사로, 2년제 대학을 졸업하면 보조 교사로, 고등학교 졸업 후 CDA 자격증을 취득하는 경우 등이 있음	대부분 4년제 대학과 2년제 전문대학, 고등학교 졸업 후 CDA 자격 취득자

2 영 국

1) 역사적 배경

영국의 교육은 전통적으로 중앙정부가 최소한의 역할과 기능만 담당하도록 해 왔는데 1689년 발표한 권리 선언은 교육 이념을 민주 시민 양성에 두고 국가가 교육에 최소한으로 개입하도록 하였다. 영국의 유아교육은 1816년 사회개혁가인 로버트 오웬이 좋은 습관 형성을 목적으로 하는 유아 학교(Infant School)를 설립하면서 시작되었다. 이 당시 영국은 빈곤층 가정의 아동이 값싼 노동력을 제공하고 있어 아동의 노동을 금지하고 교육을 받도록 하기 위해 빈민 유아들의 구제 수단으로 유아 학교가 설립되었다. 그 후 1851년에는 독일인을 위한 영국 최초의 유치원이 세워진 후, 프뢰벨 이론이 소개되면서 유치원이 확장되어 나갔다.

1900~1971년에는 유치원 취원율이 점차 감소하게 되었는데, 어린 유아들을 기관에 보내는 것이 도움이 되지 않고 지나치면 발달까지 저해한다는 주장이 제기되었다. 따라서 20세기 초반까지도 영국에서 유아는 가정에서 양육되어야 하고 아동 양육은 개별 가족의 책임이라는 인식을 가졌고, 학교와 같은 형태의 유치원보다 놀이집단과 같이 비형식적이고 유아에게 부담이 적은 형태를 선호하게 되었다. 1905년에는 5세 미만 유아들이 유아 학교에 가는 것이 부적당하다는 연구 결과가 발표되면서 유아교육 억제책이 실시되다가, 영국의 국가적인 교육의 틀을 제공하는 교육법이 1944년 제정되어 유아교육을 공교육의 범위 안에 포함시켰다. 1967년 제출된 플라우덴 보고서(Plowden Report)는 정부의 유아교육 억제책을 비난하였고 이로 인해 유아교육이 회복되는 기회를 맞았다. 특히 저소득층의 유아를 지원하고 3~4세 유아를 위한 교육의 중요성을 강조하였다(Moss, 1997).

1972년 영국 정부는 『교육: 확장을 위한 기본틀』이라는 백서를 통해 유아교육의 확대 및 5세 아동을 무상 교육하도록 하였다. 역사적으로 다른 특성을 지닌 행정

구역이 합쳐진 영국은 지방 분권적인 교육 자치제를 실시해 왔고, 유아교육의 질과 내용 또한 지방에 따라 다양하였다. 그러나 1988년 교육개혁법 제정으로 이후 영국은 커다란 변화를 겪게 되어 국가가 교육을 주도하는 개혁을 추진하고 있다. 국가수준 교육과정(National Curriculum)을 제정하고 유아교육기관에서 '학습 목표(Learning Goals)'를 달성하도록 하였다.

1997년 블레어 정부가 제시한 교육 백서는 국가가 적극적으로 국민 교육에 개입할 것을 강조하였고, 국가 경쟁력 강화를 위해 유아교육기관의 확장 및 질적 향상에 노력할 것을 밝혔다. 또한 저소득층 만 4세 미만의 유아와 가정을 대상으로 유아교육을 확대하는 슈어 스타트(Sure Start)가 1997년 시작되었는데, 미국의 헤드스타트(Head Start)와 유사한 프로그램으로 사회적 소외를 방지하고, 교육 수준을 향상시키며, 건강상의 문제를 줄이고 삶의 기회를 향상시키려는 종합적인 대책이다. 2004년 12월 아동보육개혁 10개년 계획(A Ten Year Strategy for Children)을 발표한 이후, 아동빈곤을 퇴치하겠다는 정부의 개혁의지에 따라 2010년까지 영국 전역에 걸쳐 모든 지역사회에 최소한 1개의 슈어 스타트를 설립한다고 하였다.

20세기 중반 후부터 저소득층 유아의 경우 사회 복지적 차원에서 국가적 지원의 필요성이 인식되기 시작하였다. 1989년에는 아동법(Children Act)이 제정되어 사회사업부가 담당하고, 아동보호기관은 이 법에 의해 등록과 장학이 이루어지도록 하였다. 1996년 4세 유아 보육에 대한 지불보증제도(Nursery Voucher System)가 도입되어 1999~2000년에는 유아 1인당 1,130파운드의 전표를 부모에게 지불하고 기관을 선택하여 지불하도록 하였다. 이전까지는 사회사업부에서 담당하던 유아교육과 보호기관 등록을 1999년부터 교육고용부 산하의 교육기준청(Office for Standard in Education: OFSTED)이 관리하게 되었다(나정·장영숙, 2002b). 교육기준청은 영유아 교육과 보육 제공에 대한 관리·감독 기준으로 교육점검체계를 마련하여 모든 영유아에게 적용하도록 하였으며, 전반적인 효과성, 교육의 질, 행동과 태도, 개인적 발달, 리더십과 운영 관리 등의 항목을 포함하였다. 또한 영국 교육부는 현재 모든 만 3~4세 유아들에게 제공되고 있는 무상유아교육을 만 2세 취약계층 영아들에게도 적용하기로 하였다(육아정책연구소, 2019).

1997년 노동당이 집권하면서 여성의 직업 기회 확보를 위한 보육 서비스의 필요성을 강조하였고, 유아기 서비스 증진을 국가 최우선 과제로 선정하여 '그린 페이퍼(Green Paper)'라는 국가 보육 전략을 수립하였다. 만 4세아까지 무상 보육을 확대하고, 보육료를 지원하며, 보육의 질적인 면(보육에 대한 정부의 지도 감독, 보육교사 처우 개선 등)을 제고하고, 누구나 이용 가능한 보육시설을 확충하고, 수요에 맞는 다양한 보육 서비스를 제공하는 것으로 되어 있다.

2) 유아교육 체제 및 유아교육기관 유형

(1) 행·재정 체제와 조직

영국의 교육 행정 체제는 중앙의 교육고용부와 지방의 지방 교육 당국, 그리고 각급 학교의 학교 운영 위원회로 이루어져 철저한 자율성과 독립성을 존중하면서 협력해 나가는 것이 특징이다.

중앙정부의 행정 조직은 1995년부터 교육고용부(Department of Education and Employment)로 명칭이 바뀌었는데, 교육의 기능을 강화한다는 취지에서 국가가 인정하는 자격증 제도와 연계하려는 의도로 이해할 수 있고, 유아교육을 포함한 모든 교육을 총괄하고 책임을 진다. 중앙정부는 유아교육 재정의 24.2%를 부담한다. 지방 교육 당국(Local Education Authorities, LEA)은 그 지역의 특성 및 지역 주민의 요구에 따른 교육 행정을 펼치고 중앙정부의 재정 지원을 받으며, 총 유아교육 재정의 75.8%를 부담한다. 현재 지방 교육 당국은 3~4세 유아를 위한 유아 학교와 유아 학급을 관장하고 있다(나정·천세영·장명림, 1996).

학교 운영 위원회는 학부모 대표, 교장, 교사, 학교 관련 인사 등 다양한 인사로 구성되며, 유아 학교에 관한 정책이 실행될 수 있도록 조언을 하거나 실제적인 도움을 준다.

보건부는 공립 보육시설을 관장하며 사립 유아원, 놀이 집단, 보육교사의 등록과 통제를 담당하고 있다.

(2) 유아교육기관 유형

① **유아 학교와 유아 학급**

지방 교육 당국이 3~4세 유아들을 대상으로 제공하는 프로그램으로는, 독립된 기관으로 운영하는 유아 학교(nursery school)와 초등학교의 병설로 운영되는 유아 학급(nursery class)이 있다. 모두 공교육 체제에 포함되어 무상으로 이루어지지만 의무 교육은 아니다. 유아 학교 및 유아 학급은 유아의 전인 발달을 목표로 하고 사회성과 인지 발달을 강조하며, 유아교사 자격증을 가진 교사들이 교육한다.

② **유치원**

공립 유치원(kindergarten)은 지역에 따라 질적 수준이 매우 다양하므로, 사립 유치원에 대한 요구가 높은 상태이고 부모들이 등록금을 부담한다.

③ **놀이 집단**

놀이 집단(play group)은 영국에서 3~4세를 위한 가장 보편적인 프로그램으로 보건부 관할이며 놀이 집단의 1/4 정도가 정부의 지원을 받고 있으나 부모들이 약간의 돈을 지불한다. 1주일에 2~3일간 총 10시간 정도 운영하고, 놀이 집단의 교사는 부모와 자원봉사 집단이 담당한다.

④ **보육시설**

보육시설(day nursery)은 경제적으로 빈곤하고 문제가 있는 아동을 대상으로 제한된 서비스를 제공하는 소수의 공립 보육과 영리를 목적으로 하는 사립 보육이 있는데, 사립 기관이 대다수이고 0~5세 유아를 위한 시간제 또는 종일제 프로그램을 제공하고 있다. 민간 보육 유형에는 친척이 돌보거나 가정 보모를 많이 이용하고 있다.

3) 유아교육 프로그램 및 교사 양성

(1) 프로그램 내용 및 구성

1988년 영국은 교육을 국가에서 관리하기 위해 국가수준 교육과정을 마련하여

5~16세까지의 학생들에게 적용하였다. 영국에서는 정부의 지원을 받는 유아교육기관들이 정부에서 제시한 '학습 목표(learning goals)'를 달성할 것을 요구하고 있는데, 이는 유치원 교육이 전인 교육에서 초등학교 교육의 준비 단계로 관점이 변화하고 있음을 의미하는 것이다.

2002년 개정된 교육법(Education Act 2002)에 의하면 국가교육과정을 5세 미만까지 확대하고, 유아들이 성취해야 하는 영역을 인성과 사회성 발달, 언어, 수학, 세계에 대한 지식과 이해, 신체적 발달, 창의성 발달 등 여섯 개의 영역으로 구성하였다.

2000년 이후, 영국은 유아교육의 질을 향상시키기 위한 여러 제도를 도입하였는데, 2001년에 8세 미만의 가정보육서비스에 국가적 표준 규정이 도입된 것을 비롯하여 2002년에는 3세까지의 영아를 위한 교육과 보육을 지원해 주는 기본 지침이 도입되었다(지성애·백선희·채영란, 2007).

(2) 교사 양성 체제 및 자격

영국의 유아교육기관 종사자들은 일정한 자격이 요구되지만 기준이 매우 다양하다. 공립학교의 경우 3~5세 유아를 담당하는 교사들은 정식 교사 자격증이 요구되나, 사립 유아원은 교사 자격증이 반드시 요구되지 않는다. 놀이 집단의 교사는 200시간의 연수만 받도록 되어 있다.

영국에서 교사 자격을 취득하는 방법으로는, 교육대학에서 3년 과정을 이수하여 보통 교육 학사를 취득하거나, 4년을 이수하고 상급 교육 학사를 취득하기도 하고, 교육학부 대학원 과정에서 1년간 교직 과정을 이수한 후 교육대학원의 과정 수료증을 취득하기도 한다. 영국에서는 현재 학부 과정이 기본적으로 3년제임에도 불구하고 유아교사들은 4, 5년의 교육과 실습을 강화하여 교사의 질을 향상시키는 데 노력하고 있다. 또한 1994년 교육법에 의하면 영국의 모든 교사 양성 교육기관은 교원 양성 연수원의 평가 인정을 받도록 되어 있다(한국유아교육학회, 2000).

영국의 보육교사 자격 제도는 민간 자격을 국가가 인증하는 형태이다. 보육 종사자는 대개 전문 학사 과정 및 단기 과정에서 보육과정을 마치고 보육교사로 양성되어 보육시설이나 사립 유아원에서 일하는데, 대부분 보육교사는 국가보육위원회(National Nursery Examination Board: NNEB)에서 2년 과정의 교육과정을 마치고 자격을 받거나, 기업 및 기술인 교육위원회(Business and Technician Education Council: BTEC)에서 수여하는 증명(diploma)을 받는 등의 자격을 갖춘 사람들이다. 보육시설에서는 개인별로 필요성 및 상황에 따라서 NNEB, BTEC, 몬테소리, 놀이집단 증명 등 다양한 교육을 받은 자격 소지자를 보육교사의 자격으로 인정하여 활용하고 있다(서문희, 2001).

영국의 유아교육은 가장 적극적인 형태의 공교육인 무상·의무교육을 실시하고 있다. 5세 아동을 위한 교육은 초등교육에 포함시켜 공립 유아학교에서 100% 무상·의무교육을 제공한다. 2~4세 유아를 위한 유아원 역시 대부분 공립으로 설치되어 무상교육으로 실시되는데, 취업모나 미혼모, 사회·경제적으로 결손된 가정의 자녀에게 입학 우선권을 준다. 영국의 유아교육기관을 요약하면 다음과 같다.

〈표 11-3〉 영국의 유아교육기관

구 분	유아 학교	보육시설
관련 법규	국가수준 교육과정	아동부
행정 부서	교육고용부	보건부: 1999년부터 유아교육과 보호의 등록은 교육기준청(OFSTED)에서 행해짐
대상 연령	5~7세: 5세 유아는 100% 무상·의무교육을 받음	0~5세
프로그램	'학습 목표'를 제시	• 유아의 개인적 요구에 맞춤 • 가정과 부모가 참여
교사의 자격	공립의 경우 교사 자격증이 요구됨	16세 이상 응시하고 2년제 과정을 거침

3 일 본

1) 역사적 배경

1950년대까지 일본 사회에서 유아는 가정에서 양육되어야 하고 유아기의 부모-자녀 관계가 인간관계의 기초가 된다는 전통적 육아관이 지속되었으나, 1960년대 이후 취업모의 증가, 핵가족화, 출생률의 감소 등으로 부모보다 가정 이외의 기관이 자녀 양육을 담당하게 되었다. 그리하여 1965년에는 4세와 5세를 위한 보육시설의 보육 지침을 마련하였고, 1974년에는 장애아 보육을 위한 제도가 마련되었으며, 1981년에는 근로 형태의 다양화로 인한 보육 요구에 부응하기 위해 연장 보육과 야간 보육 사업을 위한 제도가 마련되었다(표갑수 외, 2001).

메이지 유신으로 시작된 근대 일본의 개혁 바람은 교육이 중요하다는 인식을 하면서 1872년 학제 공포로 최초의 근대 학교가 세워졌다. 1876년에 설립된 최초의 국립유치원은 프뢰벨의 교수 방법을 도입하였으며 3~5세 유아를 대상으로 하였는데, 후에 일본 유치원의 모델이 되었다. 일본의 유치원은 초기부터 중류층 가정의 어린이들을 일본 사회의 구성원으로 자라도록 사회화시키는 기능을 담당한 것으로 보인다(Moss, 1997).

1947년에 제정된 학교교육법은 유치원이 가정을 보완하는 기관이 아니라 교육적 목적을 지닌 독자적인 교육기관임을 강조하였고, 이후 유아교육의 안내서인 보육요령이 1948년 제정, 공포되었다. 유아교육진흥책은 1964년, 1971년, 1991년 세 차례에 걸쳐 이루어졌다. 1972년도부터 시작된 유아교육진흥 10개년 계획 기간 동안에는 사립 유치원을 보조하는 제도를 마련하여 질적인 향상에 도움이 되었고, 취원율 제고, 공립 유치원 확충 등 일본 유치원 교육의 기초를 다지는 데 결정적인 역할을 하였다. 유아 인구의 감소로 유치원 경영난이 심화되자 일본 정부는 제3차 유치원 교육 10개년 계획을 수립하였다.

1990년대에 들어서면서 일본의 보육·교육계에 두드러지게 나타나는 특징은 유치원과 보육시설의 일원화 문제이다. 이에 대해 일본 정부는 양 기관을 물리적으로 일원화하기보다는 각각이 가지고 있는 기능을 통합하는 방안을 연구하기 시작하였다. 문부성, 후생성, 노동성, 건설성의 4개성은 1994년에 '향후 유아교육 지원 시책의 기본적 방향에 대하여'라는 일명 엔젤플랜(Angel Plan)을 제시하였다.

엔젤플랜은 기본적으로 자녀를 원하는 사람이라면 누구나 안심하고 아이를 낳고 기를 수 있는 환경의 정비, 가정에서 육아 지원을 위해 모든 사회 구성원이 협력하는 시스템 구축, 그리고 유아의 이익을 최대한으로 존중하는 육아 지원 시책을 기본 방침으로 하고 있다. 이와 같은 기본 방침 아래 육아와 노동을 양립할 수 있도록 가정을 지원하고, 유아를 위한 주택 및 생활환경을 정비하며, 여유 있는 교육 실현과 건전한 인간성을 기를 수 있도록 가정과 사회의 환경을 정비할 뿐만 아니라 육아비용의 경감이 가능한 방법을 검토하는 것을 목적으로 삼고 있다.

일본 정부는 보육에 대한 지원 확충을 주 내용으로 하는 1999년 '신엔젤플랜'을 발표하였다. 신엔젤플랜은 보육 서비스 분야 이외에 모자 보건, 교육, 주택 등 종합적인 시책을 담고 있다.

일본 문부성은 1997년 '탁아와 보육 추진 사업 실시 요강'을 발표하여 유치원에서도 종일반을 도입할 것을 권고하였다. 유치원과 보육소의 교육내용은 3세 이상을 중심으로 공동으로 하도록 하고 이에 대한 교사 연수는 유치원 교사와 보모가 공동으로 실시하도록 하였다. 1998년 문부성과 후생성은 '유치원과 보육소 시설의 공용화 등에 관한 지침'을 발표하면서 보육소와 유치원이 서로의 시설을 공동으로 사용할 수 있음을 밝히고 이에 대한 지침을 공동으로 통지하였다(兒童福祉硏究會, 1998). 이와 같은 일련의 정책들은 기존의 유치원과 보육시설을 물리적으로 통합하기보다는 기능적으로 통합하려는 노력의 일환으로 볼 수 있다.

이후 일본의 유치원과 보육소 일원화에 대한 논의는 소자녀의 영향, 교육·보육 요구의 다양화, 감소하는 유치원과 증가하는 보육소 상황 등을 감안하여 정부 차원에서 적극적으로 언급하게 되었다. 이러한 움직임 속에서 '인정 어린이원'에 관한 법률 '취학 전 어린이에 관한 교육·보육 등의 종합적인 제공의 추진에 관한 법'이 제정되어 2007년 7월 현재 전국에 94개의 인정 어린이집에서 취학 전 아동을 위한 교육·보육을 담당하고 있다(이기숙·강민정, 2007)

일본 정부는 2019년 소비세율을 10%로 인상하면서 유아 교육 및 보육 무상화를 전면 실시하기로 하였다. 출생률 증가와 육아 세대의 부담을 완화시키겠다는 목적으로 경제 재정의 핵심 정책으로 추진한다(육아정책연구소, 2019). 또한 유아교육의 질을 높이기 위해 유치원, 보육소, 인정어린이원 등을 순회하면서 지도나 조언을 하는 '유아교육 어드바이저'를 육성하고 배치하는 사업도 추진해 나가고 있다(교육신문, 2018).

2) 유아교육 체제 및 유아교육기관 유형

(1) 행·재정 체제

교육 행정 체제 조직으로는 도(都), 도(道), 부(府), 현(縣)과, 시(市), 정(町), 촌(村)의 교육위원회에서 분담하여 실시하여 오다가 1952년 일본이 국권을 회복하면서 문부성의 권한이 살아나기 시작하였다. 1953년 발족한 문부대신의 자문 기관인 중앙교육심의회는 일본 교육 정책에 큰 영향을 미치고 있다.

재정 지원은 국공립 유치원의 경우, 정부에서 비용을 부담하므로 부모들의 부담은 적은 편이나, 사립의 경우는 대부분의 비용을 부모들이 부담하기 때문에 상대적으로 높다고 할 수 있으며 정부에서는 사립학교지원법에 따라 등록된 유아들의 수만큼 약간의 보조를 하고 있다. 공교육 비용은 국가, 현, 시 정부가 부담하는 것을 원칙으로 하고, 사립 교육기관은 비수익 법인에 의해 설립되며 그 비용은 등록금, 국가 및 지방정부의 보조로 충당하고 있다(한국교육개발원, 1998).

보육시설에 관한 행정 체제와 조직은 국가, 도도부현 및 시정촌에서 각각 분담하여 실시하고 있다. 보육시설에 관한 재정 지원은 정비비와 조치비로 구분되며, 정비비는 건물 등의 설비에 필요한 경비이고, 조치비는 보육시설을 운영하기 위해 필요한 경비로 행정 조직이 나누어 분담하고 있다.

(2) 유아교육기관 유형

일본의 유아교육기관은 문부성이 관장하고 있는 유치원과 후생성이 관장하고 있는 보육소로 나눌 수 있다.

① 유치원

유치원은 만 3세부터 소학교 취학 시기에 이르기까지의 유아를 대상으로 한다. 매 학년의 교육주 수는 39주 이상이어야 하고, 1일 교육 시간은 4시간을 표준으로 하되, 유아의 심신 발달 정도, 계절 등에 적절하도록 배려한다(文部省, 1998).

② 보육소

보육소는 매일 보호자의 위탁을 받아 보육을 필요로 하는 영아 및 유아를 보육하는 것을 목적으로 한다. 대상 연령은 보육을 필요로 하는 유아(1세 미만)로부터 소년(18세 미만)까지이며, 1일 8시간을 원칙으로 지방의 특징, 보호자의 노동 시간, 가정 상황을 고려하여 보육소장이 결정한다. 연장 보육, 야간 보육도 실시하며 봄 방학과 여름 방학이 없다(兒童福祉研究會, 1998).

3) 유아교육 프로그램 및 교사 양성

(1) 프로그램 내용 및 구성

일본의 유치원 교육과정은 1948년 '보육요령'이란 이름하에 처음으로 성립된 이후 유치원 교육요령으로 1956년, 1964년, 1989년 그리고 1998년에 개정되었다. 현행 '유치원 교육요령'은 건강, 인간관계, 환경, 언어, 표현의 다섯 가지 영역으로 교육내용을 구분하고 있다.

일본의 후생성은 보육 내용에 대한 '보육소 보육 사업 지침'을 마련하여 제시하고 있다. 보육소 보육 지침은 각 보육소에서 보육을 행하는 가이드 라인으로 1965년에 제정되었다. 보육 지침에는 보육 원리, 보육 내용상의 기본 방침, 지도의 기본 방침, 연령 구분별 보육 내용 등이 포함되어 있고, 총칙 전문에는 보육소 보육은 양호와 교육이 일체가 되어 풍부한 인간성을 지닌 아동을 육성하는 곳이라는 보육소의 기본적 성격이 제시되어 있다. 구체적인 보육 목표로는 심신의 건전한 발달, 기본 생활 습관, 사회성 및 도덕성의 기초, 자연과 사회에 대한 관심과 사고력, 언어 능력 및 정서와 창조성의 발달 등을 제시하고 있다.

(2) 교사 양성 체제 및 자격

일본에서 유치원 교사 면허장은 문부대신이 지정하는 교원 양성 기관에서 문부성이 정해 놓은 과목의 단위를 이수하는 자에게 수여한다. 유치원 교사는 교육 직원 면허법에 의거하여 유치원 교사 면허증을 소지하고 있어야 하며, 2종 면허장은 2년제 및 3년제 단기 대학에서 62단위 이상을 이수한 자에게 수여되고, 1종 면허장은 4년제 대학에서 학사 학위를 취득한 자에게 수여되며, 전수 면허장은 대학원에서 석사학위를 취득한 자에게 수여된다. 유치원교사 면허증을 위한 교원 양성 교육의 내용은 교과와 교직으로 나뉘어 32단위 이상을 취득해야 하고, 필수 교직 과목의 하나인 교육 실습은 실습 기간이 3주간이다(한국교육개발원, 1998).

일본은 보육에 종사하는 남성의 수가 늘어나게 되자 보모라는 용어 대신 보육사라는 용어를 사용하고 있으며, 국가 자격으로서 후생성 대신이 지정하는 보육교사 양성 학교, 기타 시설을 졸업하거나 또는 도도부현 지사에 의해 실시되는 8개 과목의 보육교사 시험에 합격하고 자격을 취득하는 방법이 있다. 보육교사 양성 기관의 종류로는 학교 교육에 의한 대학 및 단기 대학(2년제)과 이와는 별도로 후생성 대신에 의해 승인된 기관으로 구분되며, 단기 대학과 보육교사 양성 기관이 주된 기관으로 보육교사의 75%가 2년제 대학에 의해 배출된다.

일본은 유치원 교육을 공교육 제도 안에서 실시하고 있다. 유치원은 국립, 공립, 사립으로 구분되는데, 현재 약 60% 정도의 유치원이 사립이며 약 80%의 유아가 사립 유치원에 취원하고 있어, 유아교육에 대한 사학 의존율이 높음을 알 수 있다. 일본은 문부성 관할의 유치원과 후생성 관할의 보육소가 그 역할을 분담하고 있는 데, 비교해 보면 다음과 같다.

〈표 11-4〉 일본의 보육소와 유치원

구 분	보육소	유치원
관련 법규	아동복지법	학교교육법
행정 부서	후생성(보건복지부)	문부성(교육부)
대상 연령	0세~취학 전 영유아	3세~취학 전 영유아
프로그램	보육소 보육 지침	유치원 교육요령
교사의 자격	• 4년제 대학 및 단기 대학 • 보육교사 양성 기관 • 도도부현 지사가 실시하는 보육교사시험	• 4년제 대학 및 단기 대학 • 문부대신이 지정한 교원 양성 기관

4 스웨덴

1) 역사적 배경

산업화 이전의 스웨덴은 아동 양육을 가족의 책임으로 여겼으나, 산업화 과정에서 부모의 자녀 양육이 불가능해지면서 부모나 성인의 보호를 받지 못하고 지내는 아동이 증가하게 되어 아동 보호에 대한 사회적 대책이 강구되었다. 스웨덴에 세워진 최초의 보육시설(creche)은 1850년대에 설립된 것으로 주로 빈곤층 가정의 어머니가 직장에 나간 사이에 자녀를 돌보아 주는 것을 목적으로 하며 민간 단체 또는 자선 단체에 의해 운영되었다. 1930년대부터 보육시설에서는 유치원 형태의 교육 활동을 하루 또는 일주일에 몇 시간 정도 진행하기 시작하였다.

이와 함께 스웨덴에는 유아를 위한 종일제 보육시설(유아 학교)이 있었다. 최초의 유아 학교는 영국의 오웬에 의해 만들어진 유아 학교의 영향을 받아 1836년 스톡홀름에 세워졌다. 이 학교의 특징은 특별하고 엄격한 교육 프로그램을 실행했는데, 식사와 놀이, 20분간의 수업 진행 등 비교적 체계적인 집단 교육이 제공되었다. 이 프로그램에는 독일의 프뢰벨의 영향을 받은 교사들이 종사하였으며 유아에게 지식을 주입한다는 사회적 비판을 받기도 하였으나 1950년대까지 보육시설과 공존하다가 일부는 유치원으로 바뀌었다. 유치원은 1896년 최초로 프뢰벨의 교육 이념을 바탕으로 세워졌으며 초기에는 부유 계층의 유아들을 대상으로 하였다.

1930년대 이후 1970년대까지 스웨덴의 영유아 보육 제도는 사회 경제적 상황에 따라 상당한 제도적 지원이 이루어졌다. 특히, 제2차 세계대전과 산업화로 인한 인구 분포의 변화와 노동 인구에 대한 국가 차원의 요구는 여성 노동력을 전적으로 필요로 하게 되었다. 여성의 직업 참여를 용이하게 하고 자녀 양육비를 절감할 수 있는 정책이 개발되면서 미래의 노동 인력 확보를 위한 출산을 장려하는 정책이 병행되어 보육에 대한 획기적인 방안들이 마련되기 시작하였다. 1938년에 산전 산후 모자 보건 대책이 강구되기 시작했으며, 1948년에는 전체 아동을 대상으로 국가에서 아동 양육비를 지원하였다. 1955년부터 출산 수당이 아버지에게 지급되기 시작했으며, 1960년에는 1924년에 제정된 아동복지법을 개정하여 아동 복지에 대한 공적 지원을 공식화하였다(양옥승 외, 1998).

그러나 이러한 방안들이 가시화된 것은 적어도 1965년 이후였는데, 이전까지 아동 양육은 가정에서 이루어져야 한다고 의회에서 공식적으로 천명할 정도였다. 그러나 1972년 국회에 가족정책위원회가 구성되었고, 1973년에는 취학 전 교육(preschooling)법을 제정하여 1975년부터 시행하였다. 이 법은 6세까지의 유아를 대상으로 하여 보육의 목적을 '가정과 긴밀하게 협조하여 아동의 전인적 인격발달과 신체적·사회적 발달을 도모함'으로 규정하였다.

국회는 1985년에 공립 보육시설의 지속적인 확대안을 통과시켰다. 국회 결의안에 의하면, 모든 유아들은 부모가 법적으로 육아 휴직을 얻을 수 있는 18개월 이후부터 공립 보육 서비스를 받을 권리가 있도록 하였다. 1995년 사회복지법이 개정됨에 따라 지방정부는 부모가 취업하거나 학업 중일 경우 1세부터 12세까지의 아동을 위한 보육

서비스를 제공해야 할 책임을 지게 되었으며, 1997년 교육법(Education Act)이 개정됨에 따라 영유아 보육기관에 대한 감독과 책임이 보건복지부에서 교육과학부로 이양되었다(한국유아교육학회, 2000).

2) 유아교육 체제 및 유아교육기관 유형

(1) 행·재정 체제

스웨덴의 유아교육기관은 1997년까지 보건복지위원회(National Board of Health and Welfare) 및 보건사회부(Ministry of Health and Social Affair)의 감독하에 있었다. 그러나 1990년대에 들어서면서 유아교육기관에서의 교육적 측면이 강화되고 학교에서의 보호적 측면이 강화됨에 따라 유아교육기관에 대한 책임이 보건사회부에서 교육과학부(Ministry of Education and Science)로 이양되었다. 따라서 현재 스웨덴의 유아교육기관은 국가교육위원회의 감독을 받고 있다.

초기의 유아교육 서비스는 중앙 통제하에 이루어졌으며 국가 보조금은 감독 기관인 국가보건복지위원회에 의한 기준에 의해 지원되었다. 최근에는 정치적 변화에 따라 중앙 통제가 약화되고 유아교육 서비스 관련 기준과 통제가 지방 분권화되는 현상이 일어나고 있다. 유아교육을 위한 비용은 주로 지방정부의 예산에 의해 운영되고 부족한 부분을 중앙정부의 보조금과 부모의 수입에 비례한 부담금으로 충당하고 있다. 스웨덴의 유아교육서비스는 대부분 공립의 형태로 제공되고 있으나, 최근 들어 사립기관도 늘어나는 추세이다. 또한 유아교육은 공공을 위한 것으로 인식되고 있어 중앙정부 보조금과 지방세는 공립과 사립에 대한 구별 없이 재정이 조달되고 있다(한국유아교육학회, 2007).

(2) 유아교육기관 유형

스웨덴의 교육 서비스 형태는 매우 다양하나 그중 대표적인 유형을 보면 다음과 같다.

① **유치원**

유치원은 대표적인 유아교육기관으로 취학 전 6세 유아의 1/3 이상이 다니고 있고, 교육 활동과 보호가 같이 제공된다. 유아의 연령에 따라 다양한 형태의 집단 구성을 하고 있고, 기관에 종사하는 교직원의 반 이상이 유아교사이거나 레크리에이션 강사이며, 유아교사의 비율은 지속적으로 늘어나고 있다. 유아들은 유치원에 종일제 또는 시간제로 다니고, 지방정부에 따라 부모들이 차등을 두어 부담하고 있다.

시간제 유치원(part time preschool)과 개방 유치원(open preschool)의 형태도 있는데, 부모 중 한 명이 집에 있거나 가정 보육시설을 운영하는 이들의 자녀를 위한 시설로, 시간제 유치원은 방학과 공휴일을 제외하고 매일 출석하고, 개방 유치원은 수시로 이용할 수 있다는 차이점이 있다. 시간제 유치원의 수업 시간은 하루 3시간으로 유치원 교사 한 명과 보육교사 한 명이 지도하고, 6세 유아에게 무료로 제공된다. 개방 유치원은 1972년 처음 도입된 이래 계속적으로 줄어드는 추세이다. 유치원과 초등학교를 연결하는 유아학급은 아동이 셈하고 글 쓰는 방법을 배울 수 있는 출발점이 되는데, 의무교육으로 추진하기로 결정하였다(육아정책연구소, 2019).

② **가정 보육**

가정 보육은 보모가 다양한 연령대의 유아들을 최대한 10명까지 자신의 집에서 돌보는 형태로 최근 들어 그 수가 줄어드는 추세에 있다.

3) 유아교육 프로그램 및 교사 양성

(1) 프로그램 내용 및 구성

노르딕 국가의 유아교육은 복지 정책과 연결되는 것으로 유아에 대한 책임을 국가와 부모가 함께 나눔으로써 유아에 대한 평등권을 보장하고 있다. 유아교육 또한 보호와 교육을 함께 제공함으로써 유아의 발달을 도모하고 유아의 사회적 효능감을 향상시키는 것을 목적으로 한다. 이러한 통합적 프로그램의 교육 철학은 유아의 심리적, 사회적 발달을 강조하고 있다(한국유아교육학회, 2000).

스웨덴에서는 국가수준의 유아교육과정을 수립하여 이를 기반으로 유아교사들이 각 기관의 특성에 맞는 교육 프로그램을 운영할 수 있도록 하고 있다.

전통적으로 스웨덴은 아동 보육을 학교 관련 영역이기보다는 보건과 복지 차원에서 운영하여 왔기 때문에 학교에서의 활동과 같은 교육적 활동에는 별다른 관심을 보이지 않다가 현행 보육 제도가 정착하면서 취학 전 아동 프로그램의 우선 과제가 교육적 역할임을 명시하고 있다. 1987년 국가보건복지위원회에 의해 수립된 유치원 교육 프로그램(preschool program)은 초등학교 교육과정과 연계되어 있고, 유아교육기관에서의 교육적 역할을 확고히 하여 질적 수준을 높이는 데 있다.

스웨덴의 교육 프로그램들은 구체적으로 세 가지 영역에서 진행되는데, ① 문화 활동(언어, 극놀이 활동, 음악, 미술), ② 자연 활동(빈번한 야외 자연 학습 등 바깥 놀이 활동이 매일 제공된다), ③ 지역 사회생활 활동(책임과 협력을 촉진하는 활동) 등으로 나누어진다.

(2) 교사 양성 체제 및 자격

스웨덴의 다양한 보육기관에 종사하는 교사들은 네 가지의 범주, 즉 유아교사, 레크리에이션 강사, 보육교사, 가정 보육모로 분류된다.

유아교사와 레크리에이션 강사의 훈련은 대학에서 이루어지고 있으며, 1993/1994년도에 교육 기간이 2.5년에서 3년으로 연장되었으며, 현재는 초등 및 중등 교사와 같이 대학교에서 3.5년간 교육을 받도록 하고 있다.

0~6세의 영유아를 위하여 보육기관에 종사하는 보육교사는 고등학교에서 3년간 특별프로그램을 이수하도록 되어 있다.

가정 보육모들은 90~100시간의 예비 과정을 이수하도록 되어 있으나 최근에는 보육교사의 자격을 갖추거나 유아교사의 자격을 갖춘 사람들의 수가 점차 늘고 있는 실정이다.

스웨덴의 보육 제도는 산업화 이후 빈민 아동과 기아 문제를 해결하기 위한 대책으로서 시작되었고, 여성의 경제 활동 참여에 대한 요구와 여성 노동력 활용에 따르는 자녀 양육 문제를 공적으로 해결하려는 정책적 뒷받침 덕분에 보육 제도의 발전이 이루어진 것으로 볼 수 있다. 스웨덴의 유아교육기관을 요약하면 다음과 같다.

〈표 11-5〉 스웨덴의 유아교육기관

구 분	유아교육기관
관련 법규	1997년 개정된 교육법
행정 부서	보건복지부에서 교육부로 이관(아동의 보호와 교육을 행정적으로 일원화)
대상 연령	0~6세
프로그램	국가수준의 유아교육과정 수립
종사자	• 유아교사, 레크리에이션 강사(대학에서 3.5년 교육) • 보육교사(고교에서 3년 교육) • 가정 보육모 (90~100시간 교육)

5 프랑스

1) 역사적 배경

프랑스 보육 제도의 발달은 과거의 유모 제도로부터 비롯되었는데 중세에는 시골의 유모가 도시의 아이들을 돌보아 주는 일이 흔한 일이었고, 12세기부터 이런 일들의 공정성과 체계성을 도모하기 위하여 자선사업 단체들이 중심이 되어 유모에 의한 아동 양육 제도가 조직화되기 시작하였다(양옥승 외, 1998).

오늘날의 집단 보육시설의 구체적이고도 직접적인 기원은 1770년 오베르랑(Oberlin)에 의해 설립된 편물 학교에서 찾을 수 있다. 이 편물 학교는 벌목일에 종사하기 때문에 그들의 아동을 돌볼 수 없었던 여성들과 그 가정을 돕기 위한 목적에서 설립했던 것이다.

1801년에는 파스토레(Pastoret) 부인에 의해 6개월 이상 된 영유아를 위한 위탁소가 설립되고, 1825년 아동 보호소가 설립되어 16개월~6세에 해당하는 아동을 보호하였는데 교육적 역할까지 강조하여 후에 프랑스의 대표적 유아교육기관인 유아 학교로 발전하게 되었다(한미라, 1992).

가난한 계층의 부모에게 일할 수 있는 여건을 마련해 주고 여성 노동력을 확보하기 위한 경제적 이유로 시작된 프랑스의 보육시설이 초기에는 주로 특정 계층의 육아 기능 대행이나 영아 사망률을 감소시키기 위한 목적에서 영양 및 위생·보건의 요소에 중점을 두다가 점차 가정의 교육 기능을 지원하는 입장으로 모든 계층의 영유아에게 바람직한 교육을 시키고 그들의 정상적인 발달을 돕는 방향으로 전환되었다고 볼 수 있다.

프랑스에서는 19세기 이후 무상 교육, 중립 교육, 공교육 체제를 확립하게 되었으며, 이에 따라 과거의 보수 전통적 엘리트 중심 교육이 대중을 위한 교육으로 변화되었다. 1791년에는 교육과 법에 의한 규제적 평등이 보장되었다. 부모가 교육비를 충당할 수 없는 경우 국가가 이를 부담함으로써 교육에 대한 국가의 책임이 분명하게 되었다. 1881년 아동 보호소란 명칭을 유아 학교로 바꾸었고, 2~7세 유아의 신체적, 지적, 도덕적 발달을 돕는 교육기관이 되었다. 그리고 1886년에 2~5세 프로그램이 교육부로 이관되면서 공립학교 체제에 통합되었다. 모든 유아들이 고루 교육을 받을 수 있는 사회적 평등 개념은 1982년 교육 투자 우선 지역을 선정함으로써 실현 가능하게 되었다. 1989년 교육정립법이 확정되면서 대학 수준의 전문 교사 양성 기관인 사범학교에서 양성하던 교사를 1992년 이후 대학원 과정에 해당하는 기관에서 양성함으로써 교사 양성 교육이 심화되었다(김명순 외, 1999).

프랑스는 정상적인 결혼에 의해 출생한 합법적인 아동뿐만 아니라, 사회에서 소외된 아동들까지도 보호하게 되었으며, 이러한 정신은 곧 소외된 계층의 가족과 아동을 보호하는 사회적 정책을 발전시키는 원동력이 되었다. 그 결과 국가나 사회는 아동의 출산이나 교육을 개별 가족의 책임뿐만 아니라 국가나 사회 전체가 함께 분담해야 할 책임과 의무로서 보게 되었고, 이를 위해 19세기 후반부터 아동 및 가족에 대한 사회의 다양한 지원 정책도 발전하게 되었다.

2) 유아교육 체제 및 유아교육기관 유형

(1) 행·재정 체제

프랑스의 교육 지원 행정 체계는 일원적 국가 차원의 조정, 즉 중앙 집권적 조정의 형태를 취하고 있으나 지방의 교육 여건과 환경을 개선하기 위하여 부분적 조정 형태도 취하고 있다.

유아 학교의 교육은 정부에서 무상으로 제공된다. 정규 프로그램 운영 시간 이외의 비용 등은 지방자치단체에서 지원하며, 개인 부담금도 부모들의 소득 수준에 따라 차등 부과된다.

프랑스는 다른 나라에 비해 교육에 많은 투자를 하고 있으며, 2004년 기준으로 전체 교육비 예산 중 38.3%를 유아교육에 투입하고 있고 유아교육에 대한 정부의 재정 지원은 OECD 가입국 중에서도 상위권에 속하고 있다(프랑스 교육부, 2005).

보육시설은 사회보건국 관할로 중앙정부와 지방정부가 보육 사업의 확충 및 운영에 관한 업무를 담당한다. 보육 사업에 대한 기본 정책의 수립이나 재정의 일부는 중앙정부에서 담당하고, 지방정부는 보육시설의 자체적인 설립 및 운영에 대한 제반 일을 담당하며 감독에 관한 책임도 맡고 있다.

(2) 유아교육기관 유형

프랑스 보육·교육기관은 크게 두 가지 유형으로 구분된다. 즉, 2~5세 유아를 위한 교육 중심의 유아교육기관과, 2개월~3세 미만의 영아를 위한 보육을 중심으로 한 보육시설이다.

① **유아 학교**

유아 학교(ecole maternelle)는 2~6세 유아들을 위한 대표적 유아교육기관으로 종일제 프로그램 운영을 원칙으로 한다. 주 5일(월·화·목·금·토요일) 오전 8:30~11:30과 오후 1:30~4:30까지, 주 26시간을 운영하는 종일제 프로그램이지만 운영 시간 이전과 이후에는 맞벌이 가정을 위한 보육시설로 활용하고 있다. 매주 수요일마다 유아들은 지역사회나 학교에서 운영하는 여가 선용을 위한 다양한 종류의 프로그램에 등록하고 있다.

② **유치원**

2~6세 유아를 위한 교육기관으로 유아 학교에 비해 수가 적으며 대부분 사립이다. 관할 부처는 사회부와 공공건강복지국이다.

③ **보육시설**

프랑스의 가장 보편적인 보육 형태로 적합한 시설과 설비가 갖추어진 기관에서 영유아를 집단으로 보육하는 형태이다. 이 기관은 주로 부모가 모두 취업하고 있는 2개월에서 3세 미만의 영유아를 보호·교육하는 시설로 한 기관이 수용하는 전체 유아의 수는 대개 40~60명 정도이다. 정부 관할 부처는 보건성이지만 보육시설의 설립 및 운영 관리와 직접적으로 관계된 제반 업무는 각 지역의 사회보건국에서 관장한다. 초·중·고등교육과 마찬가지로 영유아보육 또한 무상으로 이루어지며, 최근 시설이 부족한 데 대하여 지원 범위를 꾸준히 확대하고 있다(육아정책연구소, 2019).

④ **가정 보육**

가정 보육은 대규모 보육시설의 단점을 보완하여 가정과 거의 유사한 특성을 갖도록 한 보육 형태로서 1960년 이후에 생겼다. 가정 보육은 자격을 갖춘 보육모가 자신의 집에서 2~3명의 유아를 개별적으로 돌보는 형태로 대개 기존 보육시설이나 모자보건원 또는 사회복지관과 연계하여 운영되므로, 그 규모는 작으나 자격을 인정받고, 기관에 등록된 가정 보육모들이 하나의 조직을 형성하여 일하고 있다.

이 외에도 소규모 보육은 15~20명의 영유아를 수용하는 보육 형태로 비교적 가족적인 성격을 띠는 장점이 있는 반면, 능력 있는 교사의 확보가 어렵다는 단점이 있다. 부모 협동 보육은 부모들에 의해 결성된 보육 형태로서 일정한 주거 지역에 사는 부모들이 소규모의 보육 형태를 원하여 설립하는 것으로 10~15명의 유아를 수용한다. 임시 또는 시간제 보육은 직장을 가지지 않은 부모들이 자녀를 일시적으로 맡길 수 있도록 하기 위하여 시가 운영하는 시설이다.

3) 유아교육 프로그램 및 교사 양성

(1) 프로그램 내용 및 구성

프랑스의 유아교육의 목적은 창립 당시부터 국시에 명시된 바와 같이 자유·평등·박애 정신을 어릴 때부터 길러 주는 것이다. 현행 국가수준의 유아 학교 교육과정에서 제시한 목적은 유아들이 성인이나 다른 유아들과 함께 생활하는 법을 배우고, 대화하는 법을 배우며, 시민 교육의 기초를 형성하고, 주변 세계를 발견하고, 언어 교육의 기초 능력을 기르는 것으로 되어 있다. 유아 학교의 학급은 원칙적으로 연령에 따른 동질 집단으로 편성하지만, 유아의 전반적인 발달 수준이나 요구를 우선적으로 고려한다. 1989년 교육정립법이 공포되고 시행 세칙이 발표됨에 따라서, 가정과 유아교육기관의 연계와 유아교육기관과 초등학교와의 연계를 도모하게 되었다(한국유아교육학회, 2000).

보육시설의 교육 및 보육의 목적이나 내용, 방법 등은 시설의 종류에 따라 다르며, 각 시설의 원장이나 교사의 교육 철학에 따라서도 차이가 있다. 프랑스의 보육시설은 3세 미만의 영유아를 보호하고 교육하기 위한 목적에서 시작되었으므로 그 프로그램은 교육뿐만 아니라 건강, 보건, 위생, 의학적 검진 및 예방 등의 요소를 모두 포함하고 있다. 또한 교육의 측면에서도 영유아의 지적·사회적·정서적·신체적 측면에서의 조화로운 발달을 통하여 전인적인 아동으로서의 발달을 목표로 하고 있다.

(2) 교사 양성 체제 및 자격

학사 학위 소지자를 대상으로 2년의 전문 교사 교육을 하는 IUFM(Institute Universitaires de Formation des Maitres)에서 유·초·중등학교 교사를 모두 양성한다. IUFM을 통한 학교급별 연계 강화, 대학원 수준의 교사 교육 실시, 국가고시를 통한 자격 부여로 1992년 이후 교원의 전문성이 크게 향상되었다(나정·장명림, 1998).

보육시설에 종사하는 사람들의 구성 및 자격은 보육시설의 종류에 따라서도 약간의 차이가 있다. 보육시설의 원장은 의사이거나 국가 학위를 소지한 보육 전문가로서 그 직종에 5년 이상 종사한 경력이 있어야 한다. 보육 전문가 양성 기관에는 고등학교를 졸업한 학생이 시험을 거쳐 입학할 수 있으며, 그 양성 과정은 3년이다. 그러나 실제로 이미 사회 사업 활동에 종사하고 있는 사람이나 간호원 또는 조산원 국가 자격증을 가지고 있는 사람들의 경우에는 양성 과정이 1년으로 단축된다. 이들은 양성 기관에 입학하여 소정의 과정을 이수한 후 국가 자격 고시를 통과함으로써 원장의 자격을 취득한다. 실제로 보육시설에서 영유아를 직접 돌보는 일을 담당하는 사람은 국가자격증을 취득한 영유아 보육교사인데, 고등학교를 졸업한 이후 양성학교에서 27개월간의 교육과정을 수료하며 시험을 치루고 사회복지부로부터 국가자격증을 부여받게 된다(이화도·원수현, 2007). 준보육전문가는 전문양성학교에서 1년간의 직업교육과정 후 지역의 도지사가 자격인정을 해 준다.

프랑스의 보육 및 교육 제도의 발달은 과거의 유모 제도로부터 비롯되었으며 초기 보육시설은 저소득층의 편의를 위한 아동 보호소의 역할을 담당했다. 따라서 초기에는 주로 특정 계층의 육아기능 대행이나 영아 사망률을 감소시키기 위한 목적에서 영양 및 위생·보건의 요소에 중점을 두었던 보육시설의 기능이 점차 모든 계층의 영유아에게 바람직한 교육을 시키고 정상적인 발달을 돕는 방향으로 전환되었다고 볼 수 있다. 프랑스의 유아교육은 공교육 제도 안에 포함되어 무상으로 제공되고 있다. 유치원은 대부분이 공립이며, 모든 유치원이 종일제로 운영되고, 수준별 교육과정을 유치원 교육과정부터 적용하고 있다. 유아교육기관인 유아학교는 초등학교와 함께 기초학습 단계로 인식되어 프랑스 교육의 기본학제에 포함되면서 독립된 교육기관으로서의 정체성을 갖게 되었다(한국유아교육학회, 2007). 프랑스의 대표적 유아교육기관을 비교하면 다음과 같다.

〈표 11-6〉 프랑스의 보육시설과 유아 학교

구 분	보육시설	유아 학교
관련 법규	2000년 법령	유치원 교육과정
행정 부서	사회사업부	교육부
대상 연령	0~3세	2~5세
프로그램	교육, 건강, 위생, 보건	전인적인 아동 발달
교사의 자격	• 보육전문가인 간호사 혹은 사회복지사 자격증 취득자인 경우 1년 전문과정 • 영유아 보육교사 고등학교 졸업 후 양성학교에서 27개월의 교육과정 수료, 0~6세 아동을 돌보는 국가자격증 부여 • 준보육전문가는 전문양성학교에서 1년간 교육과정을 거침 • 가정보육모 모자보건국이 자격을 인증하며 5년마다 자격증을 갱신함	• 유아교사 학사 + 대학원 수준의 전문교육과정 (IUFM) • 유아학교 보조교사 2년 과정 후 CAP영유아 자격증 취득

지금까지 이원 병행 체계인 미국, 영국, 일본과 일원화 체계인 스웨덴, 그리고 연령 구분 체계인 프랑스의 유아교육 제도에 관하여 살펴보았다.

각국의 보육 혹은 유아교육 제도는 각 사회에서 가정과 육아를 보는 관점과 밀접한 관계를 가지고 있다. 프랑스나 스웨덴은 가정과 국가가 아동의 교육과 양육에 공동 책임이 있다고 여기고 보육 제도를 발전시켜 왔다. 반면, 미국과 영국의 경우는 기본적으로 가정이 영유아의 양육 및 교육을 책임져야 한다는 입장이지만 부모가 일차적인 책임을 다하지 못하는 저소득층 아동들의 경우 국가가 적극적으로 중재하는 역할을 해 왔다.

각 나라의 유아교육 제도가 발전을 이룩하게 된 배경에는 국가 차원에서의 지원책과 여성의 취업률과 같은 사회적 요구가 맞물려 있음을 볼 수 있다.

각 국의 행정 체제는 유치원의 경우 교육부가 관할하는 것으로 나타났으며, 보육시설의 경우 보건복지부가 담당하고 있고, 교육과 보육이 통합되어 있는 스웨덴의 경우 교육부와 복지부가 함께 담당하고 있었으나 교육부가 그 역할을 담당하는 것으로 되었다.

대상 연령을 살펴보면 보육 대상은 거의 0세아부터 시작하고, 유아교육을 시작하는 연령은 대개 만 3세이며, 프랑스의 경우는 만 2세로 다른 나라에 비해 빨리 시작하는 경향을 보인다.

영유아들에게 어떠한 내용을 가르칠 것인가의 문제는 각 나라의 사회·문화적 상황에 따라 다르고, 나라별로 교육내용을 국가수준에서 제시하는 경우도 있고, 지방정부 혹은 학교에 일임하는 경우도 있다. 미국의 경우 국가수준에서 제시한 교육과정은 없으나 그 밖의 나라에서는 국가수준에서 교육과정을 제시함으로써 유아들에게 기본적으로 공동의 경험이 가능하도록 하고 있다. 유치원 교사를 양성하는 기관은 대학원 수준에서 교사를 양성하는 프랑스가 5년으로 가장 길고, 교직의 전문성 향상을 위해 바람직한 것으로 보인다.

Chapter 12

통합 교육

EARLY CHILDHOOD EDUCATION

사회의 변화와 발전에 따라 통합 교육에 대한 인식 또한 바뀌고 있으며, 더불어 사는 공동체 사회의 실현을 위해서는 통합 교육이 무엇보다 중요하게 생각되는 시점에 있다. 따라서 본 장에서는 먼저 통합 교육을 이해하고 통합 교육의 현황을 알아보며 통합 교육을 실천하기 위한 구체적 내용으로 통합 교육을 위한 교육 과정, 교수 전략, 통합 교육 모형 등을 제시함으로써 성공적인 통합 교육방법을 모색해 보고자 한다.

1 통합 교육의 이해

1) 통합 교육의 개념

장애를 가진 유아들의 교육은 근래까지 규모가 작고 지원이 되지 않는 소수의 유아들만을 교육하는 분야였다. 이 분야는 1970년대에 괄목할 만한 성장을 이루었다. 1990년대 이후 미국은 장애 아동에 대한 교육과 보육의 기본 방향을 통합 교육으로 설정하고 통합을 의미하는 용어를 'inclusion'으로 통일하였다. 따라서 주류화(mainstreaming)나 합친다는(integration) 개념으로서의 통합보다는 포함(inclusion)의 개념으로서의 통합 교육이 강조되고 있다. 이것은 장애아와 비장애아 집단을 바라보는 시각의 차이로 장애아 집단과 비장애아 집단을 분리된 두 집단으로 보고 그 두 집단을 합쳐서 교육시킨다는 시각과 처음부터 합쳐져 있는 하나의 집단이므로 당연히 함께 교육해야 한다는 인식의 차이인데, 이러한 인식의 변화가 통합 교육의 개념을 변화시키고 있다(이소현·박은혜, 2001). 'inclusion'은 정상화, 주류화 및 최소 제한적 환경(LRE)의 개념을 포함하면서 그 의미를 더욱 확장시킨 개념으로 특히 장애아의 조기 중재가 자연스러운 환경(natural environment)에서 이루어져야 함을 강조하고 있다.

통합이란 우리 사회의 주류 문화에 장애아가 일방적으로 적응해야 한다는 것을 의미하지는 않는다. 장애 유아와 비장애 유아 모두 서로가 가진 차이와 다양성을 받아들이고 이질적인 상대의 존재를 존중하고 수용하는 것을 의미한다. '다양함의 공존'은 동질과 이질에 대한 갈등 과정을 통하여 또한 자신을 포함한 인간의 모순과 한계성을 발견하고 인정하는 과정을 통해 얻어진다. 이러한 과정은 유아기에 이루어져야 하며 장애 유아와 비장애 유아 모두 경험해야 할 하나의 과정이다(유수옥, 1998). 바람직한 교육이란 모든 개인이 최적의 교육을 받는 것이므로 교육 대상 모두에게 최적의 교육 환경이 되도록 교육 제반 여건을 재구조화할 필요가 있다. 통합 교육으로 인해 장애 유아와 비장애 유아 어느 한 쪽도 소외되어서는 안 되며 양쪽 모두 바람직한 교육의 수혜자가 되도록 하여야 한다.

장애인의 정상화는 가능한 한 비장애아가 가진 환경과 동일한 환경을 강조한다. 동일하거나 최소한 비슷해야 하는 환경이 학교일 경우에는 '주류화'라는 용어가 사용되고, 그 환경이 지역사회일 경우에는 '탈수용화'라는 말이 주로 사용된다.

주류화(mainstreaming)란 장애아를 가능한 한 일반 아동들의 생활 흐름에 포함시키는 것을 의미한다. 즉, 장애아와 비장애아를 함께 배치하는 것을 말한다. 따라서 통합은 정상화의 원리를 실현하고자 하는 실천적, 실제적 방법들 중의 하나이다(김삼섭, 1995).

일반적으로 통합 교육이란 장애 아동이 장애가 없었을 때를 가정하여 그때 다녔을 일반 학교에서 개별적인 특수 교육 서비스를 받으며 또래와 함께 교과 학습 및 사회적인 활동에 최대한 참여하는 것으로 정의할 수 있다(국립특수교육원, 2000). 우리나라의 경우는 1994년에 개정된 특수교육진흥법에서 통합 교육을 '특수 교육 대상자의 정상적인 사회 적응 능력의 발달을 위하여 일반 학교에서 특수 교육 대상자를 교육하거나, 특수 교육기관의 재학생을 일반 학교의 교육과정에 일시적으로 참여시켜 교육하는 것으로 정의하고 있어(특수교육진흥법 제2조) 제한적인 의미를 내포하고 있다.

2) 통합 교육의 대상

장애 아동이란 영유아기에 발견되는 모든 장애 조건을 가진 영유아를 말한다. 장애 아동의 장애 유형은 대개 시각 장애, 청각 장애, 지적장애, 지체 부자유, 정서 장애, 언어 장애, 학습 장애 등으로 나누어진다. 최근에는 장애 범주별 접근보다는 비 범주적 접근이 적용되는 추세이며 의학적으로 판별되는 장애 이외에 장애 위험이란 넓은 개념이 사용되고 있다. 장애 아동의 장애 발견 시기를 살펴보면 36개월 안에 장애가 발견되는 경우가 약 66~67%이고, 48개월까지는 93~94%에 이르며,

만 4세 이후에 장애가 발견되는 경우도 6~7%가 된다.

따라서 일반적으로 통합 교육의 대상에 장애로 판별된 아동 이외에도 장애 발생 위험의 소지를 지닌 아동을 포함시키고 있다. 특수교육진흥법에서도 조기 중재 대상을 포괄적으로 정하고 있다. 조기 중재는 아동의 개인차와 장애에 의한 발달상의 차이를 고려하여 개별적인 요구에 따라 적합한 프로그램을 계획하고 실천하여야 하며 이는 개별화 교육 프로그램(individualized education program)과 개별화 가족 지원 계획(Individualized Family Service Plans, IFSP)으로 구분된다.

장애 아동 중 통합 대상자에 대해서는 일정한 원칙은 없으나 언어 장애, 학습 장애 및 경미한 인지 장애아가 통합 상황에서 가장 쉽게 적응할 수 있다(서문희·이상헌·임유경, 2001).

3) 통합 교육의 목적 및 필요성

통합 교육에서는 장애 아동, 비장애 아동 모두 자신의 능력과 수준에 적합한 교육 서비스를 제공하고자 하며, 서로 간의 긍정적 상호작용을 통해 장애아를 발달·성장시키고자 한다. 특히 장애아와 비장애아와의 사회적 상호작용 증진, 즉 사회적 통합을 중요시한다. 분리 교실과 통합 교실로 나누어 1년 동안 장애 유아와 비장애 유아의 사회적 상호작용 변화와 교육적 성취를 사전 검사와 사후 검사를 통해 비교해 본 연구에 따르면 통합 교육은 학문적 기술이나 소근육, 대근육 운동 기술은 신장시키지 못하였으나 언어와 사회적 기술은 신장된 것으로 나타났다. 따라서 통합 교육은 학문적 성취보다는 사회적 통합에 목적을 두고 있다(Bricker, 1978).

영유아기는 인간 발달에 있어 가장 중요한 시기이다. 특히 발달이 지체된 아동에게는 영유아기에 어떤 교육을 받느냐에 따라 이후의 발달에 부정적 또는 긍정적으로 영향을 끼칠 수 있다. 장애 아동의 조기 중재에 관한 연구에서 조기 중재가 빠를수록 그리고 기간이 길수록 그 효과가 큰 것으로 나타났다(이영석 외, 1999). 장애 유아는 2차적 장애, 즉 사회적 장애가 유발될 가능성이 있기 때문에 장애 유아가 가능한 한 조기에 장애를 극복하고 사회에 보다 쉽게 적응하도록 돕기 위해서 영국·스웨덴·미국 등 여러 나라는 장애 유아들이 비장애아보다 우선적으로 유아교육기관에 취원할 수 있도록 우선권을 주고 있다.

특히 통합 조기 중재는 장애아와 비장애아 사이에 긍정적인 상호작용을 증진시킬 수 있고 장애아는 비장애아를 관찰하여 그들의 행동을 모방하는 기회를 갖게 되어 사회성의 발달에 효과가 있기 때문에 장애아가 사회에 나왔을 때 직업을 가지고 자립할 수 있는 기회도 많아져 장애인의 국가 의존도도 감소되는 효과를 얻을 수 있다. 그뿐만 아니라 통합 교육에 소요되는 교육비는 분리 교육 시에 드는 교육비의 절반 정도이다(Piuma, 1989).

또한 비장애아들은 장애아의 특성을 인정하며 더불어 함께 사는 기회를 갖게 되고 비장애아 가족도 장애인에 대한 이해의 폭을 넓히는 효과를 가진다.

미국의 장애아 통합 교육 운동은 분리된 특수 학급에 배치된 장애아의 학업 성취가 일반 학급의 지적장애아들과 비교해 더 나은 것이 없다는 실용적 증거로부터 태동되었다. 지적장애의 확실한 증거도 확보되지 않은 발달과정에 있는 유아를 비장애아와 분리하여 교육시킴으로써 생후 초기부터 지적장애아라는 낙인을 찍는 것은 오히려 발달을 저해하는 역기능적 작용을 할 수 있다는 비판을 받게 되었다. 경도의 지적장애아는 거의 대부분 기질적·병리적 결함에 의한 것이 아니라 환경적 실조에 의한 것이라는 지글러(Zigler)의 원인론적 두 집단 분류 이론은 이러한 견해를 지지하는 간접적 증거가 될 수 있을 것이다. 통합 교육의 교육적 효과를 보고하는 연구들이 많이 나옴에 따라 유아 통합 교육에 대한 관심이 더욱 고조되고 있다. 통합 교육을 받은 장애 유아들의 교육성과는 적어도 분리 교육에서 얻는 성과와 같거나 그 이상인 것으로 나타났다(Odom & McEvoy, 1988).

따라서 조기 통합 교육은 발달 촉진, 장애의 감소, 2차적 장애 예방에 있어서 효과를 거둘 수 있고 교육에 필요한 부모와 국가의 비용 절감 효과도 가져올 수 있을 뿐만 아니라 동시에 더불어 사는 통합 사회로의 효과도 기대할 수 있기 때문에 대단히 중요한 의미를 지니고 있다.

4) 통합 교육이 비장애아에게 미치는 영향

우리나라에서의 통합 교육이란 장애 아동의 사회 적응 능력 향상을 위해 비장애아의 프로그램에 장애아를 배치하는 형태가 일반적이며 비장애아가 50% 이상을 차지하고 있다. 일반 유치원에 장애 아동을 통합시키고자 할 때 비장애아 부모들의 부정적인 시각이나 반대에 직면하는 경우도 적지 않다. 비장애아 부모들은 자신의 자녀들이 장애아들의 바람직하지 않은 행동을 모방하지 않을까 하는 우려 때문에 통합 교육을 반대한다. 그러나 오히려 장애 아동과 함께 생활하면서 비장애아가 정서적으로 긍정적인 영향을 받는다는 것을 많은 연구들이 밝히고 있다. 통합 교육을 통해 비장애 아동이 습득할 수 있는 장점들로는 사람마다 다르다는 개인차를 일찍부터 받아들이고 인간의 다른 점을 수용할 수 있다는 점과 다른 사람을 배려하는 태도를 형성할 수 있다는 점 등을 들 수 있다.

2 통합 교육의 현황

1) 통합 교육의 배경

특수 교육은 장애아를 비장애아로부터 분리시켜 각각 가진 장애의 유형과 정도에 따라 그에 적절한 발달과 향상을 꾀하던 분리 교육으로부터 시작되었다. 따라서 장애아는 특수 학교, 병원, 요양 기관 등의 시설에서 각자 가진 장애에 따른 치료 교육을 받았다. 그러나 분리 교육을 받은 장애아 중 많은 수가 사회에 나와서 적응하지 못한다는 비판이 일었고, 이러한 분리 교육의 단점이 탈 공동 시설 수용화(deinstitutionalisation) 운동을 일으켰으며, 이것은 다시 정상화(normalization) 운동으로 이어졌다.

장애아들에게 조기에 교육적 서비스를 제공하려는 노력은 미국의 경우 1970년대에 이르러 본격적으로 시작되었으며, 그것은 분리된 환경에서가 아닌 정상적인 환경에서 장애아와 비장애아를 함께 교육시키는 통합 교육의 형태로 실시되었다. 경제기회법(Economic Opportunity Act)은 통합 교육이 자리 잡는 법적인 뒷받침이 되었으며 1972년부터는 헤드스타트 프로그램에 최소 10%의 장애 유아를 통합시키게 되었다. 이 조항은 장애아들을 가능한 최대의 정상적인 교육 환경에서 교육하여야 함을 명시한 것으로 장애아 통합 교육의 법적 기반이 되었다. 또한 1975년 11월 29일에 제정된 전장애아교육법(공법 94-142)은 장애아가 '최소한의 제한된 환경'(Least Restrictive Environment, LRE)에서 교육받아야 함을 명시하였다. 그 후 이 법은 1986년에 개정되어(공법 99-457) 3세부터 5세까지의 장애 유아에게 특수 유아교육 서비스를 제공하도록 규정하였다. 또한 출생~2세 사이의 장애 영유아뿐 아니라 발달 지체 영유아를 포함하여 그 가족들을 위한 개별화된 가족 서비스 계획(IFSP)의 수립과 문서화를 각 주가 명기하도록 하였다.

1990년대 들어서 미국을 비롯한 선진국들은 완전 통합 교육을 실천하기 위해 노력하고 있다. 완전 통합 교육은 그 아동이 장애를 가지고 있지 않았을 때를 가정하여 그때 취학할 수 있는 학교 및 교실에서 최대한의 적절한 교육을 제공하는 것이다.

그러나 완전 통합 교육이 장애아를 단순히 정규 학급에 배치하는 것을 의미하는 것은 아니며 그 학교 내에 있는 모든 학생들에 대한 책임을 다하기 위해 특수한 요구를 가진 아동들을 수용하는 것으로 정의된다. 데노(Deno) 등에 의하면 분리 교육은 아동들이 서로의 다양성을 이해할 수 있는 기회를 상실하게 되므로 학교 밖에 나와서 서로 협동하거나 적응하는 데에 어려움을 겪기 때문에 가능한 한 어려서부터 비장애아와 장애아를 완전 통합시켜야 한다는 것이다(Deno et al., 1996).

우리나라의 경우 1994년에 개정된 특수교육진흥법에 의해서 통합 교육에 대한 법적 지지가 처음으로 이루어졌으며 그에 따라 통합 교육에 대한 국가적, 사회적 관심이 높아져 가고 있다. 그러나 우리나라 장애아들을 위한 조기 프로그램은 특수 유치원·어린이집·복지관 등 사회 복지 시설, 사설 조기 교육기관 및 병의원 등 치료 기관을 중심으로 실시되고 있으며, 종합적인 조기 발견 진단, 배치 등에 대한 체계가 아직 마련되어 있지 못한 실정이다.

우리나라는 이제 분리 교육에서 벗어나 통합 교육(주류화)을 실시하려는 움직임이 일고 있으나 아직도 여러 가지 측면에 문제점들이 산재해 있어 바람직한 통합 교육의 여건 조성을 위해서는 다각적인 연구와 그에 따른 지원이 필요하다.

현재 인천에 소재한 J 유치원(공립)에서는 비장애아반 7반과 장애아반 7반에 걸쳐 전체 통합을 시도하고 있으며, 전원 무상으로 교육이 실시되고 있다. 비장애아반 한 반과 장애아반 한 반이 짝꿍반을 이루어 3·4세반의 경우는 완전 통합이 이루어지고 있으며, 5세반의 경우는 장애의 정도에 따라 통합의 범위를 달리하고 있다.

여기서는 완전 통합 교육을 하는 3세반의 교육 계획과 일과표를 제시하여 통합 교육 운영에 대한 이해를 돕고자 한다.

〈표 12-1〉 만 3세반 주간 교육 계획안(예시) J 유치원(4월 2주)

생활 주제		즐거운 유치원·봄				
목 표		• 유치원에 있는 여러 시설과 사람에 대해 안다. • 봄에 피는 꽃의 종류에 대해 안다.				
기본 생활 습관		꽃과 나무를 사랑해요				
		월	화	수	목	금
자유선택활동	쌓기·역할	• 유치원 만들기 • 공간 적목으로 집 만들기		• 음식 상 차리기 • 집, 길 꾸미기		
	언 어	• 수수께끼 • 봄에 피는 꽃 이름 말하기		• 유치원에 있는 방 알아 보기 • 연못에 봄이 왔어요		
	수·조작	• 봄에 피는 꽃 꽂기 • 곰돌이의 숨바꼭질		• 개나리와 진달래 붙이기 • 오리 순서대로 놓기 모양카드 찾기판		
	과 학	• 씨앗 관찰하기				
	조 형	• 개나리 진달래 모루 도장 찍기 • 봄 동산 꾸미기		• 목련 찍기 • 유치원 꾸미기		
	음 률	• 마라카스 연주해 보기		• 악기 연주하며 노래하기		
집단활동	이야기 나누기	주말 지낸 이야기	봄에 피는 꽃	유치원에 있는 반	유치원의 여러 곳	놀이터의 약속
	동시·동화	통합 뽀삐의 우산	통합 곰돌이의 숨바꼭질	통합 사이좋게 지내요	통합 봄꽃을 보았나요	통합 그네 좀 태워줘
	음악 활동		통합 꽃 구경	통합 〈음악 감상〉 봄의 소리 왈츠		
	신체 활동				통합 곰인형이 기어가고 있네	
	게 임	장난감 찾기				
	미술 활동	통합 색종이 접기 1		통합 색종이 접기 2		
	실외 활동		봄동산 돌아보기	유치원 교실 돌아보기	교무실, 원장실, 유희실 돌아보기	놀이터 나가기
	간 식	후레쉬베리, 우유	무지개 떡, 주스	프룻링, 우유	꽈배기, 우유	딸기, 엄마손 쿠키
안전 지도		왼쪽으로 다녀요				
준비물		건강 실태 조사서		꽃모종, 감자, 무씨, 강낭콩씨		

〈표 12-2〉 일과표

시간 배정	교육 활동
09:30~09:40	통합 인사나누기, 출석 카드 정리
09:40~10:30	통합 놀이 계획 및 자유 선택 활동
10:30~10:40	통합 정리 정돈
10:40~11:00	이야기 나누기, 놀이 활동 평가, 주제 이야기
11:00~11:20	통합 간식 및 휴식
11:20~12:00	대·소집단 활동 - 동화, 동극, 동시 짓기, 토의 (통합 게임, 음률, 과학 실험, 요리, 신체 표현, 조형 등)
12:00~12:20	통합 대근육 활동 - 체육 활동, 실외놀이, 유희실
12:20~12:30	평가 및 귀가 지도

바람직한 통합 교육의 형태는 특수 교육과 일반 교육이 이원화되어 있는 교육 체계 안에서 장애아들이 전일제나 시간제의 교육을 받는 것이 아니라 일원화된 통합 교육의 개념이 적용된 형태 안에서 교육을 받는 것이다. 조기에 통합 교육이 실시될수록 그리고 장애유아가 어릴수록 비장애아와 인지, 언어, 행동면에서 발달 정도가 크지 않으므로 유아기에 유치원이나 어린이집에서부터 통합 교육을 시키는 것이 바람직하다(김광웅, 1990). 통합 교육이 가능한 요건은 장애아동과 비장애 아동이 자연적 비율로 구성되어 있어야 하고 모든 아동은 구성원으로서의 소속감을 느낄 수 있어야 하며 각 아동의 개별화된 교육성과를 추구할지라도 같은 학습활동에 참여할 수 있어야 하고 장애아동과 비장애아동은 최대한의 교육경험을 공유해야 하며 또한 통합교육은 학업적 측면과 기능적 측면, 사회적 측면과 개인적 측면의 균형을 맞춘 교육경험을 제공해야 한다는 데 있다(Giangreco et al., 1994).

교사, 부모, 교육 전문가뿐만 아니라 일반인들의 통합 교육에 대한 관심도 고조되고 있어서 앞으로 통합 교육은 더욱 확산되어 더불어 사는 사회 공동체 건설에 이바지할 것으로 기대된다.

2) 통합 교육의 근거

통합 교육이 실시되어야 할 근거들로 법적, 사회·윤리적, 교육적 근거들을 들 수 있다(유수옥, 1998).

① 법적 근거

미국의 공법 99-457에는 장애 아동을 위한 '최소한의 제한된 환경'에서의 교육이 명시되어 있다. 우리나라는 1994년 특수교육진흥법에 3세에서 5세 사이의 장애 유아를 위한 유치원 무상 교육이 명시됨에 따라 통합 교육의 법적 근거가 마련되었다.

② 사회 윤리적 근거

통합 교육의 가장 중요한 가치로서의 통합의 이념은 인간 평등의 가치문제를 다루는 것이다. 그것은 인간으로서의 기본적인 권리에 속하는 것이다. 장애아를 비장애아와 분리시켜 교육하는 것은 민주주의 교육 이념인 평등의 원칙에 상반되므로 사회 윤리적 근거에 의해 통합 교육이 이루어져야 한다.

③ 교육적 근거

통합 유치원 환경은 분리된 환경보다 풍요롭고 자극적이기 때문에 장애아가 비장애아를 모방하고 상호작용함으로써 발달이 촉진되므로 교육적 근거에 의하여 통합교육이 지지된다.

3) 우리나라 장애아 교육의 현황

우리나라 장애아동 보육은 2018년 통계를 보면 177개 전담 어린이집에서 6,239명, 1,000개 통합 시설에서 4,189명이 받고 있다. 장애아어린이집은 장애아를 보육하는 어린이집으로 장애아전문어린이집과 장애아통합어린이집을 포함한다.

장애아전문어린이집은 장애아 12명 이상을 보육하기 위하여 「영유아보육법 시행규칙」에서 정하는 시설 및 설비를 갖추고 상시 12명 이상의 장애아(단, 미취학장애아 9명 이상 포함)를 보육하는 시설 중 지방자치단체가 지정한 시설이며 장애아 통합어린이집은 장애아 전담교사를 배치하고 정원의 20% 이내에서 장애아 종일반을 편성, 운영하거나 미취학 장애아를 3명 이상 통합 보육하고 있는 어린이집으로 시·군·구가 지정한 시설을 뜻한다.

장애아어린이집의 증가 추이는 장애아 보육정책의 활성화 정도를 파악할 수 있는 하나의 지표가 될 수 있는데 아래 표를 보면 2008년부터 2018년까지의 장애아 어린이집의 증가 추이를 한눈에 알 수 있다.

〈표 12-3〉 장애아전문·통합시설 현황(단위: 개소)

연 도	2008	2009	2010	2011	2012	2013	2014	2015	2016	2017	2018
장애아전문시설	160	168	166	169	171	172	174	175	177	178	177
장애아통합시설	756	806	810	815	836	867	872	899	911	946	1,000
계	916	974	976	984	1,007	1,039	1,046	1,074	1,088	1,124	1,177

출처: 보건복지부 「보육통계」

장애아어린이집의 증감 추이를 보면 장애아어린이집이 소폭 증가하고 있으며, 장애아통합시설의 경우 2008년 이후 2018년에는 244개소가 증가하여 132%의 증가율을 보여 장애아 통합 보육이 서서히 활성화되고 있음을 알 수 있다.

장애아 전문 및 통합시설 증가 원인을 보면 매년 신축비 지원을 통한 장애아전문시설 신축 및 지정 확대가 이루어지고 장애아통합시설이 장애아 3명 이상을 통합하는 경우 통합교사 인건비를 지원하고 있으며, 통합 보육의 중요성이 부각됨에 따라 장애아통합시설 지정을 확대하고 있기 때문이다.

우리나라에서는 아직도 장애 아동에 대한 조기 발견 및 중재가 체계적으로 이루어지지 못하고 있다. 장애아 부모는 장애를 판별받기 위해 여기저기 찾아다녀야 하며 또한 적절한 서비스를 찾는 것도 장애아 부모가 개인적으로 해결해야 할 문제로 되어 있다. 장애아 부모나 가족은 장애아 치료와 교육에 소요되는 적지 않은 비용 부담을 안고 있으며 자녀의 장래에 대한 불안으로 인해 심리적으로도 안정되어 있지 못하다. 사회 활동의 제약, 가족 간의 갈등 등으로 인해 장애아 가족 전체가 어려움을 겪는다. 아동의 장애를 조기에 발견하지 못하거나 장애 발생 위험 요인을 미처 파악하지 못해 적절한 서비스의 시기를 놓칠 경우 그것이 결정적인 장애로 이어질 수 있기 때문에 유아의 발달에 결정적인 중재 시기를 상실하지 않도록 부모들의 면밀한 주의가 필요하다.

장애 유아를 위한 우리나라 조기 프로그램은 다음 세 가지 측면에서 접근하고 있다(서문희·이상헌·임유경, 2001).

① 복지적 접근

장애아의 조기 중재를 위해 어린이집 및 복지관을 중심으로 이루어지는 복지 서비스이다. 어린이집, 놀이방 등 어린이집에서 실시하는 전담 및 통합 보육이 여기에 속한다.

② 교육적 접근

장애아를 위해 유치원 및 사설 조기 교육기관에서 실시하는 교육에 중점을 둔 조기 중재이다. 특수교육진흥법에 의하여 특수 유치원은 공교육 제도에 포함되어 장애유아교육을 무료로 실시하고 있다.

③ 치료적 접근

대부분 병의원 부설 또는 사설 치료실에서 실시하고 있다. 아직 많은 수의 장애아들이 그 시기에 필요한 교육의 혜택을 누리지 못하고 있으며 정부의 체계적인 지원도 받지 못하고 있다. 장애가 있거나 장애 발생 위험 요인을 내포한 아동들이 적절한 서비스를 받을 수 있도록 하기 위해서는 서비스를 제공할 수 있는 기관의 양적인 확충과 더불어 질적인 제고가 있어야 한다.

장애아에 대한 보육 및 교육 정책에 대한 최근의 세계적인 동향은 최소한의 제한된 자연스러운 환경에서의 통합이므로 통합 보육을 효율적으로 실시하기 위해서는 제도적 지원을 절실하게 필요로 한다. 우리나라의 통합 교육은 이제 막 시작되는 단계라고 할 수 있다. 교육과학기술부에서 통합 교육을 확대 추진하기 위한 종합 계획을 추진하고 있어서 특수 유치원에서의 유아 통합 교육은 점차 확대될 전망이다.

3 통합 교육을 위한 교육과정

장애아를 위한 교육과정은 경험 중심 혹은 생활 중심, 더 나아가 실제적 기능 중심이어야 한다는 생각이 일반적이다. 일반적으로 장애아들에게는 지식의 구조나 형식도 중요하지만 그보다는 실제 생활에서의 문제 해결 능력이 더욱 중요하기 때문에 경험 중심 교육이 이루어져야 한다는 것이다. 장애아를 위한 세 가지 교육과정 모형을 살펴보기로 한다(김삼섭, 1996a).

① 발달 모형

발달 모형(developmental curriculum model)은 우리나라 특수 교육의 중심이 되어 온 모형으로 아동의 정상적 발달 계열에 기초하고 있다. 발달 모형은 교육내용이 실제 생활에서의 필요와 유리된 인위적인 것들이며 '기능'보다는 '특정한 행동형태'에 초점을 맞추고 있어 여러 가지 문제점을 내포하고 있다.

② 환경 모형

환경 모형(environmental curriculum model, 생태학적 모형)은 아동의 현재 혹은 미래의 환경에 필요한 기능 습득에 중점을 두고 있다. 이 모형의 장점은 아동의 개별적인 환경에서 필요로 하는 생활 기능들을 가르친다는 것이다. 시간이 많이 소요되는 것이 단점으로 지적되나 장애아들에게는 적합한 모형이라 할 수 있다.

③ 계열화된 개별화 교육과정 모형

계열화된 개별화 교육과정 모형(individualized curriculum sequencing model)은 과제를 수행함에 있어서 각 기능들 간의 관계에서 오는 이점을 취하기 위하여 고안되었다. 이 모형은 기존의 모형과 비교해 학습 시간이 적게 소요된다는 점, 각 기능들의 관계를 학습할 수 있다는 점, 초 학문적 접근을 할 수 있다는 점 등에서 장애아를 위한 교육과정 모형으로 적합하다는 평가를 받고 있다.

결론적으로 장애아들에게는 앞으로 살아가는 데 필요로 하는 기술들을 앞으로 살아갈 바로 그 환경 속에서 배우는 것이 중요한 것이다.

4 통합 교육을 위한 교수 전략

장애아를 위한 수업 원리 전략은 아직 개발 단계에 있으나 일반적으로 통합 교육을 위한 기본적인 수업 원리로서 실용적 과제와 자료, 실제 환경과 단서, 초 학문적 서비스와 통합 치료, 집단 수업, 일반 아동과의 상호작용, 자료에 기초한 수업(백은희·김삼섭·구본권, 1994) 등을 들 수 있는데 구체적으로 알아 보면 다음과 같다.

① 실용적 과제와 자료

실용적 과제와 자료는 다음의 두 가지 질문, 즉 같은 연령의 비장애아들은 어떤 자료를 이용하고 어떤 활동을 하고 있는가, 아동이 현재 살아가고 있는 혹은 앞으로 살아갈 환경에 필요한 기능을 가르치기 위해 가장 유용한 자료나 활동은 무엇인가를 통해 찾아낼 수 있다.

② 실제 환경

장애아들에게 여러 가지 기술을 가르치기에 가장 자연스런 환경은 실제 환경(natural environment)인데, 그것들은 대부분 기관이나 학교밖에 있으므로 수업의 많은 부분이 가정이나 공장 혹은 지역 사회 환경에서 이루어질 수 있다.

③ **초 학문적 접근**

여러 분야의 전문가들이 각자 소유하고 있는 지식과 기능을 분담하여 공동으로 접근하는 초 학문적 접근(transdisplinary approach)이 통합 교육을 위한 교수 전략으로 적합하다. 장애아에게는 '수업'과 '치료'가 구분되어 실시되는 것보다 통합 치료를 하는 것이 바람직하다.

④ **집단 수업**

개별화 수업이 교사 대 아동의 1 : 1 수업을 의미하는 것은 아니므로 집단 수업을 통하여 얻을 수 있는 장점들도 많다. 집단 수업을 통하여 아동들은 서로 반응하는 방법을 배울 수 있으며 다른 아동의 기술을 배울 수도 있다. 집단 수업에서의 비장애아의 태도는 장애아의 모델이 되기도 하며 비장애아는 교사 또는 강화 제공자의 역할을 하기도 한다.

⑤ **비장애아와의 상호작용**

비장애아와의 체계적인 상호작용이 장애아에게 큰 도움을 준다는 사실에는 반론의 여지가 없다. 비장애아와의 상호작용은 장애인 정상화의 기본 전제이기도 하므로 통합 교육 체제에서 장애아와 비장애아 간의 적극적인 상호작용을 수업의 기본 원리로 삼아야 한다.

⑥ **자료에 기초한 수업**

여기서 자료(data)는 특정 과제에 대한 아동의 수행에 관해 체계적으로 수립된 정보를 말한다. 충분한 자료를 토대로 수업 절차를 변경하거나 기술 습득 여부 등을 평가하여 수업 계획에 반영할 수 있다.

5 통합 교육 모형

통합 교육의 모형은 통합의 수준, 정도나 통합의 내용에 따라 여러 가지로 제시되고 있다. 학교 통합적 접근법을 기초로 한 동료 상호작용 모형과 계단 모형은 동료와의 역할 관계 내에서 장애아와 비장애아 간의 상호작용을 증진시킬 수 있는 방향으로 고안된 것이다. 동료 상호작용 모형과 계단 모형을 살펴보기로 한다(김삼섭, 1996b).

1) 동료 상호작용 모형

이 모형은 장애아와 비장애아 간의 상호작용을 증진시키기 위해 고안된 것으로 동료의 역할 관계에 따라 ① 교사로서의 동료 ② 자원봉사자로서의 동료 ③ 특별친구로서의 동료 ④ 반대 역할 교사로서의 동료 등으로 나누어진다.

① 동료 교사 모형

수업 보조는 물론 전문적인 보조자 역할을 수행하는 동료 교사(peer tutors)로서의 비장애아는 장애아에 대한 긍정적인 태도를 갖게 되며 교수 방법, 행동 수정, 비언어적 의사소통 방법, 자료 입력 등에 대해 가르친다. 동료 교사의 역할을 하는 비장애아가 즐거운 마음으로 임하느냐 그렇지 못하느냐에 따라 이 모형의 성패가 달려 있다.

② 동료 자원봉사자 모형

비장애아들이 자원하여 교실 밖에서 장애아들과 사회적 상호작용을 하는 것이다. 동료 자원봉사자(peer buddies)는 장애아를 식당에 데리고 가거나 버스를 탈 때 등을 도와줄 수 있다. 이 모형에서는 언제나 지시를 받는 동료 교사 모형에 비해 장애아와의 보다 정상적인 상호작용이 강조된다. 또한 이 모형은 능력이나 기능에서 현저하게 차이가 나는 또래들 간의 실질적인 상호작용을 적극 권장한다.

③ **특별 친구 모형**

이 모형은 장애아와 비장애아가 특별한 친구 관계를 맺음으로써 졸업 후에도 의미 있는 사회적 관계를 형성할 수 있다는 가정에서 출발한다. 동년배, 이웃, 흥미, 취미 등 우정을 촉진시켜 줄 수 있는 요인들을 고려하여 특별한 친구를 짝지어 주는 모형으로 동료 교사, 동료 자원봉사자 모형에서는 장애아와 비장애아 간의 관계가 수직적인데 반하여 특별 친구 모형(special friends)은 동등하게 친구로서 수평적 관계를 구축한다.

④ **반대 역할 교사 모형**

위의 세 모형에서 비장애아가 교사의 역할을 하는 것에 비해 이 모형에서는 장애아가 교사가 되어 수화와 같은 기술을 비장애아에게 가르친다. 반대 역할 교사(reverse-role tutors)들은 복잡한 지도 기술을 쉽게 터득했으며 자존감, 자아 개념이 향상되었을 뿐 아니라 사회적으로도 큰 호평을 얻게 되었다(Osguthorpe et al., 1988).

2) 계단 모형

계단 모형은 장애아들의 요구에 부응할 수 있는 여러 가지 형태의 학교 배치를 제시한다. 이 모형은 장애아가 가장 통합된 환경에서부터 완전히 분리된 환경에까지 이를 수 있음을 보여 준다. 이 모형의 목적은 가능한 한 조속하게 장애아를 윗단계의 통합 환경으로 끌어올리는 것이다. 계단 모형은 9개의 통합 형태와 1개의 분리 형태로 구성되어 있다(Brimer, 1990).

① **연합적 통합** Ⅰ

9개의 통합 형태 중 가장 정상화된 환경이다. 장애아는 비장애아와 차별됨이 없이 동등한 대우를 받으며 학교 안팎에서 일상생활의 전반에 걸쳐 통합된다.

② **연합적 통합** Ⅱ

장애아는 주로 특별 친구의 도움을 받아 학교 안팎의 모든 활동에 참여한다.

③ **호혜적 통합** I

장애아는 몇몇 정규 수업과 학교 활동에 특별 친구와 함께 능동적으로 참여하지만 학교 내 활동의 참여로 제한된다.

④ **호혜적 통합** II

장애아는 일반 학급과 학교 활동에 특별 친구와 함께 혹은 그의 지도하에 수동적으로 참여한다.

⑤ **호혜적 통합** III

장애아들은 일반 학급 배치에서 제외되며 일반 학급 이외의 학교 활동에 특별 친구와 함께 혹은 그의 지도하에 수동적으로 참여한다.

⑥ **참여적 통합** I

장애아들은 동료 자원봉사자와 동료 교사의 도움으로 특수 학급에서 최소한 학교생활의 절반을 보낸다. 특수 학급 이외에서는 일반 학생들과의 접촉이 제한된다.

⑦ **참여적 통합** II

참여적 통합 I 모형과 비교하면 이 모형은 특수 학급에서 학교생활의 절반 이하를 보내며 특수 학급 이외에서는 비장애아와의 접촉은 거의 없다.

⑧ **체계적 통합**

장애아들은 유일하게 수업 중에만 동료 교사의 도움을 받으며 그 도움은 수업 보조, 지시 활동에 한정된다.

⑨ **물리적 통합**

장애아와 비장애아 학급이 물리적으로만 통합되어 있으며 두 집단 간의 실제적인 접촉은 거의 없다.

⑩ **분리 환경**

두 집단 간의 물리적 통합의 필요성이 고려되지 않는다. 장애아와 비장애아는 분리되어 교육을 받으며 두 집단 간의 접촉은 전혀 일어나지 않는다.

6 성공적인 통합 교육의 요건

통합 교육 실시 과정에는 여러 가지 요인들이 복합적으로 작용하기 때문에 통합 교육이 성공을 거두기 위해서는 다양한 조건들이 충족되어야 한다.

1) 장애의 유형과 장애 정도

학령 아동의 경우 IQ가 50~70 정도는 되어야 통합 교육이 가능하다. 그 이하의 지적 수준에 속하는 지적장애아일 경우 또래들에게 수용되기 어려우며 따라서 통합의 효과를 기대하기 어렵다(Gottlieb, Semmel, & Veldman, 1978). 경도의 지적장애아들은 중도 지적장애아와는 달리 생후 초기일수록 비장애아와의 차이가 적으나 연령이 증가할수록 차이가 점점 커진다. 지적장애의 가능성이 큰 유아들을 대상으로 생후 초기부터 교육적으로 개입하여 발달을 도와준 결과 정상 수준의 발달을 유지할 수 있었다는 연구(Ramey, Campbell, & Finkelstein, 1984) 보고가 있다. 따라서 경도의 지적장애아는 특수한 교육 설비 없이도 통합 교육이 가능하며 상당한 정도의 교육적 성과를 기대할 수 있다.

2) 비장애 유아와 장애 유아의 비율

통합 교육에서 비장애 유아와 장애 유아의 비율이 어느 정도일 때 효과적인지는 아직 확실하게 밝혀지지는 않았으나 일반적으로 장애 유아의 수가 적을수록 교육의 효과는 클 것으로 기대된다. 왜냐하면 장애 유아가 다양한 비장애 유아들을 접할 수 있고 비장애 유아들이 적은 수의 장애 유아들을 배려해 주기 쉽기 때문으로 생각된다. 또한 통합 교실에서의 교사 대 장애 유아 비율은 현 실정을 감안할 때 1명의 교사가 2명 이상의 장애 유아를 지도하기 어려울 것으로 예상된다. 따라서 우리나라 유치원 정규 학급에 통합 가능한 지적장애아 수는 2명 이하가 적절한 것으로 생각되나 뚜렷한 원칙은 아직 없다.

서봉연은 통합 초기에는 1명의 장애아를 통합하고 장애아와 비장애아 간의 적응 정도에 따라 단계적으로 장애 아동 수를 늘려가서 일반아와 장애아의 비율이 3 : 1 정도일 때 효과적인 통합이 이루어질 것이라고 하였다(서봉연, 1986). 이런 점진적 방법은 유아들 상호 간의 적응을 용이하게 해 주고 교사의 부담도 완화시켜 줄 수 있는 방법이 될 수 있을 것이다. 한편 김광웅 외는 통합 교육에서 장애아의 비율이 5%가 적당하다고 하였다. 또한 헤드스타트 프로그램에서는 장애 아동의 비율을 10%로 잡고 있으므로 이상적인 장애 유아의 비율을 일률적으로 말할 수 없다. 통합 교육에서 장애아와 비장애아의 비율은 통합 환경, 교사의 수와 능력, 장애 유아의 장애 정도, 생활 연령 등에 따라 융통성 있게 적용해야 할 것이다(김광웅 외, 2001).

3) 일반 아동의 태도

장애아에 대한 비장애아들의 긍정적이고 수용적인 태도는 통합 교육의 성공을 위한 필수 조건이라고 할 수 있다. 비장애아들은 장애아에게 모델로서의 역할을 할 수 있고, 강화 제공자가 될 수 있으며, 또한 대행 교사로서 장애아를 적극적으로 도와줄 수 있다. 장애아는 언어, 적응 행동, 사회적 행동, 대인 관계가 미숙하기 때문에 비장애아로 하여금 편견과 거부적 태도를 갖게 하므로 성공적인 통합 교육을 위해서는 인간이 가지고 있는 개인차와 서로 다른 점을 수용할 수 있도록 비장애아를 이해시켜야 한다. 그러기 위해서는 비장애아들에게 인간의 개인차와 다양성, 그리고 그러한 근원을 이해시키고 장애아에 대한 긍정적인 태도 형성을 위한 교육적 조치가 필요하다. 장애아에 대한 비장애아들의 태도를 긍정적으로 변화시킬 수 있는 다양한 프로그램이나 교육 자료가 정부 차원에서 개발·보급되고 통합 교육을 실시하는 유아교육기관에서도 다양한 방법으로 적절한 교육 자료를 제작하여 사용하는 등 노력을 기울일 때 그만큼 유아 통합 교육의 성공 가능성은 커질 수 있을 것이다.

4) 교사의 자질

통합 교실에서 나타나는 교사의 장애 아동에 대한 태도가 부정적인지 긍정적인지에 따라 비장애아의 장애아에 대한 태도가 변화할 수 있기 때문에 교사의 장애 아동에 대한 태도는 통합 교육의 성패에 큰 영향을 미친다.

장애아 교육에 관한 연수를 받은 일반 교사가 그렇지 않은 교사에 비해 장애 아동에 대해 보다 더 긍정적인 태도를 보이므로 연수(재교육) 기회 등을 통해 장애아에 대한 관심과 이해의 폭을 넓힐 필요가 있다.

통합 교실에서의 교사의 역할(주혜영, 2001)을 살펴보면 다음과 같다.

① 장애아의 특성을 이해할 수 있어야 하며 문제 상황에 대처할 수 있어야 한다.

② 효과적인 환경 구성을 해야 한다.

장애 아동과 비장애 아동이 효과적으로 상호작용할 수 있도록 물리적 환경을 적절하게 구성하며 학습 환경 요인으로 일과 계획, 학급 구성, 좌석 배치 등을 고려해야 한다.

③ 장애 아동을 과잉보호하지 않는다.

장애 아동이 스스로 할 수 있도록 격려하며 도움이 필요한 부분만 도와준다. 교사의 지나친 도움은 장애 아동과 비장애 아동이 상호작용할 수 있는 기회를 감소시킬 뿐 아니라 장애 아동의 교사 의존도만 높아지는 결과를 초래하게 된다.

④ 아동 간의 상호작용을 촉구한다.

물리적 통합만으로는 긍정적인 효과를 기대하기 어려우므로 활동 속에서 장애 아동과 비장애 아동의 상호작용이 활발하게 일어나게 함으로써 물리적 통합만으로는 얻을 수 없는 통합의 긍정적인 효과를 창출한다.

⑤ **문제 행동을 관찰, 분석, 교정, 평가한다.**
장애아의 행동을 면밀히 관찰, 분석하여 보다 바람직한 행동을 유도한다.

5) 혼합 연령 집단

통합 교육에서 혼합 연령 집단 구성은 중요한 의미를 지닌다. 장애아는 발달 수준의 차이로 인해 또래보다는 자신보다 나이 어린 아동과 더 잘 어울릴 수 있다. 따라서 장애 아동이 자신과 비슷한 수준의 아동을 찾을 수 있는 혼합 연령 집단에서의 통합 교육이 긍정적인 영향을 미칠 것으로 평가된다.

6) 통합의 시기

장애아에 대한 개입이 빠르면 빠를수록 장애 증상 완화 및 아동 발달에 효율적이다. 장애인에 대한 태도는 4세경에 형성되어 지속적으로 유지되며 4세부터는 놀이 친구로서 동성의 비장애아를 선호하는 것으로 나타났다(Weiss, 1994). 따라서 4세 이전의 통합 경험이 일생 동안의 장애인에 대한 태도 형성에 커다란 영향을 미칠 수 있으므로 통합 교육은 가능한 한 조기에 실시되는 것이 효과적이다.

7) 비장애아 부모들의 장애 아동에 대한 태도

비장애아 부모들의 장애아에 대한 태도도 통합 교육의 성패에 영향을 미치는 요인이 될 수 있다. 비장애아 부모가 장애아에 대한 편견과 부정적인 시각을 갖고 있을 때 장애아와 비장애아 간의 긍정적인 상호작용이 일어나기는 어려우며 따라서 통합교육의 효과를 기대할 수 없다.

8) 장애 아동 자신의 긍정적 자아 개념과 사회성 기술 습득

장애 아동 자신의 긍정적 자아 개념이 통합 교육의 성공 여부에 큰 영향을 미치므로 장애 아동이 긍정적 자아 개념을 갖도록 장애아 부모를 체계적으로 교육시킬 필요가 있다. 장애아는 통합 환경에서 비장애아처럼 자연스럽게 생활할 수 있는 사회적 기술이 부족하다. 통합 교실에서 장애아가 적응하여 지내기 위해 필요한 기술들은 생존 기술(survival skills)이라는 용어로 지칭되기도 한다. 통합 교실에서 잘 적응해 나가기 위해서는 장애아로 하여금 그에 필요한 최소한의 사회적 기술을 익히도록 해야 한다.

우리나라의 통합 교육은 1971년 특수 학급 설치를 시작으로 하여 양적인 팽창을 거듭해 왔다. 통합 교육을 받는 장애아의 수가 양적으로 확대되면서 통합 교육의 질 향상에 대한 문제가 제기되고 있다. 물리적 통합에서 벗어나 장애아가 일반 학교와 학급의 한 구성원으로서 동등한 지위를 가지고 학교와 학급에서 이루어지는 다양한 활동과 수업에 적극적으로 참여할 때 진정한 의미의 통합 교육이 이루어진다고 말할 수 있다. 따라서 통합 교육은 단순한 물리적 배치의 문제에서 접근하는 것이 아니라 장애아에게 개별화된 적절한 도움을 줄 수 있는지에 초점이 맞추어진다. 장애아와 비장애아가 함께 교육을 받으려면 교육과정과 교수 방법뿐만 아니라 물리적인 환경에도 변화가 불가피하며 성공적인 통합 교육을 위해 이러한 변화들을 긍정적으로 유도할 수 있는 법적, 제도적 장치가 뒷받침되어야 할 것이다.

참고문헌

강문희 · 문미옥 · 박경자 · 서영숙 · 우남희 · 이강이 · 이숙재 · 이순형 · 이 영 · 이 옥(2002). 21세기 유아교육. 서울: 학지사.

강문희 · 정정옥 · 이경희 · 윤애희 · 류진희(1999). 유아교육기관 운영관리. 서울: 학지사.

강현석 · 황윤세(2007). DAP가 가정하는 유아교육과정평가의 비판적 분석. 한국영유아보육학, 48, 103-136.

고후순 · 김동일 · 조옥희(2000). 유아교육사상사. 서울: 양서원.

곽노의 · 홍순정(2000). 유아교육사상. 서울: 문음사.

곽덕영 · 김미화(1999). 유아교육기관 운영관리의 이론과 실제. 서울: 학문사.

교육과학기술부(2009). 유치원생활기록부관리지침. http://www.mest.go.kr/web/283/ko/board/view.do?bbsId=46&boardSeq=18287.

교육과학기술부(2012). 유치원 교육과정 개정 고시. http://www.mest.go.kr/web/1096/ ko/board/view.do?bbsId=141&boardSeq=31377 2012. 10. 25 출력.

교육법전편찬위원회(1996). 교육법전. 서울: 과학사.

교육부 유아교육정책과(1999).

교육부 유아특수교육과(2001). 2000년 유치원 현황.

교육부(1993). 유치원 교육과정 해설. 서울: 교육부.

교육부(1994). 유치원 실내 시설 · 설비 모형.

교육부(2001). 유치원교육 활동 자료. 서울: 대한교과서주식회사.

교육부(2017). 제 4주기 유치원 평가 중앙연수. https://www.moe.go.kr/boardCnts/view.do?boardID=312&boardSeq=71252&lev=0&searchType=S&statusYN=C&page=2&s=moe&m=0301&opType=에서 2020. 1. 3 출력.

교육부(2018). 2018학년도 유치원 교원능력개발평가 매뉴얼: 원장원감용. 교육부.

교육부(2019). 유치원 교육과정 고시문(교육부 고시 제2019-189호). https://www.moe.go.kr/boardCnts/view.do?boardID=294&boardSeq=78061&lev=0&m=02에서 2020.1. 2. 출력.

교육부(2019). 유치원 교육과정 고시문. 교육부.

교육부·한국교육개발원(2017). OECD 교육지표.

교육신문(2018). 2018년 8월 30일자 발췌.

국가통계포털(2018). 성별 경제활동 인구 총괄.

국공립보육시설 실태조사(2000).

국립특수교육원(편)(2000). 세 학교의 통합교육 운영사례. 국립특수교육원.

권건일 · 이미정 · 이희경 · 정선아 · 정혜손(2007). 유아교사(보육 · 유치원교사) 자격의 강화. 한국유아교육학회 · 한국교원교육학회 공동 학술토론회 자료집: 유아교육체제 정립을 위한 교원정책 발전방향. 37-55.

김경희(1986). 아동심리학. 서울: 박영사.

김광웅 · 주정일(1976). 조기교육이 유아의 지능발달에 미치는 효과 측정. 아동연구, 1, 3-15.

김광웅 · 황용길 · 류왕효 · 구본권 · 최세민 · 김은경 · 여문환 · 김경미 · 주혜영 · 이숙형 · 이성희 · 사영숙(2001). 장애영유아통합교육. 서울: 도서출판 범한.

김광웅(1990). 정신지체 유아의 통합교육에 관한 연구. 단국대학교 박사학위 논문.

김명순 · 박은혜 · 신동주 · 정미라(1999). OECD 주요국가 간의 유아교육제도 비교분석. 유아교육연구, 19(2), 119-140.

김삼섭(1995). 학령기 단계에서의 통합교육의 과제와 대책. 특수교육학회지, 16(2), 73-94.

김삼섭(역). (1996a). 중증장애인의 교육과 재활. 서울: 이화여자대학교 출판부.

김삼섭(편). (1996b). 장애아 통합교육: 비교교육학적 접근. 서울: 양서원.

김선영(1997). 발달적으로 적합한 유아교육 실제에 대한 어린이집과 유치원 교사의 신념과 실제 교수활동. 대한가정학회지, 35(6), 221-234.

김성일(1981). 유치원 아동의 학습준비도 연구(II). 교육개발, 3(3), 32-37.

김영채(1983). 교육 · 심리 측정 및 평가. 서울: 교육과학사.

김오남 · 노명희 · 윤은종(2001). 유아교육개론. 서울: 동문사.

김옥련(1995). 유치원 경영관리. 서울: 양서원.

김은설 · 박수연(2010). 보육시설장교사 윤리강령 개발연구. 한국보육시설연합회 육아정책연구소.

김주건(1997). 유아교육기관의 운영관리. 서울: 창지사.

김지은(2005). 미국 조기헤드스타트의 문헌고찰을 통한 한국의 영아보육에 관한 연구. 대한가정학회지, 43(12), 97-111.

김혜경(2012). 원장 리더십-영유아 교육기관장의 자기 경영. 경기: 공동체.

나 정(2001). 유아교육 정책 어디로, 어떻게 가야 하는가?. 서울: 양서원.

나 정 · 장명림(1998). 유아교육 공교육화에 대비한 유아교사 양성체제 개선방안 연구. 서울: 한국교육개발원.

나 정 · 장영숙 · 문무경(2000). OECD국가들의 유아교육과 보호 정책 및 제도 분석. 서울: 한국교육

개발원.

나 정 · 장영숙(2002a). 미국의 유아교육과 보호정책. 서울: 양서원.

나 정 · 장영숙(2002b). 영국의 유아교육과 보호정책. 서울: 양서원.

나 정 · 천세영 · 장명림(1996). 유치원교육 공교육화를 위한 단계적 발전 방안 연구. 한국교육개발원 수탁연구 CR 96-19.

노상우(1998). 교육의 역사와 사상. 서울: 교육과학사.

대한소아과학회(1998). 한국 소아 신체발육 표준치. 서울: 대한소아과학회.

文部省(1998). 幼稚園教育要領.

문수백(1998). 유아교육 연구 및 평가. 이영석 · 이항재(편), 최신유아교육개론 (pp.183-211). 서울: 교육과학사.

박병량 · 주철환(1999). 학교 · 학급경영. 서울: 학지사.

박은혜(2017). 유아교사론. 서울: 창지사.

박재환(2002). 유아교육기관의 경영관리. 서울: 양서원.

방소영 (2013). 취학 전 유아의 학교준비도 검사 개발 및 타당화 연구. 경기대학교 대학원 박사학위논문.

백은희 · 김삼섭 · 구본권(1994). 중복장애아동교육. 서울: 양서원.

변창진 · 최진승 · 문수백 · 김진규 · 권대호(1996). 교육평가. 서울: 학지사.

보건복지부(1999). 내부자료.

보건복지부(2000). 영유아보육업무 길라잡이. 서울: 한국보육시설연합회.

보건복지부(2001). 보육사업 제도개선을 위한 공청회자료집.

보건복지부(2001a). 내부자료.

보건복지부(2001b). 보육사업 제도개선을 위한 공청회 자료집.

보건복지부(2002a). 내부자료.

보건복지부(2002b). 2002년도 보육사업안내. 서울: 문영사.

보건복지부(2012). 제2차 표준보육과정의 구체적 보육내용 및 교사지침.

보건복지부(2017). 보육통계.

보건복지부(2018). 어린이집 및 이용자통계.

보건복지부(2020). 2020 보육사업안내. 보건복지부 보육정책과.

보건복지부 보육사업기획과(2012). 장애인전담 · 통합시설 현황. http://www.index.go.kr/egams/stts/jsp/potal/stts/PO_STTS_IdxMain.jsp?idx_cd=1585&bbs=INDX_001&clas_div=C&rootKey=1.48.0.

보건복지부 보육정책과(2020). 2020보육사업안내. http://www.mohw.go.kr/react/jb/sjb030301vw.jsp?PAR_MENU_ID=03&MENU_ID=032901&CONT_SEQ=352298에서 2020년 1월 28일 출력.

보건복지부 아동보건복지과(2002).

보건복지부 · 한국보육진흥원(2019). 2019 평가인증 매뉴얼(어린이집용). https://www.kcpi.or.kr/site/hp3/contents/data_n/reference02_1.jsp에서 2020.1.3. 출력.

보육자격관리사무국 홈페이지(영유아보육법).

서문희(2001). 보육인력 자격관리체계 개선방안, 21C 보육사업 선진화를 위한 보육제도 개선안. 보육발전위원회 · 기획단, 한국보건사회연구원.

서문희 · 이상헌 · 임유경(2000). 보육시설 평가 인증제도 도입 방안연구. 정책보고서 2000-09. 서울: 한국보건사회연구원.

서문희 · 이상헌 · 임유경(2001). 특수보육의 현황과 활성화 방안: 장애아동보육을 중심으로. 서울: 한국보건사회연구원.

서봉연(1986). 장애아통합교육의 방향. 새세대육영회(편), 장애아와 유아교육 (pp.53-64). 서울: 새세대육영회.

서울시 교육청(2018). 서울유아교육계획.

송규운 · 윤호열 · 이순종(2001). 창의성과 부모 교육. 서울: 창지사.

송미령(역). (1996). 마리아 몬테소리. 서울: 보육사.

송혜린 · 신혜영 · 신혜원 · 조혜진(2004). 놀이지도: 아이들을 사로잡는 상호작용. 서울: 다음세대.

신동주(1996). 주요 선진국의 유치원교육 공교육화 발전 과정, 유치원교육 공교육화. 서울: 양서원.

신화식 · 김헌수(1992). 몬테소리 교육모형. 서울: 양서원.

심성경 · 조순옥 · 이정숙 · 이춘자 · 이선경 · 이효숙(1998). 유아교육개론. 서울: 창지사.

兒童福祉研究會(1998). 最新保育資料集.

안인희(1992). 루소의 교육사상. 서울: 이화여자대학교 출판부.

양옥승 · 김미경 · 김숙령 · 김영연 · 김진영 · 박선희 · 서현아 · 오문자 · 장혜순 · 조성연 · 조은진 · 최양미 · 현은자(2001). 유아교육개론. 서울: 학지사

양옥승 · 김영옥 · 김현희 · 박경자 · 위영희 · 이옥 · 이차숙 · 정미라 · 지성애 · 홍혜경(1998). 세계의 보육제도. 서울: 양서원.

연미희 · 김진숙(2001). 부모 교육 이론과 실제. 서울: 동문사.

연미희(1994). 한국부모에 대한 P.E.T. 부모 교육프로그램의 적용성 평가. 경희대학교 대학원 박사학위 청구논문.

염지숙 · 이명순 · 조형숙 · 김현주(2018). 유아교사론 4판. 서울: 정민사.

오금희(1998). 몬테소리의 유아교육: 사상과 이론. 서울: 문음사.

오성삼 · 구병두(1996). 교육과정 및 평가의 이해. 서울: 양서원.

유광찬(1999). 교육과정의 이해. 서울: 교육과학사.

유봉호(1990). 현대교육과정. 서울: 교육연구사.

유수옥(1998). 유치원에서의 장애유아 통합교육의 운영과 과제. 인문과학논집(강남대학교), 강남대학교 인문과학연구소, 481-502.

유안진 · 김연진(1997). 부모 교육. 서울: 동문사.

유안진(1999). 아동발달의 이해. 서울: 문음사.

유효순(1992). 아동발달. 서울: 창지사.

육아정책연구소(2019). 육아정책동향: 해외육아정책동향. http://www. kicce.re.kr/

윤주연(2013). 교사의 전문성 인식과 유아의 성별 및 보육기간에 따른 유아의 사회작용 행동. 연세대학교 교육대학원 석사학위논문.

이경자(2003). 사립유치원 원장의 직무만족과 직무스트레스 관계. 경원대학교 교육대학원 석사학위논문.

이귀윤 (1996). 교육과정연구. 서울: 교육과학사.

이기숙 · 강민정(2007). 일본의 유보 일원화와 「인정 어린이원」의 발전과정에 대한 고찰. 유아교육연구, 27(5), 63-85.

이기숙 · 이은화 · 이영자 · 이숙재(1995). 유아발달에 적합한 유치원 실내교육환경. 교육부.

이기숙 · 홍순정(1994). 유아교육과정. 서울: 한국방송통신대학 출판부.

이기숙(1983). 유아교육과정. 서울: 교문사.

이대균 · 송정원(2001). 유아교육기관의 운영관리. 서울: 양서원.

이상금(역). (1999). 몬테소리 교육법. 서울: 교문사.

이상현(2000). 유아교육사상사. 부산: 세종출판사.

이소현 · 박은혜(2001). 장애유아 통합유치원 교육과정. 서울: 학지사.

이 숙 · 우희정 · 이춘아(2002). 훈련중심-부모 교육. 서울: 학지사.

이숙재(2001a). 개정 유아를 위한 놀이의 이론과 실제. 서울: 창지사.

이숙재(2001b). 유아놀이활동. 서울: 창지사.

이숙재 · 이봉선(1999). 영유아의 발달과 교육. 서울: 창지사.

이숙종(1996). 코메니우스의 교육사상. 서울: 교육과학사.

이순형 · 이소은 · 권혜진 · 이영미 · 임송미 · 이숙정 · 이윤주 · 전가일 · 남혜경 · 김혜라 · 한유진 · 김진욱(2001). 어린이 보육활동과 놀이. 서울대학교 생활과학대학 부속어린이집 활동자료집 III. 서울: 창지사.

이연섭 · 방인옥 · 조희숙 · 조정숙 · 이광자 · 박찬옥 · 지성애 · 미송희 · 유왕효 · 김정규 · 정갑순 · 이윤옥 · 엄기영 · 노영희 · 나 정(2001). 유아교육개론. 서울: 정민사.

이 영(1998). 탁아 정책의 한 · 일 비교. 연세여성연구, 3, 115-141.

이영석(편역). (1997). 유아교육사상사. 서울: 교육과학사.

이영석(2000). 유아교육론. 서울: 형설출판사.

이영석 · 박재환 · 김경중(1985). 유아교육개론. 서울: 형설출판사.

이영석 · 이명조 · 나귀옥 · 김선영 · 황영자 · 안동오(1997). 서울특별시 영아보육 프로그램. 서울: 서울특별시 가정복지국 가정복지과.

이영석 · 이항재(1998). 최신 유아교육학개론. 서울: 교육과학사.

이영석 · 조용태 · 김경중(1999). 어린이집에서의 장애아동보육에 관한 부모와 교사의 요구분석, 정서 학습장애 연구, 15(2), 23-41.

이영숙 · 김기열(역). (2000). 왜 몬테소리인가?: 몬테소리 교육에 대한 현대적 이해. 서울: 창지사.

이영자 · 권영례(1997). 유아교육기관의 운영관리. 서울: 창지사.

이영자 · 신동주(2006). 유아교육기관의 운영관리. 서울: 창지사.

이영자 · 이기숙 · 이정욱(1999). 유아교수 · 학습방법. 서울: 창지사

이 옥(2002). 한국영유아보육사업의 이념적 방향과 과제. 한국영유아보육학, 23, 1-24.

이원영(역). (1998). 미국유아교육사. 서울: 교육과학사.

이은해(1995). 아동발달의 평가와 측정. 서울: 교문사.

이은해(1998). 아동연구방법. 서울: 교문사.

이은해 · 이기숙(1992). 유아교육프로그램의 효과. 서울: 양서원.

이재연 · 김경희(1989). 부모 교육. 서울: 양서원.

이정환 · 박은혜(1995). 교사들을 위한 유아관찰 워크북. 서울: 한국어린이육영회.

이정환(1999). 유아교육 교수학습방법. 서울: 교문사.

이홍우(2005). 제6편 교육의 목적과 난점. 서울: 교육과학사.

이화도 · 원수현(2007). 프랑스 유아교사 및 영 · 유아 보육교사 양성체계 연구. 유아교육연구, 27(5), 33-62.

임재택(1992). 현대유아교육과정. 서울: 양서원.

임재택(2001). 유아교육기관 운영관리. 서울: 양서원.

임희옥 · 김정원 · 김유정(2019). 기독교세계관으로 조명하는 영유아 놀이 및 기독교사의 역할. 놀이중심 유아교육. 한국기독교유아교육학회 2019년 추계학술대회.

임희옥 · 유혜숙 · 서광일 · 김정준(2010). 기독교세계관으로 유아교육하기. 서울: 창지사.

전일균(2015). 전문직으로서의 교사의 지위에 관한 연구: 교사의 지위에 관한 UNESCO/ILO의 권고문을 중심으로. 한국교육학연구, 21(4), 255-274.

정건영(1994). John Dewey의 교육철학. 서울: 교육출판사.

정관유치원(2011a). 학습준비도 검사. http://www.pen.go.kr/RBS3/Fn/CommBoard/ View.php?RBIdx =Ver1_30&Page=0&Idx=72.

정금자(2001). 유아교육사상사. 서울: 교육과학사.

정미라 · 박경자 · 배소연(역). (1998). 유아를 위한 정서교육. 서울: 이화여자대학교 출판부.

정봉구(역). (1995). 에밀. 서울: 범우사.

정영근(2002). 영화로 만나는 교육학. 서울: 문음사.

정영수 · 정영근 · 정혜영 · 노상우 · 이상오 · 김기홍(2000). 교사와 교육. 서울: 문음사.

조부경 · 백은주 · 고영미(2016). 영유아교사론. 서울: 양서원.

조선총독부통계년보 각년도.

조성일 · 장선철(2000). 유아교육기관의 운영관리. 서울: 동문사.

주혜영(2001). 효과적인 유치원 통합프로그램의 모색: 프로젝트접근법을 중심으로. 유아특수교육학회 2001. 8. 춘계학술대회 발표집.

지성애 · 백선희 · 채영란(2007). 영국의 영유아 교육 · 보육 지원제도. 유아교육연구, 27(5), 135-155.

쯔모리 마코토(2000). 어린이와 함께 크는 교사. (박향아 역). 서울: 중앙적성출판사(원저 1997 출판).

통계청(1999). 한국의 사회지표.

통계청(2000). 경제활동인구연보.

통계청(2001a). 교육사회부문조사.

통계청(2001b). 한국의 사회지표.

팽영일(역). (2000). 유아교육 사상의 이해. 서울: 창지사.

표갑수 · 홍금자 · 김지은 · 김진이 · 김영희 · 백선희(2001). 보육시설과 유치원의 역할분담에 관한 연구: 보건복지부 최종 보고서. 한국영유아보육학회.

한국교육개발원(1997a). OECD 교육지표 1997. 서울: 한국교육개발원.

한국교육개발원(1997b). 통계로 본 미국 교육. 서울: 한국교육개발원.

한국교육개발원(1998). 선진국 교육개혁의 최근 동향: 미국 · 영국 · 프랑스 · 독일 · 일본을 중심으로. 서

울: 한국교육개발원.
한국교육개발원(2000). 교육통계연보.
한국교육개발원(2001). 교육통계연보.
한국아동학회 · 한솔교육문화연구원(2002). 아동발달백서 2001. 서울: 한솔교육.
한국유아교육학회(2000). 세계의 유아교육제도. 서울: 양서원.
한국유아교육학회(2007). 한국 미래를 위한 유아관련 학제. 서울: 양서원.
한국행동과학연구소(1981). 유아교육프로그램의 효과검증을 위한 예비 평가 연구. 행동과학연구.
한미라(1992). 프랑스의 유아교육에 대한 연구. 유아교육연구, 제12집. 유아교육연구회.
황옥자(1988). STEP 부모프로그램이 어머니의 자아개념, 양육태도 및 유아행동지각에 미치는 효과. 아동학회지, 93-118.
황해익(2000). 유아교육평가. 서울: 양서원.
황해익(2009). 유아교육평가의 이해. 서울: 정민사.
황해익 · 서정현 · 송연숙 · 이경화 · 최혜진(2009). 유아교육개론. 서울: 공동체.
황혜신(2002). 한국 조기교육의 현황과 과제: 조기교육에 대한 부모의 인식. 한국아동학회 춘계 학술대회.
황혜정(2002). 아동과 청소년의 친구관계 발달에 관한 연구. 아동학회지, 23(3), 189-203.

Almy, M. (1975). *The early childhood educator at work*. New York: McGraw-Hill.
Armstrong, D. G. (1988). *Developing and documenting the curriculum*. Needham Heights, MA: Allyn and Bacon.
Ayers, W. (1989). *The good preschool teacher*. New York: Teachers College Press.
Balaban, N. (1992). The role of child care professionals in caring for infants, toddlers, and their families. *Young Children, 47*(5), 66-71.
Barrow, R. (1984). *Giving teaching back to teachers*. Sussex: Wheatsheaf Books.
Beatty, B. (1998). 미국유아교육사 (Preschool Education in America). 이원영(역). 서울: 교육과학사.
Bender, J. (1971). Have you ever thought of a propbox? *Young Children, 26*(3), 164-169.
Biber, B., Shapiro, E., & Wickens, D. (1971). *Promoting cognitive growth: A developmental-interaction point of view*. Washington, DC: NAEYC.
Brand, S. (1996). Making parent involvement a reality: Helping teachers develop partnerships with parents. *Young Children, 51*, 76-81.
Bredekamp, S. (1987). *Developmentally appropriate practice in early childhood programs serving children from birth through age 8*. Washington, DC: NAEYC.

Bredekamp, S., & Copple, C. (1997). *Developmentally appropriate practice in early childhood programs* (Revised Edition). Washington DC: NAEYC.

Bredekamp, S., & Willer, B. (1992). Of Ladders and lattices, cores and cones: Conceptualizing an early childhood professional development system. *Young Children, 47*(3), 47-50.

Bricker, D. D. (1978). A Rationale for the Integration of Handicapped and Nonhandicapped Preschool Children. In M. J. Guralnick (Ed.), *Early intervention and the integration of handicapped and nonhandicapped children*. Baltimore: University Park Press.

Brimer, R. W. (1990). *Students with severe disabilities: Current perspectives and practices*. California: Mayfield Publishing Company.

Brophy-Herb, H. E., Kostelnik, M. J., & Stein, L. C. (2001). A Developmental approach to teaching about ethics using the NAEYC Code of Ethical Conduct. *Young Children, 56*(1), 80-84.

Bruner, J. S. (1960). *The process of education*. NY: Vintage.

Bruner, J. S. (1972). The nature and uses of immaturity. *American Psychologist, 27*, 687-708.

Burns, R. W., & Brooks, G. D. (1970). Processes, problem solving and curriculum reform. *Educational Technology, 10*.

Carter, M. & Curtis, D. (1995, 2001). *Training teacher; a harvest of theory and pratice*. (반편견교육을 위한) 유아교사교육의 새로운 접근. 이영애 이연승, 정진, 조화연, 박현주, 이현숙, 임원신, 유준호(편역). 서울; 창지사.

Combs, A. W. (1995). *Myths in education; beliefs that hinder progress and their alternatives*. 교육신화 -교육개혁을 방해하는 그릇된 믿음. 이성호(역). 서울: 서원.

Conley, D. T. (1993). *Roadmap restructuring: Politics, practices and the emerging visions of schooling*. Eugine, OR: ERIC Clearinghouse on Educational Management, University of Oregon.

Counts, G. S. (1932). *Dare the school build a new social order?* NY: John Day.

Decker, C. A., & Decker, J. R. (1997). *Planning and administering early childhood programs*(6th ed.). NJ: Prentice-Hall.

Decker, C. A., & Decker, J. R. (2001). *Planning and administering early childhood programs*. Prentice-Hall, Inc., Upper Saddle River, New Jersey.

Deno, S. L., Foegen, A., Robinson, S., & Espin, C. (1996). Commentary: Facing the realities of inclusion for students with mild disabilities. *The Journal of Special Education, 30*(3), 345-357.

DeVries, R., & Kamii, C. (1980). *Group games in early education: Implications of Piaget's theory*. Washington, DC: National Association for the Education of Young Children.

Driscoll, A., & Nagel, N. G. (2002). *Early childhood education, birth-8: The world of children, families and educators* (2nd ed.). Boston: Allyn & Bacon.

Eliason, C. F., & Jenkins, L. T. (1986). *A practical guide to early childhood curriculum* (3th ed.). Columbus, Ohio: Charles, E. Merrill.

Ellis, M. G. (1973). *Why people play*. Engelwood Cliffs, NJ: Prentice-Hall.

Epstein, J. (1995). School/family/community partnerships: Caring for the children we share. *Phi Delta Kappa, 76*, 701-712.

Erikson, E. (1963). *Childhood and Society*. NY: W.W. Norton.

Evans, E. D. (1975). *Contemporary Influences in early childhood education*. NY: Holt Rinehart and Winston Inc..

Fessler, R. (1992). The teacher career cycle. In R. Fessler & J. C. Christensen(Eds.), *The teacher career cycle: Understanding and guiding the professional development of teachers*(pp. 21-44). Boston: Allyn & Bacon.

Fessler, R. (1995). Dynamics of teacher career stages. In T. R. Guskey & M. Huberman (Eds.), *Professional development in education: New paradigms and practices*(pp. 171-192). New York: Teachers College, Columbia University.

Finders, M., & Lewis, C. (1994). Why some parents don't come to school. *Educational Leadership, 51*, 50-54.

Freud, S. (1961). *Beyond the pleasure principle*. NY: Norton.

Frost, J. L., & Klein, B. L. (1979). *Children's play and playgrounds*. Boston: Allyn & Bacon.

Gadamer, H. (2000, 2004). *Erziehung ist sich erziehen*. 교육은 자기교육이다. 손승남(역). 서울: 동문선.

Gardner, H. (1999). *Intelligence reframed: Multiple intelligences for the 21st century*. NY: Basic.

Garvey, C. (1990). *Play* (Enlarged ed.). Cambridge: Harvard University Press.

Gestwicki, C. (2000). *Home, school, and community relations: A guide to working with families*. NY: Delmar.

Giangreco, M. F., Cloninger, C. J., Dennis, R. E. & Edelman, S. W. (1994). Problem-solving methods to facilitate inclusive education. In J. S. Thousand, R. A. Villa & A. I. Nevin (Eds.), Creativity and collaborative learning. Baltimore: Paul H. Brookes.

Goffin, S. G. (1994). *Curriculum models and early childhood education: Appraising the relationship*. Upper Saddle River, NJ: Merrill/Prentice Hall.

Goheen, M. W. & Bartholomew, C. G. (2008, 2011). *Living at the Crossroads*. 세계관은 이야기다. 윤종석(역). 서울: Ivp.

Goldman, J., Stein, C. L., & Guerry, S. (1983). *Psychological methods of child assessment.* NY: Brunner/Mazel.

Goldstein, L. S. (1997, 2001). *Teaching with Love; A Feminist Approach to Early Childhood Education.* 사랑으로 가르치기; 유아교육에 대한 페미니스트 접근. 염지숙(역). 서울: 창지사.

Goodson, I. F. (1988). *The making of curriculum.* London: The Falmer Press.

Goodwin, W. L. & Driscoll, L. A. (1980). *Handbook of measurement and evaluation in early children education.* CA: Jossey-Bass.

Gordon, T. (1980). Parent effectiveness training: A preventive program and its effects on families. In M. J. Fine (Eds.), *Handbook on parent education* (pp.101-121). NY: Academic Press.

Gordon, T. (1995). *Parent effectiveness training.* Revised Edition. NY: Berkeley Publishing Group.

Gottlieb, J., Semmel, M. I., & Veldman, D. J. (1978). Correlations of social status among main-streamed mentally retarded children. *Journal of Educational Psychology, 70*, 369-405.

Griffing, P. (1983). Encouraging dramatic in early childhood. *Young Children, 38*(4), 13-22.

Gullo, D. F. (2001). The significance of the early childhood years: Implications for assessment. 한국유아교육학회 부산·울산·경남지회 2001 하계 국제학술대회 및 유아교사연수 자료집, 9-28.

Harms, T., & Clifford, R. M. (1980). *Early childhood environment rating scale.* NY: Teachers College Press.

Henninger, M. L. (1987). Leaning mathematics and science through play. *Childhood Education*, February, 161-171.

Hildebrand, V. (1986). *Introduction to early childhood education* (4th ed.). NY: Macmillan.

Hildebrand, V. (1997). *Introduction to early childhood education.* Upper Saddle River, NJ: Prentice-Hall.

Hills, T. W. (1992). Reaching potentials through appropriate assessment. In S. Bredekamp, & T. Rosegrant (Eds), *Reaching potentials: Appropriate curriculum and assessment for young children* (Vol.1, pp.43-63). Washington, DC: NAEYC.

Hirsch, E. S. (Ed.). (1974). *The block book.* Washington, DC: NAEYC.

Hohmann, M. (1997). *A study guide to educating young children in action: Exercises for adult learners.* Ypsilanti, MI: High/Scope Press.

Ispa, J., & Matz, R. D. (1978). Integration handicapped and nonhandicapped preschool children with in a cognitively oriented program. In M. Guralnick (Ed., 1982), *Early intervention and the integration of handicapped and nonhandicapped children.* Baltimore: University Park Press.

Johnson, B. L. (1992). *The logic of school restructuring: A conceptual analysis*. Newbury Park, CA: Corwin Press.

Johnson, J. E., Christie, M. J. F., & Yrawkey, T. D. (1999). *Play and early children development* (2nd ed.). NY: Longman.

Johnson, M. (1967). Definitions and models in curriculum theory. In H. A. Giroux et al. (Eds.), *Curriculum and instruction*. Berkeley, CA: McCutchan.

Kamerman, S. B. (1977). Licensing, standards, and regulations in child care programs in Europe, Canada, and Israel. Final report, ERIC Document, No. ED 156342.

Kamii, C. (1985). *Young children reinvent arithmetic: Implications of Piagetian theory*. NY: Teachers College Press.

Katz, L. G. (1977). *Talks with teachers: Reflections on early childhood education*. Washington, DC: National Association for the Education of Young Children.

Katz, L. G. (1981). Mothering and teaching : some significant distinctions. In Ferguson Lectures in Education. Evanson, IL; *National College of Education*, *48*(2), 96-105.

Katz, L. G., & Goffin, S. G. (1990). Issues in the preparation of teachers of young children. In B. Spodek, & O. N. Saracho (Eds.), *Early childhood teacher preparation* (pp.192-208). NY: Teachers College.

Kerlinger, F. N. (1986). *Foundations of behavioral research* (3rd ed.). NY: Holt Rinehart & Winston.

Kliebard, H. (1986). *The struggle for the American curriculum 1890-1958*. London and Boston: Routledge & Kegan Paul.

Kostelnik, M. J., Soderman, A. K., & Whiren, A. P. (1999). *Developmentally appropriate curriculum: Best practices in early childhood education*. NJ: Prentice Hall.

Lazar, I., & Darling, R. (1982). Lasting effects of early education: A report from the consortium for longitudinal studies. *Monographs of the Society for Research in Child Development, 195*(47), 2-3.

Manning. K., & Sharp, A (1977). *Structuring play in the early years at school*. London: Ward Lock Educational.

Martin, S. (1999). *Take a look: Observation and portfolio assessment in early childhood*(2nd ed.). Canada: Addison-Wesley.

May, P. R. (1988, 2006). *Confidence in the Classroom, Realistic encouragement for teachers*. 어떤 교사가 될 것인가? 정애숙(역). 서울: Ivp.

McAfee, O., & Leong, D. J. (2010). *Assessing and guiding young children's development and learning* (5th

Ed.). MA: Allyn & Bacon.

McCarthy, M. A., & Houston, J. P. (1980). *Fundamentals of early childhood education*. Winthrop Publishers.

McKee, J. S. (1990). *The developing kindergarten: Programs, children, and teachers*. East Lansing: Michigan Association for the Education of Young Children.

McNeil, L. M. (1977). Bibliographical essay. In A. A. Bellack, & H. M. Kliebard (Eds.), *Curriculum and evaluation*. Berkeley, CA: McCutchan.

Montessori, M. (1965). *The Montessori Method*. NY: Schoken Books.

Moore, G. T. (1987). The physical environment and cognitive development in child care centers. In C. Weinstein & T. David (Eds.). *Spaces for children* (pp. 41-67). NY: Plenum.

Morrison, G. S. (1984). *Early childhood education today* (3rd ed.). Columbus: A Bell & Howell Co.

Moss, P. (1997). 세계의 영유아보육 (이 영 · 이기숙 · 박경자 · 정미라 · 김춘경 역). 서울: 이대출판부.

NAEYC (1991). Guidelines for appropriate curriculum content and assessment in programs serving children ages 3 through 8. *Young Children, 21*.

NAEYC (1995). What would you do if discussing a child's behavior resulted in the parent beating him?: Using NAEYC's Code of Ethics. *Young Children, 50*(5), 50-51.

NAEYC (1998). NAEYC position statement on standardized testing of young children 3 through 8 years of age. *Young Children, 43*(3), 42-47.

NAEYC (2019). The initial draft of a revised DAP 2019[website]. (2019, Dec 20). http://naeyc.org/resources/topics/dap-introduction.

Negar, N., & Shapiro, E. (Eds.). (2000). Revisiting progressive pedagogy: *The developmental interaction approach*. Albany, NY: SUNY Press.

Nisbett, R. E. (2008). *The Geography of thought*. 생각의 지도. 최인철(역). 서울: 김영사.

Odom, S. L., & McEvoy, M. A. (1988). Integration of Young Children with Handicaps and Normally Developing Children. In S. L. Odom, & M. B. Karnes (Eds.), *Early Intervention for Infants and children with handicaps: an empirical base*. Baltimore: Paul R. Brookes.

OECD (2000). *Education at a glance OECD Indicators 2000*.

OECD (2018). Employment Outlook.

Osguthorpe, R., Top, B., Eiserman, W., Scruggs, T., & Shisler, L. (1988). Students with handicaps as tutors. *Counterpoint, 8*(3), 6-7.

Parten, M. (1932). Social participation among preschool children. *Journal of Abnormal and Social*

Psychology, 27, 243-269.

Pepler, D., & Ross, H. S. (1981). The effects of play on convergent and divergent problemsolving. *Child Development, 52*, 1202-1210.

Pepler, K. J. (1986). Play and creativity. In M. Rivkin (Ed), *Young child at play*. Washington. DC: NAEYC.

Piaget, J. (1962). *Play, dreams and imitation in childhood*. NY: Norton.

Piuma, M. F. (1989). Benefits and cost of integrating students with severe disabilities into regular school programs: A study summary of money well spent. In T. P. *Lombardi, Inclusion of students with disabilities*. Bloomington, Indiana: Phi Delta Kappa Educational Foundation.

Popkin, M. H. (1987). *Active parenting: Teaching cooperation, courage, and responsibility*. NY: Harper and Row.

Ramey, C. T., Campbell, F. A., & Finkelstein, N. W. (1984). Course and structure of intellectual development in children at high risk for developmental retardation. In P. H. Brooks et al. (Eds.), *Learning and cognition in the mentally retarded* (pp.419-432). NJ: Lawrence Erlbaum.

Schubert, W. H. (1986). *Curriculum: Perspective, paradigm and possibility*. NY: Macmillan.

Schwartz, S. L., & Robison, N. F. (1982). *Designing curriculum for early childhood*. Boston. MA: Allyn & Bacon.

Schweinhart, L., Barnes, H., & Weikart, D. (2004). *Significant benefits: The High Scope Perry preschool studies through age 27*. Ypsilanti, MI: High/Scope Educational Research Foundation.

Seefeldt, V. (1980). Developmental motor patterns: Implications for elementary school physical Education. In. C. Nadeau, W. Halliwell, & G. Roberts (Eds.), *Psychology of motor behavior and sports*. Champaign, IL: Human Kinetics.

Smilansky, S. (1968). *The effects of sociodramatic play on disadvantaged preschool children*. NY: Wiley.

Spodek, B. (1973). What are the sources of early childhood curriculum? In B. Spodek (Ed.), *Early childhood education*. Englewood Cliffs, NJ: Prentice Hall.

Spodek, B. (1978). *Teaching in the early years* (2nd ed.). Englewood Cliff: Prentice Hall.

Spodek, B. (1991). Early childhood curriculum and cultural definitions of knowledge. In B. Spodek, & O. N. Saracho (Eds.). *Issues in early childhood curriculum: Year book in early childhood education* (Vol. 2). NY: Teachers College Press.

Spodek, B., & Saracho, O. N. (1988). Professionalism in early childhood education. In B. Spodek, O. N. Saracho, & D. L. Peters (Eds.), *Professionalism and the early childhood practitioner* (pp.59-74). NY: Teachers College Press.

Spodek, B., & Saracho, O. N. (1994). *Right from the start: Teaching children ages three to eight*. Needham Heights, MA: Allyn & Bacon.

Stamp, L., & Groves, M. (1994). Strengthening the ethic of care: Planning and supporting family involvement. *Dimensions of Early Childhood, 22*, 5-9.

Sutton-Smith, B. (1967). The role if play in cognitive development. *Young Children, 22*, 361-370.

Taba, J. (1962). *Curriculum development: Theory and practice*. NY: Harcourt Brace and World.

Tegano, D. (1996). Designing classroom spaces: Making the most of time. *Early Childhood Education Journal, 23*(3), 135-144.

Vander Ven, K. (1988). Pathways to professional effectiveness for early childhood educators. In B. Spodek, O. N. Saracho, & D. L. Peters (Eds.), *Professionalism and the early childhood practitioner* (pp.137-160). NY: Teachers College Press.

VAN Dyk, J. (2000, 2003). *The Craft of Christian Teaching*. 가르침은 예술이다. 김성수(역). 서울: Ivp.

Vygotsky, L. S. (1976). Play and its role in the mental development of the child. In J. S. Bruner, A. Jolly, & K. Sylva (Eds.), *Play: Its role in development and evolution* (pp. 537-554). NY: Basic Books.

Wadsworth, B. J. (1989). *Piaget's theory of cognitive and affective development*. Reading, MA: Addison-Wesley.

Weiss, M. F. (1994). Childrens attitudes toward the mentally ill: An eight year longitudinal follow-up. *Psychological Reports, 74*, 51-56.

Williams, L. R. (1987). Determining the curriculum. In C. Seefeldt (Ed.), *The early childhood curriculum: A review of current research*. NY: Teachers College Press.

Zais, R. (1976). *Curriculum: Principles and foundations*. NY: Harper & Row.

교육통계서비스(2018). http://kess.kedi.re.kr/index

국가통계포털(2018). http://kosis.kr/index/index.do

저자소개

이 윤 경 서원대학교 유아교육과 명예교수
문 혁 준 가톨릭대학교 아동학전공 교수
안 선 희 경희대학교 아동가족학과 교수
김 민 정 서원대학교 유아교육과 교수
김 지 은 건국대학교 유아교육과 교수
나 종 혜 한남대학교 아동복지학과 교수
안 지 영 서원대학교 유아교육과 교수
임 희 옥 수원대학교 교육대학원 유아교육과 교수
천 희 영 고신대학교 아동복지학과 교수
최 은 미 백석대학교 유아교육과 교수
황 혜 신 상명대학교 가족복지학과 교수
황 혜 정 경기대학교 유아교육과 교수

제4판

유아교육개론

초 판 1쇄 발행 2003년 2월 26일
초 판 5쇄 발행 2007년 7월 20일
개 정 6쇄 발행 2012년 1월 18일
제3판 4쇄 발행 2016년 2월 26일
제4판 1쇄 발행 2020년 2월 14일

지 은 이 | 이윤경 · 문혁준 · 안선희 · 김민정 · 김지은 · 나종혜
안지영 · 임희옥 · 천희영 · 최은미 · 황혜신 · 황혜정
펴 낸 이 | 김기섭
편 집 인 | 김민수
펴 낸 곳 | 창지사 www.changjisa.com
08589 서울시 금천구 가산디지털 1로 83 파트너스타워 1차 9층
전화 (02) 719-2211~3
팩스 (02) 701-9386
등 록 | 1977년 4월 28일 · 제1-421호

ⓒ 이윤경 외, 2003, 2008, 2013, 2020
• 이 책 내용의 전부 또는 일부를 재사용하려면 반드시 저작권자와 창지사 양측의 동의를 받아야 합니다.
• 저자와 협의하여 인지는 생략합니다.
• 출판물 불법 복사, 불법 북스캔은 저작권 위반으로 처벌받을 수 있습니다. 불법 제본으로 처벌될 경우(전과기록됨) 취업 불이익이나 해외유학과 이민 등 비자발급이 거부되는 불이익이 발생할 수 있습니다.

ISBN 978-89-426-1210-9 (93370)

값 22,000원

「이 도서의 국립중앙도서관 출판예정도서목록(CIP)은 서지정보유통지원시스템 홈페이지(http://seoji.nl.go.kr)와 국가자료공동목록시스템(http://www.nl.go.kr/kolisnet)에서 이용하실 수 있습니다.(CIP제어번호: CIP2020005292)」